U0565467

域外鉴定意见
证据评价研究

EVALUATION OF EXPERT OPINION

李秀清　宫雪 ┃ 主编

上海三联书店

"十三五"国家重点研发计划(2016YFC0800707)

主　编　李秀清　宫　雪

撰稿人(以撰写章节先后为序)

宫　雪　沈　伟　涂　钒　陶亚骏

赵智勇　冯　丹　曾润轩　陈　川

李　超　汪　强　庞建琴

目 录

前 言

"域外鉴定意见证据评价研究"是国家科技部"国家重点研发计划"——"司法鉴定意见证据评价系统研究"的子课题。根据最初申请时确定的框架,我们这个子课题的主旨是考察、比较主要国家或地区的鉴定意见证据评价机制。

随着中国司法鉴定制度的发展,鉴定意见证据在诉讼体系中的显著地位有目共睹,学界就此方面的研究已经积累了较有价值的一些成果。无论是概论性的司法鉴定学的编著,还是从推进中国的诉讼程序、法庭科学和证据科学发展的角度,或者以构建完善的司法鉴定辅助人制度为切入点的专论,它们或多或少都会涉及相关域外经验的介绍。同时,以专家证人、司法鉴定人等为关键词的专题论(译)著也有问世,关于某一国(或地区)司法鉴定的实地考察报告也有刊载,仅在《中国司法鉴定》杂志上,我们就浏览到数篇。这些已有的成果是我们策划和设计项目计划时的重要资料,也是每一位课题组成员思考并着手撰写各章具体内容时的必读材料。

2016 年年中,我们开始启动这一项目。自此开始,鉴于已有研究状况及其潜在的可能的提升空间,我们一直尝试着在如下方面付出些努力,并最终形成了现在本书共九章的体例和内容。

一是拓展域外鉴定意见证据评价系统之"域外"的范围。以往的研究中,有关英、美等国的专家证人制度,似乎更吸引中国学界的关注,大陆法系国家的司法鉴定人制度,虽不能说匮乏,但主要限于法、德等国的简要介绍。本书在关注英、美、法、德等国的同时,还分别就刑事诉讼视野下的意大利鉴定制度、荷兰的司法鉴定人制度进行了专章论述。同时,就属于当代中国法的所谓"三大法系四大法域"格局中的大陆法系的中国台湾地区刑事诉讼鉴定制度及英美法系的中国香港地区民事诉讼专家证人制度也各设了一章。

二是不仅考察这些主要国家或地区现行的诸如专家证人或司法鉴定人的

概念、资质和管理，以及鉴定意见的启动和生成、质证和认证、救济程序等具体规定，同时也重视对它们的形成和变迁进行历史回溯。在这些国家或地区，鉴定意见证据评价系统都随着诉讼法的修改、审判方式的变化，以及案件、纠纷的复杂化，当然还基于科技的发展等因素，在不同程度地发生变化。若不回眸它们或长或短的演变路径，往往很难理解现行的制度。比如，在英国，尽管19世纪下半叶才在法律上使用"专家"一词，但在历史上，专家参与审判，先后至少扮演过当事人的专家、特别陪审团、技术陪审员、法庭专家等四种角色，这种转换意味着专家的角色定位、选任权、资格、职责等方面的演进和变化；在日本，世纪之交时所启动的司法改革，既揭示了二战以后在大陆法系传统上吸收美国经验形成并实践的已有司法鉴定机制所存在的问题，也代表着该领域迎来了最近二十年间显著变化的开端。对于这些历史变迁和最新改革，我们在书中都有较为详细的阐述。

三是在呈现各国（地区）的鉴定意见证据或者属于英美法系，或者属于大陆法系的传统共性的同时，也注重分析它们各自的特色及当代融合。严格意义上，所谓诉讼制度的英美法系与大陆法系之分，所谓对抗式程序与纠问式程序、当事人主义与职权主义之别，在世界各国的司法制度演变到了现在这个阶段，本来也已经只有宏观的分类价值，频繁使用这些语词免不了会给人以泛泛而论之感。不过，就本书所涉领域看，对抗式/当事人主义模式下的英国、美国及中国香港地区的专家证人制度，它们的同源性和相似性至今仍不可否认；同样，德国、法国、意大利、荷兰、日本和中国台湾地区的司法鉴定人也都仍不同程度地依赖于纠问式/职权主义的诉讼模式背景，其具体制度的规定乃至面临的困境也是似曾相识。因此，行文中的两大法系之称谓，尚有概括性的描述意义。但是，英国单一联合专家的运用和强调专家证人对法院的优先职责，德国和日本的民事诉讼中私人鉴定的出现，荷兰刑事诉讼中明确赋予当事人申请启动鉴定权，中国台湾地区最新司法改革倡议建立专家证人制度，意大利的鉴定人与技术顾问并行的模式等，它们各自的特色及所体现的某种融合，本书都予以侧重关注。

此外，我们也在相关法规的最新翻译，以及英语、法语、德语、日语、意大利语等方面资料的补充和更新上，尽力做出一些贡献。法国这章所附的最新相关法律法规，不仅对经常引用的法国《刑事诉讼法典》《民事诉讼法典》所涉条款依据最近修订版进行了翻译，而且还将《行政司法法典》、"1971年6月29日第71-498号《司法鉴定人法》"等以往研究者较少关注的若干条款也译为中文。其他各章也多直接参考原文文献,并借助于各国鉴定机构专业网站的丰富信息,尽力跟进关注各国(地区)相关理论和实践的最新动态。这得益于本课题组多数成员具有海外留学背景和良好的外语能力。翻译法国这章最新法规并参与撰稿的,是在法国克莱蒙费朗第一大学(Université Clermont-Ferrand I)获得法学博士学位的赵智勇。撰写德国章的陶亚骏是德国波恩大学的法学硕士,并已获科隆大学哲学博士学位。当时在早稻田大学从事博士后研究的李超博士,撰写了日本这一章。同时,在罗马一大留学的刘刚博士帮助翻译了若干意大利语的法规和论文。求学于芬兰图尔库大学(University of Turku)的次雪研博士,在赴荷兰格罗宁根大学交流时,拨冗替我们查找资料并翻译了一些文献。

在课题策划之际,我们就留意到意大利的鉴定人与技术顾问并行的机制较具特色,学生曾润轩也正拟以此作为硕士学位论文的选题。浏览已刊的几篇相关中文论文,我们觉得不甚满足,因而就激起了我们深入了解并解读它的想法。经过中南财经政法大学黄美玲教授的联系,先是刘刚博士帮忙翻译了资料,然后又邀请意大利著名刑事诉讼法专家、罗马一大法学院前院长Giorgio Spangher教授于2018年12月上旬来到上海,为我们课题组当面讲解意大利模式的创设理念、具体规定和实践运行,既有经验的介绍,也有教训的剖析,并就我们所提出的数十个问题一一加以回答。Spangher教授直接参与了意大利诉讼制度的立法改革和实践,作为亲历者,他的讲解原汁原味,让我们分享到了该模式的特色,也消解了此前我们曾有的许多疑问。令我们更加感佩的,是Spangher教授纯粹学者的本色和勤勉敬业的精神。他年逾古稀,第一次到访中国,在沪四天时间里,却不愿意花时间于游览观光,在我们的强烈建议下,才匆忙去了一下豫园和外滩就赶回。Spangher教授真诚希望尽可能将更多的时间用在与我们的学术交流上,他做了两次讲座,充满激情地一讲就是三四个小时;他担心吃饱饭之后犯困会影响讲解效果,因而讲座前就索性不吃午饭。他参观毗邻于华政长宁校区的司法鉴定科学研究院(原司法部司法鉴定科学技术研究所)时,就中国司法鉴定机制向中国同行接连不断地咨询,那种好奇并不停地暗暗比照的神情令人印象深刻。黄美玲教授和张长绵博士的精湛翻译,让这种跨语际的面对面交流顺畅而高效。若无他们的指导和帮助，意大利这一章应该无法如时完成。

受项目负责人之邀请，各位撰稿人乐意参与这一课题，并积极有效地完成了各部分的撰写任务，有的还就此发表了前期论文。除前言外，各章分工如下：宫雪，第一章；沈伟、涂钒，第二章；陶亚骏，第三章；赵智勇、冯丹，第四章；曾润轩，第五章；陈川，第六章；李超，第七章；汪强，第八章；庞建琴，第九章。参考文献由涂钒博士制作。

在课题申请和推进的过程中，我们还得到了中央财经大学郭华教授、南京师范大学李浩教授、同济大学陈颐教授、法律出版社解锟博士、上海师范大学于霄副教授、青岛大学赵杨博士的支持。宫雪博士自课题立项之初起，四年来承担了大量的联络沟通、汇总资料、经费报销及协调统稿的工作，她对于本课题的顺利完成起到了关键的作用。华东政法大学孙晓鸣博士的日常协助及法律史研究中心各位师友的鼓励，是我们得以完成项目的重要支撑。本书将由上海三联书店出版，感谢宋寅悦编辑的认真审阅。

当代，案件审判对鉴定意见的依赖，当事人的司法鉴定参与度的增强，鉴定技术的更加专门化，行业协会在规范和管理专家及其意见证据方面的重要作用，进一步加强法官对鉴定意见的审查能力等，都是大势所趋。但无论采取何种模式的鉴定意见证据评价机制，在理念和实务中，都仍存在一定的张力。既保障当事人权利又维护司法权威，既准确认定法律事实又避免司法资源的浪费，既发挥专业人士的价值又防止知识权威崛起可能导致的证据异化，真正保障鉴定意见的科学性、可靠性和中立性，是各个国家和地区的共同追求。从这种意义上说，对于正在倡导"健全统一司法鉴定管理体制"和"完善证人、鉴定人出庭制度"的当今中国，这些域外制度和经验应该是有参考价值的，本书的部分章节也有所论及。不过，笔者特别赞同"比较法的教诲意义小于它的澄清和描述意义"[①]这一说法，我们进行这些比较考察的主要目的，并不是要得出"别人都那么做了"所以"我们也必须这么做"的结论，从而提出具体建议，而是为了澄清和呈现。限于能力和精力，本书不可能完全做到这一点，但我们也希望确实有些贡献。为了以后的完善和修订，诚请方家不吝赐教指正。

---

① 参见郑戈：《达玛什卡的比较司法制度研究——代译序》，载［美］米尔伊安·R.达玛什卡：《司法和国家权力的多种面孔：比较视野中的法律程序》，郑戈译，中国政法大学出版社 2015 年版，第 13 页。

第一章

英国专家证人与专家证据评价

> 法律的生命不在于逻辑,而在于经验。
>
> ——[美]霍姆斯(Holmes):《普通法》(*The Common Law*)

专家证人制度在案件的事实认定、当事人权利维护、司法公正保障等方面都扮演着极其重要的角色。作为专家证人制度的发源地,英国制度历史悠久、规则完备,并经过长期司法实践的磨砺,其相关学说、判例十分发达,无疑是我们考查该制度的适当范本。英国普通法的发展历程是演进的结果,也是对变化环境的回应:法院判决带来普通法的变迁,而议会则在其认为必要时引入重大的、影响深远的改革。[1] 因此,每一项专家证人及专家证据先例的形成,离不开其特定的历史语境,而这些规则的发展依赖于法官对先例内在规则的重新解释,这些解释使法律在经验中不断得以演变并生机勃勃。规则及例外,例外的例外,例外变成了原则,从而可以体悟法的生成规律。此外,英国的改革者引入了新的规则,在风格和语言上改变了传统的专家证人制度,这是对过去法律的发展,并不是对它的否定或替代。

第一节　专家证人的概念界定

英国对专家证人制度及鉴定意见证据的评价有着系统、完善的判例规则

---

[1] 参见[英]J. A. 乔罗威茨:《民事诉讼程序研究》,吴泽勇译,中国政法大学出版社 2008 年版,中文版序言,第 8 页。

和成文法规定。对英国专家证人与专家证据评价进行研究,首先有必要对英国法中的专家、专家证人、专家证据的概念加以界定,并通过考察其变化和发展,厘清专家与专家证人、证人与专家证人的相互关系。

一、英国法上专家概念的爬梳

最早,"专家"一词几乎没有既定的法律含义;1795 年,"专家"首次以法律术语的形式出现在英国。凯贝尔·洛夫特(Capel Lofft)在修订吉尔伯特(Gilbert)的《证据法》(*Law of Evidence*)一书①时写道:"对个人知识的认证证明,我们可以适当地与法国律师联系,由专家来证明。"②然而,法律上没有确认这一术语,不意味着这个概念在实践中并不存在。在 18 世纪末英国确立专家意见证据规则(rules on expert opinion evidence)之前,不同的行业和学科中呈现出类型各异的专家建议,但这些并不是现今在法律范畴内所称的专家。

而作为英国本土术语的"专家"一词,自 19 世纪 50 年代开始,出现在一些案例报告中。在 1858 年 R. v. Esdaile 案③的庭审中,坎贝尔(Campbell)法官提到,提出问题的正确方式是询问一名作为证人的"专家",而在该案中,这位证人被传唤来证明投资土地财产并不是合法的银行业务。④ "专家"也在随后的一些案件中,逐渐被确立为一个标准的法律术语。

《布莱克法律词典》(*Black's Law Dictionary*)给出了专家的确切含义,即通过教育或经验而具备特定领域的技能或者知识,可以提供意见,以帮助裁判者查明事实的人。⑤ 与此相类似,在《元照英美法词典》中,专家是指"通过教育

---

① 杰弗雷·吉尔伯特(Geoffrey Gilbert)在 1754 年出版的《证据法》(*The Law of Evidence*)一书,被认为是第一本关于证据法的专著及英美证据法学专门化研究的开端,对英国证据法的形成和发展影响深远。

② See G. Gilbert, *The Law of Evidence*, ed. C. Lofft, 4th edn (Dublin: 1795).

③ R. v. Esdaile (1858)1 F&F 213 at 230;175 ER 696 at 705.

④ "专家"一词更早在法律语境中予以使用是在《牛津英语词典》中,主要援引自《1825 年英属北美(领主权)法案》第 4 节(*British North America* [*Seigniorial Rights*] *Act* 1825)的内容,但由于加拿大魁北克省(Lower Canada)的法律制度是以法国法为基础,因此不能确定此处的"专家"一词为艺术术语还是法律术语。See Déirdre Dwyer, *The Judicial Assessment of Expert Evidence*, Cambridge University Press, 2008, pp. 242 - 243.

⑤ Bryan A. Garner, *Black's Law Dictionary*, Tenth edition, Thomson West, 2014, p. 699.

或经验等而获得在某一领域普通人所不具有的专门知识或技能的人"。①

因此,专家首先应当受到某一领域的专业教育,或者具有一定的经验积累,从而在特定领域具备普通人所不具有的专门技能或知识。其不一定是该专业领域的权威,但在该专业内必须具备一定的经验和资格。

二、专家证人的含义

"专家证人"一词最早出现在 1875 年的判例法中,基于英国《最高法院规则》(*Rules of the Supreme Court*,RSC)的规定而得以引入民事诉讼程序;1998 年《民事诉讼规则》(*Civil Procedure Rules* 1998,CPR)第 35.2 条对专家证人(expert witness)的含义进行了界定:"本章所称的专家证人是指为推动法院诉讼程序的进行,指定提供或准备证据的专家。"②

《布莱克法律词典》对专家证人的定义为:"因其具有的知识、技能、经验,所受的训练或教育等,有资格就证据或事实问题提供科学的、技术的或其他专门性意见的证人。"③《元照英美法词典》指出,专家证人是指具有专家资格,并被允许帮助陪审团理解某些普通人难以理解的复杂的专业性问题的证人。④

从以上词典的定义中不难看出,专家证人被当作广义上的证人或一般证人看待。证人是对事实或情况有足够的了解,被召到法庭亲自通过口头、书面证词,或者通过宣誓书(affidavit)提供证言或加以证明的人。与证人不同,专家证人须向法院负责,即专家证人有责任向法院提供客观和公正的意见证据。还有一点不同的是,在获得报酬方面,普通证人仅仅可就作证产生的开支获得补偿,而专家证人却不同,其受雇于指示其出庭的当事人,因其在法庭上提供意见证据而获取收益。

无论证人的声明是以口头还是书面形式作出,经过宣誓还是未经宣誓,都可能被法庭采纳为某方面的证据。⑤ 因此,专家证人出具的专家证言也与一般

---

① 薛波主编:《元照英美法词典》,北京大学出版社 2014 年版,第 515 页。
② *Civil Procedure Rules 1998*,art 35.2.
③ Bryan A. Garner,*Black's Law Dictionary*,Tenth edition,Thomson West,2014,p. 1838.
④ 薛波主编:《元照英美法词典》,北京大学出版社 2014 年版,第 515 页。
⑤ 薛波主编:《元照英美法词典》,北京大学出版社 2014 年版,第 1422 页。

证人提供的证言一样，均为当事人承担举证责任的表现。一旦被确认为专家证人，一般证人受限的意见规则就不再受限，该专家证人则被允许以意见作为证词或以其他方式提供证词。与证人不同的是，专家证人不仅要对案件中涉及专业问题的证据材料进行分析、研究并形成一定意见，从而帮助法官认定事实，还应当对其中普遍性的规则惯例进行说明解释，从而帮助法官理解和判断当事人的意见。《乔伊特英国法辞典》(*Jowitt's Dictionary of English Law*)进一步指出，专家协助法院处理其专长范围内事务的职责，远远比专家对指示或雇佣其一方当事人承担的义务更为重要。①

三、专家意见的含义

根据证言知识(testimonial knowledge)的原则，证人出具的证人证言必须是自己亲身经历或观察到的信息，并且在法庭上必须陈述事实而不是意见。专家并不知晓案件事实，其与普通证人之间的区别是什么呢？这些问题都随之出现在法官和学者们的面前，迫切需要对此作出相应的解释和说明。证人仅仅可以对其亲身见闻作证，并在作证过程中不得自行对其见闻进行推理，法院也不得接受证人意见作为证据，即证人证言受意见证据规则的约束，但对专家意见而言则是例外。

如果通过运用科学、技术或其他专业知识，能够帮助陪审团理解证据或确定争议事实，那么在知识、技能、经验、教育等方面具有专家资格的证人可以用意见或其他方式作证。此时，专家证人提供的意见即为"专家意见"(expert opinions)，又称"专家证言"(expert testimony)。只有在专家帮助法官或陪审团查明真相、解决争议的情况下，专家意见才可以被法庭采纳为证据，也就是"专家证据"(expert evidence)是指，由熟悉某专业或经过对该领域的特殊培训而有资格作证的人提供的科学技术、专业或者其他专业问题的意见证据。例如，医生、精神病专家、药物学家、建筑师、指纹专家、工程师等。当然，专家资格，即通过专业学习或经验而获得的就专业问题提供科学的、技术的或其他专

---

① Daniel Greenberg, *Jowitt's Dictionary of English Law*, Forth edition, Sweet and Maxwell Limited, 2010, p. 931.

门性意见的能力,是专家意见被法院采纳为证据的基本前提。实践中往往出现多份专家意见,需要对这些专家证言进行综合判断,以衡量其证明力。

1998年《民事诉讼规则》第35.1条对专家证据的运用进行了限定,规定专家证据仅适用于解决诉讼程序涉及问题存在合理必要之情形。因此,未经法院许可,任何一方均不得召集专家或提供专家报告。原则上,如果公认的"专业知识体系"受既定原则和规则的约束,那么专家证据将被接受,法院认为该证据与确定有争议的问题有关。[1]

第二节　历史变迁及改革

证据是人类解决纠纷的理性表征,其内在含义和表现形式经历了多种变迁。英国法上的每一条证据规则都有其自身的发展脉络和轨迹,它有时是含糊不清的,但常常又是螺旋式发展的。证据制度是英美法系对抗制最为主要的竞技规则,其严格与否是判断对抗性强弱的重要指标。对抗制起源于英国,强调当事人对程序的主导权,其本质是在诉讼中进行法定规则和程序下的对抗,是双方当事人之间的竞争。对抗制的核心价值就是公平竞争,因为人们认为这种竞争有利于发现案件的真实,而这种公平竞争的精神,实质是英国的自由主义和英美的个人主义传统。[2] 英国专家证人及专家证据的历史,为我们提供了在面对现代专家证据或鉴定意见评价存在的类似挑战时尝试应对的例证。通过考察,有助于我们理解英国程序性和证据性的思想传统与实践,以及更好地掌握其发展的逻辑和规律。

一、英国专家证人制度的产生及发展

英国法具有悠久的专家咨询的传统。我们今天所理解的专家证据,在英

---

[1] Daniel Greenberg, *Jowitt's Dictionary of English Law*, Forth edition, Sweet and MaxwellLimited, 2010, p. 931.

[2] 参见张婷:《英美民事对抗制的演变(1945—2012)——以美国的案件管理制度为切入点》,上海人民出版社2014年版,第51页。

国是一个相对较晚的证据概念,直到 18 世纪末才真正出现,而"专家"一词则直到 19 世纪下半叶才开始在法律上使用。[1] 随着查明事实(fact-finding)的主导权的变化及对抗制的确立和发展,专家证人的角色定位、选任权、资格、职责等也在发生着转变。在英国,专家在参与法院审判时,至少扮演过以下四个角色:当事人的专家(party experts)、特别陪审团(special juries)、技术陪审员(assessors)和法庭专家(court experts)。

(一)当事人的专家

16 世纪,随着英国的审判模式由职权主义转变为当事人主义,以及意见证据规则的确立,专家意见成为意见证据的例外。至少自 16 世纪中叶开始,当事人的专家就一直在民事诉讼中占主导地位,而法院选任专家只是在 19 世纪末的一个短暂"实验"。因此,在专家证人制度发展的初期,专家是当事人用来攻击对方的有力"武器",并不是法官查明案件真实的助手。

普通法上,将有专门技能者的意见提交给陪审团,即当事人指示专家作证得以运用,最早可查是 1619 年的 Alsop v. Bowtrell 案。在该案中,医生方的证人就人类妊娠期的长度提供了专家证据,提出一名女性在丈夫死后 40 周 9 天分娩的婴儿完全可能是亡夫之子。在 1678 年的 R. v. Pembroke 案中,专家证据在刑事法庭上予以运用。此时,专家主要是针对事实进行作证。

18 世纪,英国法院在使用专家证据方面发生了两个重大变化。第一是运用专家证据解决的事实认定问题类型越来越复杂:16 世纪,专家解决的大多是"这个外来词是什么意思"这样的问题,因此被请来的专家都是语言学家;到了 17 世纪,专家解决的问题又增加了两类,即"专家认为事物的本质是什么"(如妊娠期的长度)和"专家的做法是什么"(如海盗是否被认为是"海上危险分子");自 18 世纪 30 年代起,开始看到外科医生、药剂师等专家被要求证明个体的身体或心理健康状况,这无疑是一个推理类型的进步,因为从此开始,专家被要求将其知识应用到个体身上,而不是简单地描述一般情况。[2] 然而,它

---

[1] Déirdre Dwyer, *The Judicial Assessment of Expert Evidence*, Cambridge University Press, 2008, p. 239.

[2] Déirdre Dwyer, *The Judicial Assessment of Expert Evidence*, Cambridge University Press, 2008, p. 249.

仍然是对目前情况的一种说明,而不是对过去或将来情况的估计。^① 直到1782 年,在 Folkes v. Chadd 案中,在认定工程师斯密顿(Smeaton)是否应该被允许提供关于港口淤塞的意见证据这一问题时,曼斯菲尔德勋爵(Lord Mansfield)首次运用专家证人制度,证明了一个关于因果关系的问题。人们普遍认为,英国现今意义上的专家证人的出现可以追溯至此。

第二是法院对当事人的专家及其证言的依赖程度越来越深。最初,陪审团不受专家意见的约束。随着 18 世纪专家职业群体及人们认为某些事项只能由专家给予适当建议的观念之发展,到了 18 世纪 80 年代,一些特定问题被认为只能由专家予以回答。^② 在上述 Folkes v. Chadd 案中,曼斯菲尔德勋爵提出,"在科学问题上,科学家的推理只能由科学家来回答","科学家可以在科学的范围内对已经得以证实的事实提出看法"。^③ 可以认为,这一阐述奠定了在法庭上适用专家证人的基础。然而,当专家证人受雇于诉讼的一方当事人时,他们会故意"塑造"自己的观点,以适应其"客户"的需求。在 1874 年的 Lord Abinger v. Ashton 案中,大法官乔治·杰塞尔(George Jessel)就曾提出了对专家意见的不信任。一方面,专家提供的是意见证据,并不会受到伪证罪的追溯,法官没有对其进行法律制裁的权力;另一方面,即使是专业人士,也会产生偏向其雇主的思想,"毫无疑问,为那些雇佣你并给予你足够报酬的人做一些有用的事情是自然的"。^④ 从当事人的角度来说,当事人总是会选择"最有利专家"(most favourable expert)。由于专家的选择和聘请是当事人基于其最佳利益进行的,因此当事人往往会在一些专家出具的意见中进行选择,直到找到认为对其最有利的意见。这一做法事实上是对专家证据理念的歪曲,以及对司法正义的贬损。随着法院对专家证据依赖程度的加深,专家意见具有偏向性的问题受到越来越多的关注。

这一问题在大陆法系国家能够得到避免,因为在德国、法国等大陆法系国家,鉴定人通常是由法院来委托的,并且在纠问制审判模式下,当事人在法庭

① Déirdre Dwyer, *The Judicial Assessment of Expert Evidence*, Cambridge University Press, 2008, p. 250.

② Déirdre Dwyer, *The Judicial Assessment of Expert Evidence*, Cambridge University Press, 2008, p. 253.

③ Folkes v. Chadd [1782]3 Doug KB, 157.

④ Lord Abinger v. Ashton [1874]22 WR 582.

上无须与鉴定人接触,被告不经常对鉴定人进行询问,法院委托的鉴定人与当事人互动很少,这些鉴定人更可能向法院提供客观和公正的意见。因此,为减少专家偏向性所带来的问题,在 1993 年的 National Justice Compania Naviera SA v. Prudential Assurance Company Limited 案(又称"Ikarian Reefer 案")①中,克莱斯维尔大法官(Justice Cresswell)全面总结了民事诉讼中专家证人的职责与责任,为后来法官在审判中处理专家证人的责任与职责问题提供了先例。其中,前两项内容均是对专家独立性及专家意见客观公正的要求。并且,英国通过颁布《专家证人行为准则》(*Code of Conduct for Expert Witness*)来提高专家对其职责的认识,从而免于被律师操纵,再就是法院委托专家。

(二) 特别陪审团和技术陪审员

特别陪审团主要出现在商事案件中,由专家组成的特别陪审团主要对商业事务提供意见。由于民事诉讼中独立的法官审判逐步取代了陪审团的适用,并且法庭上越来越多的事实问题主要集中于科学或医学方面,因此 19 世纪以后,民事诉讼的法庭上使用专家组成的特别陪审团的机会越来越少。②

技术陪审员,又译作法庭顾问,指法庭邀请的具有专门科学或技术知识的专业人员,其与法官一起审理案件。技术陪审员以其专门知识,帮助法官解决案件的专门问题,对案件争议事项无裁决权。1873 年《司法法》第 56 条规定,高等法院和上诉法院在审理任何案件时,可以要求一名或多名技术陪审员加以协助。然而,无论是技术陪审员在开庭之前为法院就诉讼程序中待决之事项准备的报告,还是其出席开庭审理时就有关问题向法院提出的建议,均不能作为证据使用。1981 年《最高法院规则》第 70(1)条明确将技术陪审员的作用限制为"协助"法院"审理和处理"案件,其并不参与法官的任何判断,也无须为此负责。1984 年《郡法院规则》(*County Courts Act*)第 63 条则直接规定,技术陪审员在协助法院处理技术方面的问题时,应与法官一起坐在法官席。

---

① National Justice Compania Naviera S A v. Prudential Assurance Co Ltd "Ikarian Reefer" (1993)37 EG, 158.

② See Déirdre Dwyer, *The Judicial Assessment of Expert Evidence*, Cambridge University Press, 2008, pp. 262 - 263.

（三）法庭专家

19 世纪是英国自由放任的民事诉讼模式的鼎盛时期，但越来越多的人关注到了当事人专家可能存在的偏向性问题及其对司法公正可能带来的不利影响，这引起了实务界和理论界对法庭专家的极大关注。英国 19 世纪著名的证据法学家贝斯特（William. M. Best）在其 1854 年出版的《证据法原则》一书中，建议参考法国法院指定专家的做法，提出尽管英国法院通常不愿任命自己的证人，但除了"当然"为当事人的专家外，任命自己的专家可能对法院有利。① 随后，1873 年《司法法》第 56 条和第 57 条允许法院任命专家，同时对普通法也进行了相关的改革。但到了 1973 年，法院任命专家被认为违反了对抗制原则，因为这种做法剥夺了当事人确定证据的权利。当事人丧失了选择自己专家证人的权利，更重要的可能导致法院过分依赖其委托的专家提供的证据，结果是专家而非法官来作出判断。丹宁勋爵曾强调，在英格兰任命法院专家是"一件罕见的事"，因为"当事人意识到法院将高度重视法院专家的报告，并且不愿意将案件的裁决权留在他手中"。②

二、英国司法改革与专家证人制度的完善

19 世纪和 20 世纪，在英国法院的审判中，当事人的专家是专家证人中最为主要的角色。然而，专家证人制度存在一个潜在的利益冲突问题：一方面，专家证人的最高义务是协助法院；另一方面，在这种相持的制度下，由于专家证人能获得其中一方的报酬，会将自身角色定位为一方当事人的支持者，而这是以牺牲公正为代价的。因此，专家意见的偏向性成为英国现代专家证据制度面临的最根本、最严重的问题，涉及专家证据的案例说明了偏向性所带来的危险——专家并不能说明其提出专家意见的依据，而是将自身的角色定位为一方当事人的支持者而非专家，由此在专家证人之间产生新的对抗，加剧了对

---

① Déirdre Dwyer, *The Judicial Assessment of Expert Evidence*, Cambridge University Press, 2008, p. 271.

② "Use and Problems Of Expert Witnesses In Court Law Essay", https://customwritings.co/use-and-problems-of-expert-witnesses-in-court-law-essay/. (accessed Sep. 15, 2020)

抗的气氛。同时,对抗制诉讼给专家证据制度的运行带来的消极影响持续凸显:诉讼的进行主要由当事人负责,法官的职责在于裁判当事人选择提交法院的争点,并不负有对民事案件进行管理的职责,过度的、不合理的寻求专家证据加剧了诉讼的拖延并增加了诉讼的成本,法院对当事人为自身利益而采取的复杂的、攻击性的诉讼策略缺乏有效的控制,对抗的诉讼文化形成并阻碍了司法公正的实现。因此,英国十分关心对专家证据适用的控制,无论在民事诉讼领域还是刑事诉讼领域,均通过限制专家证据的适用,增强法官对诉讼进程的控制,以提高诉讼效率。这体现在英国推进司法改革的相关举措中,预示着英国民事和刑事司法领域在专家证据的处理方面越来越一致。

(一)民事司法改革

通过不间断的批判、反思和咨询,英国司法界进行了诸多改革,分别在外部(诉讼程序中)和内部(专业行业领域内)设计出一系列机制来试图解决专家意见偏向性所带来的问题,以充分发挥专家证人帮助事实裁判者理解证据和确定争议事实的作用。

以民事司法领域为例,为了克服诉讼成本高昂、诉讼迟延和程序复杂三大弊端,自 1994 年起,英国展开了以司法公正为首要目标的重大改革。改革的主要成果之一,是制定新的统一的《民事诉讼规则》(*Civil Procedure Rules 1998*, CPR),1999 年 4 月 26 日生效的《民事诉讼规则》突破并取代了《最高法院规则》,强调“法院(而非当事人)才是民事诉讼的中心与焦点,表明民事审判已从纯粹放任主义的对抗制转向管理模式”。[①] 民事司法改革对民事证据法进行了修订,新的规则主要见之于《民事诉讼规则》和《诉讼指引》,并逐步通过补充规则第 33 章,明确了 1995 年的《民事证据法》不再继续适用。

由专家证人引发的诉讼延误和高昂费用,是民事司法制度改革亟须解决的一个主要问题。《民事诉讼规则》第 35 章“专家证人和技术陪审员”(Experts and Assessors)规定了 15 个条款,内容涉及专家证人的界定、职责、单一的共同专家、专家报告的内容、专家证人之间的讨论、技术陪审员等方面。此

---

① Déirdre Dwyer, *The Judicial Assessment of Expert Evidence*, Cambridge University Press, 2008, p. 283.

外,《诉讼指引》(*Practice Direction*)第 35 章及《民事诉讼专家提供证据指导议定书》(*Protocol for the Instruction of Experts to Give Evidence in Civil Claims*)①中的有关内容,共同构成了英国民事诉讼专家证据制度。以上改革措施和相关规则的明确,目的是通过限制专家证据的运用、鼓励使用单一的共同专家及采取旨在减少审判中剩余问题的措施,以解决专家证人制度存在的问题。

《民事诉讼规则》关于专家证人的规定,对原有规则进行了许多修改,主要包括四个方面:强调专家对法院之职责,强调专家证人的合作性,限制专家证据的可采性,以及专家证据形式书面化。

1. 强调专家对法院之职责,弱化其对委托人的责任

为进一步强化专家证人的公正职责,《民事诉讼规则》第 35.3 条规定了专家证人对法院的优先职责,即运用其专业知识,帮助法院解决有关诉讼程序涉及的问题。这一规定有利于将当事人的利益排除在专家证人的职责之外,避免专家证人因为需对当事人负责,为当事人的利益而作出对立的证明。具体而言:

在专家的任命和选定方面,当双方当事人或多方当事人希望就某一特定问题提交专家证据时,法院可以指定只由一名专家证人就有关问题提交专家证据,即单一的共同专家证人(single joint expert)。

在专家证人参与讨论方面,在法院的指令下,专家证人可以参与任何诉讼阶段的讨论,包括参与审前程序,以缩小争议的范围。这是《民事诉讼规则》采取的降低诉讼费用、缩短诉讼时间的另一项措施。同时,由于民事诉讼是在平等主体之间进行的,如果一方当事人获取了另一方没有的信息,那么法院可以要求共享该信息。并且,在专家证人履行其职责时,《民事诉讼规则》第 35.14 条允许专家直接向法院请求指示及协助,从而降低了当事人在指定专家后操纵专家意见的可能。

2. 强调专家证人的合作性,构建当事人之间的合作机制

为减少诉讼的对抗性、降低诉讼费用并促进当事人之间的合作,此次改革强调单一的共同专家证人的运用,鼓励当事人就运用单一的共同专家达成协议,这一制度的创建也成为英国民事司法制度的新特征之一。沃尔夫勋爵在

---

① Civil Justice Council, *Protocol for the Instruction of Experts to Give Evidence in Civil Claims*, 2005.

《接近正义的最终报告》中提出："作为一项基本原则，只要纠纷与专门领域的知识有一定关联，法院不必直接审查相关观点，就应该使用单一专家证人。"①

《民事诉讼规则》第35.7条和第35.8条规范了单一共同专家的委托与确定，法院或当事人均有权决定任命一名单一共同专家，双方有权协商确定委托的专家。根据《民事诉讼规则》第35.7(3)条，当双方当事人就专家证人的人选不能达成一致时，法院有权强制使用单一的共同专家，在当事人准备或提出的专家证人名单中或者通过其他方式指定一名专家。单一的共同专家通常在诉讼标的额价值中等的案件中运用，这类案件相对简单，通过快速程序（fast track）予以解决。

3. 限制专家证据的可采性，防止专家证据不必要的使用

为遏制专家证人制度滥用局势的恶化，应采取措施来限制专家证据的运用，确认法院拥有处理专家证据事项的最终权力。一方面，《民事诉讼规则》使用"专家"一词取代了"专家证人"，此变化旨在去掉专家的"证人"标签，使得"专家"和"证人"在概念上予以区分，但专家仍然保留证人的法律地位，如专家继续享有民事诉讼中作为证人时的豁免权。②

另一方面，《民事诉讼规则》废除了普通法上当事人有权提出对己有利的专家证据的规定，对于法院同意的专家，才可以为诉讼程序准备证据。沃尔夫改革主张法院应积极管理案件，法院可以直接指示当事人提供何种证据，专家证据对认定问题没有帮助的话，亦可排除适用。《民事诉讼规则》第35.1条规定，"限制专家证据的运用，仅在解决诉讼程序涉及问题之合理必要的情况下，才能适用"；第35.4(1)条规定，"未经法院许可，任何当事人皆不得传唤专家证人作证，也不得将专家报告作为证据"。虽然当事人仍然可以聘任其他专家，但他们被戏谑地称为"影子专家"，无法以专家的身份出现在法官和对方当事人面前，③只是作为专家顾问提供建议（如对单一的共同专家出具的报告发表意见），而不是为诉讼程序准备证据。

---

① *Access to Justice Final Report*, Recommendation 167.

② Stanton v. Callaghan［2000］1 QB 75; D. Dwyer, "Legal Remedies for the Negligent Expert", *Evidence and Proof* 12(2008), pp. 93-115.

③ Déirdre Dwyer, *The Judicial Assessment of Expert Evidence*, Cambridge University Press, 2008, p. 186.

4. 专家证据形式书面化,明确专家报告的内容及格式

专家证据一般采取书面形式,限制言词专家证据的适用。《民事诉讼规则》第 35.5 条规定,除法院另有指令外,专家证据必须以书面报告的形式提交。为加强法官对案件的管理,根据诉讼案件的性质、诉讼标的额的大小与繁简程度,沃尔夫勋爵设计并在新的《民事诉讼规则》中确立了三种诉讼程序,分别是小额程序(small claims track)、快速程序(fast track)和多轨程序(multi-track)。(1)小额程序适用于诉讼标的额不超过 5000 英镑的民事案件;(2)快速程序适用于案件诉讼标的额在 5000 英镑至 15000 英镑之间的案件,案件的审理严格依照固定的时间表,从发出指示到庭审所需的时间一般为 20 周到 30 周;(3)多轨程序适用于诉讼标的额超过 15000 英镑,以及由于案情复杂而不宜适用快速程序审理的案件。其中,在快速程序中,明确限制口头专家证言的使用,规定专家在必要时,应通过书面陈述和书面证据予以补充。以上举措均有利于诉讼成本的降低及诉讼进程的推进。

《民事诉讼规则》的另一项重要变化,是规范了专家书面报告的运用。《诉讼指引》第 35 章第 1.2 条规定了专家报告所应载明的内容事项。英美法在传统上重点关注审判时言词证据的提交方式,而英国的《民事诉讼规则》则不同,其规定试图阻止庭审时专家的使用,并将注意力集中在审前专家证据的交换,以缩小系争范围。[①]

另外,在专家证据采用书面报告形式的同时,为保障当事人对专家报告所载内容提出质疑的权利,《民事诉讼规则》第 35.6 条规定,一方当事人可以向对方当事人委托的专家提出书面问题,并要求其进行书面答复。

英国以上有关专家证人的相关改革举措受到了法官的欢迎,罗斯法官(Judge William Rose)指出,"专家证人的责任由当事人转向法院确实节省了时间和费用……我关于专家证人的讨论使我相信……改革会受到广泛欢迎";地区法官里斯(Wyn Rees)则认为,此次改革的系列举措"使得大量的专家证言被采用,并反过来有助于早期和解或诉讼解决的实现"。[②] 专家证人本身也

[①] Déirdre Dwyer, *The Judicial Assessment of Expert Evidence*, Cambridge University Press, 2008, p. 186.

[②] *Emerging Findings: An Early Evaluation of the Civil Justice Reforms*, March 2001, para 4. 21 & 4. 22.

对改革持肯定态度,更重要的是,民事司法制度改革中,有关专家证人的完善举措获得了民众的广泛支持。英国司法大臣办公厅(Lord Chancellor's Department)于 2001 年 3 月发布的《英国民事司法改革初期评估报告》(*Emerging Findings: An Early Evaluation of the Civil Justice Reforms*)中的调查显示,单一共同专家制度的运行情况良好,自《民事诉讼规则》实施以来,有专家证人参与的案件比例越来越高,而由各方当事人聘请专家证人的案件比例稍有降低,这表明该制度有助于形成一种减少对抗的诉讼文化、促成早期和解并降低诉讼成本。① 当然,实践中,当事人依然喜欢指定他们自己的专家证人,以影响单一共同专家证人。因此,此次改革在降低诉讼费用方面的功效还需继续观察。总之,尽管尚有一些不同的声音,但是从总体上看,专家证人制度的改革取得了初步的成功。

2001 年 12 月,英国发布了第 2 版《专家证据指引法》(*Code of Guidance on Expert Evidence*),为聘请专家证人的当事人提供指导。2014 年 12 月 1 日,作为《民事诉讼规则》第 76 次修订的一部分,《民事诉讼专家指示指南》(*Guidance for the instruction of experts in civil claims*)正式生效,取代了《诉讼指引》中的《民事诉讼专家作证指示议定书》(*Protocol for the Instruction of Experts to Give Evidence in Civil Claims*)②。新的指南内容包括选任和指示专家、单一的共同专家、专家报告、专家之间的讨论、专家出庭等方面,相比之前,在内容和顺序上均进行了一些修改和调整。

(二)刑事司法改革

法庭科学是刑事司法系统的组成部分,往往在刑事诉讼程序中的提供证据方面发挥关键作用。为防止专家证人被不必要地使用而导致案件审理的拖延或诉讼费用的过多增加,1999 年 4 月 26 日生效的《民事诉讼规则》针对专家意见的有关规定,体现了法院对专家证据的控制,而刑事司法制度的改革——

---

① 根据审判抽样调查显示,2000 年,英国有 36% 的案件涉及专家证人,由当事人聘请的专家证人占 22%,而 1997 年,专家证人参与的案件比例为 25%。由于新规则实施前不存在单一共同专家证人,因此这些案件中的专家证人,事实上都是当事人单方聘请的。See *Emerging Findings: An Early Evaluation of the Civil Justice Reforms*, March 2001.

② 《民事诉讼专家作证指示议定书》于 2005 年生效,并于 2009 年修订。

2005 年 4 月引入《刑事诉讼规则》(*The Criminal Procedure Rules*，CPR)，标志着民事和刑事司法领域在处理专家证据方面越来越一致。2005 年《刑事诉讼规则》(*The Criminal Procedure Rules*)第 24 章专家证据的披露，对披露专家证据的要求、扣留证据和未披露的后果作出了规定。

2009 年 4 月，法律委员会(The Law Commission)发表了一份题为《刑事诉讼中专家证据可采性》(*The Admissibility of Expert Evidence in Criminal Proceedings*)的咨询文件，对刑事诉讼中的专家证据可采性问题进行了咨询，提出普通法中专家证据可采性中的有关可靠性认定之现有方法存在问题，反映出英格兰及威尔士对专家证据可采性普遍采取放任态度，呼吁进行相应改革。具体来说，为确保专家证言具有足够的可靠性，司法改革委员会提出了一项确定专家证据可采性的通用标准：(1)证据必须以合理的原则、技术和假设为基础；(2)原则、技术和假设必须适当地适用于案件的事实；(3)证据应得到适用于案件事实的原则、技巧和假设的支持。

此外，2013 年 1 月，英国司法部发布了《关于执行司法改革委员会提案的报告》(*Report on the Implementation of Law Commission Proposals*)，指出应在刑事诉讼中对专家证据进行新的法定可靠性测试。这一报告虽然没有提及在民事诉讼案件中引入这一测试，但可以推测的是，如果在刑事诉讼中的运用证明这一测试是成功有效的，那么其也可以在民事诉讼中得到应用。① 2015 年《刑事诉讼指引》(*Criminal Practice Direction*)以《刑事诉讼规则》为基础，为专家证人的行为、责任等提供了进一步的指导。

2018 年，法庭科学监管局(Forensic Science Regulator，FSR)致信刑事诉讼规则委员会，指出实践中，一些专家证人并未能就其专家资格和专门知识进行准确与客观的说明，包括专家应当披露的事项并未披露，如有的专家并未透露其曾受到上诉法院的严厉批评；还包括专家披露了一些与案件无关的事项，如有的专家披露了其违章停车的罚款通知书等。对此，刑事诉讼规则委员会认为，《刑事诉讼规则》之规定确实存在歧义，模糊之处包括应由谁披露和披露哪些信息两个方面。披露的主体无疑是专家，专家应当承担披露其资格、专门

---

① Steve HuygheSr and Adrian Chan, *The evolution of expert witness law under UK and US jurisdictions*, 8 Construction Law International 15(2013).

知识等信息的责任。而在披露的事项方面,2019 年 4 月 1 日生效的《刑事诉讼规则》第 19.2 条和第 19.3 条进行了重要修订,规定专家有义务向指示他们的人披露其所知悉的可能被合理认为损害专家意见的可靠性,或者损害专家可信性(credibility)或公正性的任何事情。指示专家的一方必须将上述有关的任何事项,与专家报告一起向对方披露。具体而言,这一微妙而彻底的变化主要体现在第 19.3(c)条的内容上。修订之前,该条仅要求披露任何合理认为能够"大大降低该专家可信性"的内容,并没有明确专家有义务向其指示者披露信息;而修订后的条文着重将应当披露的事项予以明确,即影响专家意见可靠性及专家可信性和公正性的事项,同时明确规定,专家有公开这些事项信息的义务。

由此,专家证人需要对自己是否知道有可能影响其观点的可靠性,或者作为专家证人的可信性或公正性的任何事情进行认真考量,并依据上述规定,对这些事项及信息予以披露。

(三)法庭科学服务机构和管理体制改革

与刑事诉讼中的专家证据制度改革密切相关的,还有英国针对法庭科学服务机构和管理体制进行的改革。广义上说,法庭科学是一门用于法律目的或"属于法院"的科学。法庭科学的广泛应用,已成为刑事司法和民事司法的惯例。英国刑事起诉署(Crown Prosecution Service/CPS)曾这样总结法庭科学的重要性:"法庭科学在越来越多的刑事犯罪的调查和起诉中,发挥着重要的作用。从犯罪现场的调查开始,一直到刑事审判时所依赖的证据认定,它都被加以运用。"

目前,英国的专家证人主要来自提供法庭科学服务的独立机构,这些机构大多为公司化运作,也有若干独立地提供专家证人服务的个人。同时,在英国的警察局内部,也有少量的专业人员从事一定的技术工作,主要是为了协助警察局的侦查而进行指纹、鞋印和部分公共电视监控的比对,如负责对犯罪嫌疑人指纹、鞋印等痕迹与犯罪现场获取的痕迹进行比对等,但他们并不向警察局以外的其他机构、团体和个人提供帮助或服务。除了上述比对技术外,警察局所有侦查工作需要的技术支持,均由警察局以外的法庭科学服务机构或个人提供。①

虽然专家意见等科学证据早已得到认可,但其可靠性近年来在英国受到了严格的审查,也出现了一系列批评法庭科学质量不高及科学证据具有不可靠风险的声音。对此,1993 年,皇家刑事司法委员会建议成立法庭科学咨询委员会(Forensic Science Advisory Council,FSAC),作为法医学领域的监管机构和独立的咨询来源。直到 1999 年,英国议会决定实施统一登记管理法庭科学从业人员之举措,设立法庭科学执业登记委员会,从而拉开了法庭科学服务机构改革的序幕。

首先,英国将内政部管理的法庭科学服务局(The Forensic Science Service,FSS)分离出来,并将警察局下设的实验室剥离出来,以保持法庭科学服务机构的独立地位。

自 20 世纪 80 年代以来一直处于垄断地位的英国法庭科学服务局②,主要为英格兰和威尔士刑事案件的调查提供法庭科学服务。为充分保障当事人获得鉴定的平等权利,并保证法庭科学服务机构的中立性及其收集证据的权威性,法庭科学服务局成为市场化运作的国有公司,后发展成为商业组织。FSS 雇佣了大约 1300 名科学专家,每年处理大约 12 万起案例,并为全球 60 多个国家提供咨询、培训、系统与数据库技术支持、案例分析等服务,特别是在DNA 技术领域,其处于国际领先地位。虽然该服务局为英格兰和威尔士的警察提供约 60% 的法庭科学服务,但是英国内政部于 2010 年 12 月 14 日宣布关闭法庭科学服务局,理由是其每月损失高达 200 万英镑。在 FSS 关闭后,由其管理的大量案例文件、论文和材料被保存下来,成为英国刑事司法系统的重要资源。

其次,设立法庭科学服务执业登记委员会,对法庭科学服务人员实行职业登记,并逐步扩大登记范围。2000 年,英国成立了全国性的法庭科学服务从业者执业登记委员会——法庭科学执业登记委员会(Council for Registration of Forensic Practitioners,CRFP),标志着其法庭科学服务管理体制由分散型向

---

① 参见霍宪丹、王公义:《英国专家证人与诉讼参与机关及当事人的关系》,载司法部司法鉴定管理局编:《两大法系司法鉴定制度的观察与借鉴》,中国政法大学出版社 2008 年版。
② 1991 年,英国法庭服务局成为英国内政部的执行机构;至 2003 年,该局改制为政府所有、承包商运营的公私合营模式。

集中型转化的改革取向。该委员会负责审查全英国范围内的法庭科学服务者的执业能力,并对通过审查的法庭科学人员进行注册登记,为律师、控方、仲裁机构选择专家证人提供参考,也为法庭审查专家证人的资格提供参照。但由于财政原因,CRFP 于 2009 年被关闭。

最后,促进法庭科学机构私有化,所有的机构都将成为个人经营的公司,全部走公司化运作的道路。

通过以上改革步骤,英国希冀其法庭科学服务行业形成一个真正公平竞争的市场,私营部门竞相以最低成本提供创新服务,更快、更有效地清除严重犯罪,最大限度地发挥科学证据在打击犯罪方面的积极作用。

然而,FSS 的关闭对英国刑事诉讼中使用的科学证据的质量和公正性是否会有影响? 在法庭科学服务局被关闭,以及对公办法庭科学机构实施紧缩措施后,警察部门被鼓励在内部开展更多的司法工作。数据表明,2015 年至 2016 年相比 2010 年,英国警方用于外部法医学服务的支出下降了约 40%,预计 2016 年至 2017 年还将进一步下降 3%。[①] 但许多警察局实验室由于没有获得 NFFA 质量标准的认证,因此将其工作移交给未经认可的警察或私人实验室,而这被认为是非常不可取的,因为这将对刑事司法造成重大和不可接受的风险。[②] 另外,由于 CRFP 是一种自愿选择的认证体系,并不对法庭科学专家和专家证人进行全面与严格的审查,因此其中许多人仍然能够在法庭上作证,而不管他们的登记状况如何。[③] 在这种状况下,法庭科学监管局(Forensic Science Regulator, FSR)的角色就至关重要,英国下议院科学技术委员会(House of Commons Science and Technology Committee)提出建议,敦促政府赋予其执行质量标准的法定权力。[④]

法庭科学监管局是英国政府于 2007 年成立的,旨在改善刑事司法中科学

① Gary Bandy & Jean Hartley, *Debate: When Spending Less Causes a Problem*, 38 PUB. *MONEY* & *MGMT.* 52,53(2017).

② Carole McCartney & Emmanuel Amoako, "The UK Forensic Science Regulator: A Model for Forensic Science Regulation", 34 *Ga. St. U. L. Rev.* 945(2017 - 2018).

③ Science and Technology Committee, *Forensic Scienceon Trial*, 2004 - 05, HC 96 - 1, at 62 - 63 (UK).

④ House of Commons Science and Technology Committee, "The Forensic Science Service (Seventh Report of Session 2010 - 12)", https://publications.parliament.uk/pa/cm201012/cmselect/cmsctech/855/855.pdf.(accessed Sep.12,2020)

证据质量问题的专门机构，隶属于内政部，致力于促进法庭科学服务市场的公平竞争，保证所提供的科学证据都可靠而有力。FSR 制定包括法庭科学提供者、从业者及法庭科学方法在内的质量标准，于 2011 年发布了《刑事司法系统法庭科学提供者及执业者行为守则》（第 1 版），于 2023 年发布了《法庭科学活动：法定行为守则》（Forensic science activities：statutory code of practice），这些标准是为刑事司法系统提供科学证据服务所需的最低要求。虽然该监管机构仍然缺乏有意义的执法权力，无论是对警察部门还是商业的法庭科学机构采用以上标准都是非强制性的，但英国政府为法庭科学服务引入独立的监管机构是重大的制度创新，未来可期待其发挥更有力的作用。

第三节　专家证人的职责与行业管理

专家证人具有独立的职责，表现为独立的诉讼地位，以及独立地行使权利和履行义务。英国对专家证人的管理以自律管理为主，政府管理为辅，近年来加大了政府管理的力度。

一、专家证人的法律（诉讼）地位

在英国法上，专家证人被认为是特殊的证人，因此其诉讼地位也与普通证人有所不同。由于专家证人的聘请取决于当事人的自由意志，因此专家证人的职责范围、权利义务、报酬等事项，由当事人与专家证人双方协商确定。但是，这并不意味着专家证人依附于当事人，其具有独立、公正和客观的法律（诉讼）地位。如果专家证人缺乏独立性和客观性，那么将对法院产生不利影响，从而导致专家证人在诉讼中发挥的功能受到贬损。专家证人独立、公正和客观，即要求其首先处于独立于当事人的立场，依据自身的经验和专业知识，独立地出具意见，并且独立行使其职责，向法院负责。

首先，立场独立。专家证人的立场独立是专家意见具备客观性的前提，也是专家证人对法院负有优先职责的体现。专家证人不仅仅表达其聘请一方的立场，而且应当运用其专业技能、知识和经验，为法院提供有关专业领域的必要信息,协助法官作出决定。事实上,在传统的对抗制模式下,当事人的专家证人和律师一样依附于当事人,根据当事人的指示,就技术问题提出意见。由此,专家证人的客观中立性逐渐受到质疑,英国越来越重视专家证人的偏向性问题,并推动了相应的改革予以纠正。

专家证人独立、公正和客观,即要求专家证人不依附于其中一方当事人,不只是由于选择支持一方而得出结论,还必须考虑到可能推翻其结论的所有情况,这也包括可能与其形成的意见相悖的任何事项。

其次,意见独立。专家证人是否存在偏见或缺乏独立性,是法官评价专家证据的重要方面。专家表达的意见应该是专家自身独立形成的,而不是聘请他的当事人或任何其他人的意见,并且不应因诉讼要求而影响其形式或内容。在 Whitehouse v. Jordan 案中,威尔伯福斯法官(Wilberforce)指出,"提交给法官的专家证据必须是,并且应该被视为专家的独立产品,其在形式和内容上均不受诉讼紧急情况的影响,若非如此,证据可能不仅是不正确的,而且是弄巧成拙的"。[①] 沃尔夫改革建议专家应在其报告中加入一项声明,专家证人学会(ExpertWitness Institute)推荐的专家声明文本如下:"我已尽力在报告中加入那些我已知或已知可能对我意见的正确性产生不利影响的事项。"[②]除应独立形成、独立发表意见外,专家的意见必须是客观和公正的。在刑事诉讼中,尽管被告有权要求自己提出专家证据,但这是检方指示的专家证人(实际上是任何被告所称的专家证人)在刑事案件中有责任为正义行事。专家必须在遵守证据规则的前提下,在其专业领域内提供客观、公正的意见,以协助法院。

最后,职责独立。专家证人不仅应该表达指示其或承担其费用的当事人的立场,而且更应优先对法院负责,即在立足客观事实的基础上,运用其专业知识或经验,向法官或陪审团提供有关专业领域的信息及必要的科学标准来检验其结论的准确性,以便法官或陪审团能够通过将这些标准运用于证据所证明的事实来形成自己独立的判断。另外,专家证人虽独立行使其职责,但不能替代法院作出判断,只能提供证据。

---

① Whitehous v. Jordan (1981) WLR 246.
② Keith J. B. Rix, "Expert evidence and the courts: 1. The history of expert evidence", Advances in *Psychiatric Treatment* (1999), vol. 5, p. 73.

在 1993 年的 National Justice Compania Naviera SA v. Prudential Assurance Company Limited 案（又称"Ikarian Reefer 案"）[①]中，某些专家证人对其职责和责任的误解，导致了法庭审判的延误。由此，克莱斯维尔大法官（Justice Cresswell）在判决中认为，向法庭提交的专家证据应该是专家的独立"产品"，其形式或内容均不应受当前诉讼的影响，并列举了民事诉讼中专家证人应承担的职责和责任：

第一，向法院提交的专家证据应当是该专家独立得出的，其形式和内容均不受诉讼需要的影响；

第二，专家证人应当向法庭提供独立的协助，通过运用其专业知识，对案件的有关事项提出客观公正的意见，高等法院的专家证人不应该充当辩护人的角色；

第三，专家证人应对其出具的专家意见所依据的事实或假设作出说明，不应忽略可能会减损其结论意见的重大事实；

第四，专家证人应当在特定的问题或争议超出其专业知识时作出明确说明；

第五，如果专家意见是在证据不充分的情况下得出的，那么必须说明这一意见只是暂时性意见；如果准备报告的专家证人由于某些条件限制，不能断定报告中的内容是全部事实，那么这些保留就应当在报告中列明；

第六，在专家报告交换后，如果专家证人由于读到对方的专家报告或任何其他原因改变了其对主要事实的观点，那么应立即（通过诉讼代理人）将此观点变更通知对方当事人，并在合适的时候告知法庭；

第七，如果专家报告涉及照片、规划、计算、分析、测量、检验报告或其他类似文件资料，那么必须在交换专家报告的同时，向对方当事人提供这些文件。

以上案件所确立的专家职责，随后适用于英国所有法院的审判，以确保专

---

① National Justice Compania Naviera SA v. Prudential Assurance Co Ltd "Ikarian Reefer"（1993）37 EG，158.

家独立地就其专业知识范围内的事项向法院提供客观、公正的意见。在 1998 年发生的 Clough v. Tameside&Glossop Health Authority 案①中,布雷斯韦尔法官(Bracewell)要求该案专家向对方当事人开示其出具报告所依据的一封信件,即使该专家并不愿意公开信件内容。

另外,成文法及其指引也对专家提供客观、公正意见的独立职责进行了明确。例如,《民事诉讼指引》第 2.1 条和第 2.2 条明确规定,专家证据应该是专家不受诉讼压力影响下的独立"产品",同时专家应协助法院就其专长范围内的事项提出客观、公正的意见,而不应是承担律师的角色。

二、专家证人的权利与责任

(一) 专家证人权利的进一步明确

1. 专家证人有权就其专业服务收取适当的费用,费用的多少不应取决于争议的结果,专家证人也不应寻求或接受超出正常费用的任何其他利益。②

2. 专家不仅可以根据自己的经验得出结论,还有权运用其专业领域中属于他人的材料或观点,这是由于专家自身的经验必然有其局限性,因此应当考虑任何可以获取的材料。但需要注意的是,专家意见依据的主要事实必须为可采的证据所证明。一旦如此,"专家有权引用其他人的著作——无论是否出版——作为他们自己在该领域的经验"③,但专家必须在证言中对其引用有所提及。

3. 专家证人享有有限的豁免权(Litigation Privilege)。赋予专家一定的豁免权保护,体现出英国法对司法裁判首要利益及专家证人权利关系的主要考量。专家豁免规则的设立,一方面是为了避免专家证人因被诉风险而不愿向法院提供与指示他的当事人利益相反的证据,即使这可能违反了其对法院的职责要求;另一方面可以使专家免于承受来自当事人的压力,其出具的证言

---

① Clough v. Tameside&Glossop Health Authority (1998) Lloyd's Rep Med, 69.

② Robert Sutherland, *Expert evidence-the role*, *duties and responsibilities of the expert witness in litigation*, http://www. terrafirmachambers. com/articles/ExpertEvidence-RoleDutiesandResponsibilitiesoftheExpertWitnessinCourtProceedings. pdf. (accessed Oct. 3,2020)

③ [英]克里斯托弗·艾伦:《英国证据法实务指南》(第 4 版),王进喜译,中国法制出版社 2012 年版,第 317 页。

更易被采信为证据。最初的专家豁免权范围限于专家在法庭上提供证据,后来扩展到涵盖专家报告和包括开庭前的专家联席会议在内的,与法庭审理案件密切相关的一系列事项。

在民事案件的审判中,英国法院基本上已取得如下共识:基于保障司法裁判首要利益的需要,不应遏制双方当事人的专家在审前讨论过程中获得有效、一致意见可能性的发生,应当赋予专家证人对任何向法院递交的书面报告及专家讨论的内容免受起诉的特权保护。在 Stanton v. Callaghan 案①中,专家证人在与对方当事人的专家会面后更改了自己的原始意见,对此,上诉法院在理解和把握赋予专家豁免权的理由上存在争议,但最终依据《最高法院规则》认定,本案中的专家证人不应因这一过失被控告,这主要是基于保障司法裁判首要利益的需要,在双方当事人的专家讨论的过程中,不应存在任何可能遏制双方达成有效、一致意见的因素。在该案中,专家证人的豁免权范围扩展至专家报告、任何的联合陈述及专家为提供证据而进行的任何准备工作。

而在 2011 年 Jones v. Kaney② 这一具有里程碑意义的案件中,英国最高法院(UKSC)以 5∶2 的多数意见,判决应当废除专家证人因过失违反职责免受追诉的豁免权,而专家豁免规则已经在英国存续了 400 多年。本案原告 Paul Wynne Jones 控告其在一起交通事故索赔诉讼中聘请的专家证人 Sue Kaney,要求判定被告赔偿原告在另一交通事故索赔诉讼中本应获得的赔偿金。被告 Kaney 为一名临床心理学家,最初于 2003 年 7 月诊断索赔人 Jones 患有创伤后应激障碍(PTSD),但当年 12 月,她改变了上述判定,提出 Jones 有创伤后应激障碍的部分症状,并且情绪非常沮丧。交通事故索赔诉讼的对方当事人的专家对此提出异议,经过电话讨论后,Kaney 医生在不加评论和修正的情况下,签署了一份与对方专家共同出具的联合声明。该声明载明,原告 Jones 有欺骗行为,其没有任何精神疾病,从而导致原告 Jones 关于其受伤陈述的真实性遭到严重怀疑。法院最终依据这一联合声明作出了判决,而判决的赔偿数额比依据最初诊断意见少得多。虽然 Kaney 医生后来承认,该声明

---

① Stanton v. Callaghan, [2000] QB; [1999]2 WLR 745; [1998]4 All ER 961.
② Jones v. Kaney, [2011] UKSC 13; [2011]2 ALL ER 671; [2011]2 WLR 823.

未能反映出她与对方讨论过的内容,并且她是在对方的压力下签署的,但原告认为由于被告过失(negligence)违反专家职责作出的意见,导致其未能获得应有的赔偿,被告则请求专家豁免。

最终,最高法院通过判决,废除了英国法上存续 400 多年的专家豁免权,而本案废除的专家豁免权是因专家过失而导致其违反职责的情况。此时,当事人可以起诉专家证人违反合同和/或承担过失侵权责任。英国最高法院强调,这个结论不会扩展至专家证人关于诽谤诉讼享有的绝对特权。菲利普斯勋爵(Lord Phillips)认为:"专家豁免权的产生,是对心怀不满的诉讼人或刑事诉讼中的被告人的实际或者可察觉的趋势作出的反应,即对那些提供证据的人诽谤或就诽谤提起诉讼。……因此,豁免权本来是对诽谤主张享有绝对特权的形式,并扩大到所有参加法律诉讼的人。"对此,英国有学者认为,至少在涉及专家一致意见时,应继续维持民事诉讼中的专家豁免权。[①]

上述案件确立的规则之意义在于,对于当事人而言,他们可以获得更高质量的意见,专家确保其给出的意见是经过深思熟虑的,当事人尽早地了解其在诉讼中的真正实力,便于他们更好地决定是否提起诉讼,以及知晓解决纠纷的关键在哪里;对于专家而言,绝大多数专家证人以高度专业的方式行事,因此几乎不用担心被诉,尽管在实践中,他们可能会面临专业赔偿保险费的增加,以弥补被起诉的额外风险。[②]

(二) 专家证人责任的逐步强化

英国法对于专家证人责任的规定是逐渐完备的,主要通过规定和强化专家证人的任务与责任,明确了专家证人应当优先对法院负责,以及专家证人在违反真实义务时所应当承担的法律责任。这些规定虽然没有从根本上杜绝专家证人为维护当事人利益而发表虚假证言的情况,但确实收到了一定成效,使

---

① Déirdre Dwyer, *The Judicial Assessment of Expert Evidence*, Cambridge University Press, 2008, pp. 297 - 298.

② See Nabarro LLP, *Expert witness immunity abolished: expert witnesses can now be sued for negligence*, https://www. lexology. com/library/detail. aspx? g = 0e39949e-8034-4092-ad88-8be6870f985b. (accessed Jan 11,2019)

一度在司法实践中失去公信力的专家证言又重新获得了生命力。[①]

1. 在其专业范围内向法官提供客观、公正的意见

不同于美国《联邦民事诉讼规则》并未正式明确专家的职责,英国 1998 年《民事诉讼规则》第 35.3 条明确规定了专家对法院的职责具有优先性:(1)专家证人有责任在涉及其专业领域的问题上向法庭提供帮助;(2)专家证人对法庭的这种责任,优先于其对指示人或费用承担人之义务。《刑事诉讼规则》也有类似的规定。同时,在接受指示时,专家有责任对委托人就其进行的调查工作给予应有的注意,并提供有充分根据的意见证据。这就需要专家只承担他有能力执行的任务,只提出他有能力提出的意见。

2. 专家证人不得为任何损害其诚信之事

专家证人须向法庭负责,即诚实对待事实,技术推理透彻,出具的意见真实且完整。这不仅适用于口头证据,也适用于书面报告,无论证人是否宣誓。并且,专家必须对其所知晓的客户的身份和在调查过程中获得的有关他的任何信息进行保密,除非法律要求披露或客户授权披露。[②]

3. 任何接受指示担任专家证人的人应确保熟悉《民事诉讼规则》第 35 章、《刑事诉讼规则》第 19 章等有关专家证人、专家证据的规定

此外,专家证人应当具备高标准的技术知识和实践经验,并应通过工作经验、适当而持续的专业发展和培训,了解其所在领域的最新研究和发展。

三、专家证人行业管理的蓬勃发展

近年来,英国专家证人组织和专家证人培训课程蓬勃发展。为促进专家功能的更大发挥,确保既有优异成果得以维持和发展,并促进有效解决争议,英国成立了专家学院、专家证人协会、专家证人学会等组织,确立行业技术标准,实现行业的自律管理。

[①] Judge Arthur TompKins, *The Role and Use of Expert Witness in Trials*, From http://www.legalresearch.auckland.ac.nz/docs/Tompkins.pdf. 转引自徐继军:《专家证人研究》,中国人民大学出版社 2004 年版,第 57 页。

[②] Expert Support Services from the UK Register of Expert Witnesses, Factsheet 02: Expert Evidence. (accessed October 11, 2018)

英国专家学院（The Academy of Experts，TAE）成立于1987年，既是首个有关专家的专业学会，也是专家资格认证机构，旨在促进专家证人制度得以更好地利用，并确保维持和发展专家意见的卓越标准。尽管该学院理事会有法律专业人员的代表，但包括主席在内的大多数官员都是专家——专家学院以服务专家和雇佣专家的人为目的，由专家进行管理。① 学院设有纪律委员会和司法委员会，制定了《专家实务守则》，并设置了一系列体现专家独立履职的价值观和标准，其成员必须遵守。

1. 专家在行使职责过程中，不得以任何妥协的方式做出损害或可能损害以下任一事项之事：

a）专家的独立性、公正性、客观性和完整性；

b）专家对法院或法庭的责任；

c）专家或一般专家的良好声誉；

d）专家适当的工作标准；

e）专家的保密义务。

2. 在任何有争议的诉讼中，被聘用或受雇的专家不得与他人达成任何可能违背公正性的协议，也不得使其酬金取决于案件的结果，也不应接受除酬金和费用外的任何其他利益。

3. 如果存在实际或潜在的利益冲突，那么专家不应接受任何指示。尽管有此规则，但是如果需要向法官或任命他的人进行全面披露，那么专家可以在适当情况下，接受以上有关人员明确确认其披露的指示。

如果在接受指示后发生实际或潜在的冲突，那么专家应立即通知所有相关人员，并在适当情况下辞去委托。

4. 为保护委托人获得足够的赔偿，专家应向信誉良好的保险公司投保（专家学院对专业赔偿保险的最低要求为100万英镑）。

5. 专家不得以任何粗俗的方式进行宣传，不得以任何不准确或误导的形式加以宣传。

---

① Available at http://www.academyofexperts.org/. （accessed Oct. 10, 2020）

　　6. 专家应遵守所有适当的操作规范和准则。①

　　学院成员取得资格还必须通过专门的会员资格考试,其书面考试侧重于通过测试专家提供意见的经验,考察候选人将理论与实践结合的能力。② 学院还提供全面的培训课程,使会员能够发展他们的专业技能,并持续开展职业发展活动。培训课程的范围覆盖基本的专家的角色和责任、程序规则的要求,以及提供证据的实践。

　　专家学院致力于统一标准。除了统一专家报告格式,2015 年 1 月 30 日,学院还推出了供所有专家使用的专家简历范本——一种"法官友好"的简历格式,与专家报告一起使用。③ 专家证人简历范本的推出,是为了便于法院了解专家证人对有关案件的资格和经验。专家证人简历的范本与专家报告范本一起使用,这使得法院希望获知的专家的相关信息能够以便于法官了解的形式呈现。当然,一些法院还对专家简历有其他特殊或附加的要求。例如,英格兰和威尔士的家事法院希望专家简历呈现出其在过去一年内接受过专家证人的相关培训。④

　　更为重要的是,专家学院制定的《专家实务守则》(*Code of Practice for Experts*)于 2005 年 6 月 22 日经上诉法院民事庭庭长和民事司法委员会主席批准,于 2006 年 6 月 26 日由高等法院王座分庭庭长(Queen's Bench Division)运用于刑事诉讼中。

　　1996 年,英国成立了专家证人学会(Expert Witness Institute,EWI)和专家证人协会(Society of Expert Witnesses),前者是以非盈利为目的设置的,后者旨在促进专家证人所提供服务的提升。

　　另外,英国最大的经过审查的专家证人数据库是专家证人登记册(UK

---

① The Academy of experts："Code of Practice for Experts", https://www.academyofexperts.org/system/files/documents/code_of_practice_2011.pdf.(accessed Sep.18,2020)

② See Keith J. B. Rix, "Expert evidence and the courts: 2. Proposals for reform, expert witness bodies and 'the model report'u",5Advances in *Psychiatric Treatment*156(1999).

③ The Academy of Experts："The Academy of Experts Model Form of Expert WitnessCV", http://www.academyofexperts.org/system/files/documents/mfcv100.pdf.(accessed Sep.15,2020)

④ Expert Witness CV template, https://www.academyofexperts.org/guidance/expert-witnesses/expert-witness-cv-template.(accessed Sep.15,2020)

Register of Expert Witnesses），每日进行资源更新，并为专家证人工作提供支持和一系列免费服务，以便于查询和了解不断变化的专家职责。此外，该数据库还可以提供业务方面的帮助和建议，涉及从制定约定条款到确保付款、专家报告的版权和增值税事宜。对于律师而言，该数据库独立审查有经验的专家证人并公布可靠的审查结果，以供其查阅和选择；对于专家证人而言，一旦经过这一平台严谨和独立的审查，就可以证明自身对相关业务的精通，从而通过专家证人登记册将自己的详细信息展示于在英国处理 80％以上诉讼案件的律师面前，这一平台还为专家证人提供职业责任保险（Professional Indemnity Insurance）服务。与之类似的，还有律师协会专家证人名录，目的也是协助律师找到合适的专家。

第四节　专家证人的选任程序

英国受当事人主义的影响来构建专家证人的选任程序，案件当事人平等享有专家证人选任程序的启动权，即在诉讼中是否需要专家意见，由当事人自己决定。当事人启动专家证人程序，就像向法庭提供普通证人出庭那样自由。在这一模式下，当事人的诉讼权利可以得到充分保障；特别是在刑事诉讼中，有利于保护被告人的权利，使审判者居中裁判、兼听则明。当然，其弱点是易造成诉讼拖延，使法庭成为"专家争斗"的场所。具体而言，民事诉讼和刑事诉讼中的专家选任有所不同。

《民事诉讼规则》第 35.4 条规定，当事人传唤专家证人或将专家出具的报告作为证据，必须经过法院的许可。专家证人的选任包括专家资格的审查、选任程序等。在刑事诉讼中，皇家刑事司法委员会的研究认定，科学证据形成过程中的首要方面，就是侦查人员必须确定是否利用科学证据和指定的科学专家。[1] 而《民事诉讼专家指示指南》明确，当事人在征求专家意见或法院允许任命指定专家之前，应确定以下事项，包括：专家是否拥有合适的专业知识和经

---

[1] ［英］麦高伟、［英］杰弗里·威尔逊主编：《英国刑事司法程序》，姚永吉译，何家弘审校，法律出版社 2003 年版，第 245 页。

验；是否熟悉专家的一般职责；是否可以在合理的期限内制作专家报告，处理有关问题并与其他专家进行讨论，且按有关事项的比例收取费用；是否可以应要求出庭接受质询；是否没有潜在的利益冲突。

另外，决定选任某位专家证人时，首先应当就一些事项达成一致。《民事诉讼专家指示指南》明确规定了通常应当包括的选任条款：（1）一方当事人拟委托的专家或单一共同专家的能力或者资格；（2）专家所需的服务（如提供专家报告、书面回答问题、出席会议和出庭）；（3）提交报告的时间；（4）专家收费的依据（如每日或每小时的收费标准，以及预估可能需要的时间，或者服务的固定收费），当事人各方必须向法院提供拟委托的专家证据的估算费用和每一个诉讼阶段的估算费用；（5）差旅费用和支出；（6）注销费；（7）因出庭产生的任何费用；（8）付款时间；（9）费用是否由第三方支付；（10）如果当事人是公费资助的，那么是否对专家的收费作出评估；（11）专家的费用和开支可能受到法院的限制（小额程序的专家费用不能超过 750 英镑）。①

一、民事诉讼中专家证人的资格与审查

专家证人必须有足够的知识和经验，以证明其出具的意见有理由作为有关事项的专家意见提交陪审团。一般来说，作为专家证人的人员不需要有正式的资格。在 1892 年的 R v. Silverlock 案②中，一名事务律师就文件中的笔迹作证，他有关笔迹的知识来自于对旧教区记事录（old parish registers）和遗嘱的研究，法庭认为证人的业余爱好及学习，就足以让其成为一名分析笔迹的专家证人。罗素首席大法官（Lord Russell CJ）认为："被召作见证的，必然是专家，这是真的。他必须精于此道，但我们不能说，他必须通过职业或任何明确的方式而成为专家。那问题是，他是专家吗？他熟练吗？他有足够的知识吗？从实际情况看，如果证人并不熟练掌握某种技能，那么法官将告诉陪审团无视他的证据。"③因此，拥有技能是专家的重要特征，而不论这项技能是如何获得的。

---

① Civil Justice Council, "Guidance for the instruction of experts in civil claims", para 17.

② R v. Silverlock (1894)2 Q B 766, CCR.

③ Keith J. B. Rix, "Expert evidence and the courts: 1. The history of expert evidence", 5Advances in *Psychiatric Treatment* (1999), pp. 71 - 72.

　　虽然在英国，只要具有相关知识或经验就可以成为专家证人，但成文法中也有相应的限制性规定。例如，根据英国《民事诉讼规则》第35.4(2)条，当事人申请传唤专家证人，需要向法院表明：第一，其所希望依靠专家证据的领域；第二，其必须在切实可行的范围内，确定该领域的专家人选。

　　在民事诉讼领域，《民事诉讼规则》的规定将案件管理中的专家选任权最终交由法官自由裁量行使。通过考察《接近正义的最终报告》、《民事诉讼规则》、《诉讼指引》、判例法、法院外司法准则和行业团体发布的相关规定，可以发现专家资格审查的一般准则。那么，面对当事人的申请，法院选任当事人的专家抑或单一共同专家的主要依据是什么？如果法院准许选任当事人的专家，那么选任专家的数量是否有所限制？若法院认为案件应当选任单一共同专家，则又当如何选取合适的专家？这些都是专家选任程序需要解决的问题。

　　首先，法院面临的问题是指令当事人选任单一共同专家还是单独的当事人专家。《民事诉讼规则》及其指引的规定表明，专家证人的选任，很大程度上取决于案件被分配至何种审理程序。根据《民事诉讼规则》第26.6条，英国的民事诉讼根据案件的性质、诉讼标的额的大小与繁简程度分为三种程序——小额程序、快速程序和多轨程序。(1)在小额程序中，选任专家证人的情形十分有限，这是由于其适用于诉讼标的额较小的案件，案情相对不那么复杂。① 更重要的一点是，根据《民事诉讼规则》第27.14(3)(d)条及《诉讼指引》第27章第7条，法院责令一方当事人只能向其聘任的每名专家支付最多200英镑的费用。(2)在快速程序中，除因司法利益而必须传唤专家出庭作证外，法院只接受专家证人的书面报告，并且单一共同专家的运用获得推崇。(3)多轨程序中的专家选任问题最为复杂，涉及案件管理中专家选任决定问题的多出现在这一程序中。由于《民事诉讼规则》并未对此予以明确，因此需要在判例法中寻找答案和依据。

　　对此，法官大致分为两种立场，或者确切地说，是采取两种不同的方案。其一，沃尔夫勋爵提出，对于某些案件，"即便存在很多问题，也应当首先提倡

---

① 小额程序旨在为大多数简单案件提供适当的审理程序，主要包括消费争议、意外事故诉讼、财产所有权纠纷，以及出租人与承租人之间除房屋占有之外的其他多数纠纷；小额程序无须经过实质性审前准备阶段及传统开庭审理程式，诉讼费用也相对较低。*Practice Direction* 26,8.2.

当事人选任单一共同专家,之后再考虑是否需要选用单方当事人专家"。① 例如,在 Daniels v. Walker 案②中,对于人身伤害的损害赔偿金额(包括对未来费用的估计)的确定,需要求助于专家证人。由于专家之间就此类案件金额的确定通常较为容易取得一致意见,因此法院最终指令选任单一的共同专家。其二,对于一些主要争议复杂,专家意见可能出现较大范围分歧的案件,选择多名单方任用的专家更为合适。例如,在 Oxley v. Penwarden 案中,专家出具的意见主要针对医疗侵权责任因果关系的认定问题。③ 相较于损害赔偿金额问题,专家之间关于因果关系问题的意见更易于产生分歧,柯蒂斯(Curtis)法官认为,"在本案上诉审之前的程序中,允许各方当事人聘用自己的专家证人较为妥当,这样可以确保在诉讼程序中完整地呈现整个案件,而在后续程序中,法院则可以决定是否仅选任单一共同专家"。④ 由此,我们可以推断出专家选任规则所需遵循的两项原则,即选用专家的意见是否一致和案件的复杂程度。具体而言,若专家之间很容易达成一致意见,则出现专家偏向性的可能性会显著降低甚至为零,此时可以选任单一共同专家;而当专家意见分歧的范围较大,或者主要问题较为复杂时,选择多名专家则更为适宜。

有英国学者指出,专家证人选任的标准呈现出如下的发展脉络:从最初沃尔夫勋爵采用比例检验标准选任专家,即在假设选用单一共同专家的前提下,权衡专家证据的成本和案件的价值,逐渐转向权衡专家证据的成本和争点复杂程度及意见范围广度。⑤

其次,单一共同专家的选任。单一共同专家的适用主要是为了处理"过度和不恰当使用专家的问题",也可能减少专家意见的偏向性,但不是弥合专家之间的意见分歧。因此,当事人可以根据《民事诉讼规则》第 35.7 条和第 35.8 条来任命单一的共同专家,但任命一名共同专家并不妨碍当事人指示其专家

---

① Déirdre Dwyer, *The Judicial Assessment of Expert Evidence*, Cambridge University Press, 2008, p. 287.

② Daniel v. Walker [2000]1 WLR 1382(HC).

③ Oxley v. Penwarden [2001] CPLR 1.

④ Déirdre Dwyer, *The Judicial Assessment of Expert Evidence*, Cambridge University Press, 2008, p. 287.

⑤ Déirdre Dwyer, *The Judicial Assessment of Expert Evidence*, Cambridge University Press, 2008, p. 285.

提供建议。双方应尽量向单个共同专家商定联合指示,未达成协议的,各方当事人均可作出指示。特别是,所有各方当事人都应设法就指示应包括哪些文件及单一共同专家应作出哪些假设达成一致。若各方当事人未能就联合指示达成协议,则应设法就存在分歧的领域达成协议,其指示应明确这一点。如果有单独的指示,那么应抄送给其他指示方。当事人可以共同选择单一的专家,或者法院可以从当事人准备的名单中或其他方式中选择。如专家由两个或两个以上当事人指示,那么除非法院另有指示或当事方另有协议,否则任命条款应包括:(1)所有指示方共同和各自声明负责支付专家费用,因此发票应同时发送给所有指示方或其律师(视情况而定);以及(2)限制向专家证人支付的费用金额(CPR 35.8(4a))。

最后,若法院允许当事人选任专家,则是否对数量有所限制?《民事诉讼规则》第 35 章并未给出答案,并且涉及这一问题的判例极少。对当事人而言,选任更多的专家可能会带来更多优势,只要其有足够的资金,专家证人的数量实际上并未受到限制。而事实上,除专家来自于极小的实践领域外,某一案件的真实性和当事人选任的专家数量几乎没有任何关系,专家数量恐怕仅仅具有显示当事人财力资源的作用。[①]

二、刑事诉讼中专家的选任

在刑事诉讼中,无论在起诉之前还是之后指示专家,指示专家的决定应由调查人员和检察机关达成一致。在任何个案中,可以从调查的开始就确定最适当的专家;检察官可以确保专家被要求就什么问题提供意见是清楚的。这在涉及复杂法律问题的案件中尤其重要,如因果关系的认定。此时,应注意减少由于向专家提供的指示不准确或不充分而造成误解和拖延。

英国刑事起诉署并没有单独的专家名册,这是因为作为独立的检察机关,其并不适宜将任何专家列入所谓的内部名单,而是应当履行在所需的证据领域来确定专家是否具备适当资格的职责。

---

① Déirdre Dwyer, *The Judicial Assessment of Expert Evidence*, Cambridge University Press, 2008, p. 291.

具体而言,检察官在选任专家时可以考虑以下四点:首先,到底是需要专家,还是法院在没有协助的情况下可以就证据得出自己的结论? 其次,若需要指示专家,则寻求专家意见的事项是什么? 寻求该意见的依据是什么? 是否已收集相关证据并以可接受的形式提供给专家? 再次,在专家的具体人选上,警方或刑事检控人员(不一定涉及案件)可否推荐他们在其他案件中指示过的人? 如果是如此,那么检察官仍需确信证人的证据符合可采性的标准。专家是否不仅具备必要的专业知识,而且能够起草一份简明易懂的报告/声明,并具有在刑事法庭作证的经验和能力? 另外,专家是否符合相关监管机构发布的质量标准? 他是否曾受到不利的司法意见或纪律处分? 是否知晓专家的简历和费用? 最后,寻求专家意见的时机是否合适? 只有在调查已达到取得事实证据和需要援助的问题足够清楚以便能够形成意见的阶段时,才应要求提出报告。但是,检察官必须认识到,在尽早查明问题和迅速提交报告方面,必须遵守《刑事诉讼规则》。[①]

第五节　专家报告的内容与生成

法的正当程序的基本原则之一,是听取双方之词(audi alteram partem)。在没有公正审判的情况下,任何人都不应受到审判,因为公正审判中,每一方都有机会回应针对他们的证据。专家报告(Expert Report)是专家依据其知识或经验,对所指示的专业问题阐明意见的书面报告,旨在协助法院审理其专业知识以外的事项,以便作出决定,从而解决争议。除协助法院使用外,专家报告还将为当事人及其律师就有关技术问题提供相应的证据,以确定其在诉讼中胜诉的可能性。在庭审前的准备期间,专家报告将向对方当事人披露。如果双方当事人均有自己的专家证人,那么双方将同时提供专家报告的副本并予以交换,从而帮助他们了解对方的证据。专家在撰写报告时,应始终保持专业的客观性和公正性;另外,可以说,专家报告的写作不但需要涵盖科学的理

---

① See Prosecution Service: Guidance on Expert Evidence, pp. 12 – 13, https://www.cps.gov.uk/sites/default/files/documents/legal_guidance/expert_evidence_first_edition_2014.pdf.（accessed Sep. 15,2020)

论与实践,还必须体现写作的艺术。①

一、专家报告的内容

法官认为,专家证人"必须陈述其意见形成所依据的事实和假设,以及获得这些事实和假设的来源。他不能引入传闻证据(hearsay evidence)"。② 因此,专家报告应简要陈述专家证人使用的事实和假设,以及专家意见后的分析,并且必须符合法律的相关要求。根据《民事诉讼规则》及其《诉讼指引》和《刑事诉讼规则》及其《诉讼指引》的规定,专家报告应当包含以下内容:(1)详细说明专家的资格;(2)详细说明专家在撰写报告时所依据的任何文献或其他资料;(3)载有对报告中表达的意见或这些意见所依据的意见具有实质意义的所有事实及指示的实质内容;(4)明确报告中陈述的哪些事实是在专家自己所具备的知识范围内提出的;(5)说明用于撰写报告而进行的任何检查、测量、测试或实验的操作人员的姓名和资质,以及该测试或实验是否在专家的亲自监督下进行操作;(6)若对报告所处理的事项有一系列意见,则应总结意见范围,并说明意的理由;(7)概述专家证人的主张;(8)如果专家必须具备资质才能发表意见,那么应说明其资格;(9)法院可能需要决定专家意见是否足够可靠,从而可以作为证据的信息;(10)专家对法院职责的陈述表明,其理解并已履行其对法院的责任,且已知晓(如《民事诉讼规则》第35章、《诉讼指引》第35章、2014年《民事诉讼专家指引指南》或《刑事诉讼规则》第19章)的相关要求;(11)与证人陈述相同的真实声明。

另外,专家报告中的案件事实和专家意见应分开予以阐述,尽管可能涉及非常专业的技术性问题,但也应当以一种可以被聪明的非专业人士理解的方式表达,不应包含无法解释的行业语言或首字母缩略词。

① The Academy of Experts:"What is an Expert Report", https://www. academyofexperts. org/system/files/documents/information_sheet_-_expert_reports_-_2015-02. pdf. (accessed Sep. 15, 2020)

② Keith J. B. Rix, "Expert evidence and the courts: 1. The history of expert evidence", 5 Advances in *Psychiatric Treatment* 74(1999).

二、专家报告的格式与范本

由于专家报告用于诉讼,因此其格式与为其他目的准备的报告有很大差异。为了协助当事人、专家及法官,专家学院出版了一份《专家报告范本》(*Model Form of Expert's Report*)[①],该报告范本由专家学院司法委员会[②]编写和批准,为专家撰写报告提供了指导。

2007 年,根据自《专家报告范本》第一版出版以来的发展情况,专家学院司法委员会重新对《专家报告范本》进行了审查,并于 2008 年 6 月 11 日正式发布了新的版本。现行版本充分参考了英格兰和威尔士通过的《民事诉讼规则》和随后适用这些规则的判例法,以及由民事司法委员会起草并经上诉法院民事庭庭长(Master of the Rolls)批准的《关于专家在民事诉讼中提供证据的指导议定书》。

当然,专家报告的范本并不是标准,而是可以参照的模板。当案件争议或被指示的性质不同时,专家可能有正当理由进行调整,如删减或增加一些章节。《专家报告范本》的现行版本也可以在刑事诉讼中使用,只要提出建议,也可以采用其他格式。范本考虑到了英格兰和威尔士已采用《刑事诉讼规则》所包含的发展情况。[③] 如果出于某些原因,专家提供的意见是临时的,如提供给专家的数据不足以得出最终结论,那么报告应标有"临时"字样并提供原因。

《专家报告范本》曾指出,一份好的专家报告需要具备以下四项基本特征:其一,采用一种独立的、简洁的、用户友好的格式,用第一人称表述,由给出意见的人或采用他人意见的人表示;其二,以短句和段落排列的文本;其三,审慎而明智地使用附录;其四,案件事实与意见分开。

自《专家报告范本》首次出版以来,新的民事和刑事之诉讼规则将其引入了英格兰、威尔士和其他司法管辖区的法院。这些在很大程度上考虑到伍尔夫勋爵的报告"获得正义"所赞扬的模式形式。

---

① The Academy of Experts:"The Academy of Experts Model Form of Expert Witness CV", http://www. academyofexperts. org/system/files/documents/mfcv100. pdf. (accessed Sep. 15,2020)
② 专家学院司法委员会于 1989 年经大法官(Lord Chancellor)批准成立,由代表英国、苏格兰和北爱尔兰法官的七名高级法官组成,旨在促进和改进专家的标准。
③ See http://www. academyofexperts. org/guidance/model-form-experts-report. (accessed Sep. 16, 2020)

另外,英国的《民事诉讼规则》《刑事诉讼规则》及《家事诉讼规则》(*Family Procedure Rules*)均明确强制要求,专家证人必须在其报告中附上真实性声明(statements of truth),如下所示:

在民事案件和家事案件中:

> 本人确认,本人已清楚说明本报告所提及的哪些事实和事项属于本人所知,哪些不属于本人所知。凡是我知道的,我都证实是真实的。我所发表的意见代表我对所涉及事项的真实和完整的专业意见。

在刑事案件中:

> 本人确认,据本人所知及所信,本报告的内容是真实的,且本人作出本报告时,知悉如提交本报告作为证据,而本人故意陈述任何本人所知为虚假或本人不相信为真实的事情,本人会受到检控。

此外,英国司法部就有关道路交通意外中的人身伤害赔偿诉讼(赔偿额为1,000英镑至25,000英镑)中使用的医学专家报告制作了范本①,该范本包含以下内容:第一部分,申请人的详细信息;第二部分,简要描述事故情况、立即出现的症状和治疗情况②;第三部分,详细列明原告在意外发生时的工作和教育情况、对其活动的重要影响,以及精神状况;第四部分,既往病史、诊断意见和对病情的预断;第五部分,原告是否系安全带;第六部分,未来的治疗及康复;第七部分,事实声明和专家签名、出具报告的日期。

最后,在专家报告的尾部,还应当包括一份专家声明(Expert's Declaration),置于报告内容之后、专家签名之前。以刑事诉讼为例,专家声明应包含以下具体内容:

---

① Medical report, See https://assets. publishing. service. gov. uk/government/uploads/system/uploads/attachment_data/file/688987/rta3-eng. pdf. (accessed Sep. 25,2020)

② 包括治疗史,说明申请人是否接受住院或门诊治疗(如适用)。详细说明任何症状的改善或恶化及日期。如果受伤/症状完全恢复,那么应说明完全恢复的日期。原告在意外发生前是否在受伤地区出现病征,若出现过,则应提供详细资料,包括受伤类别及日期。

1. 我理解,我提供书面报告和提供证据的职责是对法院负责,并且这项职责优先于我对所聘用我的一方、已支付或者有责任支付酬劳给我的人之义务。我确认我已遵守并将继续遵守我的职责。

2. 我确认我没有订立任何类似条款:我报酬的金额或支付取决于案件的结果。

3. 我知道除了我在报告中披露的任何利益之外,没有任何利益冲突。

4. 我不认为我所披露的任何利益影响我作为专家证人在我提供证据的任何问题上的适合性。

5. 如果在我的报告完成之后至审判之前,情况发生任何变化,影响我对上述第 3 点和第 4 点的答案,我将告知指示我的人。

6. 我已经展示了我使用的所有信息的来源。

7. 在准备本报告时,我已经采取了合理的谨慎措施并运用了技巧,以确保其准确和完整。

8. 我已尽力在我的报告中列入我所知道或已获悉的可能对我的意见的有效性产生不利影响的事项。我已清楚地陈述了我的意见的任何限制条件。

9. 包括指示我的律师在内的其他人向我提出的任何建议,在没有形成独立观点的情况下,我都没有采纳或排除。

10. 如果出于任何原因,我的现有报告需要任何更正或资质,那么我会立即通知那些指示我的人,并以书面形式确认。

11. 我明白:

a. 我的报告将成为宣誓或确认的证据;

b. 法院可以在任何阶段指导专家之间进行讨论;

c. 法院可以指示,在专家讨论之后准备一份声明,说明达成一致的问题和未达成一致的问题,以及理由;

d. 我可能被要求出席法庭,由专家协助的询问人对我的报告进行交叉询问;

e. 如果法院得出结论认为我没有采取合理的谨慎措施来达到上述标准,那么我很可能成为法官公开批评的对象。

12. 我已阅读《刑事诉讼规则》第 19 章,并且我已遵守其要求。

13. 本人确认已按照本学科专家的业务守则或行为守则行事,即[识别守则]。

14. [仅针对检方指示的专家]我确认我已阅读了一份名为《披露:专家证据和未使用材料》的手册的指引,该小册子详细说明了我的职责并记录了我作为专家证人披露的责任。我遵循指引,并认识到我的启示责任的持续性。根据我的披露义务,如指引手册中所述,我确认:

a. 本人已履行修订的 1996 年《刑事诉讼和调查法》所规定的记录、保存及披露资料之责任;

b. 我编制了所有材料的索引,我将确保在我获得或产生额外资料的情况下更新索引;

c. 如果我的意见在任何重大问题上有所改变,那么我会在合理可行的情况下,尽快通知调查人员并说明理由。

三、专家报告的修改

在交换意见、专家会议达成协议后,或者进一步的证据或文件被披露时,专家有必要修改他们的报告。根据情况的不同,专家在修改报告时需注意的事项也不同。如果专家在专家会议后改变了意见,那么一般只要签署一份有日期的说明即可。但如果专家因新证据或任何其他理由而大大改变其意见,那么必须通知指示他们的人,并解释其修改报告的理由。专家如有意见变更,应尽快通知其他各方当事人。

在刑事案件中,如果专家证人在交换报告后,对重大事项改变了看法(阅读了辩护专家的报告或出于任何其他原因),那么应立即将这种观点改变通知辩护人(通过检察官),并且在适当情况下,向法院提出。

第六节　专家证据的开示

在刑事诉讼中,无论是受被告还是受控方指示的专家证人,在准备用于刑事诉讼的陈述或报告时，都负有披露信息和材料的义务。民事诉讼中更是如此。通过适当和充分的披露，专家证据在法庭上可以受到检验，从而帮助法官确定双方是否提供了所有适当的材料及专家如何处理这些材料。除专家证人外，披露的主体已适当扩展至专家的团队成员；预先披露时，应当通知专家出具意见时所依据的信息提供者的名单，并简要说明每人所提供的信息内容。专家证据的开示包括交换专家报告、对报告进行询问、召开专家证人会议、对报告进行修正等环节。下面分别从民事诉讼程序与刑事诉讼程序展开。

一、民事诉讼中专家证据的披露

在英国，民事诉讼的庭前阶段需要交换专家证人的书面报告，以向对方预先披露，并指示专家进行会面讨论。这一程序的设置是基于程序公正价值的要求，专家须向各方当事人适当和充分地开示其意见所依据的所有信息，也只有如此，专家意见才能在法庭上获得检验——专家是否提供了所有适当的信息及专家如何处理这些信息。同时，交换书面报告及双方当事人的专家之会面讨论，有利于专家发现他们因指示的事实不同而产生的意见上的分歧，并且在双方均明确了对方的立场后，专家更有机会达成一致意见，案件也更可能获得公正判决。

在刑事诉讼中亦是如此。专家证据的可靠性，是认定其可采性的重要方面，Clough v. Tameside & Glossop Health Authority 案[1]明确了法院在专家报告所呈现的争议事项或假定事实中认定合理事实（sound facts）的重要性。

（一）交换书面报告

在法院许可当事人聘用专家证人来提供专家证据的申请或指定单一的共同专家提供专家证据后，专家的书面报告须在案件开庭审理前，案件管理指令的特定时间公布。对方当事人或双方当事人若认为专家报告的内容有需要澄清之处，则须在专家报告送达之日起 28 日内以书面形式提出，而且原则上应

---

① Clough v. Tameside & Glossop Health Authority (1998) Lloyd's Rep Med, 69.

当一次性提出所有问题(《民事诉讼规则》第35.6(2)条)。至于专家证人,则应当以书面补充其报告的形式进行回答。通过回答对方当事人及其专家证人的质疑,专家可以进一步思考自身的立场并改进自己的报告。若有关专家未回答向其提出的问题,则将产生以下后果:法院可以指示委托有关专家证人的当事人不得依赖于该专家证人提供的证据,或者指示当事人不得向其他方当事人收取应支付给该专家证人的费用,其也可以同时向当事人指示以上两项命令(《民事诉讼规则》第35.6(4)条)。

专家报告在开示后,其他各方当事人皆可以在开庭审理中使用该报告作为证据。相反,一方当事人提交的专家报告未经开示的,在开庭审理时不得使用,亦不得传唤专家证人出庭以言词方式作证,但法院同意的除外(《民事诉讼规则》第35.13条)。

(二)专家证人之间的讨论

为确认专家证人诉讼程序涉及的问题,以便就特定问题(一般是专家认为重要的事实)达成一致,在任何诉讼阶段,法院皆可以指令专家证人进行讨论,当然也包括审前阶段,但除非法院下令,否则该讨论并不是强制的。例如,在民事小额程序和快速程序案件中,专家之间通常不需要进行面对面的讨论,通过电话讨论或书信交流即可;而在多轨程序中,专家可以当面讨论,也可以根据实际情况和比例原则,采取电话或视频会议的形式进行讨论。①

在沃尔夫改革咨询时,专家学院提交了一份调查材料,其中"充分清晰"地表明了专家的会面通常是徒劳无益的,原因是专家在会面之前,通常被指示不要同意任何事情。为此,英国的《最高法院规则》第38号令第38条赋予法院指令专家"不存偏见地"会面、协商并减少争端的权力;在此基础上,《民事诉讼规则》在当事人专家会面的启动、方式等方面均作出了主要修改。在会面讨论时,法院可以详细说明专家证人须讨论的问题。通过讨论,专家应尽可能就这些问题达成一致意见;如果不能达成一致意见,那么应尽量缩小争议范围。对于存在争议的问题,必须总结存在分歧的原因,并确定可以采取什么方式来解决双方之间任何未决的问题。

---

① Civil Justice Council, "Guidance for the instruction of experts in civil claims", para 74.

讨论后,法院可以指令专家证人向法院提交一份联合声明,载明他们所达成一致的问题、未能达成一致的问题和分歧存在的基础。如果有已提出但未列入原会议议程的任何其他问题,那么应列明,并附上拟采取或建议的下一步行动的记录,包括在适当时开展专家之间的进一步讨论。联合声明由一位专家准备,然后将其发送给其他专家进行更正和签署。(《民事诉讼规则》第35.12(3)条和《民事诉讼专家指示指南》第79段)。

另外,根据《民事诉讼规则》第76次修订的内容,自2015年12月1日起,在专家讨论(Discussion of Experts)后出具的联合陈述(Joint Statement)的尾部,应当附有一段声明:(1)已协商一致的问题和该协议的基础;(2)未达成一致的问题和分歧的基础,给出了分歧的令人信服的理由;(3)出现的任何未提出的问题未包括在原始讨论议程中;以及(4)如果有的话,采取或建议采取进一步行动的记录,包括专家之间的进一步讨论。另外,专家意见的任何重大变化,都应在解释意见变化的联合声明中注明。

联合声明应由专家在会议结束时或在切实可行的情况下尽快在7日内签署,并且应在签署后14日内,向各方提供已签署的联合声明的副本。联合声明还必须以声明的形式,简要说明专家承认他们作为专家的职责和义务。就联合声明的效力而言,除非各方当事人明确表示接受其约束,否则对当事人并无拘束力(《民事诉讼规则》第35.12(5)条)。

二、刑事诉讼中控辩双方专家证据的披露

刑事诉讼中,专家证据的开示十分重要。一方面,有助于平衡控辩双方不平等的诉讼资源。审前开示控方的专家证据,对于辩护方尤为重要,因为其可以较为充分地了解控诉方的专家证据,为庭审辩护做好准备。另一方面,有利于在庭审中进行有效的交叉询问。专家证据的庭前开示提高了诉讼双方律师,特别是辩护律师,在庭审中进行有效交叉询问的机会和可能。[1]

为协助专家证人、调查员和检察官公正且有效地履行职责,英国皇家检察

---

[1] 参见刘慧:《英美法系专家证人与专家证据研究——以刑事诉讼为视角》,中国政法大学出版社2018年版,第159页。

署(CPS)发布了《关于专家披露、未使用材料和案件管理的指南》(*CPS Guidance for Experts on Disclosure, Unused Material and Case Management*),一方面为专家证据的准备提供了实用指南,另一方面对调查员与检察官指示的专家履行披露义务予以指导。除按照《刑事诉讼规则》第 19 章及《诉讼指引》(第 5 版)的规定,专家有义务公开有关信息、承担相应的披露义务外,刑事诉讼中的"披露"(disclosure)还特别指代对未使用材料(unused material)①的披露。这体现在,控方指示的专家除了承担所有专家披露的义务外,还应对未使用的材料承担进一步的义务。

虽然未使用的材料并不构成案件中控方起诉被告所运用证据的一部分,但即使该材料不能用作证据,仍应当记录和保留下来,并在必要时向被告方予以披露。控方指示的专家所承担的对未使用材料的披露义务,来源于普通法和成文法的规定。② 其中,英国皇家检察署发布的《披露守则》(*CPS Disclosure Manual*)对 1996 年《刑事诉讼和调查法》(*Criminal Procedure and Investigations Act 1996*, CPIA)及其《业务守则》和《检察总长指南》(*Attorney General's Guidelines on Disclosure 2013*)进行了补充,是较为全面的实用指南。对于控方指示的专家而言,其主要承担对未使用材料的保留、记录和展示三项义务。

第一,专家应当保留调查员查获的包括物理形式、书面形式和电子形式在内的所有材料,除非调查员另有指示要采取适当措施。材料保留的时间长短需要征求调查员的意见,一般视罪行的性质、法律程序的阶段和状态、是否存在特殊利益等情况而定。材料保留的要求可能随着调查过程中情况的变化而变化。③

---

① 未使用的材料是指在案件调查过程中,除用作证据外的其他相关材料;未使用的材料是与调查有关的材料,但实际上并不构成控方起诉被告所运用证据的一部分。See "CPS Guidance for Experts on Disclosure, Unused Material and Case Management", para 4. 2, https://www. cps. gov. uk/legal-guidance/disclosure-experts-evidence-case-management-and-unused-material-may-2010-guidance. (accessed December 10,2020)

② "CPS Guidance for Experts on Disclosure, Unused Material and Case Management", para 4. 3, https://www. cps. gov. uk/legal-guidance/disclosure-experts-evidence-case-management-and-unused-material-may-2010-guidance. (accessed December 10,2020)

③ See "CPS Guidance for Experts on Disclosure, Unused Material and Case Management", para 4. 8, https://www. cps. gov. uk/legal-guidance/disclosure-experts-evidence-case-management-and-unused-material-may-2010-guidance. (accessed December 10,2020)

　　第二,专家应当对材料加以记录,记录自其收到指示后开始,包括其参与案件调查的整个过程。英国皇家检察署发布的《关于专家披露、未使用材料和案件管理的指南》对专家应当记录的任何与调查有关的事项进行了列举,这是有关物品的收集和移动记录的最低要求,包括:(1)取得或收到材料(有形物品和信息)的日期;(2)随后将该材料移交给另一方的日期;(3)材料从何人或何处获得,以及向何人或何处转移;(4)从另一方接收或传递材料的方式;(5)对材料的检查;(6)您的笔记及任何助手的笔记,并应在可行情况下,同时签署姓名和注明日期;(7)笔记应足够详细,并以您所在领域的其他专家可以了解您所从事工作的性质的方式表达;(8)您所提出的任何假设,以及您从工作中得出的推论;(9)口头和其他方式的交流;(10)记录自己所有参加的会议;(11)保留自己的电话交谈记录,其中记录达成共识之处和其同意或不同意的行为尤为重要;(12)应确保保留所有已发送或已接收的电子邮件及其他电子传输方式(如图像)的记录;(13)您应该清楚地记录已提供给您的任何证人证言或解释,或者收到的任何其他信息。①

　　第三,专家披露义务的重要部分,是展示(reveal)未使用的材料。首先,专家应向检察官展示所有上述记录,以便于他们判断哪些材料是相关的,并就哪些材料满足向对方披露的要求作出明智的决定。其次,专家应在根据《刑事诉讼规则》第 19.3(3)条和第 19.4 条提供报告时,将未使用材料提供给检察官。最后,专家记录的未使用材料,应通过索引的方式向检察官展示和披露。②

第七节　专家证言的可靠性与可采性

　　证据作为证明案件情况的事实,存在着证据能力和证明力两个属性。任何事实或材料要想成为法庭调查的证据或者定案的根据,必须具备证据能力

---

① "CPS Guidance for Experts on Disclosure, Unused Material and Case Management", para 4. 93, https://www. cps. gov. uk/legal-guidance/disclosure-experts-evidence-case-management-and-unused-material-may-2010-guidance. (accessed December 10,2020)

② See "CPS Guidance for Experts on Disclosure, Unused Material and Case Management", para 4. 10, https://www. cps. gov. uk/legal-guidance/disclosure-experts-evidence-case-management-and-unused-material-may-2010-guidance. (accessed December 10,2020)

和证明力,它们属于证据属性的范畴。具有在听审、庭审或其他程序中被允许作为证据提出的质量或状况,英美法系称为"证据的可采性"(admissibility of evidence),而大陆法系习惯用"证据能力"或"证据资格"(competency of evidence)这一概念。证据的可采性部分取决于有关法律规则或诉讼规则的规定,部分取决于证据本身与待证事实是否具有相关性。

一、专家证据的相关性

一项证据具有逻辑上的相关性(relevance),是其具有可采性的先决条件,即使其几乎没有证明价值,或者与其他证据相比是多余的。因此,法庭所采纳的证据必须是与案件事实具有相关性的证据,不具有相关性的证据必定是不可采纳的;但是,具有相关性的证据并不必然具有可采性,它只有在不被法律规定的排除规则或法官自由裁量权排除的情形下才是可采纳的。[①]

英国著名的证据法学家詹姆斯·F. 史蒂芬(James Fitzjames Stephen)在1876年出版的《证据法精要》(*A Digest of the Law of Evidence*)中认为,证据的相关性是指:"其所使用的两项事实是如此互相关联,以至于按照事物发展的通常进程,其中一项事实本身或者与其他事实结合在一起,能够大体证明另一事实在过去、现在或将来的存在或者不存在,或者使另一事实在过去、现在和将来的存在或不存在更有可能。"[②]这一阐释将相关性局限在事物间的因果联系方面,被认为过于狭窄,而传统的普通法认为,证据若具有可采性,则必须与有争议的事实或间接事实(collateral fact)具有逻辑上的相关性。

那究竟逻辑上的相关性是指什么?美国著名的证据法学家詹姆斯·B. 塞耶(James Bradley Thayer)在1989年出版的《普通法证据初论》(*A Preliminary Treaties on Evidence at the Common Law*)中认为:"法律不提供相关性的检验。在这一点上,它默认指的是逻辑和一般经验。"[③]也就是说,法官在判断某一证据是否具有相关性时,需要通过逻辑推理和经验法则来自

---

① 齐树洁主编:《英国证据法》,厦门大学出版社2014年版,第88页。
② James Fitzjames, *A Digest of the law of evidence*, 12th edition, MacMillan & Co. , 1948.
③ James Bradley Thayer, *A Preliminary Treatise on Evidence at the Common Law*, Little, Brown and Company, 1898, p. 265.

由裁量。

在具体判断专家证据的相关性时，不免需要关注另一个密切相关的问题，那就是专家证据的证明价值（probative value）。近年来，普通法上排除不具有相关性证据已经有扩大的趋势。英格兰和威尔士在民事诉讼和刑事诉讼中都承认，在判例法上，法官在自由裁量时有权以证明价值不足为由，不采纳逻辑上相关的证据。① 1996 年，这一点得到了英国上诉法院的进一步确认，逻辑上有关的证据可以因不具有相关性而不向法庭提供，理由是：如果某一证据不具有重要的证明价值，那么为了缩短审判时间、避免无关紧要的情感干扰、保护那些未出庭的人的名誉及尊重死者家属的感情，拟议的证据可以因"不具相关性"而被排除在外；如果所讨论的证据具有重要的证明价值，那么这些问题都不是决定性的。②

二、专家证据的可采性标准

基于专家证人在诉讼证明过程中的大量运用，英国对专家证言的可采性问题给予了极大关注，形成的专家证言的可采性规则既涉及证据资格问题，也涉及证明力问题。专家证言的可采性（admissibility）是指，某一专家证言是否具有在法庭上提出的资格。证人证言可采性的一般规则是，证人只应就其亲身感受和经历的事实作证，而不得陈述对该事实的意见或结论。这被称为意见证据规则，是英美法系早期的证据规则。在英国证据法上，证人的证言在认定时遵循意见证据规则，即证人是就事实作证，而不是就他们从事实得出的意见作证，这一规则及其理论根据的核心是事实与意见之间的区别。③ 具体而言，这一规则可以阻止证人侵犯和僭越事实裁判者的权力。证人的作用是将

---

① The Law Commission, *The Admissibility of Expert Evidence in Criminal Proceedings in England and Wales：A New Approach to the Determination of Evidentiary Reliability*, p. 72, http://www. lawcom. gov. uk/docs/cp190. pdf. (accessed October 8,2020)

② The Law Commission, *The Admissibility of Expert Evidence in Criminal Proceedings in England and Wales：A New Approach to the Determination of Evidentiary Reliability*, p. 73, http://www. lawcom. gov. uk/docs/cp190. pdf. (accessed October8,2020)

③ 参见[英]克里斯托弗·艾伦：《英国证据法实务指南》（第 4 版），王进喜译，中国法制出版社 2012 年版，第 312 页。

其亲自经历的事实如实地向法庭提出,而裁判者的职能则是依据一定的证据材料作出推断或结论,这一职能应当由陪审团(或法官)来承担。并且,由于证人的意见和猜测可能包含虚假的成分,因此一旦事实裁判者遭到此类信息的污染,就可能导致事实认定出现偏差,而意见证据规则的出现恰恰是为了避免这些对事实裁判者产生误导。[①]

意见证据一般规则的例外,就是允许专家就法官或陪审团经验之外的情况提供其专门知识、发表意见。这是由于借助其专业知识,专家有能力就特定事项表达意见,且该意见被合理地期待为可能是一种准确的认识。并且,专家通过运用其知识、经验或技能,能够为裁判者认定事实问题提供一定的帮助。如果缺少这些帮助,那么裁判者将无法对以上事项作出裁断,因为根据其他相关证据对特定事项作出判断,已经超出了裁判者的技术能力。

在澳大利亚的 Bonython 案中,首席大法官金(King CJ)总结了与确定专家意见证据可采性相关的三个因素,这些因素也是英格兰和威尔士普通法的一部分:(1)在没有拥有专门知识或经验的证人的协助下,意见的主题是否足以使一个没有受过该领域专业教育或拥有经验的人就该事项作出合理的判断;(2)意见的主题是否构成某种经过认证的可靠的知识或经验体系的一部分,证人对这种知识或经验非常熟悉,从而使得其提出的意见对法庭有所帮助;(3)证人是否通过学习或经验,获得了关于该主题的足够知识,从而使他的意见对法院解决其面对的争议具有价值。[②]

除以上三个因素外,根据 2005 年《刑事诉讼规则》第 33.2 条的明确规定,专家的首要职责是提供"客观、公正的意见",因此专家意见具有可采性还要求专家必须能够提供公正的意见,[③]这是由于专家的首要职责是向法院而不是向要求他或她作证的一方提出意见。

因此,可以简单概括和总结出影响判定专家证言可采性的四个因素:

其一,专家意见的必要性,或者说使用专家证人的目的。由于受到专家证人过度使用问题的困扰,英国在专家证言的可采性问题上重点强调"使用专家证人的必要性",竭力排除不必要情况下对专家证人的使用,希望借此降低诉

---

① 参见刘静坤:《证据审查规则与分析方法:原理·规范·实例》,法律出版社 2018 年版,第 106 页。

② R v. Bonython (1984)38 SASR 45,46 to 47 (Supreme Court of South Australia).

③ Field v. Leeds City Council [2001]2 CPLR 129.

讼费用和节约诉讼时间。① 根据《民事诉讼规则》第 35. 4 条,当事人传唤专家证人或将专家出具的报告作为证据,必须经过法院的许可。法院许可的前提是必须符合使用专家证人的目的,即根据他们对现有证据的分析提出意见,从而为法官或陪审团提供必要的科学标准来检验其结论的准确性。因此,专家意见若具有可采性,则它必须能够向法院提供可能超出法官或陪审团知识与经验的资料,必须是帮助法院作出结论的证据。虽然法官或陪审团不受专家意见的约束,但在确定有争议的事实时,可以考虑该意见。如果专家试图提出一项意见,而该意见与案件中的一个问题无关,或者可能被认为是一个常识问题,法官和陪审团能够根据已证实的案件事实,在没有帮助的情况下得出自己的结论,那么这一证据不具备可采性。例如,在 R v. Turner 案中,证人是否可信是陪审团的问题,关于无精神障碍的普通人在特定情况下如何反应的精神病学证据被认为是不可采的。②

其二,专家证据的可靠性(reliability)。专家证据的可靠性,主要是指由公正、适格的专家提供的意见证据是否可靠。只有具有根据的专家意见证据,并且考虑到其所依据的理由,该意见的证明力才是有所保证的。专家证据应该有足够可靠的科学依据,或者它必须是知识或经验体系的一部分,这些知识或经验体系必须被认为是可靠的。因此,意见证据的可靠性,必须要考虑专家专业知识和方法领域的完整性、所依赖的任何假设的有效性,以及专家形成意见时所使用的方法,如是否是经过验证的实验室技术、结论是否有充分的科学依据等。具体而言,根据《刑事诉讼指引》(第 2 修正案)(*Criminal Practice Directions Amendment No. 2*)第 33A. 5 条,法院在确定专家意见的可靠性时,可以考虑的因素包括:(1)专家意见所依据的数据的范围和质量,以及所采用的方法的有效性;(2)如果专家的意见依赖于任何调查结果的推断,那么该意见是否恰当地解释了推断的安全或不安全程度(不论是根据统计意义还是其他适当用语);(3)如果专家的意见是通过某些方法获得的(如测试、测量或调查),那么该意见是否适当考虑到影响这些结果的准确性或可靠性的因素,如精确度或不确定度;(4)具有相关专业知识的其他人(如在同行评审的出

① 徐继军:《专家证人研究》,中国人民大学出版社 2004 年版,第 40 页。
② R v. Turner (1975)60 Cr. App R. 80.

版物中)审查专家意见所依据的任何材料的程度,以及其他专家对该材料的意见;(5)专家的意见在多大程度上基于专家自己专业领域之外的材料;(6)专家可获得的资料的完整性,以及专家在作出意见时是否考虑到所有的有关资料(包括有关意见所涉任何事实的资料);(7)如果就有关事项有一系列专家意见,那么专家自己的意见在哪些范围内,以及专家的偏好是否得到适当解释;(8)专家的方法是否遵循该领域的既定惯例,如果没有,那么是否正确解释了产生分歧的原因。

在出现以下情形时,专家意见应当被认定为不具有可靠性,从而不予采纳:第一,专家意见是基于未经充分审查的或未能通过审查的假设而得出的,这里的充分审查包括在适当情况下的实验或其他测试;第二,专家意见是基于一个不合理的假设而得出的;第三,专家意见是基于有缺陷的数据而得出的;第四,专家意见凭借未经正确实施、应用的,或者不适合在特定情况下使用的检查、技术、方法或过程而得出的;第五,专家意见依赖于一个尚未正确得出的推论或结论。①

另外,在评估一项新技术或新科学是否被认可,或者是否足够可靠,可以在审判中作为证据时,应始终保持谨慎。英国枢密院在 Lundy v. R 案②中表明,提供新技术领域的专家意见时需要考虑如下因素:(1)理论或技术是否能够或者已经通过检验;(2)理论或技术是否经同行评审及发表;(3)已知或潜在的错误率或者标准的存在;(4)所使用的理论或技术是否已被普遍接受。

其三,专家证人具备相关专业知识。如果法院本身对专门性的事实认定无法形成意见,那么专家证人有资格提供证据,并且为此目的,需要具备特殊的知识、技能或经验,也就是说,专家证人必须通过学习或经验,获得有关领域的足够知识,以使他们的意见具有价值。明显不符合资格的专家或仅仅基于"热情的业余爱好者"不能提供专家证据。更为重要的是,专家提供的意见应当是其专业知识范围内的。在 R v. Clarke & Morabir 案中,上诉法院认为,骨折和骨科疾病的专家给出的有关死因的意见不具有可采性,因为他不能像一名在内政部注册的法医病理学家那样"拥有经验或专业知识来考虑所有可

---

① Clause 4(2), *Criminal Evidence (Experts) Act draft bill*, Law Commission 2011; 33A. 6, *Criminal Practice Directions Amendment No. 2*.

② Lundy v. R [2013] UKPC 28.

能的死亡原因"[1]。那专家证人是否必须具备某一专业领域的正式资格呢？如果专家在研究领域具有有关的正式资格,那么以缺乏专门知识为理由,认为该专家的意见不具有可采性就很难成功。相反,如果专家根据经验或非正式研究所获得的知识而提出意见,那么可能会面临更多争议和挑战。但是,即使如此,这些知识也同样可以对法院有所帮助。例如,在 R v. Hodges 案中,警察根据其调查毒品犯罪的多年经验,运用其在线人和犯罪嫌疑人那里得来的知识,对有关供个人使用的海洛因的正常供应方式、通常的价格和数量的意见是具有可采性的。[2]

如果法官认为专家的资格或经验与问题没有足够的相关性,那么专家意见不能被采纳。在英美法系国家,所有证据具有可采性的前提是证据首先具有相关性,专家证据同样须首先具有逻辑上的相关性才可能被采纳。[3]

其四,专家证据的中立性。专家必须能够就专业领域内的事项提供公正的、不偏不倚的、客观的证据。如果法院对提供证据的专家的公正性形成不利的看法,那么法院有权拒绝接受该专家的证言。《刑事诉讼规则》第33.2条进一步强调了这一点,该条规定,专家最重要的责任是提供客观和公正的意见证据。因此,专家证人本身具有独立于诉讼当事人的法律地位。

当然,潜在的利益冲突,如与对方当事人委托的专家在同一家公司,并不会使专家自动丧失作证的资格,关键还是取决于专家提供的证据是否公正。此时,委托该专家的当事人应当尽快向法院和对方披露这一情况,以便法院就专家是否公正及其证据的重要性作出明智的决定。

与美国相比,英国更注重并致力于制定规则来管理专家行为,以保证专家证人的独立性和公正性,并且多年来一直在增加力度。[4] 例如,Ikarian Reefer案、Davies v. Magistrates of Edinburgh 案、Whitehouse v. Jordan 案等案件清楚地阐明了专家的职责。被任命的专家不仅对法院负有最重要的责任,而且他/她必须保持独立和公正。此外,专家学院自 1987 年起就建议,专家应在专

---

[1] R v. Clarke & Morabir [2013] EWCA Crim. 162.

[2] R v. Hodges [2003] EWCA Crim. 290.

[3] 刘晓丹:《论科学证据》,中国检察出版社 2010 年出版,第 79 页。

[4] Steve Huyghe Sr and Adrian Chan, *The evolution of expert witness law under UK and US jurisdictions*, 8 *Construction Law International* 15(2013).

家报告中明确作出有关"道德和价值观"的声明,以表明专家"永远不要在案件的弱点或优点方面故意(误导)"。这也反映在构成一部分的一项声明中,沃尔夫勋爵建议专家在其报告中列入这项声明。

在专家报告的末尾,专家必须出具一份声明,表明他们了解自己的职责并履行了这些职责,而且将一如既往地继续下去。

从以上四个认定可采信的要素可以看出,专家意见的必要性是为了确保专家证据只有在具有足够的证明价值时才会被接受,因为这些证据可能有助于法院解决有争议的问题;而其他要素是为了确保这种专家证据只有在满足一般可靠性的最低限度时,才能在刑事诉讼中得到承认,这可以被称为"全面可靠性"。[①]

而在以下情况下,专家证据可能因为缺乏可采性而不被接受:当它处理由法官或陪审团决定的事项时;当当事人本身——作为事实的证人——能够提供证据时;未能及时制作报告,使各方能够在法院规定的时间尺度内交换报告;当提供报告的专家未能遵守法院规则或执业指导对报告形式的要求时。[②]

三、专家证言认定的规则

不同于大陆法系国家在认定证据时完全依靠法官的自由心证,英美法系国家在证据采纳与采信上设置了一系列标准和规则,用于弥补陪审团在认定事实方面的经验不足,以及防止当事人提交的证据材料可能给陪审团带来的不恰当或不正当的影响。同样,由于法官比普通生活中的人更容易被误导,因此接受证据必须受到某些规则的约束,这些规则可能会防止他们犯错误。[③]

(一) 意见证据规则

现代英国关于证据的可采性规则与其他普通法国家相比显著滞后,并且

---

① The Law Commission, *Expert Evidence in Criminal Proceedings in England and Wales*, 21 March 2011, Par 2. 17.

② Expert Support Services from the UK Register of Expert Witnesses, Factsheet 02: Expert Evidence, http://www.jspubs.com/experts/fs/02.pdf. (accessed October 11,2020)

③ W. Macpherson, *The New Procedure of the Civil Courts of British India*, Lepage& Co., 1871, p. 167.

依然简单地保持原样,无论何时——但只限于——专家证言能帮助陪审团确定那些超出普通人的经验和知识以外的问题时,专家证言才具有可采性。[①] 也就是说,专家意见作为意见证据的例外,在法庭审判中可以被采纳。

斯蒂芬在 1876 年的《证据法精要》中,对意见证据规则作过经典陈述:"任何人对于争议事实,或者与争议事实相关的或认为相关的事实的意见,与事实的存在与否没有相关性。但面对科学或艺术问题时,专业人士的意见就具有相关性。"[②]与证人相比,虽然专家证人基本不存在感知、记忆方面的瑕疵,但其表达能力与真诚度是有可能存在问题的。另外,专家证人的资格、报告的生成也有存在瑕疵的可能。因此,专家证人有必要出庭接受质询。

(二) 传闻证据排除规则(hearsay rule)

英国是传闻证据规则的发源地,传闻证据规则在英美法系国家中是变化最大的,其发展的轨迹主要展示的是例外规定的发展。[③] 根据传闻证据规则,传闻证据一般不具有可采性,但对于某些传闻,出于公正的考虑并根据正确的政策也可以采纳,专家证据就是可以采纳的一种。不论制作专家报告的人在诉讼中是否出庭提供口头证据,专家报告都应当被采纳为证据,这一规则的成文法依据为英国 1988 年《刑事司法法》第 30 条。[④]

(三) 基本争点规则(ultimate issue rule)

基本争点(ultimate issue)是指诉讼中必须作出确定性回答的问题。如在人身伤害案件中,被告是否有疏忽就是一个基本争点。[⑤] 在普通法上,证人不得就刑事案件或民事案件的基本争点提出意见,这被称为"基本争点规则"(ultimate issue rule)。这一规则由 1953 年 Davie v. Magistrates of Edinburgh

---

① [英]麦高伟、[英]杰弗里·威尔逊主编:《英国刑事司法程序》,姚永吉译,何家弘审校,法律出版社 2003 年版,第 238 页。

② James Fitzjames Stephen, *A Digest of the Law of Evidence*, The Macmillan Company, 1906, p. 60. 转引自李培锋、潘驰:《英国证据法史》,法律出版社 2014 年版,第 95 页。

③ 朱立恒:《英国传闻证据规则例外的变迁及其启示》,载《比较法研究》2008 年第 6 期。

④ 参见何家弘、张卫平主编:《外国证据法选译(增补卷)》,人民法院出版社 2002 年版,第 288 页。

⑤ 薛波主编:《元照英美法词典》,北京大学出版社 2014 年版,第 1367 页。也有译作"最终争点""终局问题"等。

案①加以确定,苏格兰法院认为,专家有责任向法院提供必要的资料,使法院能够根据证据中提出的事实得出自己的结论,而不是为法院决定这个问题;另外,即使专家意见没有矛盾之处,法官或陪审团也不一定接受专家意见,专家证据必须具有可解释性、说服力和经过检验。②

这一规则适用于包括专家证人在内的所有证人,但是在美国,依据《联邦证据规则》(*Federal Rules of Evidence*),不得以证人证言及于案件基本争点为根据而将该证言排除。不同于美国法,英国严格禁止专家证人对基本争点发表意见。专家必须遵守行为准则,不得偏离指导律师的指示。如果出现题外话,那么专家可能面临一定的程序性制裁。

四、专家证言的交叉询问

在对抗制诉讼中,专家证人的资格问题常常成为法庭辩论的重点,双方都希望通过交叉询问来揭露对方专家证人在资格上存在的瑕疵,以降低对方专家证人的可信度,并最终达到阻止其作证的目的。③ 英美法系国家存在发达的交叉询问程序,对于专家证言的相关事实及资料不仅要经过程序来确认其基础的可信赖性,而且事实审理者必须基于专家证人的地位去检验这些事实、材料及鉴定结果的"可信赖价值"。④

在刑事诉讼领域,1967 年《刑事司法法》的颁布对专家证人的工作模式产生了重大影响,导致法院出庭人数大幅减少,大多数证据以书面陈述的形式提供。这是由于在该法案颁布前,专家浪费了大量时间往返于法庭,等待提供证据,但最终并没有被召唤。⑤ 时至今日,英国依然没有强制专家证人出庭的法律。根据 1988 年《刑事司法法》(*Criminal Justice Act*)第 30(1)条,在刑事程序中,无论作出书面报告的专家能否到庭作证,专家报告都应当被认定为证

---

① Davie v. Magistrates of Edinburgh (1953) SC, 34.

② Keith J. B. Rix, "Expert evidence and the courts: 1. The history of expert evidence", 5 *Psychiatric Treatment* 72(1999).

③ 季美君:《国外专家证人、鉴定人的资格及选任》,载《中国司法》2006 年第 5 期。

④ 参见郭华:《鉴定结论论》,中国人民公安大学出版社 2007 年版,第 147 页。

⑤ M. Pereira, "The Forensic Science Service-Past, Present and Future", 56 *Medico-Legal J.* 77 (1988).

据。但是，如果有人提出作出该报告的人不能口头作证，那么该报告只有在法院许可的情况下才具有证据可采性。此时，法官须审查以下四个方面：第一，专家报告的内容；第二，出具报告的专家不能口头作证的理由；第三，须特别考虑到，如果出具报告的专家不出庭口头作证，那么对报告中争议事项的采纳或排除是否有可能导致对被追诉人的不公平；第四，法院认为有关的其他情况。

在民事诉讼中，任何专家的交叉询问必须在法官面前宣誓或确认（affirmation）进行。专家必须在约定的审判日期参加，一般是自愿的，必要情况下可以通过传票传唤其参加。在交叉询问时，律师会强调专家报告的任何含糊或混淆之处，并可能促使法官减少对该证据的重视。① 这一点和美国不同，美国的专家证据应尽可能提供详细的说明，以说服法官，使其认为专家的意见是有根据的。

结语：英国专家证人的"新角色"

无罪推定和强有力的对抗程序，是英国法律传统及被告享有公正审判权的基本特征。由于制度的潜在原理之不同，英国选择了与大陆法系国家不同的解决技术性问题的程序，即让当事人通过聘用专家证人，为法官提供其所需要的资料和信息，以便法官就所有争议问题作出决定。正如法国学者莫图尔斯基在一部关于主要欧洲国家鉴定法律制度比较研究的著作的导言中所写："在已经提到的这些制度中，没有一种不规定鉴定（expertise）活动的……英国的情形有些奇怪，这里的制度受少量法律文本以及判例法调整，不太容易与法典法国家理解的那种鉴定作比较。"②

专家证人制度在案件的事实认定、当事人权利和司法公正保障等方面都扮演着极其重要的角色。近年来，适用单一的共同专家和强调专家证人对法

---

① Steve Huyghe Sr and Adrian Chan, *The evolution of expert witness law under UK and US jurisdictions*, 8 Construction Law International 15(2013).

② 参见［英］J. A. 乔罗威茨：《民事诉讼程序研究》，吴泽勇译，中国政法大学出版社 2008 年版，第 180、181 页。

院的优先职责,是英国在预防专家证人偏向性时采取的主要举措。虽然前者是由沃尔夫改革为减少滥用专家所推动,但单一的共同专家的运用也促进了专家证人中立地位的实现。可以说,英国司法改革的新规则已经为专家证人带来了新的角色和定位——法院的专家,这是英国法院强化对专家证据控制权的表现,专家证人将努力按照新的职责来要求自己。

第二章

美国专家证人与专家证据评价

第一节 概念界定

一、专家证人相关概念

(一) 专家证人与普通证人

"专家证人"这一概念在《美国法律辞典》中被解释为:"在一项法律程序中作证,并对作证的事项具有专门知识的人。专家证人是具有普通人一般不具有的一定知识或专长的人。受教育程度可以成为一个人提供专家证言的基础,但是基于经验的特殊技能或知识也可能使一个人成为专家证人。"[①]《美国证据法规则》第 702 条对专家证人的定义是:"如果科学、技术或其他专业知识有助于案件审理者理解证据或者裁决争议事实,则凭借知识、技术、经验、训练或教育而够格的专家,可以以其意见或其他方式作证。"事实上,第 702 条并不是在狭义上界定专家,而是界定为凭借"知识、技能、训练或教育"而够格为专家的人,包括那些"有技巧的"证人。第 702 条将专家可以凭借的知识界定为"科学的"和"技术的",而且扩展至一切的专业知识。[②]

相比之下,普通证人出庭作证不是要提出有关某项专门知识的证词,而是就其所知晓的有关事实作证。证据法对普通证人作证有两项要求:其一,证

---

① [美]彼得·G. 伦斯特洛姆编:《美国法律辞典》,贺卫方等译,中国政法大学出版社 1998 年版,第 249 页。

② 刘晓丹主编:《美国证据规则》,中国检察出版社 2003 年版,第 357 页。

人必须亲自经历或看到了其所要作证的事实,证据法将此称为证人必须对所要作证的事实具有"个人知识"(personal knowledge);其二,法律要求证人只能就其所知晓的事实作证,不能向法庭讲述自己的意见或对事实下结论,证据法将此称为普通证人不得提出意见证词(no opinion testimony)。对案件事实形成意见或给案件下结论属于事实裁判者的职权,证人不得干扰事实裁判者行使这一职权。不得作意见证词的规则只适用于普通证人证词,不适用于专家证词,专家可以向法庭提出意见证词。①

虽然学界对专家证人的定义存在一些差别,但是对于专家证人的核心概念之理解是一致的:首先,专家证人是具有特别知识或经验的人;其次,这些知识或经验可以通过学习和实践获得;再次,这些专家证人掌握的专门知识或经验,是法庭所需要的而又不为事实裁判者所拥有的知识或经验。因此,一般认为,专家证人是指在法庭审判过程中,由当事人一方或双方聘请,或者由法庭指定的,具有专门知识的人,其是对某些需要专门知识才能确定或澄清的证据或者案件事实提供意见,从而使法官和陪审团得以清楚地理解和认识证据及案件事实的本质,并进而作出正确判断的证人。②

(二) 专家证人与鉴定人

英美法系国家将实施鉴定活动的人称为"专家证人"(expert witness),并将其纳入了证人的范畴;而在大陆法系国家,此类实施鉴定活动的人被称为"鉴定人"(sachverstandigen),被列为独立于证人而单独存在的一种证据方法。③ 两者的共同点表现为:(1)专家证人和鉴定人都必须具有某一领域的专门知识,即具有成为"专家"或"鉴定人"的资格;(2)专家证人和鉴定人都是在事后才获知案件材料的;(3)不论是专家证人提供的证言还是鉴定人作出的鉴定结论,都属于意见证据,是对专门性问题作出的判断;(4)专家证人和鉴定人

---

① 事实裁判者可以为法官或陪审团。在有陪审团参加的审判中,事实裁判者为陪审团;在没有陪审团参加的审判中,事实裁判者为法官。马跃:《美国证据法》,中国政法大学出版社 2012 年版,第 177 页。
② 周湘雄:《英美专家证人制度研究》,中国检察出版社 2006 年版,第 6 页。
③ 郭华:《鉴定结论论》,中国人民公安大学出版社 2007 年版,第 21 页。

都可以被更换;(5)专家证人和鉴定人都有接受当事人询问的义务。[①]

虽然专家证人和鉴定人都是为了解决诉讼中法院难以解决的专业问题,也都是为了帮助事实裁判者作出更准确的事实裁定与裁判,但两者之间还是存在一定的差异。第一,鉴定人必须预先获得从事司法鉴定的职业资格,职业资格的获得更看重的是工作年限等形式条件,而能够成为专家证人的人不一定必须具备某一个国家机构颁发的资格证书,当事人在聘请专家时更看重的是实际技能。第二,鉴定人必须从属于某一鉴定机构,必须通过鉴定机关来接收当事人的委托,所以其行为带有某种职务活动的性质,而专家证言是个人提出的,不代表任何单位。第三,鉴定人在诉讼中的目的是帮助法官查明案情,实际上是法官的助手,当事人可以申请鉴定人回避,而专家证人适用一般证人的制度,为当事人提供服务,当事人不能申请专家证人回避。专家证人与一般证人的区别仅在于,专家证人的意见适用证据排除规则的例外。第四,鉴定人所出具的鉴定结论专指对科学性、技术性很强的问题进行分析、检测后所得出的客观结论,而专家证言不仅包括上述内容,还包括对其他许多专门性领域的问题所发表的主观意见。第五,鉴定结论的作出要依据鉴定物,即司法机关提供的检材,并就此作出理性的分析,而专家的意见未必依据"物",只需就涉案的有关问题提出有根据的、科学的、常识性的意见。最后,鉴定所花费用为诉讼费的一部分,由败诉人负担,而专家的费用由聘请专家的当事人自行负担。[②]

(三) 专家证人与法庭科学家

1987 年,《纽约时报》出现了一系列吸引眼球的专类广告,如有偿聘请"成瘾学家"(Addictionologist)就酒精和毒品问题作证,聘请专家顾问咨询自行车事故问题、电池或瓶装容器爆炸问题、热气球事故及辐射事故问题等。时评戏称"出庭作证让专家们生意兴隆"。[③] 2000 年尚未成为美国最高法院大法官的助理法官斯蒂芬·布雷耶(Stephen Breyer)在《科学证据参考手册》中说道:"摆在我们面前的法律纠纷越来越多地涉及科学的原理和工具,为了实现法律

[①] 夏蔚:《专家证人辨析》,载张连举主编:《跨学科视野下的警学研究》,暨南大学出版社 2014 年版,第 169 页。

[②] 郭小冬、姜建兴:《民事诉讼中的证据和证明》,厦门大学出版社 2009 年版,第 104 页。

[③] *The New York Times*, July 5, 1987, Section 1, p. 1.

服务于普罗大众的目的,法官们应开始思考对科学和技术的正确理解与适用。只有如此,才能在已然开启的与科学家们紧密合作的过程中,确保裁决建立在科学的知识基础之上。"①

英美法对专家证人的资格规定得比较宽泛,只要具有专门领域的知识,或者在平常工作中积累有相关的经验,或者在此专门领域内具有优越于常人的能力,可以帮助事实审理者,就可以作为专家证人,至于是否具有某种学位或职称,则在所不问。所以,无论是日常生活中的汽车修理工、木工、调酒师,还是医生、建筑师等,都可能成为专家证人,在法庭上提供专家证据,而专家证据在性质上属于证人证言。② 伴随着陪审团由熟悉的知情人员结构发展为独立随机第三方社会结构之进程,法庭上的专业问题愈加依赖专业人士来回答。技术进步带来了更多科学问题,回答科学问题的科学家们频繁地出入法庭,成为专家证人中所占比重最大的法庭科学家。

在轰动大案中,总有些令人难忘的口若悬河的辩护律师,而实际上在十分强调程序正义的美国法庭上,专家对证据的解读,常常对个案结果起重大影响。辛普森案③让出生在中国的著名法医学科学家李昌钰(Henry Chang-Yu Lee)博士声名大噪,他从一双袜子上的血液出现时间及痕迹,推测出警方可能在实验室篡改了证据。如今,他被视作全球法医学领域的权威之一,创立了亨利·C. 李法医学研究所,甚至一手打造了"痕迹证据:李昌钰博士的鉴证实录"电视节目。法医病理学家格特·萨曼(Gert Saayman)为南非截肢运动员亚军奥斯卡·皮斯托里乌斯(Oscar Pistorius)谋杀女友案④作证,科学分析被害者尸体上的组织损伤,证明了犯罪行为,专家证言组成了非法过失杀人罪证据链的重要环节。诸如此类证明法庭科学家价值的案例繁多,同时它们也引发了长达几十年的争议。电影《杀戮时刻》(A Time to Kill)的光线将人们对法庭科学家乃至其他领域专家证人的"雇佣枪手"怀疑进行了深度刻画,片中的精神科医生被检控方认为提供了虚假专家证据,他们只是付费后瞄准靶子的

---

① Federal Judicial Center, *Reference Manual on Scientific Evidence*, National Research Council, 2000, "introduction".

② 王继福编:《民事科技证据研究》,知识产权出版社 2012 年版,第 49 页。

③ Rufo v. Simpson (2001) 86 Cal. App. 4th 573.

④ S v. Pistorius (CC113/2013) [2014] ZAGPPHC 793.

工具。

（四）专家证据与科学证据

专家证据在《布莱克法律词典》中的解释为："通过专门教育或经历,在某些科学、职业或业务领域掌握常人所不具有的特殊技术或者知识的人所提供的意见证据。"①《元照英美法词典》对专家证据的定义则是："具有专门知识或技能的人,如医生、精神病专家、药物学家、建筑师、指纹专家等依其知识或技能对案件中的有关问题提供的意见证据。"②

科学证据是科学的专家证言,但不等同于专家证言。按照英美法的规定,专家是作广义理解的。在这种广义的专家证人中,有一类是通常所称的科学家,还有一类是那种将证言建立在长期的工作经验基础上的专家证人,他未必受过正规的教育和训练,如汽车修理工、木工、电工等。显然,科学证据是不包括后者这种将证言建立在工作经验而不是科学原理和方法基础上的专家证言的。③ 因此,有学者指出,英美法中的专家证言,或者说专家证据,是一个总的需要事实审理者作"非日常经验型"专业判断的证据方法。在这个总的概念下面,包括两种类型的专家证据,即"科学型"专家证据和"非科学型"专家证据,前者可以简称为"科学证据",后者可以简称为"准科学证据"。在美国,对于"非科学型"专家证据而言,尽管它的科学含量没有典型的"科学型"证据那么高,但由于 Kumho Tire 案将 Daubert 案的规则拓展到了技术和其他专业知识领域,因此也被看作是一种科学证据。④ 因此,在英美法国家,科学证据有宽泛的和严格的两种理解方式。宽泛意义上的科学证据与专家证据（证言）同义,而严格意义上的科学证据则是专家证据的下属概念。

二、美国专家证人制度的发展

1784 年,著名的英国土木工程师约翰·史弥顿（John Smeaton）在英格兰

---

① Henry Campell Black, *Black's Law Dictionary*, St. Paul Minn.: West Publishing Co, 1979. p. 519.
② 薛波主编:《元照英美法词典》,法律出版社 2004 年版,第 515 页。
③ 刘晓丹:《论科学证据》,中国检察出版社 2010 年版,第 12—13 页。
④ 参见张斌:《论科学证据、专家证言、鉴定意见三者的关系》,载《证据科学》2012 年第 1 期。

法庭上作为专家证人被传唤,就诺福克郡威尔斯下海的港口淤泥堵塞作证。[①] 至今,英美法系国家对专家的使用已有好几百年的历史。专家们最早是作为陪审团成员和法院顾问来帮助事实裁判者厘清案件事实或证据中的专门性问题的。直到 18 世纪末,随着庭审中对抗的因素越来越多,当事人才开始传唤专家证人出庭作证,而现代意义上的专家证人则是 19 世纪的产物。[②]

英美法系的专家证言制度形成于 19 世纪末。1893 年,英国政府成立了一个专门委员会调查验尸官制度后指出:"现行的死亡检验制度已成为掩盖罪行的一大便利条件。"英国政府随即要求验尸官在进行死亡案件调查时,吸收病理学专家参加。1926 年制定的《验尸官修正案》进一步规定,验尸官本人必须是具有五年以上从业经验的医生或律师。[③] 英国法律具有悠久的专家咨询传统,桑德斯法官在伯克利案中说道:"当我们的法律中出现的问题需要考量其他科学与技术的应用时,我们通常会向这些科学与技术寻求帮助,这在我们的法律中是值得尊敬与称赞的事。这意味着我们不会摒弃除法律之外的所有其他科学领域,而是肯定它们,鼓励它们,这值得被称赞。"[④]而现代专家证据可采性规则的基础,通常可以追溯到 1782 年的福克斯诉查德判例(Folkes v. Chadd)。[⑤]

美国在殖民地时期继承了英国的专家证人传统,但这个时期仅属于专家证人制度的雏形期,并未形成完整意义上的专家证人制度。直到 19 世纪中叶,专家建议才在美国开始普及[⑥],美国马萨诸塞州于 1836 年出现了专家出庭的判例。新罕布什尔州等许多新英格兰州,甚至早在 19 世纪中叶之前就已邀请专业的证人出庭作证。[⑦] 1877 年,波士顿率先废除继承而来的验尸官制度,

---

① Steve Huyghe Sr, Adrian Chan, *The evolution of expert witness law under UK and US Jurisdictions*, Contruction Law International, Vol. 8, 2013.

② 参见罗芳芳:《从"科学的代言人"到"当事人的枪手"——专家证人历史沿革与我国现实考察》,载《证据科学》2013 年第 4 期。

③ 黄维智:《鉴定证据制度研究》,中国检察出版社 2006 年版,第 46 页。

④ Buckley v. Rice Thomas (1554) I Plowden 118, 124; 75 ER 182.

⑤ 〔英〕麦高伟主编:《英国刑事司法程序》,姚永吉译,法律出版社 2003 年,第 232 页。See Also Folkes v. Chadd (1782) 3 Douglas 157,

⑥ Tal Golan, *Laws of men and laws of nature: the history of scientific expert testimony in England and America*, Harvard University Press, 2007, p. 109.

⑦ 郭华:《鉴定结论论》,中国人民公安大学 2007 年版,第 81 页。

代之以由州长任命的专家法医。自此以后,各地陆续用新生的专家法医来取代验尸官制度。[①] 随着社会的不断发展,关于专家证言的问题,法官、评论家、美国法学会、美国律师协会均认为有立法的必要。《美国法学会法典》第403条至第410条成为《统一专家证言法》的内容,该法于1937年为统一州法律委员会全国会议所采用,1943年被选定为《模范专家证言法》。[②]

专家意见在美国审判中的使用十分普遍,绝大多数的民事案件中都有专家出庭作证。Rand公司对1985年至1986年加州初审法院使用陪审团审判的529起民事案件中使用专家证人的情况进行了调查,结果证明,86%的案件都有专家出庭作证,每个案件中出庭的专家证人平均人数为3.8人。大部分案件会有4到5个专家证人,在64%的案件中,原告聘请的专家证人比被告还要多。[③] 联邦司法中心对联邦法官进行调查的报告表明,1998年联邦法院每次审判中使用专家证人的数量为4.3人,1991年则为4.8人。[④]

目前,美国专家通常分为医学专家和普通专家,后者分类较细,大约有三十种类型,涉及各个领域。根据诉讼需要,专家又分为:(1)不出庭作证的专家。这类专家只向聘请自己的律师提供专业意见,属于律师团队中的成员,受律师豁免权和律师工作成果原则保护。通常不需要对其进行资质认证,他们的知识和经验更重要。(2)出庭作证的专家。这类专家证人的身份和所有为准备其证言而用到的文件将被披露。(3)内部专家。如果公司雇佣一些受过科学或工程学培训或者教育的人,那么一般就会使用内部专家。(4)法院指定的专家。这种专家非常少,一般只有在某一专家不被法院认可时才会需要。[⑤]

在法规条文中,《联邦证据规则》对专家证人的规定也经历过一系列的修改,主要集中在第701条至第706条。第701条关于非专家证人的意见证言之规定于2000年修正,新增第701(c)条之规定,即不是基于规则第702条范围内的科学、技术或其他专门知识的证人,可以以意见的形式作出证言。第702条关于专家证人证言的规定于2000年修正,增加了702(d)条之规定,即

---

① 黄维智:《鉴定证据制度研究》,中国检察出版社2006年版,第43页。

② [美]Edmund M. Morgan:《证据法之基本问题》,李学灯译,世界书局1982年版,第235页。

③ See Samuel R. Gross, *Expert Evidence*, *Wisconsin Law Review* (1991), p. 1119.

④ 罗芳芳:《专家意见中立性问题研究:美国法之理论与实务》,中国政法大学出版社2015年版,第9页。

⑤ 常林:《司法鉴定专家辅助人制度研究》,中国政法大学出版社2012年版,第289页。

专家将科学、技术或其他专门知识的原理和方法可靠地适用于案件的事实,是评估专家证言可采性的标准之一。第703条关于专家意见证言的基础之规定于2000年修正,新增了一段话,即"如果事实或数据本身不可采,那么只有在法院确定其在帮助陪审团评价意见方面的证明价值严重超过了其损害效果的情况下,意见提出者才可以将其披露给陪审团"。第704条关于最终争点的意见之规定于1984年修正,新增了第704(b)条之规定,即在刑事案件中,专家证人不得就被告是否具有构成被指控犯罪因素或辩护因素的精神状态或者状况陈述意见,这些事项仅由事实审判者认定。第705条于1993年修正,该规则与庭审中提供证言的方式相关。该规则的修改避免了与《联邦民事诉讼规则》第26(a)(2)(B)条和第26(a)(1)条,或者《联邦刑事诉讼规则》第16条相冲突,这些规则要求专家意见的依据和理由应当披露。[①] 2011年,《联邦证据规则》的风格经过了重塑,但对以上专家证人的相关规则并未作出实质性修改。[②]

第二节　专家证人资格及管理

一、专家证人的资格

专家证言成功地为法庭所接纳,被陪审团纳入最终裁量证据链的前提是,专家本人的作证资格需受到法庭认可。法官如日常生活中咨询美食专家一样,后者的五星推荐会更容易成为就餐地点的最终选择,智能地图规划的最省时路线会使原本行进计划改变方向,法庭上的专家证人也左右着由普通人组成的陪审员们的判断。若没有呈现眼前的某项关键专家证据,也许公民脑海中基于此形成的有罪判决会毫不犹豫地转为无罪。

专家资格的制度要求十分宽松,但实践中,专家的不适格(disqualified)是

---

① 高一飞、贺红强:《美国〈联邦证据规则〉的制定与修改》,载孙长永主编:《刑事司法论丛第1卷》,中国检察出版社2013年版,第518页。

② 参见王进喜:《美国〈联邦证据规则〉(2011年重塑版)条解》,中国法制出版社2012年版,第209—235页。

可采性挑战(Daubert challenge)的主要内容之一。一旦挑战成功,法官很可能完全阻断某一专家作证,裁定其不具备足够的知识来协助事实审理者理解证据。密西西比州上诉法院在科芙兰·哈密尔医疗事故索赔案①中认为,原告专家证人虽然具有胸外科和心血管外科手术的资格,但他没有肠胃病学培训,也从未进行过任何肠胃病专家特定的医疗程序,并不是本案需要的适格的肠胃病学专家证人,因为本案的争点在于,被告的医疗服务是否达到肠胃病学护理标准。2018 年,怀俄明州最高法院以提供"垃圾科学"证词的过往作证历史,阻却了法医病理学专家的作证资格。②

英美法系国家倾向于对专家作广义解释,专家证人必须是自然人,一个人能否作为专家在法庭上就某一专门性问题提出自己的意见,首先需要得到法庭对其专家资格的认可。在一个人提出其专家证言之前,该证人必须首先说服法庭相信其具有恰当的资格来就某一专业问题发表自己的意见。传统上,普通法对专家证人的资格要求相当严格,一般只有通过正规教育或培训而成为专家的人,才有可能在法庭上充当专家证人。到 20 世纪五六十年代,英美法系国家基本都已放弃了传统标准,转而采用一些更为开明的标准。专家证人获得其专业知识的途径并不是法庭需要审查的关键问题,通过正规教育或培训而获得知识的人当然可以成为专家证人,但同时,那些没有受过正规教育或培训,只是通过自己的工作经验而获得知识或技能的人,同样可以成为专家。③ 英美法国家在确定鉴定人资格的问题上采用鉴定人主义的原则,按照该原则,有关的法律或权力机关并不明确规定哪些人或者哪些机构具有鉴定人资格,不将鉴定权固定地授予特定的人或机构,即任何人都可以成为案件中的鉴定人,只要法官和陪审团认为其具备了该案鉴定人的资格。虽然美国的国际鉴定协会等民间团体经常向一些人颁发鉴定人资格证书,但这些"资格"对司法机关和案件当事人都没有约束力。当事人可以不聘请具有这种"资格"的人担任鉴定人,法院也可以不采纳具备这种"资格"的人提供的鉴定结论。④ 专家的资格可以由对方律师提出质疑,对方律师还可以就其背景、培训、教育或

---

① Cleveland v. Hamil (2013),155 So. 3d 829.

② Nielson v. State (2018), WY 132.

③ 参见周湘雄:《英美专家证人制度研究》,中国检察出版社 2006 年版,第 43—46 页。

④ 何家弘:《外国法庭科学鉴定制度初探》,载《法学家》1995 年第 5 期。

经验的任何领域对专家进行盘问。然后，法官将裁定该证人作为专家在这个特定案件中的可接受性。①

一般而言，专家证人资格只需满足两项条件：第一，传统上推论的对象必须与某一科学领域、行业、商业或某种职业具有高度的相关性，在内容上超出一般人的知识领域。第二，专家证人对于相关领域必须拥有充分的知识和技能，或者他/她的推论能够帮助事实审理者发现真实。这种知识可能单独来自于对某一领域的学习（如教育），也可能单独来自于其他领域的实践（如经验），或者更为常见的是二者兼而有之。但法官可能会裁决，对于某一特定的询问对象，必须有与之相对应的职业人员参加，如医生、工程师或化学家，但不必是该职业的专家。问题不在于该证人在这一领域中是否比其他的专家更有资格，而是该证人是否比陪审团和法官更有能力从事实中作出推论。有关专家资格的实践做法有很多未得到具体规则的确认，但是法官被赋予自由裁量权（法官的自由裁量只有在滥用时才会受到审查，但实践中因滥用而被撤销是罕见的）对此进行监督。② 具体而言，《联邦证据规则》第 702 条规定，专家证人必须拥有一定的"知识、技术、经验、训练或教育"。这一要求包含了一般人都会拥有的"经验"，因此对专家证人的资格要求并没有想象中那么严格。美国的专家证人并不限于取得专门技术资格或职称的人，也不限于受过高等教育或具有较高专业水平的专业人士，不论其知识与技能来源于正式教育还是个人实践，只要是在某一行业和领域具有专门知识与丰富经验的人，都可以看作是某一方面的专家。③ 例如，联邦调查局探员被允许根据他们的执法经验对各类刑事犯罪图谋的构成作证，农民也可以对他们受损庄稼的可能价值作证。因此，关键问题在于所建议的证人是否具有专业知识，以及是否对陪审团有所帮助，而不论这些知识如何获得。④ 正如有学者总结的："专家不一定受过高等教育或具有较高的专业技术水平，汽车修理工、电器修理工、木工、电工甚至中小

---

① Kenneth S. Cohen, *Expert witnessing and scientific testimony: surviving in the courtroom*, Boca Raton: CRC Press, 2008, p. 38.
② ［美］约翰·W. 斯特龙主编：《麦考密克论证据》，汤维建等译，中国政法大学出版社 2004 年版，第 31—32 页。
③ 齐树洁：《美国证据法专论》，厦门大学出版社 2011 年版，第 157 页。
④ ［美］艾伦（Allen, R. J.）、［美］库恩斯（Kuhns, R. B.）、［美］斯威夫特（Swift, E.）：《证据法：文本、问题和案例》（第 3 版），张保生、王进喜、赵滢译，高等教育出版社 2006 年版，第 725 页。

学生都可以专家身份出庭作证,只要他或她对案件中的某个专门问题具有一般人不具有的专门知识或经验。"①

总之,美国的立法和实践对专家证人的资格要求非常宽松,法院通常不愿意因为资格的原因而排除一份专家证言。但是,随着越来越多"垃圾科学"涌入法庭,以及由此而出现的大量冤案,批判声中的美国法院开始对专家证据施以严格审查。联邦最高法院通过一系列案件,强调了审判法官的"守门人"职能,要将不可靠的专家证言排除在法院之外。专家的资格也是影响专家证言可靠性的因素之一,这意味法院对专家资格的审查开始出现愈加严格的趋势。② 事实上,在美国,通过一系列案例的确认,事实审法官具有广泛的责任、权力和自由裁量权,可以灵活地评价专家证言,而不论该证言是基于科学知识还是专家的技能或经验。③

二、专家证人的选任方式

(一) 当事人选任

美国实行的是一种当事人委托鉴定制度,根据该制度,诉讼中应否进行鉴定、进行何种鉴定、由谁进行鉴定等事项,都由诉讼当事人自行决定。鉴定人是由当事人决定予以聘请或选任的,因而鉴定人所做工作的目的是为当事人的利益服务。由于当事人双方在诉讼中的直接利害冲突决定了,为一方当事人所聘请或选任的鉴定人在对同一事项进行鉴定时,往往与另一方当事人的鉴定人持相互对立的态度,因此这种委托鉴定制度本身又被称为对立鉴定制度。④ 在美国,虽然当事人在聘请专家证人这方面达成的协议对法庭不具有任何约束力,但在司法实践中,尤其是在民事诉讼中,如果双方当事人在聘请专家证人方面达成一致,那么法庭一般都会欣然接受。⑤

① 何家弘:《外国法庭科学鉴定制度初探》,载《法学家》1995 年第 5 期。
② 罗芳芳:《专家意见中立性问题研究:美国法之理论与实务》,中国政法大学出版社 2015 年版,第 7 页。
③ 〔美〕盐格洛·N. 昂舍塔:《科学证据与法律的平等保护》,王进喜、马江涛等译,中国法制出版社 2016 年版,第 20 页。
④ 毕玉谦:《民事证据法判例实务研究》,法律出版社 1999 年版,第 228 页。
⑤ 王继福编:《民事科技证据研究》,知识产权出版社 2012 年版,第 100 页。

当事人委托鉴定制度的优越性主要表现在：第一，在形式上充分保证了双方当事人的举证权利；第二，双方当事人有效地对抗和制约，可能达到全面揭示案件真实情况的效果，同时保障法官兼听则明，防止可能出现的片面言词。当然，其不足之处也很明显，在这种方式下，由于双方当事人自行选任专家证人，专家证人的费用由当事人承担，因此专家证人经常无意识甚至有意识提供支持一方当事人的证词。①

（二）法院指定

在当事人主义理念下，只有在当事人因经济等方面的原因不能或不愿聘请专家证人，而所涉及的专业性问题对认定事实又具有重大影响时，或者是双方当事人所聘专家无法达成一致意见而法院也无从判断是非时，法官才会指定专家证人。②《联邦证据规则》第706条明确规定，法院有权指定专家证人，"法院可以根据当事人的动议或自行决定，命令当事人说明不应当指定专家证人的理由，并可以要求各方当事人进行提名。法院可以指定经各方当事人同意的任何专家证人，也可以指定自行选择的专家证人，但是法院只能指定同意充任专家证人的人"。这一规则呈现出了以下特点：第一，法院可以自行或应当事人请求来启动该程序。如果法院准备指定专家证人，那么应当通知当事人。该通知以指令形式进行，要求当事人说明不应当指定专家的原因。第二，只有在专家证人同意的情况下，法院才能指定专家证人。这也意味着，为了得到专家证人最大程度的帮助，法院不能硬性征用专家证人。第三，法院应当以书面形式告知被指定证人的证人职责，通知复制件应递交法院书记官归档，以使当事人可以获得该复制件。第四，如果被指定的证人有任何结论，应当告知各方当事人，任何当事人均可以对该证人进行证言存录。第五，法院或任何当事人均可以传唤该证人作证，包括传唤其作证的一方当事人在内的各方当事人，都可以对该证人进行交叉询问。③

---

① 黄维智：《鉴定证据制度研究》，中国检察出版社2006年版，第147页。
② 齐树洁：《美国证据法专论》，厦门大学出版社2011年版，第161页。
③ 王进喜：《美国〈联邦证据规则〉（2011年重塑版）条解》，中国法制出版社2012年版，第235页。

（三）专家选任的其他规定

美国法院对于专家选任，曾在费用上进行过指导。专家收取的费用包括以下几个方面：（1）审查费。专家对律师提供的案件档案初步审查、涉事场所调查、报告撰写及其他准备工作的费用。（2）录口供与作笔录费。顾名思义，专家参与到案件调查环节，给出初步专家证言的费用。该费用有时以天为单位，有时以时为单位。（3）出庭费用。因为咨询专家、报告撰写专家、出庭专家并不需要是同一个人，律师也会在不断地与多位专家接触后，选择最适合出庭的人选，所以出庭费用也要单独计算。（4）差旅费。大部分专家证人的来回机票是涵盖在费用清单之内的，甚至包括头等舱机票。但是，如若专家借由外地作证之机会顺便旅游，则费用需自理。另外，实验室的检查费用、影印费用、电话沟通等费用，需要与雇主自行协商。

20 世纪末，美国法律规定，医疗索赔案件中的专家证人姓名及资格必须随案件资料一同提交，并且清单上的选任专家费用不可超过专家年度作证收入的 20％。随后，联邦最高法院规定，联邦案件中的专家费用不能由败诉方承担，且不能超过 30 美元的日薪。但是，这些政策都无一例外地因市场经济的供需关系而作废。涉及巨额标的的民事诉讼，专家有时会与律师一样签订风险代理合同，赢则可额外获得约定百分数的奖励，附带建立起专家在该领域的名声。

虽然这样的风险代理合同被许多国家禁止，但额外附加物质激励的做法仍然常见。由专业招聘网 ZipRecruiter 于 2020 年 4 月公布的全美统计数据表明，全美专家证人的平均年薪在 117635 美元，大多数介于 52000 美元至156000 美元之间，平均时薪大致在 60 美元左右。[①] 但是，不同专业领域的费用差异非常大，最高时薪以法庭科学家中的医学专家为首，他们的平均时薪高达 555 美元，是非医学法庭科学家的两倍。

英国曾因聘用专家的费用过高而开展改革，干预专家收费，使其控制在合理范围，这也减少了专家因物质激励而罔顾正义的可能性。美国相当依赖对抗制诉讼模式来审查证据的可靠性，因而律师们也常企图使专家成为他们胜诉的

① "Expert Witness Salary", https://www. ziprecruiter. com/Salaries/Expert-Witness-Salary. (accessed Apr. 04,2020)

法宝。

三、法律（诉讼）地位

在英美法系中，证人采用广义的概念，因此人们并不严格区分专家证人与普通证人，适用于普通证人的诉讼规则，同样适用于专家证人。[①] 专家证人的诉讼地位与普通证人的诉讼地位没有差别，对专家适用的规则是对普通证人的规则而非法官规则。美国发现程序中，一方当事人必须主动向对方当事人披露自己将在法庭上使用的专家姓名和联系方式；法庭上，专家要像普通证人一样宣誓或郑重声明，接受对方的交叉询问。[②]

当然，这并不是说专家证人与普通证人之间完全没有差别。英美证据法中的一个重要规则是证人不得在法庭提供意见，按照这一规则，证人出庭时只能陈述自己了解的事实，不能发表自己根据这些事实得出的结论或意见；但是，专家证人不受此规则的限制，因为他们的功能就是依据自己的专门知识或经验，就案件中某些专门问题向法官或陪审团提供鉴定结论或者意见，以便帮助那些不懂专业的人员正确地认定案件事实。例如，在刑事诉讼程序的庭审中，专家证人的作用在于通过为法庭介绍审讯与供述研究的概括，以帮助陪审团就赋予被告人供述多大的证明力问题作出一个全面的决定。具体而言，社会科学领域的专家证人可以帮助陪审团：（1）讨论那些警察诱导虚假供述的科学研究文献；（2）解释特定的审讯策略与方法如何及为何会导致无辜者虚假供述；（3）指出增加虚假供述风险的情形；（4）解释认罪后供述分析的原理，通过告诉陪审团关于虚假供述的心理、原因和特征，专家证人证言可以减少因为虚假供述而导致的错误定罪判决数量。[③] 不过，美国的法律认为，专家证人和普通证人之间的区别仅在于掌握的知识不同，二者的陈述无论在逻辑学上还是在心理学上，无论在诉讼地位上还是在法律意见上，都没有本质的差异。[④]

[①] 周湘雄：《英美专家证人制度研究》，中国检察出版社 2006 年版，第 12 页。

[②] 郭小冬、姜建兴：《民事诉讼中的证据和证明》，厦门大学出版社 2009 年版，第 102 页。

[③] ［美］理查德·A. 利奥：《警察审讯与美国刑事司法》，刘方权、朱奎彬译，中国政法大学出版社 2012 年版，第 276 页。

[④] 郭金霞：《鉴定结论适用中的问题与对策研究》，中国政法大学出版社 2009 年版，第 228 页。

四、专家证人的权利与义务

(一)专家证人的权利

专家证人可以以意见的方式作证,这是专家证人所享有的最重要的一项权利。美国的证据法规对此作出了明确的规定,如《联邦证据规则》第 702 条规定:"有资格成为专家证人的,可以用意见或其他方法作证。"其次,专家证人享有获得由当事人支付的报酬的权利,经法庭指定的专家证人有权在法庭允许的数额内获得补偿等,"在刑事案件中,法院指定的专家的报偿由公共资金支付。在民事案件中,由当事人支付指定的专家的报偿。涉及宪法第五修正案规定的合理报偿的民事诉讼和程序中,指定专家的报偿也由公共资金支付。"[①]

此外,专家证人还享有证人作证的特免权,如反对自证其罪特免权、基于婚姻关系的特免权等。最后,作为专家,还享有了解案情、收集证据和资料、进行试验或检验等权利。因专家作证是以其专业知识,对案件中有争议的问题进行分析、判断,所以形成专家意见所需要的文件资料、检材等,专家自然应有收集的权利。[②]

(二)专家证人的义务

专家证人在享有一系列权利的同时,还应当履行一定的义务,其主要义务多与普通证人的义务一致。例如,及时出庭作证并接受询问的义务,《加州证据法典》第 732 条明确规定:"由法庭指定的任何专家可以被法庭或诉讼的任何一方传唤和询问。在法庭传唤和询问证人时,诉讼各方有第 775 条规定的权利去交叉询问证人,去反对提出的问题和举出的证据。"[③]

《联邦证据规则》将专家证人的角色定位为事实裁判者的助手,将其职责定为用其科学、技术或其他专门知识,以意见或其他形式,帮助事实裁判者理

① 王进喜:《美国〈联邦证据规则〉(2011 年重塑版)条解》,中国法制出版社 2012 年版,第 235 页。
② 季美君:《专家证据制度比较研究》,北京大学出版社 2008 年版,第 37 页。
③ 沈志先主编:《刑事审判证据规则研究》,上海人民出版社 2007 年版,第 347 页。

解证据或确定争议事实。美国许多判例也贯彻了《联邦证据规则》对专家证人的要求，许多法院的判决明确规定，专家证人不应向其支付报酬的当事人雇主负责，而应尽忠于法院，尽忠于审判中的事实发现程序。[①] 有学者认为，专家证人对法庭所负担的义务可以归纳为两点：（1）专家证人应当在其专业领域内，依靠其自身的知识、经验、技能、训练等，向法庭提供客观的意见。（2）专家证人应当就事实问题发表意见，而不是就最终的法律认定发表意见。[②] 此外，在法律之外，一些专家团体内部也会规定自己的会员必须履行某些义务。例如，美国儿科协会（The American Academy of Pediatrics）规定，医师专家证人应当采取一切必要措施，对医学事实进行全面、公正、客观、公正的审查；其会员只有在查阅了足够的病历和文件后，才能形成公正、准确的结论；如果所有的医疗记录都无法查阅，那么就放弃以专家身份服务，或者承认他们的专家意见是基于有限的信息；必须提供客观、有效的意见，并由其临床经验和最好的循证医学文献支持，无论原告、检察官或被告是否使用。[③]

第三节　专家证人启动程序

一、当事人启动

在英美法系的"鉴定人主义"体制下，专家证人程序的启动主体可以有两种：一种是诉讼当事人，即民事诉讼中的原、被告，以及刑事诉讼中的控、辩双方；另一种是审判法官。由于英美国家强调当事人对证据收集和诉讼证明的控制，并且将专家看作是证人的一种，因此在专家证人程序的启动和专家证言的运用上，当事人起着主要作用，当事人启动鉴定程序是英美诉讼中的常态。[④]

在美国的诉讼程序中，95％以上的专家证人都是由当事人自己选任的，而

① 罗芳芳：《专家意见中立性问题研究：美国法之理论与实务》，中国政法大学出版社2015年版，第18页。

② 徐继军：《专家证人研究》，中国人民大学出版社2004年版，第59—61页。

③ Stephan R. Paul, S. K. Narang, "Expert Witness Participation in Civil and Criminal Proceedings", *Pediatrics* 124.1(2017), p. 2.

④ 周湘雄：《英美专家证人制度研究》，中国检察出版社2006年版，第73页。

且当事人往往会选任多名专家。具体而言,当事人选任专家证人时,一般会综合考虑以下四个因素:(1)是否具有实践经验。一位具有丰富经验的专家证人可以更从容自信地说服陪审团,而缺乏实践经验的专家证人一般很难在交叉询问中有良好表现。(2)是否公开发表过文章。假如一位专家证人在其所属领域的专业期刊上发表过文章,或者是出版了专业领域的著作,那么陪审团自然会认为其观点更具有权威性和可信性。(3)是否具有教学经历。如果某位专家证人拥有教学经历,那么其可以运用教学的语言和方式,更好地说服陪审团,而陪审团也会觉得其所作的陈述更加可信。(4)是否在公众媒体上有过相关演讲或陈述。假使专家证人曾在媒体上发表过演讲,那么可信度必然较高。此外,专家证人的收费标准、职称头衔等因素也是当事人所考虑的。①

诉讼利益驱动和专家证人之间的利益关系,常常导致专家证言带有某种倾向性。专家证言的公正性和科学性常为利益所扭曲,因为当事人不是为了发现事实、查明真相而寻找专家证人。美国咨询委员会对《联邦证据规则》进行注释时指出:"在实践中,当事人往往挑选对自己有利的专家证人,某些专家证人接受贿赂,许多声名卓著的专家不愿意卷入诉讼中。"因此,专家证人程序的启动权完全赋予当事人之做法,在实践中暴露出不少问题,法院对当事人权利的滥用无法节制,出现了大量过度使用专家证人的现象,造成诉讼的拖延,影响诉讼效率。有的当事人为了确保自己利益最大化,不惜"重金""购买"有利于自己的专家证人。在很多情况下,专家就扮演起"具有专门知识的辩护人"的角色。②

二、法官启动

鉴于专家证人事项由双方当事人决定,容易导致专家证人丧失中立性和客观性,专家证人也容易仅仅服务于双方诉讼的需要而不是正义的要求,因此美国开始借鉴法官享有鉴定决定权的模式。早在 20 世纪 40 年代,美国就已经开始对专家证据的启动权归属及选任进行限制。例如,1943 年的《模范专家证言

---

① 齐树洁:《美国证据法专论》,厦门大学出版社 2011 年版,第 161 页。
② 郭华:《鉴定结论论》,中国人民公安大学出版社 2007 年版,第 174 页。

法》第1条规定："民事或刑事诉讼进行中，无论何时遇有争执之发生，法院认为需有专家证据时，得依职权，或于刑事程序中经公诉人或被告人之请求，或于民事程序中经任何一方当事人请求，指定鉴定人一人或数人证述之。"①

《联邦证据规则》借鉴了《模范专家证言法》的规定，赋予了法庭指定专家证人的权力，即法院可以根据当事人的动议或自行决定，命令当事人说明不应当指定专家证人的理由，并可以要求各方当事人进行提名。法院可以指定经各方当事人同意的任何专家证人，也可以指定自行选择的专家证人，但是法院只能指定同意充任专家证人的人。②

法官启动专家证人程序大致有三种情况：一是法官对专业科技知识及复杂专门法律领域知识的缺乏；二是在个人伤害案件中指定医学专家，在专利商业机密案件中指定工程专家，在商业案件中指定会计专家；三是一方当事人因无法支付专家费用而不能提供专家证人，致使不适当争点的出现，从而可能获得不当败诉判决，而法官又不愿凭另一方当事人提供的专家证言予以判决，这属于专家证人的司法援助范围。③

近年来，为限制专家证据的使用，美国进行了更为严格的规定，如《联邦证据规则》规定，法庭可以自行决定或根据当事人的申请，作出一项指令，以说明不能指定专家证人的原因，也可以要求当事人进行提名。同时，是否使用专家证据的决定权在于事实审理者。如果事实审理者认为专家证言对其没有帮助，并且纯属多余或浪费时间，那么专家证言就将被排除。④

第四节　专家证人的质证

一、专家证据开示

专家证据开示是指，对出庭专家证人的专家意见及其形成过程、所依赖的

① 张华：《司法鉴定若干问题实务研究》，知识产权出版社2009年版，第31页。
② 王进喜：《美国〈联邦证据规则〉条解 2011年重塑版》，中国法制出版社2012年版，第233页。
③ 郭金霞：《鉴定结论适用中的问题与对策研究》，中国政法大学出版社2009年版，第263页。
④ 司法部司法鉴定管理局编：《保障司法公正，服务和谐社会：进一步推动司法鉴定体制改革与发展》，中国政法大学出版社2007年版，第201页。

资料和专家本身的有关情况,向对方当事人进行开示。[①] 专家证据的开示是所有种类的证据开示中最复杂、技术性要求最高、资源耗费最多的一种,不仅包括对该证据本身的开示,还包括对专家证人资格、专家证据的形成过程、专家证据所依据的资料和理由等诸多因素的开示。[②] 专家证人应当将自己的结论交给当事人,并对结论的形成材料、形成过程和相关依据作出说明,然后接受当事人的询问并作出解答。通过对专家证据的开示,当事人及其诉讼代理人可以充分了解专家证据的内容,方便其在以后的庭审中,通过有效的质证,合理地发挥专家证据的作用。[③]

(一) 民事诉讼中的专家证据开示

在美国,审前开示程序也被称为专家证言质证的准备程序,一般要经过两个阶段:一是专家证言的开示程序,它通过出示专家意见报告书的形式来完成;二是审前会议程序,针对当事人质证程序中专家证言的部分实质性问题,通过预演的方式来确定案件事实的争执点,从而达到明确、限制和缩小举证范围的目的。[④]

专家证人证言开示与否,具体分为三种情况。其一,如果一方当事人意图将一位专家证人传唤到庭,那么他有法律义务将该专家证人的姓名开示给对方当事人。具体而言,一方当事人有权要求传唤专家证人的一方开示该专家的身份、主题事项、主旨、摘要等信息。传唤一方必须展示这些信息,即便其他当事人没有提出此项要求。当然,传唤一方也可以通过笔录证言,对这些作证专家进行追加开示。但是,这必须经过法院的准许。其二,如果专家证人参与了预备或准备诉讼的活动,那么其姓名一般不开示给对方,即一般按律师"工作成果"保护原则予以保护。其三,如果在涉及本案诉讼标的之事项方面,该专家只是一个耳闻目睹者,那么其将仅仅被视为一个普通证人,其证言将被强制性地开示给对方当事人。[⑤]

---

① 周湘雄:《英美专家证人制度研究》,中国检察出版社 2006 年版,第 150 页。
② 齐树洁主编:《美国证据法专论》,厦门大学出版社 2011 年版,第 164 页。
③ 夏蔚:《专家证人辨析》,载张连举主编:《跨学科视野下的警学研究》,暨南大学出版社 2014 年版。
④ 郭华:《鉴定结论论》,中国人民公安大学出版社 2007 年版,第 272 页。
⑤ 杜闻:《英美民事证据开示若干问题研析》,载《证据科学》2008 年第 6 期。

2010 年《联邦民事诉讼规则》进行了修改,拓宽了专家意见证据开示的范围,允许法官对专家证言施以更大的控制,扩大了需要开示的专家的范围及专家证据的开示范围,要求由当事人聘请或雇佣"用以出庭提供专家证言的专家",或者"以日常参与专家证言提出为其职责的专家",在审前开示程序前提供一份全面的专家报告。在此之前,《联邦民事诉讼规则》并没有明确要求当事人并非为了诉讼而专门雇佣或聘请的专家提交专家报告。①

具体而言,《联邦民事诉讼规则》规定:"除非双方当事人有其他的约定或法院作出其他的指示,该种开示应当附有在案件中被聘请或专门雇佣的证人,或者虽然是当事人的雇员,但其业务通常包含着提供专家证言的证人所准备并签名的书面报告书。"该报告书应当包括表达的所有观点、根据和理由;专家证人形成其观点所考虑的数据或其他信息;被用来作为观点、概要或用来证明观点所考虑的数据或者其他信息;被用来作为观点、概要或用来证明观点的所有证物;专家证人的资格证明,包括前 10 年内专家证人所有著作作品清单;前 4 年内该专家作为专家证人在法庭上或通过庭外证言,为其他案件提供证言的清单;为该研究和作证所需支付的补偿的说明。

这些开示应当依照法院指定的时间和顺序作出。除非法院有其他指示或当事人有其他约定,否则这些开示应当符合下列要求:(1)在开庭审理日期或开庭准备就绪日期前至少 90 日内作出;(2)若一方当事人只对对方当事人特定的同一事项的证据企图进行否定或反驳,则应当在对方当事人开示后 30 日内出示。②

(二) 刑事诉讼中的专家证据开示

在美国刑事诉讼中,立法者早期主要强调的是对公诉方所用专家证据的开示。在被告方向法院申请公诉方开示专家证据后,公诉方必须及时、准确地开示其获得的专家证据,并将所有专家证据制成列表交给被告方。由于控方案件的证明越来越多地依赖各行各业的专家,而这些专家并不一定需要事先提交书面的报告,因此通过证据开示程序来获得控方专家证人的证言概要,对

---

① 罗芳芳:《专家意见中立性问题研究:美国法之理论与实务》,中国政法大学出版社 2015 年版,第 138 页。
② 吴如巧:《美国联邦民事诉讼规则的新发展》,中国政法大学出版社 2013 年版,第 210 页。

辩护一方有效地进行法庭上的质证及初审法院正确判断专家证词的可信性都有重要意义。① 在被告方聘请专家证人的情况下,专家证据的开示应该是一个双向的过程,因此刑事诉讼中的专家证据开示,目前已经包括被告专家证据的开示程序。②

《联邦刑事诉讼规则》详细规定了公诉方在刑事诉讼的专家证据开示过程中应遵循的义务:"应被告人的要求,公诉方必须给被告人提供一个专家证据的清单,列于清单上的专家证据是公诉方依《联邦证据规则》第 702 条、第 703 条或第 705 条的规定将在主询问中使用的。如果公诉机关依照第 16 (b)(1)(C)(ii)条,要求被告方开示专家证据,被告方也向其进行了开示,那么公诉方在被告的要求下,必须列出专家证据的简要概括。这部分专家证据是其依《联邦证据规则》第 702 条、第 703 条或第 705 条的规定,将要在诉讼中运用的有关被告人精神状况的专家证据。这份概要必须包括专家证人的意见、该意见的基础和所依据的理由,以及专家证人的资质。"③这一新的修正,意在扩大联邦刑事证据开示,最大限度地减少因意想不到的专家证言而导致的意外,减少延迟审理的必要性,以及为对方提供通过关键的交叉询问来审查专家证言实质内容的公平机会。④

此外,《联邦刑事诉讼规则》也规定,如果被告方援引这一规则,要求公诉方开示专家证据,那么公诉方也有权要求被告方进行对等的开示,其中提交的专家概述,同样需要包含专家证人的意见、该意见的基础和所依据的理由,以及专家证人的资质。⑤

美国法院在专家证人作证之前,必须经过"审查证人"(Qualifying the witness)程序,由法官对所谓专家证人的教育、训练、经验等进行必要的询问,确认其能否以专家的资格作证。在该程序中,对于准备作为专家证人的证人,法官主要从以下方面进行审查:(1)特殊的技能和知识;(2)训练和教育;(3)

---

① 孙长永:《探索正当程序:比较刑事诉讼法专论》,中国法制出版社 2005 年版,第 369 页。
② 齐树洁主编:《美国证据法专论》,厦门大学出版社 2011 年版,第 165 页。
③ *Federal Rules of Criminal Procedure* (2018), Rule 16 (a) (1) (G).
④ 罗芳芳:《专家意见中立性问题研究:美国法之理论与实务》,中国政法大学出版社 2015 年版,第 140 页。
⑤ *Federal Rules of Criminal Procedure* (2018), Rule 16 (a) (1) (C).

经验;(4)熟悉参照标准或该领域的权威;(5)专业组织或协会的成员,等等。①

二、质证程序

通常情况下,在美国的民刑事诉讼程序中,只要有证人出庭,都会进行对证人的交叉询问。专家证人作为证人的一种,也必须接受一般证人所必须接受的交叉询问。

交叉询问又称为交互询问、交叉寻问(Cross examination),是英美法系诉讼中的一项重要制度,它是指有关双方当事人对证人盘问时所需遵循的一整套规范。交叉询问首先由申请提出该证人的当事人对该证人进行询问,称为"主询问"(direct examination;examination in chief);然后,由对方当事人的律师对该证人进行询问,称为"反询问"(cross-examination);最初询问证人的当事人或律师还可以对证人进行再询问,称为"再主询问"(redirect examination);再主询问之后,也允许实施反询问的当事人或律师实施"再反询问"(recross-examination)。②

主询问是指提供专家证人的当事人进行的询问,这种询问主要围绕自己提供的专家证言的关联性和信用性进行,但不得进行诱导性询问。主询问的目的是避免当事人借助于诉讼技巧,通过专家证人来扭曲案件事实,从而降低当事人利用专家证人造成对陪审团的干扰之可能性。③

主询问主要围绕两个要点展开:一是引导专家证人用简洁易懂的方式将意见陈述出来;二是引导专家证人对自己的资格及中立性进行陈述和介绍,以增加法庭对专家意见的信任程度。因此,对专家证人的直接询问一般按照以下步骤进行:(1)展示专家证人的资格;(2)展示专家立场的中立性;(3)点面结合地展示专家意见;(4)展示专家意见所依据的资料、所采用的方法和所使用的工具。④

下面的例子,反映出了这四个步骤。杰夫·格尔布鲁姆(Jeff Gelblum)在

---

① 郭华:《鉴定结论论》,中国人民公安大学出版社 2007 年版,第 273 页。
② 张卫平:《交叉询问制:魅力与异境的尴尬》,载《中外法学》2001 年第 2 期。
③ 樊崇义、郭华:《鉴定结论质证问题研究(上)》,载《中国司法鉴定》2005 年第 1 期。
④ 徐继军:《专家证人研究》,中国人民出版社 2004 年版,第 146 页。

玛格丽特·霍丽略诉库克公司案中为被告作证,由原告律师帕特里克(Mr. Patrick)展开直接询问。因为本次询问是接续了上次笔录的询问进程,所以没有再多花时间介绍专家基本信息。本案的争点在于,患者霍利的中风是否由于被告库克公司旗下的圣十字医院(Holy Cross Hospital)提供的不当医疗照顾而导致。在原告律师开始之前,被告律师已经尝试多维度地切断二者之间的因果关系,占用了本篇记录70％的篇幅。随后,原告律师问的问题不多,但句句击中要害。①

问:医生您好,我的问题不多。你第一次作证时,我们讨论了Horrillo女士有可能对一些医疗行为产生排异反应,你记得吗?

答:是的,我记得。

问:昨天她儿子作证时,说母亲在生育过程中因对吗啡过敏,出现了严重的幻觉和妄想,这些症状和中风是不是在某些患者身上都会出现的综合征?

答:至少在我治疗过的病人中,这样的情形非常常见。个体在麻醉后产生严重的行为上、精神上的失序是常见的,但这样的临床表现与中风是完全不同的。

问:请具体解释一下不同。(编者注:原告律师将中风与其他症状区分开来,以排除中风是由于其他原因导致的。)

答:概念上讲,幻觉是由于某些有毒的新陈代谢引起了改变感觉系统的变化,这种改变时间较短,是自我限制的。中风可以造成永久性损伤,大脑中某一区域血液流动量的变化致使固定的神经功能缺陷。这完全是两类不同的诊疗,不同的临床病理和结果。

问:所以,由吗啡过敏引发的幻觉症状并不会出现运动神经缺陷的问题?(编者注:排除原告患者运动神经缺陷是由其他辩护律师可能提到的诱因引发的。)

答:今天我们说了很多遍了,病人们没有我们所想的那么脆弱。

---

① Continuation Deposition of Jeff Gelblum, Margaret Horrillo v. Cook Incorporated d/b/a/Cool Medical,Case No. 08 - 60931 - CIV.

问：好的，那么在本案中，在圣十字医院，Horrillo女士跟踪记录表上显示的第一次出现的运动神经损伤发生在6月1号中风之后，对吗？

答：没错，基于这个症状，医生们才知道她发生了中风，诊断过程就是这样。

问：还有个事我想问问，34号证据你看到了吗，这是Horrillo女士在肾脏支架安装完后恢复病房的病情观察报告。上面说"8点40分至9点10分注射了肝素"，能为我们解释一下"肝素"吗？

答：是一种防止血栓形成的抗凝血剂药物。

问：发挥作用的时间短吗？

答：当然了，支架安装都需要用到它。

问：那么8点40分到9点10分在注射肝素，9点10分以后假设她没有继续注射，45分钟到1个小时之后，药效就过了，对吧。

答：对。

问：报告表明，她出现中风是第二天早上8点35分，那么在安装支架过程中使用的肝素无法持续作用到第二天，无法阻止中风发生，对吗？

答：没错。

问：在昨天的询问环节中，照顾Horrillo女士的医生说她除了在6月1号的这次中风之外，并没有出现更多的中风症状。这是一次独立的事件。那么，在你看来，基于合理的医疗确信和医疗概率，你是否足以作出中风是由于肾脏支架安装所导致的这一医学诊断？（编者注：一步步封堵了辩方律师切断因果关系的其他理由，同时引导专家证人以符合科学证据可采信标准的证言，将因果关系牢牢建立。）

答：是的。

问：能为我们解释一下吗？

答：这一点我们也在证词里重复说过许多遍了。当你开展了一项结果未知、安全性未知、支架装置与肾脏排异性未知的肾脏支架手术，肾脏中的血液必然会出现波动，这是血液动力学引发的波动，很容易诱发中风，正如患者术后第二天那样。

......

如果说主询问是引导专家证人发表利己证言的过程,那么反询问则是由对方当事人及其律师对专家证言进行质疑的程序,这也是质证程序的核心环节。事实裁判者会特别关注专家证人在反询问中的表现,以期能够通过反询问,对专家证据的真伪作出判断。反询问的过程要求律师以专家证据可采性的判断要素为基本导向,通过询问对方专家证人,发现其证言可能存在的问题,达到反驳专家证言的效果。[①] 对专家的资格审查,包括使该人专长得以显露的证人遴选审查。如果对其专长没有合理的怀疑,那么对方当事人可以试着对它作出约定。实践中,聪明的辩护律师往往会拒绝这种约定,因为他们希望事实认定者听取该证人的资格背景。对方当事人可以就赋予证人作为专家的资格提出异议,还可以对证人进行遴选审查,想办法表现证人不称职或对审判没有任何帮助。然后,审判法官依照《联邦证据规则》第 104(a)条来裁定该人是否具有作为专家的资格。[②] 因此,有学者总结指出,在询问中,专家证人容易从以下四个角度被针对:(1)利用专家证人关于相同主题的不同言论来质疑专家证言。专家一般都是在某一学术领域从事专门研究的人,他们通常都会就某一主题或某些主题发表著作、论文、演讲。由于学术研究的不断发展和进步,专家有可能对某一相同或相似主题,在不同的案件、学术讨论、学术论文、学术演讲中发表过不同的观点和意见,交叉询问的律师可以利用该专家证人就相同或相似主题发表的不同观点和意见,质疑该专家证人提供的证言的可信性。(2)一方可以使用与专家证言相关的出版发行的期刊论文、学术著作来质疑专家证言。学术论文的可靠性可以通过其他证人的承认、其他专家的证言或司法认知得以确认。当学术论文的权威性得到法庭确认之后,交叉询问的律师既可以通过宣读论文方式来质疑专家证言,也可以询问证人是否同意该学术论文的观点,如果证人同意,那么询问方就完成了对专家证言的质疑。但是,学术论文本身是不能作为认定案件事实的物证使用的。(3)利用专家证人收费作证来质疑专家证言。专家证人一般是收费作证的,尤其是一些专家长期地、反复地受雇于某一个当事人、单位或组织,为其提供专家意见,交叉询问时可以利用这一点来质疑专家证人是为了迎合付费一方的需要而改变

---

① 齐树洁:《美国证据法专论》,厦门大学出版社 2011 年版,第 176 页。

② 〔美〕艾伦(Allen R. J.)、〔美〕库恩斯(Kuhns R. B.)、〔美〕斯威夫特(Swift E.):《证据法:文本、问题和案例》(第 3 版),张保生、王进喜、赵滢译,高等教育出版社 2006 年版,第 725 页。

了证言。这种质疑对于专家证人而言是非常严厉的,因为理论上,专家证人是利用自己的专业知识来帮助事实裁判者发现案件事实的分析人士,并不是诉讼中的一方利益代表者。如果专家证人失去了专业操守而为金钱服务,那么就足以摧毁其证言的可信性。(4)利用专家证人遗漏了相关事实或数据来质疑专家证言。在刑事诉讼程序中,有一些专家意见是要经过实验、测试才能够得出的,如血液鉴定、DNA 测试等。如果专家在实验或测试时遗漏了某些实验程序或者实验数据,那么交叉询问的律师就能以此为据,质疑专家证言的可信性。① 实践中,有些律师在询问自己的证人或盘问对方证人时利用恐吓等手段是很常见的。如果律师能让相反的证人说出他认为不正确的事情,或者使证人在说话时失去可信性的事情,那么就能占据优势。有经验的出庭律师在作证时,会尽量利用证人的举止或缺乏定罪的任何方面,这就是为什么更有经验的证人似乎更容易应对严格的盘问。②

在对专家证人的交叉询问过程中,不仅是对专家证人的直接询问需要具体的规则规范,对专家证人的反询问也会产生特殊的问题。交叉询问时,对方律师可能会要求专家证人说出以前未披露的专家意见所依赖的事实和数据。由于这些事实和数据构成专家意见的基础,因此交叉询问人可以质疑这种不存在的或相反的事实是否对其意见产生影响,以及如果确实存在影响,那么是如何影响的。不过,律师可以通过询问诸如何种情况的变化会影响到其意见等问题来审查专家证人推理的过程和公正性。在进行这些询问时,交叉询问人并不局限于诉讼记录中所载的事实。③ 以威廉姆斯诉泰森食品公司案中的反询问为例,被告律师乔伊·可汗(JoelM. Cohn)的询问技巧纯熟自如。丽莎·福克斯(Liesl M. Fox)作为原告保留的专家证人,察觉到了被告律师想要挖掘更多可开示数据的企图,但仍然无还手之力地被贴上了原告辩护律师之同盟的标签,证人可信度遭受严重打击。④

---

① 王颂勃:《刑事诉讼法庭质证规则研究》,中国人民公安大学出版社 2015 年版,第 134 页。

② Kenneth S. Cohen, *Expert witnessing and scientific testimony: surviving in the courtroom*, Boca Raton: CRC Press, 2008, p. 38.

③ [美]约翰·W. 斯特龙主编:《麦考密克论证据(第 5 版)》,汤维建等译,中国政法大学出版社 2004 年版,第 34 页。

④ Deposition of Liesl M. Fox, Mary Williams v. Tyson Foods, INC., (2000), Case: 4:07 - md - 01854 - CDL.

问：请问你的全名和地址是？

答：丽莎·梅·福克斯，阿拉巴马州胡佛县切斯特大街 1316 号。

问：福克斯博士，请问你就职于哪儿？

答：就职于阿拉巴马州维斯塔瓦山城的定量研究协会。

问：你准备了任何报告的草稿件吗？（编者注：如有草稿件或其他资料，被告可以申请开示。）

答：没有，工作中的草稿，一般我都不会保存它们，只在同一个文档上更新编辑。

问：那从 2010 年 6 月你和原告律师事务所接触以后，你和所里任一律师有邮件往来吗？

答：就算有的话，邮件我也不会保存的，因为问题解决完，邮件就删除了，也许有邮件往来吧，一两封吧。

问：那你记得邮件里都写了哪些问题吗？关于所里提供的数据资料，你在邮件中提出了什么问题吗？

答：记不清了，如果你是想问相关数据的话，那么在我的专家报告里都写了。

问：那你有没有收到过原告代理律师给你的邮件？

答：如果是对案件数据资料进行的邮件回复的话，没有。

……（编者注：原告律师第一阶段防守胜利，辩方律师开始了进一步攻势。）

问：我希望再次提醒你一下，你是宣誓了的，所以如果在这里作伪证的话，你也会被控犯伪证罪，你明白吗？

答：明白。

……

问：你 1998 年就为罗伯特·柴尔斯德（Robert Childs）作过证了吧？在福克诉家用石油公司（Faulk v. Home Oil）案。

答：是的。

问：那是你第一次为威金斯和柴尔斯德律师事务所工作吗？（编者注：原告辩护律师事务所是也。）

麦高恩(MS. Mcgowan)律师：反对。（编者注：原告律师察觉到辩护律师的企图，迅速反应。）

问：是吗？

答：是的，我想应该是的。

问：事实上，你为该律师事务所工作过的次数不少了吧。

答：确实。

问：那我能不能说，从 1998 年以来，你的工作对象就是威金斯和柴尔斯德律师事务所及非威金斯和柴尔斯德律师事务所，对吗？（编者注：辩护律师的概括技巧高超，引导方向明显。）

答：是的，我也为其他律所工作。

问：那这么说，你看公不公平，威金斯和柴尔斯德律师事务所是你们公司最大的客户之一吗？

麦高恩(MS. Mcgowan)律师：反对。

问：在你为其他公司提供的专家服务里，有比为威金斯和柴尔斯德律师事务所做的事情更多的吗？

答：应该不是吧，我觉得应该不是这样。

……

整体而言，复杂的交叉询问机制是专家证据制度赖以存在和发展的重要配套制度。该制度的存在意味着，尽管专家证人可以由双方当事人自行选任，但这并不意味着从己方利益出发选定的专家证人就一定能帮助自己获得有利的诉讼结果；相反，经不起交叉询问质疑的专家证言，不仅无法帮助己方获得有利的结果，甚至可能导致专家证人因此承担提供虚假证词的法律责任。[①] 最优秀的专家会考虑所有的事实和数据，在必要时能够从逻辑上反驳对方专家的观点，并且能够认识到科学、证据和知识的局限性，最重要的是永远不会损害科学的客观性。[②]

目前，在美国，接受法庭陈述的培训是成为专家证人的一门必修的课程。

---

① 齐树洁主编：《美国证据法专论》，厦门大学出版社 2011 年版，第 178 页。

② Robin T. Bowen, *Ethics and the practice of forensic science*, CRC Press, 2010, p. 36.

专家证人将其提供的专家证言表述得越通俗易懂，就越能得到法官与陪审团的"好感"与"信赖"。法官在专家证人面前本就是"外行"，如果此时的专家证人在法官面前表现得傲慢无礼，有炫耀自己知识的"嫌疑"，那么他的法庭陈述很难使法官产生"共鸣"。同时，如果对方的专家证人的专家证言在交叉询问的过程中深入浅出、态度谦虚良好，巧妙而又生动地展示了己方的观点，令法官有足够的兴趣对其证言进行深入的理解与认识，那么显然在这种情况下，法官会更倾向于此种专家证言。当然，这是建立在双方当事人的专家证言内容都具有可靠性与科学有效性的基础上。①

第五节　专家证据的认证

一、专家证据可采性规则

"可采性"(admissibility)是英美证据法的核心概念，是理解英美证据规则的基本出发点，它和证据的"相关性"(relevance)共同构成英美法背景下证据问题的两大概念，而可采性解决的是证据的资格问题。② "可采性"或"证据能力"(competency of evidence)，是指证据能否被采纳作为定案依据的属性。实际上，可采性就是证据能力，二者均指具有一定资格的证据才可以被采纳，只不过两大法系的证据法对其表述有所不同。③

专家证人的意见和结论主要依赖于以下三个方面的信息：第一，专家通过对特定的证据进行检验而掌握的特定信息，可能作为其意见或结论的基础。通过询问该专家进行证据检验后得出何种结论，就可以获得此种意见证言。第二，专家可能依赖于源于其他途径的各种形式的数据，只要该领域通常需要依赖于此类数据。进而，根据《联邦证据规则》第703条，专家意见证据所依赖的事实或数据无须在法庭上具有可采性，只要此类数据或事实是特定领域的

---

① 郭照方：《专家证言采信研究——以美国联邦法官为视角》，载潘金贵主编：《证据法学论丛第三卷》，中国检察出版社2014年版，第233页。
② 邱爱民：《科学证据基础理论研究》，知识产权出版社2013年版，第170页。
③ 张保生主编：《证据法学》，中国政法大学出版社2009年版，第24页。

专家可以合理作为根据的数据或事实。第三,专家可以根据当事人提供的假设性事实来得出自己的结论。此类假设性事实在刑事诉讼中并不经常使用。在更多的情况下,刑事案件中的专家证言都是基于物证的实际检验结果。在涉及刑事专家时,情况更是如此。刑事专家作为专家证人出庭作证,通常都是基于犯罪现场物证的检验结果。当然,这一点并不妨碍辩方律师或检察官向专家提出特定的假设性问题。[①] 专家证人就有关案件事实以意见形式作证,必然要依据一定的方法和原理。这些方法和原理本身的可信性,以及专家证人在作证时如何使用这些方法和原理,是确认专家证词可信性的重要基础。在美国司法实践中,不同的法庭或司法区一直在如何确定专家证词的可信性方面进行不同的尝试。[②]

20 世纪以前,美国的法院一般还没有专门针对专家证言的采纳规则。在评价专家证言的可采性时,美国的法院并没有把重点放在专家证言的可靠性上,而是看该专家在相关科学领域内或行业内是否成功。法官决定某一专家证言是否具有可采性时,一般从以下三个方面来考虑:一是专家证言是否与案件中的实质性问题相关;二是该问题是否超出陪审员的知识范围;三是该专家证人是否具有专家的头衔。因此,如果一个专家在相关的领域内工作多年,有足够的经历,且能够为当事人或公众提供相关的专业知识,那么在法庭上,其提供的证言一般就会被采纳。由于这一规则将人与知识相提并论而不管其提供的证言本身是否具有可靠性,因此该做法存在缺陷也是显而易见的。[③]

(一) Frye 规则

Frye 规则始于 1923 年的一起谋杀案,即 Frye v. United States 案。犯罪嫌疑人弗莱伊(Frye)被指控犯有二级谋杀罪,其辩护律师向法庭提供了弗莱伊的收缩压测谎实验结果来证明无罪辩称的正确性,收缩压测谎实验是现代测谎技术的源头。该案的一审法院,即哥伦比亚特区联邦地方法院,支持了检控方的动议,不采纳这种所谓的科学证据,判决被告有罪。被告不服,提起上

---

① 〔美〕诺曼·M. 嘉兰、〔美〕吉尔伯特·B. 斯达克:《执法人员刑事证据教程》,但彦铮等译,中国检察出版社 2007 年版,第 140 页。

② 高忠智:《美国证据法新解:相关性证据及其排除规则》,法律出版社 2004 年版,第 151 页。

③ 季美君:《专家证据制度比较研究》,北京大学出版社 2008 年版,第 92 页。

诉。1923 年,哥伦比亚特区联邦上诉法院以收缩压测谎技术尚未得到生理学家和心理学家的普遍认同为由,仍然拒绝将收缩压测试结果采纳为证据,驳回了被告人的上诉。法院认为:"某一科学原则或发现究竟在何时跨越了试验和证实阶段之间的界限,是难以界定的。在这个灰色区域的某一节点上,某一原则的证据能力必须得到认可。在采纳一种从已得到公认的科学原则或发现所推演出的专家证言方面,法院将不会费很大劲。据以进行演绎的事情必须获得充分的确立,以达到在其所属特定领域已获得普遍接受的程度。"①正是这个案件的判决,催生了一个被称为"弗莱伊规则"(Frye Test)的审查判断科学证据可采性的主导标准,即"普遍接受标准"。② 简而言之,就是科学证据只有当其得到相关领域的普遍接受时,才具有可采性。其后,联邦法院和大多数州法院系统均将该判例所确立的标准作为自己判断科学证据可采性的标准。但是,对什么是"普遍接受",裁决并没有作任何解释,该标准所指的"相关领域"的范围是不明确的。直到政府诉圭亚拉一案才首次对该标准作出解释,即若使用的技术是由那个领域里绝大部分成员明显支持的,则该项检验就被视为是可行的,属于"普遍接受"。③

　　尽管 Frye 规则在内容上是保守的,即通过遵从相关领域的意见,排除未经检验、高度推测性的科学观点,但其也具有很大弹性——易于操作。特别是当对新颖科学证据所属领域进行广义解释时,Frye 规则的要求非常严格,而对科学领域进行狭义解释时,Frye 规则的要求就很容易满足。这种灵活性在一定程度上说明了 Frye 规则为何在某个时期具有相当的吸引力。④ 这也是该规则在长达 70 年的时间里被普遍采用的原因之一。但从实践情况来看,依赖于Frye 案这样的表象标准来确定专家证言的有效性,存在两个主要问题:首先,如果一个理论被数据表明具有有效性,但是缺少必需的流行程度,那么采用Frye 标准会导致对相关的有效科学证据的排除;其次,如果一个理论获得了法律所要求的流行程度或普遍接受程度,但是可得的数据可能表明该理论缺乏经验有效性,那么采纳 Frye 标准会导致建立在"垃圾"或站不住脚的"科学"基

---

① Frye v. United States, 54 App. D. C. 46,293 F. 1013 (App. D. C. 1923).
② 邱爱民:《科学证据基础理论研究》,知识产权出版社 2013 年版,第 186 页。
③ 王继福编:《民事科技证据研究》,知识产权出版社 2012 年版,第 63 页。
④ [美]苏珊·哈克:《专家证据:美国的经验与教训》,邓晓霞译,载《证据科学》2016 年第 3 期。

础上的科学证据具有可采性①,并且可能会阻碍引入重要和有用的证词。②

(二) 1975 年《联邦证据规则》

弗莱伊判例确立的"普遍接受规则"从产生的那一天起就备受争论,不仅遭到美国司法实践的质疑,而且也受到了法学理论的批评和美国立法的挑战。1975 年《联邦证据规则》第 401 条对一般证据的可采性进行了规定,分别是相关证据的判断标准、相关证据的可采性、相关证据的排除。根据这三条规定,证据只要具备了相关性,而且不会具有不公正的偏见、混淆争议或误导陪审团,不会导致诉讼的不当拖延,就可以被法庭采纳。专家证言也属于证据的一种,所以一般规定也适用于专家证言。也就是说,专家证言也必须具有相关性。③ 确立相关性规则作为证据能力的构成要件对弗莱伊判例的"普遍接受规则"产生了较大的冲击。④

《联邦证据规则》对专家证人出庭作证的标准进行了具体规定:"如果科学、技术或其他专业知识,将辅助事实裁判者理解证据或裁断有争议的事实,因其知识、技能、经验、培训或教育而具备专家资格的证人,可以通过意见或其他形式对此作证"(第 702 条);"在某一特殊领域,专家提供的证据应该是合理的、可靠的"(第 703 条)。而后,1987 年,国会修订的第 703 条规定:"在特定案件中,专家意见或推理所基于的事实或数据,可以是专家听证时或听证前感觉或获悉的。如果专家对待证问题形成意见或推理所依据的,是在特定领域可以合理作为根据的事实或数据,那么这些事实或数据不必作为证据采纳。"根据这一规定,法官在判断专家证言的可采性时,应首先明确该专家是否具备专家资格,即判断该专家在某一特定的领域是否能以其知识、技能、经验、训练或教育作证;之后,要判断该专家证人以其知识、技能、经验、训练或教育所作的证言是否有助于裁判者理解或确定案件事实。概括而言,应具备两个条件:一是使用专家证人的必要性;二是专家证言的科学可靠性。这样,一般法院可

---

① 王进喜:《美国〈联邦证据规则〉条解 2011 年重塑版》,中国法制出版社 2012 年版,第 214 页。
② Jack B. Weinstein, "Improving Expert Testimony", *University of Richmond Law Review*, Vol 20, 1986, p. 476.
③ 金雷霆、李红:《论美国专家证言的采信规则》,载《中国司法鉴定》2018 年第 3 期。
④ 房保国主编:《科学证据研究》,中国政法大学出版社 2012 年版,第 25 页。

以采用相关或可靠性来检验是否采用科技证据。"相关性"显然失之宽泛,而究竟什么是专家证言的"可靠性",《联邦证据规则》本身也并没有作出规定。[①]

在 1975 年《联邦证据规则》颁行后,Frye 规则依然为美国各州法院所适用,并一直是各州法院认定专家证言可采性的关键性规则。Frye 规则的这种地位一直保持到 1993 年,之后才因 Daubert 规则的引入而逐渐被取代。[②] 但是,这并不意味着 Frye 规则的应用已经彻底消失;在美国的司法实践中,常常可以看到法官在审查专家证据时依赖于 Frye 规则。[③]

(三) Daubert 规则三部曲

在道伯特诉麦诺·大沃医药品公司一案(Daubert v. Merrell Dow Pharmaceuticals. Inc.)发生之前的七十年间,美国各联邦法院一直适用 Frye 规则中的"普遍认可"测试来检验专家证言的可采性。1993 年,美国联邦最高法院在道伯特诉麦诺·大沃医药品公司一案中,尝试建立一种更为复杂的专家证言可采性规则。本案见解后续被撷取为 Daubert 规则,这一规则又由美国联邦最高法院在 1997 年的 General Electric Co. v. Joiner 及 1999 年的 Kumho Tire Co. v. Carmichael 两案中予以补充,学界常将此三案合称为"Daubert 三部曲"。[④]

在 Daubert 案中,合议庭认为应采用以下四种方法来检验专家证言是否具有可采性和可靠性:一是该科学理论是否得到了实验检验;二是作为专家证言基础的理论或技术是否已发表且经受同行严格复查的检验;三是作为专家证言基础的研究方法或技术的出错概率有多大;四是就专家证言基础的技术、方法和理论而言,在某个特定的科学领域中有多少学者能加以认同和接受。至此,新的判例确立的检验方法标准取代了 Frye 规则,即法官应专注于

---

① 参见郭金霞:《鉴定结论适用中的问题与对策研究》,中国政法大学出版社 2009 年版,第 156—157 页。

② 徐继军:《民事司法衡平制度研究》,大连海事大学出版社 2008 年版,第 103 页。

③ Carol Krafka, Meghan A. DunnMolly Treadway Johnson, Joe S. Cecil & Dean Miletich, *Judge and Attorney Experiences, Practices, and Concerns Regarding Expert Testimony in Federal Civil Trials*, Psychology, Public Policy, and Law 2002, vol. 8, no. 3, p. 2.

④ 梁志鸣:《美国法院采用专家证言之审查标准:从 Frye 到 Daubert 原则的历史演进》,载《万国法律》2017 年第 216 期。

专家证言背后的方法、技术和理论的前提,而非它们所得出的结果和结论。①

　　1993 年首度提出 Daubert 原则后,美国联邦最高法院又于 1997 年的 General Electric Co. v. Joiner 及 1999 年的 Kumho Tire Co. v. Carmichael 两案中对此原则加以补充。前者涉及上诉审对事实审法院关于 Daubert 动议之判断,应以何标准加以审查;后者则涉及 Daubert 原则之适用范围,是否仅限于科学性的专家证言,还是也适用于《联邦证据规则》第 702 条所列之其他专业性证言。以上三件判例整体地推出了一个富含弹性、法官自由裁量占主导、内含多种因素考量的新规则,而不再是生硬的、单一的、让位于专家界定的"普遍接受"标准。其中,Joiner 案进一步强化和尊重了初审法官在 Daubert 案中所获得的自由裁量功能。在上诉审审查标准方面,它明确了较为缓和的、体现了对下级法院决定更加尊重的"自由裁量之滥用"审查标准,而非较为严格的、对下级法院决定干预程度较高的重新审查标准。Kumho Tire 案则促使美国联邦最高法院将 Daubert 新标准的适用从科学类专家证言推广到技术类专家证言和其他专门知识,从而让新规则覆盖到了所有专家证言。②

　　近年来,为了解决法官和陪审团成员由于欠缺专业技术知识而对专家证据的认证和采信出现盲点之问题,美国不仅在《联邦证据规则》中对专家证据设置了详尽的证据规则,还以判例形式设立了对专家证据进行认证的道伯特标准,要求法官对专家证据的理论、技术方法、实验验证情况、技术标准等进行审查,原则性地为法官提供了专家证言可采性的判断标准。③

　　为回应 Daubert 案的影响,2000 年 12 月,《联邦证据规则》第 702 条进行了修正,以将 Daubert 案、Kumho 案等案件的精神法典化。根据 2000 年修正后的规则,专家证言的采纳必须达到三个标准:第一,证言基于充足的事实或数据,即专家对其证言有足够的铺垫;第二,证言是可靠的原理和方法的产物,即专家证人的方法应当具有可靠性;第三,证人将这些原理和方法可靠地适用于案件的事实。④ 根据 Daubert 案及随后判例确立的一般原则,法院在采信专

① 郭华:《鉴定结论论》,中国人民公安大学出版社 2007 年版,第 134 页。
② 赵西巨:《专家证言、新科学理论与法官角色——以美国法中的 Daubert 标准为中心》,载《证据科学》2010 年第 1 期。
③ 陈菁华:《论技术法官制度之构建》,载苏泽林主编:《人民法院司法技术辅助工作论文集上》,人民法院出版社 2011 年版,第 141 页。
④ 王进喜:《美国〈联邦证据规则〉(2011 年重塑版)条解》,中国法制出版社 2012 年版,第 216 页。

家证言时应进行广泛而灵活的审查,筛除垃圾科学,但并不坚持某种证据必然免于非议。① 值得注意的是,在实践中,法官们仍难以应用 Daubert 一案中所阐述的关键"科学实践"准则。② 特别是在一些人口稠密的州,有的法院认为,Frye 规则比 Daubert 规则更能保护被告。③ 美国专家证据可采性规则的变迁及在此过程中所形成的特色,值得我们更多的关注和进一步的研究。④

二、专家证言的证明力

与证据能力相比较,证明力是一个居于事实领域的证据要素。在英美法系国家,案件的事实认定和法律适用在传统上分别由陪审团和法官来进行,事实部分由陪审团自由评价,法律部分则由法官根据普通法、衡平法及少量制定法的规定来予以评价。虽然现在由陪审团审理的案件越来越少,在民事案件中尤其如此,但是在判断证据的证明力方面并没有实质性的改变,仍然是实行自由心证证据制度。英美法系虽然存在大量的证据规则,但都是对证据能力所进行的规定,对各种证据的证明力并不预先加以规定,主要由陪审团或法官自由裁量。对于专家证言,其证据能力与证明力实行两步确认模式,法官负责解决专家证言的可采性和充分性问题,而陪审团则负责评估证言的可信度和证明力。⑤

美国判例及其立法的证据规则,一部分集中在专家证言证明力上,即专家证言的真实性、客观性、可靠性等因素。专家证言的证明力要件有向法定证据主义靠拢的倾向,由于无法用有限的法条将不同领域的专家证言证明力一一列举,因此其不存在一个严格的逻辑体系。⑥ 在诉讼实践中,专家意见的证明力是用"可信度"(Credibility)来衡量的,而专家意见的"可信度"又是由几个具

① ［美］盎格洛·N.昂舍塔:《科学证据与法律的平等保护》,王进喜、马江涛等译,中国法制出版社 2016 年版,第 20 页。

② Douglas H. Ubelaker, *The Global Practice of Forensic Science*, Wiley Blackwell, 2015, p. 302.

③ Paul C. Giannelli, "Forensic Science", *The Journal of Law, Medicine & Ethics*, Vol 34, 2006, p. 536.

④ 详见涂钒:《美国专家证据可采性研究》,华东政法大学 2020 年博士论文,第四章"美国专家证据可采性规则"。

⑤ 郭金霞:《鉴定结论适用中的问题与对策研究》,中国政法大学出版社 2009 年版,第 110 页。

⑥ 郭华:《鉴定结论论》,中国人民公安大学出版社 2007 年版,第 147 页。

体的标准来体现的。陪审团对专家意见证明力的审查主要从以下方面着手：

第一，专家的外表和行为举止，具体包括专家证人的姿势与眼神、着装、良好的语言组织能力、明白易懂的语言、多样化的说明等。庭审中，法官和陪审团成员对专家证据证明力的判断，大部分是基于专家证人的外表，"法官和陪审团经常或很大程度上把他们对专家证人的评价建立在证人的外表上……在证人席上，证人应该保持一种泰然自若、思想敏锐的仪表，停止不动，准备好宣誓。重要的是要控制双手，避免局促不安，保持眼睛注视提问者。由于法官要记录一些笔记，证人应该说话慢一些，保证法官能记下证言。证人的声音应该强有力直接回答提问者，应该清晰系统地阐明证据"①。良好的形象和言谈举止之所以能够在关键时刻赢得陪审团的好感和信赖，是因为这些因素能够激发陪审团成员个人经验和阅历中对专家理想的认知并建立某种联系，最终在评估专家证人意见的过程中构成重要的判断依据。②

第二，专家证言本身的特点，即考察专家证言的逻辑性、客观性、充分性、准确性。在证言中，专家证人对专门知识的阐述或对案件事实的分析若均没有清晰的条理和严谨的逻辑，或者是存在偏向性问题，则会对证言的证明力产生影响。如果他/她能向陪审团表明自己掌握了丰富的相关知识，那么能大大增加其证言的可信度。

第三，专家证言与其证据的逻辑关系。在陪审团对专家证言进行审查判断的时候，陪审员会将专家意见与案件中的其他证据进行对比，如果专家意见与案件中的其他证据一致，那么陪审员会认为该专家证言是可靠的。反之，如果专家意见与案件中的其他证据是相矛盾的，且其他证据的可信度较高，那么专家证言的可信度就是值得怀疑的，陪审团可能对其不予考虑。

第四，专家证人的动机与利益。专家证人作证的动机及其与案件结果的利害关系也是陪审团考察的一个重要方面，专家证人的作证动机一旦被陪审团怀疑是谋取利润的话，其证言的可信度就会大大降低。在同等条件下，与案件审理结果没有利害关系的专家证言，要比与案件审理结果有利害关系的专

---

① 参见［美］G.杰克·波罗格纳、［加］罗伯特·J.林德奎斯特：《美加两国查处舞弊技巧与案例：舞弊审计与法庭会计新工具和新技术》，张玉译，中国审计出版社1999年版，第259—260页。
② 详见刘海涛：《美国医疗侵权案中的专家证人——以注意标准司法建构为中心》，复旦大学2019年博士论文，第三章第二节"陪审团对专家证人庭审表现的评估"。

家证言具有更高的可信度。[①]

第六节　法庭科学证据的认证

一、法庭科学证据的种类

诚如上文所言,并非所有的科学证据都来自于科学家,法庭科学家所提供的科学证据占有显著比例,并且已在一个世纪以来对美国法庭,尤其是刑事审判中的法官及陪审团给予了重要帮助。但如若有人试图按照罗列法来穷尽法庭科学证据的种类,则是耗时耗力且十分艰难的。在美国第 65 届法庭科学年会上,会议分设的法庭科学专题有 11 个,分别是刑事科学技术、数字和多媒体科学、工程科学、一般内容、法学、牙科学、病理学与生物学、体格人类学、精神与行为科学、文证检验和毒物学,基本涵盖了法庭科学的各个学科专业。[②]

实践中,法庭科学家的专业划分如根植于土壤内的树根一样,不断细化延伸和密集交叉,这 11 个法庭科学专题下都在不断更新该领域的子项目。一是因为法庭的交锋常常集中在某一个争点上,在这一个细小争点上最有说服力的专家证人一定是该具体问题研究的权威,于是律师们试图筛选出完美契合的证人的需求催生了专业划分从细致到精致。二是因为美国法庭对证据可靠性、可采性要求的标准愈加严格,专家不适格是阻却专家作证的重要原因之一,于是普通心理学家无法为神经科学争点作证,神经心理学专家无法成为适格的、对法庭有帮助的临床神经生理学专家。在全美影响力较大的专家证人库"专家研究院"中进行检索,可以发现法庭科学家的分类细致精巧。譬如,医学类除了常见的骨科、急诊医学、内科、小儿病理外,还有脊骨神经学、神经科学、临床神经生理学、重症监护医学、重症监护护理学、放射诊断学、麻醉学、护理学、验尸法医毒理学、整形外科等。[③]

---

① 参见周湘雄:《英美专家证人制度研究》,中国检察出版社 2006 年版,第 186—187 页。
② 陈新山:《美国第 65 届法庭科学年会简介与思考》,载《法医学杂志》2013 年第 6 期。
③ "Expert Witness Directory", https://www.expertinstitute.com/resources/expert-witness-directory/? page＝3.(accessed Apr. 05,2020)

有三个领域的证据在庭审中被采纳的概率较高,裁判庭认可的证明力较强,对陪审团作出判决的影响较大。一是回答"罪犯是谁",即认定个体的法庭科学证据,主要集中在法医学领域,包括匹配犯罪现场与犯罪嫌疑人的血痕、唾液、毛发等 DNA 样本来确定罪犯身份;二是回答"如何犯罪",即重建犯罪现场和犯罪方式的法庭科学证据,主要集中在刑事科学技术与工程科学领域,包括枪支、弹药、钝器、锐器等工具在被害者伤口或检验现场留下的工具痕迹,血迹喷溅模式或滴落模式代表的枪击等攻击距离的血液痕迹等;三是回答"法定能力如何",即对与法律有关的精神状态、法定能力(如刑事责任能力、受审能力、服刑能力、民事行为能力、监护能力、被害人自我防卫能力、作证能力等)、精神损伤程度、智能障碍等问题进行鉴定的科学证据。[1]

二、法庭科学证据认证的争议

法庭科学证据在普罗大众眼中十分神秘,香港无线电视台的经典连续剧《鉴证实录》《法证先锋》及美国 CBS 电视台的《CSI 犯罪现场》,使一代人心中留下了几乎没有法证捕捉不到的线索、定位不到的罪犯之印象。夸张的电影艺术手法也为普通人组成的陪审员提供了期待更多法庭科学证据的窗口,无形中加深了他们对法庭科学证据的认同。证明力如此强大的法庭科学证据如若发生错误,带来的司法伤害也是巨大的。按照上述三个领域的法庭科学证据分类,下面将分别讲述三个典型的、影响力较大的,由专家证人故意篡改造成的错案、科学证据故意隐瞒造成的悬案,以及与公权力正面博弈之热议案,并论及该科学领域的简要内容和原理功能。

(一)罪犯是谁?——血溅形态分析学

1. 血溅形态分析学简史与原理

属于法医学科领域的血溅形态分析学(Bloodstain Pattern Analysis)并不是一种新鲜的技术,《洗冤录》早有记载:"又若被刀杀死,却作火烧死者,勒仵

---

① 详见涂钒:《美国专家证据可采性研究》,华东政法大学 2020 年博士论文,第二章"美国专家证据的内容与形成"。

作拾起白骨,扇去地上灰尘,于石首下净地上,用酽米醋、酒泼。若是杀死,即有血入地鲜红色。"①20世纪下半叶,美国科学家尝试通过犯罪现场飞溅血液的散布位置、大小、形状、色泽来重构犯罪行为发生的过程,他们尤其关注血液的起源和作用力,以及引起血迹的撞击角度。所有的血溅形态分析专家都熟知保罗·柯克(Paul L. Kirk)教授,他是率先接受血迹鉴定专家证言的加州法庭上的首位专家证人,在山姆·谢泼德案②中通过解释血溅证据,认定凶手是左撇子,从而使被告成功入罪。

1970年以前,人类血液的飞行特征与血溅痕迹的样态开始被系统归纳,使用的是基于撞击时血滴速度低、中、高分类的形态系统:(1)如自由落体式,仅靠重力低速度下落时血液引起的冲击形态(Low-velocity impact spatters);(2)比火器作用于人体产生的速度慢,但又因为存在外力作用,所以血液冲击速度大于自由落体式的中速飞溅形态(Medium-velocity impact spatters);(3)火器,尤其是枪支在高强度冲击时,或者是速度很快的机械产生的高速撞击飞溅形态(High-velocity impact spatters)。20世纪80年代开始,学科定义逐渐走向科学与规范。譬如,重力冲击形态(Low-velocity impact spatters)被重新定义为"重力滴"(gravitational drops)。专家们掌握了更多的血迹形态,通过观察血液滴撞击表面造成的污渍角度,并测量其宽度和长度,可以计算出血液飞溅的速度、行进距离和撞击表面的类型,从而重建犯罪现场的血液轨迹。③

2. 造假成瘾的血溅痕迹分析专家——State v. Peterson(2013)④

如果说美国法医学科学院以纪念柯克之名设立 Paul L. Kirk 专门奖项,是对杰出科学家的激励与正能量学术氛围的维护,那么杜安·迪弗(Duane Deaver)⑤一定站在与之对立的一方。

---

① [宋]宋慈:《洗冤集录译注》,高随捷、祝林森译注,上海古籍出版社2007年版,第115页。

② Sheppard v. Stevenson (1964),1 Ohio App. 2d 6.

③ "Principles of Bloodstain Pattern Analysis",http://www. forensicsciencesimplified. org/blood/principles. html. (accessed Apr. 9,2020)

④ State v. Peterson, 179 N. C. App. 437,634 S. E. 2d 594,2006 N. C. App. LEXIS 1980(2006).

⑤ 系血溅痕迹分析专家,曾就职于北卡罗来纳州国家调查局(FBI)分部,因在一起官方审计中被履历造假及篡改多起案件科学证据而被机构开除。随后,他对雇佣机构提起上诉,声称自己只是调查局的替罪羊。

迈克尔·彼得森(Micheal Peterson)是一位美国小说家,2003年因谋杀其第二任妻子凯瑟琳·彼得森(Kathleen Peterson)而被定罪。八年后,彼得森被重新审判。一审中,控方证人迪弗的证词把彼得森关进监牢。[①] 直到迪弗本人大范围伪造个人资历,歪曲诸多案件中的专家证据之恶行被揭露,彼得森才有了重新上诉的契机。北卡罗来纳州上诉法院认可了彼得森一方申请的适当救济动议。[②] "(1)州检控方有权就适当救济动议令进行上诉,因为地区法院部分基于最新出现的证据,认可了被告的适当救济动议。(2)最新发现的证据是关于专家证人的资质问题,这赋予被告获得重新审判的权利。尤其是因为,被告提供了大量的证据,直指初审控方专家证人故意篡改了他的个人资历,而如果被告无法在庭审中呈现这些证据,那么这些证据就无法得到积累。同时,此类证据将会彻底玷污本州法庭处理此类案件时,所适用的全部理论之可信度。(3)州检控方试图在审判时引入让法庭考量被害者死因的证据,庭审将这类证据排除并没有错误,陪审员在审判时不应获得此类信息。"[③]

(二) 犯罪工具?——法医枪支弹药鉴定学

1. 法医枪支弹药鉴定学简史与原理

痕迹对比自古有之。旧时,商人和买家在木头上刻下一模一样的合同,双方各持一半,以完全能对应上的印记作为验证合同真假的标记。本质上,枪弹痕迹鉴定的原理如出一辙,其基本假设前提是,每一把枪都拥有独一无二的特征。1879年的迪安案[④]是枪弹痕迹鉴定第一案,弗吉尼亚州法院接受了"社会上并不存在两个内径完全一致,装载一模一样子弹的枪支"的说法。尽管该案证据与案件事实的关联程度仅达到"差不多""很相似"的程度,但是枪弹科学证据仍然被法庭接受了。

---

① NetFlix 网站以 Micheal Peterson 案为原型,制作了一季跨越十五年的纪录片——《15年来的楼梯案诉讼》,https://www.netflix.com/hk/title/80233441.(accessed Apr. 9,2020)

② Motion For Appropriate Relief,简称"MAR",是为纠正在刑事审判中犯下的错误而提出的动议。"MAR"是由《北卡罗来纳州法规》第15A-1420条创建的,允许被定罪的罪犯质疑其定罪的合法性。

③ State v. Peterson, Court of Appeals of North Carolina, April 24, 2013, Heard in the Court of Appeals; July 16,2013, FiledNo. COA12-1047.

④ Dean V. Commonwealth Bank & Trust co. ,434 S. W. 3d 489,2014.

1923 年以前,在枪支痕迹认证的前十年,由于缺乏系统的研究理论和科学方法,认定结论的主观任意性较大,为政治或其他利益纠葛所摆布。在 1920 年马萨诸塞州南布雷恩垂市发生的那起抢劫杀人案悲剧中,由于缺乏直接证据,尸体内的一颗由 0.32 英寸自动手枪射击出的弹头成为唯一的物证。碰巧,警方亦从其中一名嫌疑犯身上搜出一把同样规格的手枪。仅仅凭借着“可能是同一把手枪”的说法,嫌疑犯被判处死刑。第二年重审此案后,法院仍维持了原判。①

枪弹痕迹虽小,但只要有击发这一过程,多数都会形成不止一处的痕迹。由于力的作用方向不同,因此痕迹形成的方向与角度都有规律可循,在装弹、击发的过程中,弹壳会依次与弹匣、枪机下表面、推弹突笋、弹膛发生多次摩擦,从而形成处于不同方向、具有不同特征的摩擦口痕迹。子弹脱下的弹壳由于抽壳力的推动而与弹膛分离,作向后翻转运动,又会与抛壳口、弹匣口等处发生线性或滚动摩擦,形成多种痕迹②,从而发挥具有极强枪支机件特征的匹配功能。

2. 匹配度仅为 42% 的“自信”——The Unsolved Murder Case Of Tamara Greene③

底特律城警局在 2008 年 9 月关闭了犯罪实验室,因为该实验室在州警署审计活动中暴露出了许多严重的问题,导致大量的案件存在错误;审计报告指出,可以预见,针对该实验室将会有一大波上诉。尤其是该实验室的火器部门,可疑样本与犯罪现场采集的检材匹配度只有 42%,该部门的专家据此提供了许多“自信”的、“符合”可采性规则的证据,而普遍接受的鉴定结论应符合 100% 的匹配度。审计方还随机重新检测了 200 起枪击案,发现鉴定错误率高达 19%。底特律城实验室每年要处理近 2000 件法医枪支弹药鉴定申请,由此造成的错案难以想象。④

塔玛拉·格林(Tamara Greene)的枪击案之所以值得关注,是因为在它十

① 参见何家弘:《美国检枪史上的著名案例》,载《法学杂志》1989 年第 3 期。
② 参见杨帆、李铭锴:《论枪弹痕迹鉴定在案件侦查中的应用》,载《科技展望》2015 年第 19 期。
③ 该案至今未侦破。
④ Nick Bunkley, Detroit Police Lab Is Closed After Audit Finds Serious Errors in Many Cases, https://www.nytimes.com/2008/09/26/us/26detroit.html. (accessed Apr. 9, 2020)

五年悬而未决的背后,很可能是底特律警局以伪造法医枪支鉴定结论来包庇犯罪警员的罪行。① 后来,由于民情关注巨大,所有的相关证人证言都曾在官方网站上短暂公开,但现已完全保密②,只能通过 2002 年至 2003 年《底特律自由新闻报》等旧报纸进行片段式的了解。"底特律的一名前警员在宣誓口供(affidavit)中声称,格林当晚曾被市长之妻用木制物品殴打,后被送往医院,但是相关医疗记录却神奇地消失了""底特律警署前谋杀案调查组副队长阿尔文·鲍曼(Alwin Bowman)周五在底特律城地区法院作证,在证词的第 10 页声称枪杀格林的人是底特律警员,依据有三:一是回归犯罪现场,在第一发子弹朝着格林射击后,后面的子弹从另一路径绕回来继续射击目标,显然是故意谋杀行为。二是从法医尸检结果来看,格林被枪击的次数是 16 次或 18 次,而非警署官方报告中的 12 次。三是对关键弹药进行鉴定后发现,它是一枚 40 毫米口径子弹,与警署配备的格洛克(Glock)手枪所使用的子弹口径一致。多年办案经验表明,大部分底特律城民众所持手枪为史密夫威森军警型 9 毫米(Smith & Wesson)、柯尔特 9 毫米(Colt)或是鲁格手枪(Ruger),基本上格洛克是警员标配。""底特律犯罪实验室的报告称,枪击现场的撞针印记并非来源于格洛克,虽然子弹确实是从 40 毫米口径套管中射击的,但不是格洛克手枪,是其他品牌。"③

该案宣布完结的方式也十分令人唏嘘,地区法院的两位法官给出了截然不同的两个说法。华兰法官(Magistrate Whalan)在一系列证据开示和法庭调查后认为,控方隐瞒、销毁关键证据;而罗森(Magistrate Rosen)法官则紧接着宣布,该案法庭由于证据不足而解散,案件至此结束。④ 六年后,有人试图重启此案,但也不了了之。

---

① 这名有三个孩子的 27 岁母亲,在 2003 年 4 月 30 日拂晓前的几个小时里,坐在城市西北侧房屋外的一辆停着的汽车里被枪杀;头天晚上,她曾在时任市长夸梅·基尔帕特里克(Kwame Kilpatrick)的豪宅举行的晚宴上演出。

② 《底特律自由新闻报》(*Detroit Free Press*)当时还专门发起过讨论 Alwin Bowman 证词的单元,现已无法找到。Bowman 副队长在作证之后,被调往城市污水管理部门任职。

③ From a video program on CRIMETOWN, "Episode Fifteen: The Murder of Tamara Greene". https://www. crimetownshow. com/transcripts-detroit-2/2019/2/4/episode-fifteen-the-murder-of-tamara-greene. (accessed Mar. 8. 2020)

④ "Judge: No Cover-up in Green Murder", *Detroit Free Press*, 2011‐2‐11.

（三）行为能力？——法医精神病鉴定

1. 法医精神病鉴定简史与原理

19世纪的美国精神病学深受优生学（eugenics）影响，认为一系列异常行为的出现，是由于社会底层阶级的基因池受到了污染。一战过后，优生学的概念被取代，违法行为开始通过环境因素与心理精神因素得到解释，许多精神病学专家自此踏入法庭，识别与释明人类行为发生之原因。[①] 精神失常基本上有四种程度逐渐加深的表现形式，即精神疾病（mental illness）、精神障碍（mental impairment）、严重精神障碍（severe mental impairment）及精神错乱（psychopathic disorder）。患有精神障碍者被判断为具有危险性，而精神错乱者则完全无法对自己的行为负责，极具侵略性与社会危害性。我国刑法中的精神病并非特指，不代表某一具体类别的异常，也与疾病分类、轻重等医学问题无关（对法律能力的侵害有轻重之分，刑事责任能力等级有高低之分），而是指向一个丧失对自己行为的辨认与控制能力的状态或结果（mental disorders）。

精神病鉴定在美国的风波甚多。在美国的刑事诉讼中，"法医精神病鉴定"对案件结果的影响极大。一份全美调查研究表示，大约2‰的州和县的精神病院患者以 NGRI[②] 作为积极抗辩事由而实现胜诉，此类抗辩也很少被检控官挑战。1982年时，此类抗辩理由还并不普遍，那时候美国精神病学会称，"成功援引此类抗辩主张而胜诉的情形很少，大概仅有不到1‰的重罪，哲学上的精神疾病抗辩理由对刑法理论体系很重要，实践中却无足轻重"[③]。时至今日，精神病抗辩广泛应用于庭审，常引起民众热议。1986年9月，关于安德鲁·休斯的审判让媒体[④]和公众一片哀嚎，大量情绪浓烈的报道铺天盖地席卷而来。

---

① Davies, et al., *Models of Psychopathology*, McGraw-Hill Education（UK），"Introduction"，p. 5.

② 全称为"Not Guilty By Reason of Insanity"，即因精神失常而无罪。

③ Lionel P, Solurshl, Charles A Meyer Jr. *Medicine and Lawafter the Trial：Abusing the expert-A Canadian Case Report*，Med Law，Vol. 9，1990.

④ 大众媒体会影响公众意见，煽动情绪。不过，大众媒体也代表了公众情理之中对暴力的恐惧，扮演着阻止社会阴暗面发生的传播者角色。某种程度上说，大众媒体也实现了引起公众警惕的价值目的。

为被告作证的精神病专家也常为人诟病，其只能更加敞开心扉地接受批评，毕竟加深公众理解并非易事。

2. 刺杀总统后还能全身而退？——United States v. Hinckle（1981）

这是一起联邦政府公权力与司法正义博弈的案例。约翰·欣克利（John Hinckley）在华盛顿特区一家酒店门口试图刺杀里根总统后，被现场逮捕并拘留，后在审判中因精神错乱（reason of insanity）而免于处罚（no guilty）。据悉，后来有新闻台对社会之声进行了实时调查，80％以上的民众对此判决不满。但这场案件的是非公论与各方的价值取向，还需细细琢磨。联邦政府是拥有过赢面的，但是"由于（1）联邦调查局无视被告申请律师的诉求，在被告没有律师的情况下展开询问；（2）政府方精神鉴定专家未经被告同意，私自翻阅了他的日记等个人文件，侵犯了隐私权。哥伦比亚地区法院判决欣克利的证词因调查机构违背米兰达规则和'不得自证其罪'的宪法精神而作废，政府方的法医精神专家的'精神状态正常'鉴定结论也因违背宪法第十四修正案而作废"①。

离定罪判决如此之近，却又把对弈拉回同一起跑线，这种能力也只有为欣克利辩护的梦幻团队才具备。据此，欣克利的辩护团队堪称达到了足以匹敌辛普森案辩护团队的级别。辩护方聘用了两位精神病医生作为专家证人，即威廉·卡彭特博士（William T. Carpenter）和大卫·比尔博士（David Bear）。② 卡彭特博士和欣克利进行了 45 个小时的谈话，密苏里大学堪萨斯分校发布的公开庭审笔录中，国防律师文森特·富勒（Vincent Fuller）对他进行了询问。

Q：能描述一下你诊断被告精神疾病的基础吗？

A：我使用了"妄想"一词十分重要，这是我给出的技术判断，被告对朱迪·福斯特（Judie Foster，美国女演员）的痴迷随着时间变化，表现出一种幻觉，并发展出错误的信念。

Q：你是否和被告一起回顾了他到达希尔顿之前和实施枪击行为时

① United States v. Hinckley（1982），672 F. 2d 115.
② 威廉·卡彭特是极少数同时指导美国国家心理健康研究所资助的干预研究中心项目与美国国立卫生研究院资助的精神科学和精神分裂项目的专家。

所经历的思想过程?

A:是的,他对许多事情感到厌倦,无法入睡,感到不安。3月30日,他在报纸上读到了里根总统当天的行程,想去看看能否真的刺杀总统,实际上他也无法确定这一点。他给福斯特写了封信,坦白了行刺行动的目的只是博得她的好感和喜爱,然后他装好武器去了希尔顿。

Q:教授,你怎么评价被告在真正实施枪击行为之前的精神状态?

A:绝望、沮丧和对任何事情提不起兴趣,对于他自己来说,只有自杀和自我毁灭才能终止自我存在,并且他幻想经过此事,福斯特会注意到他。当到达希尔顿酒店,并看到里根总统对人群挥手微笑时,他产生了高度个性化的感觉。

Q:你觉得他有自杀动机吗?被告是否由于你描述的精神疾病而缺乏足够的能力去识别自己行为的不当性?

A:有自杀动机,所有行为都是为了终止他本身的存在。我认为他非常缺乏对3月30日刺杀行为的正确理解能力。

卡彭特连续三天出庭作证,提供了令法官采信的专家证据,欣克利被判为无罪。同时,卡彭特的证词也使民众更加关注和了解精神病学科领域。当然,既然是公权力与司法权的博弈,那么公权力不会就此罢手。欣克利因精神问题被送往伊丽莎白精神病院,兴许是梦幻辩护团队为欣克利的精神问题下了太过牢固的定义,他多次申请出院都被FBI证明隐患仍然存在,对社会危害性仍大,从而被驳回,包括"他可能受到病友影响,患上了无法识别的精神疾病"等。欣克利刺杀里根总统时27岁,至今近70岁仍被关在精神病院里求出无期。

第七节 专家证据的救济

所谓专家证据的救济,是指当法庭在审判过程中基于与专家证据有关的错误决定而作出了错误判决之情况下,采取一定的合法方式来使错误的判决得到纠正,或者在一定程度上得到弥补,从而避免当事人受到不应有的损害,并使已经遭受的损害得到补偿。[①]

一、专家证人的刑事责任与民事责任

在美国的司法实践中,因专家严重不负责任甚至故意伪造证据而导致刑事案件中的被告人被误判,民事案件中的当事人蒙受损失的现象时有发生。在法律职业群体和公众心目中,专家证人有沦为律师手中工具的趋势,从而逐渐失去独立、客观、公正的光环,由此引发的专家过错成了损害司法公正的严重问题。因此,许多专家学者都呼吁,法律应该为因专家证人的错误证言而受到损害的当事人提供救济。[②]

(一) 专家证人的民事责任

在专家证人制度的早期,人们认为,法庭在许多案件中确实需要专家证人的帮助才能解决一些疑难问题,应当鼓励专家证人大胆向法庭提出他们的专业性意见,因而专家证人出席法庭享受绝对免责权(absolute immunity)。只是到了后来,绝对免责权逐渐发展为有条件的免责权或部分的免责权(conditioned immunity),并规定了专家证人应当承担法律责任的情况,这种法律责任包括刑事责任和民事责任两种形式。在刑事责任方面,当专家证人故意误导法庭时,有可能被追究伪证罪的责任。在民事责任方面,已经有很多州出现了针对己方专家证人工作不力而造成自己损失,从而追究该专家证人民事责任的司法案例。[③]

1982年,James v. Brown一案开创了追究专家证人民事责任的先河。该案作为一方当事人以侵权或违约为由,追究另一方专家证人法律责任的典型案例,产生了深远影响。1992年,Murphy v. A. A. Mathews一案又确认了对己方专家证人追责的可能性,同时使得专家证人因疏忽犯错而承担民事责任成为可能。

---

① 参见周湘雄:《英美专家证人制度研究》,中国检察出版社 2006 年版,第 210—220 页。
② 罗芳芳:《专家意见中立性问题研究:美国法之理论与实务》,中国政法大学出版社 2015 年版,第 237 页。
③ 叶青主编:《刑事诉讼法学:问题与阐述》,上海人民出版社 2009 年版,第 368 页。

一般而言,当事人不能以侵权为由,追究对方当事人的专家证人之法律责任。这种侵权责任的豁免不但及于专家证言,而且及于专家证言的准备过程。无论专家证人的过失与故意给对方当事人造成了何种损失,该当事人均不得在事后追究其法律责任。而对于己方所聘请的专家证人(亦称"友好专家证人",friendly expert witness),如果由于其明显过错而导致自己的损失的话,当事人可以追究该专家证人的民事责任。[①]

当前,美国的司法实践对追究己方专家证人之民事责任持谨慎态度,但专家证人不能就自己所提供的对一方当事人不利的证言自动地享有绝对豁免权。司法实践已经表明,允许"友好专家证人"因职业过失而承担民事责任,已经成为发展趋势。1997 年,加州上诉法院开始明确允许原告起诉"友好专家证人"的职业过失,法庭认为运用责任豁免特权来保护被告亚瑟扬的渎职行为,对于鼓励证人如实作证毫无帮助,责任豁免特权是为了保护当事人、律师和证人免于几乎所有的侵权责任,但是这个特权并不是绝对权利。因此,有学者总结判断,"友好专家证人"的民事责任构成需要从专家证人资格审查和专家证人侵权两方面入手:一是审查专家证人资格是以相同专业背景、熟悉操作实践为基本要求;二是原告要证明受聘的友好专家证人在作证过程中的行为存在过失、原告遭受了损失及二者之间有因果关系。[②]

概而言之,在专家证人为当事人准备专家报告、进行证据开示及在法庭发表专家证言的过程中,如果专家证人因没有尽到合理的注意义务而给当事人造成了损失,那么该专家证人应当对当事人承担侵权责任。[③]

(二) 专家证人的刑事责任

传统上,英美法系国家的证人享有作证的豁免权,即证人在法庭作证时不会因其所说的话而受到追诉,即使其作证时带有某种恶意或诽谤。这一做法的目的在于使证人在法庭上能够畅所欲言而无后顾之忧。[④] 专家证人作为证

---

① 齐树洁:《美国证据法专论》,厦门大学出版社 2011 年版,第 182 页。
② 陈玉玲:《"友好专家证人"的民事责任——基于 Pace v. Swerdlow 案之分析》,载《东南法学》(2015 年辑秋季卷),东南大学出版社 2016 年版。
③ 徐继军:《专家证人研究》,中国人民出版社 2004 年版,第 75 页。
④ 季美君:《专家证据制度比较研究》,北京大学出版社 2008 年版,第 39 页。

人的一种，当然地享有这一权益，对这一权利的限制往往只出现在专业协会的会则之中，如《美国东北部法庭科学专家协会伦理道德规范》就规定，会员不得滥用豁免权，"会员不得企图利用会员身份为自己或他人谋取不正当利益、特权或豁免权"①。

尽管如此，专家证人在理论上仍具有承担伪证罪的可能。然而，20世纪下半叶，美国联邦法院在多个判例中强调了专家豁免原则的重要价值，指出专家只有在享有豁免特权的前提下，才有出庭作证的积极心态，并以相对客观中立的视角来引导法官发现真实，实践中也极少出现追究专家证人伪证罪的司法判例。②

所谓专家证人的伪证罪，是指出庭作证的专家在诉讼中就与本案相关的实质性问题，故意提供违背誓词的证言的行为。专家证人的伪证罪之构成要件包括：首先，专家证人在宣誓或代替宣誓的确认程序后，进行了虚假陈述，或者用宣誓的方式确认其所提供的虚假陈述为真实。其次，专家证人就本案中的实质性问题所出具的专家意见必须是在明知其为虚假或不真实的情况下故意出具的，仅仅是因为疏忽或错误所致的不实证言，不属于伪证罪的范畴。再次，专家证人的虚假证言是在诉讼过程中给出的，该行为侵犯了国家权益。③

例如，1993年，西弗吉尼亚州的血清学家弗雷德·赞恩（Fred Zain）被指控在其专家证据的形成过程中有欺骗行为，即他没有进行科学实验，却捏造出了实验结果。经过调查，弗雷德被认为具有下列错误行为：（1）夸大结果的作用；（2）夸大个别证据的基因吻合概率；（3）夸大多个证据之间的基因吻合概率；（4）在报告中声称进行了多项实验，实际上却只进行了一项实验；（5）反复修改时间记录，等等。法庭认为，弗雷德的行为是"故意的行为而非无心的过错"，因而应被追究刑事责任。④

此外，据CNN网站2013年11月22日报道，美国马萨诸塞州公共卫生实验室的前法医被控证据处理不当，可能影响数百甚至上千起刑事案件。在审

---

① 《美国东北部法庭科学专家协会伦理道德规范》，载杨天潼编：《外国法庭科学规范文件汇编第2辑：职业伦理》，中国政法大学出版社2013年版，第58页。
② 龙宗智：《司法改革与中国刑事证据制度的完善》，中国民主法制出版社2016年版，第229页。
③ 参见罗芳芳：《专家意见中立性问题研究：美国法之理论与实务》，中国政法大学出版社2015年版，第240—241页。
④ 参见周湘雄：《英美专家证人制度研究》，中国检察出版社2006年版，第123—124页。

判中,她承认了 27 项罪名,之后仅被判处三年有期徒刑,两年假释考验期。36
岁的安妮·杜克汗(Annie Dookhan)于 2012 年 9 月被捕。2012 年,美国《科学
家》杂志曾盘点过当年影响最大的几起学术不端事件,其中之一就是安妮被发
现伪造样品记录。2012 年早些时候,涉及 34000 起案件(具体数据存争议,
CBS 报道中称涉及 34000 起案件,《波士顿环球时报》称涉及 40000 起案件)的
超过 6 万份毒品犯罪案件的检验结果遭到质疑。根据调查,这些样品被分配
给安妮·杜克汗进行处理,但实际上她只是伪造了完成标记,并未进行检测。
光在萨福克郡,就有超过 300 起样本由安妮经手的毒品案被搁置。同时,安妮
也被控在刑事案件审判中作为专家证人出庭时作伪证,声称自己拥有马萨诸
塞州立大学的化学硕士学位,一名被告的判决因此被推翻。这名被告在获释
后,当局称他于五月又犯下杀人罪。目前,已有数百名"罪犯"和被告被释放,
而还在等待被释放的或许达上千名。在审判中,安妮承认了伪造证据、作伪
证、妨碍司法公正、误导调查人员、提交错误报告等 27 项罪名。不少检察官是
安妮的忠实粉丝,希望能带她出去喝一杯,称她是他们"梦之队"的成员,《波士
顿邮报》曾曝光她和其中一名交情特别的检察官之间的往来邮件:2010 年 5
月某天,他也曾经写邮件给安妮,说他需要至少 50 磅重的大麻,这样才能控告
携带者贩毒罪。"很高兴我们站在同一队伍中,"他写道,"非常感谢你的帮忙!
谢谢你!"他的每一个句子都以一长串的感叹号结尾。两个小时之后,安妮回
复:"好的……必然是贩毒,超过 80 磅。"[1]

　　尽管美国出现了一些对专家证人作伪证处以伪证罪的案例,但事实上,在
美国的司法实践中,真正追究专家证人伪证罪的案例十分罕见,主要是因为实
践中要以刑事诉讼的证明标准来证明专家证人的伪证行为是非常困难的,一
般很难证明专家提供虚假证言是出于故意的心理状态。因此,虽然对专家证
人进行刑事责任追究具有理论上的依据,但现实中出现的判例很少。目前,专
家证人的刑事责任在事实上是豁免的,而未来以现行罪名来追究专家证人刑
事责任的可能性似乎也不大。[2]

---

[1]《美国法医伪证六万测验结果受质疑被判 3 年有期徒刑》,https://www.guancha.cn/america/
2013_11_28_189015.shtml。(访问日期:2018 年 9 月 20 日)

[2] 齐树洁:《美国证据法专论》,厦门大学出版社 2011 年版,第 181 页。

二、专家证据的上诉

在英美法系国家,针对专家证据的上诉,最为常见的上诉理由是法庭对专家证言的可采性问题作出了不恰当的决定,即法庭对专家证言进行了错误的采纳或排除。上诉人经常宣称,法庭在采纳或排除专家证言时违反了可采性规则中的某条,或者在专家证言的偏见是否超过了其证明作用的问题上作出了错误的选择。不过,一般情况下,上诉法院只审查法律问题,不审查事实问题,而专家证据的证明力属于事实裁判者的自由心证范围,故不会对一审法院有关专家证据证明力所作出的决定进行审查。此外,专家证人向陪审团作出了不恰当的总结或向其作出指示,也会成为上诉的理由。

如果本应该由专家证人来对某些问题提出专家意见,但法庭没有经过这一程序就作出了判决,那么这就有可能被上诉法院推翻。例如,在美国的一起关于海上事故的案件审理中,上诉法院认为应该由专家证人来对事发当时的一些状况进行解释,如航行的速度、海面的能见度,以及它们对事故的影响等,而一审法院没有采用任何专家证据,因此上诉法院推翻了一审判决。

在刑事诉讼中,对于刑事被告人而言,无论是对方专家证人,还是己方专家证人,只要能证明他/她的专家意见存在重大的错误,无论是有意造成的还是无意造成的,且该错误使自己受到了本可以避免的刑罚,被告人就可以以此为由来采取救济手段。一方面,如果被告人能够证明专家证人因弄虚作假或疏忽大意而提出了有重大错误的专家意见,从而使自己遭受了不应有的刑罚,那么被告人可以向上诉法院提起上诉,要求纠正一审法院对自己的不利判决。另一方面,若上诉期限已过,在当事人能够证明由于专家证人的重大错误而使自己蒙受冤屈的情况下,如果该案件是由联邦法院审理的,那么受害者可以要求美国总统签署赦免状来释放自己;如果该案件是由州法院管辖的,那么受害者可以向该州州长申请发布命令来赦免自己。①

---

① 参见周湘雄:《英美专家证人制度研究》,中国检察出版社 2006 年版,第 210—219 页。

三、中立专家证人

沃伦·伯格大法官曾说，"对抗制诉讼背景下的审判必须适时走上血与对抗的古老审判之路"[1]，以克服对抗制诉讼中的专家证人制度存在着的固有缺陷，即专家证人存在客观性。由于专家证人由当事人自己选任并支付报酬，因此就不可避免地会产生偏向性。相比之下，中立专家证人最明显的优势就是客观性，它能克服造成对抗式专家证据偏向性的程序缺陷。在专家选任阶段，由于中立专家由法庭指定，当事人就没有机会根据自己的诉讼主张和专家的学术立场进行选择。即便在那些学术界存在分歧的领域里，法庭也可以通过指定中立专家组来减少专家意见的偏向性威胁。[2]

中立专家证人的设想几乎是伴随着现代专家证据制度的诞生而产生的，到现在已经被人们提了 100 多年了，并且早在 1938 年《模范专家证言法》中就规定了法庭指定的专家证人的使用。1975 年的《联邦证据规则》对中立专家证人的适用进行了明确细致的规定，在专家证人的选任过程中，双方当事人自行协商聘请单一专家证人，法庭也可以决定中立专家证人的指定，并对中立专家证人的作证过程也进行了相关规定。[3]

中立专家证人是指在诉讼过程中，由法庭应当事人的申请或依职权决定，在必要的时候所指定的、独立于诉讼双方当事人的专家证人。中立专家证人可以提高事实审理者所接触到的专业信息质量，在很大程度上消除因个人的偏向性而产生的不实内容。[4]　其中，法庭指定的中立专家证人又可以分为两类，一类是法院指定的专家，一类是技术顾问。

《联邦证据规则》第 706 条对法院指定专家证人进行了详细的规定："法院必须告诉专家其专家职责。法院可以以书面形式进行该告知，并将该通知复制件交法院书记官存档，或者在所有当事人都有机会参加的会议上口头告知

---

① Justice Warren Burger, In a speech to the American Bar Association in Las Vegas on 12 February 1984.
② 蒋剑鸣：《转型社会的司法：方法、制度与技术》，中国人民公安大学出版社 2008 年版，第 285 页。
③ 王继福编：《民事科技证据研究》，知识产权出版社 2012 年版，第 100 页。
④ 周湘雄：《英美专家证人制度研究》，中国检察出版社 2006 年版，第 194—200 页。

上述职责。该专家：(1)必须就专家得出的任何研究结果告知当事人；(2)可以为任何当事人进行证言存录；(3)可以为法院或任何当事人传唤作证；以及(4)可以为任何当事人交叉询问，包括传唤该专家的当事人。"正如有学者总结的，法院指定专家证人，往往是出于以下各种因素的考量：首先，当事人可能因为财力等原因而无法获得专家的帮助；其次，当事人自行提供的专家证人，可能是最好的证人，但不是最好的专家；第三，在两个相互矛盾的解释同时出现的情况下，陪审团可能无法决定何者为正确；第四，使用中立的专家有利于解决纠纷；第五，对当事人雇佣的专家存在不信任。① 事实上，不管何种原因，法院指定专家证人可以视作对当事人选任专家证人机制的一种救济手段。

技术顾问的职能是规划和处理案件中专门性问题的信息资料，为法官提供专业意见，或者帮助法官理解相关的科学证据。技术顾问与法院指定专家证人虽然同属于指定一类，但存在着一定区别：第一，两者适用的程序阶段不同，对技术顾问的使用一般是在道伯特听证阶段，如果法官对当事人聘请的专家证人在资质或意见证言所依据的方法之可靠性方面存在质疑，无法对专家意见的可采性作出裁决，那么便会寻求技术顾问的帮助；而法院指定的专家证人的使用一般是在审判阶段，其作用是帮助陪审员理解与专家证据相关的争点。第二，技术顾问不是证人，不提出证据，无须出庭作证，也不接受律师的交叉询问。在当事人双方的专家证人就某一专门性问题形成激烈的冲突，或者对某一专家的意见存在质疑时，就需要指定专家证人的客观证言来解决这些问题。②

---

① 参见王进喜：《美国〈联邦证据规则〉(2011 年重塑版)条解》，中国法制出版社 2012 年版，第 233—234 页。

② 罗芳芳：《专家意见中立性问题研究：美国法之理论与实务》，中国政法大学出版社 2015 年版，第199 页。

第三章

德国司法鉴定人与鉴定意见评价

第一节　鉴定人的概念

鉴定人的鉴定意见是德国民事诉讼法中的五种严格证据形式(Strengbeweis)之一[1]，鉴定人的任务包括三种：为法官提供其所缺乏的专业知识及部分特殊领域中的经验[2]，特殊情况下也帮助法官查明法律[3]；用专业知识为法官查明事实，如法官邀请鉴定人参加勘验[4]；从法官确定的事实中得出一个具体的结论[5]，如对病症原因的鉴定、确定无工作能力的程度以及时间等[6]。鉴定人在本质上是法官可以替换的助手或顾问。[7]

在刑事诉讼中，鉴定人为检察官、警方及法官提供充分的专业知识，以帮助其解决对于确定真相而言所必要的证据问题。[8] 早期鉴定人在刑事诉讼领

---

① *Berger*, in Stein/Jonas, Kommentar zur Zivilprozessordnung, 23. Aufl. 2015. vor § 402 Rn. 4.

② BGH, Urteil vom 18. 03. 1993 – IX ZR 198/92, NJW 1993,1796.

③ 原则上,法律的查明只能由法官来完成,但是法官能委托鉴定人查明外国法、本国的习惯法,以及自治协会订立的条例或者实行的惯例。如果要查明本国已失效的法律,且具有与上述情况同样的困难,那么同样可以委托鉴定人参加。Vgl Stein/Jonas/*Thole*, in Kommentar zur Zivilprozessordnung, Band 4,23. Aufl. 2018. § 293, Rn 16.

④ § 372 Abs. 1 ZPO.

⑤ BGH, Urteil vom 20. 03. 2007 – VI ZR 254/05, NJW 2007,2122.

⑥ *Reichold*, in Thomas/Putzo, ZPO, 38. Aufl. 2018. vorb § 402 Rn. 1.

⑦ *Schilken*, Zivilprozessrecht, 7. Aufl. 2014. S. 252.

⑧ *Eisenberg*, Beweisrecht der StPO 10. Aufl. 2017, Rn. 1500.

域主要参与勘验工作,如验尸或解剖,且大多数情况下是由法官邀请[1],因此鉴定人也被称作"法官的助手"(Richtergehilfe),[2]这一方面说明了鉴定人与法官联系紧密,另一方面表明了鉴定人相对于法官的从属地位。[3] 也有一种比喻,认为法官就像是一场拳击比赛的裁判,当事人是参赛者,而鉴定人就是比赛时候的灯光,能够让裁判更清晰地判定胜负。[4] 除了一般科学技术领域方面的专业知识,鉴定人的鉴定意见还可以包括商人的交易惯例、特定行业的操作方式、对特定财产的估价等。[5] 随着案件事实的日益复杂及学科分类的精细化,鉴定人在刑事诉讼程序的司法实践中占据越来越重要的地位,以至于鉴定人在程序中具有决定性意义(verfahrensentscheidende Bedeutung)。[6]

鉴定人的主要任务包括为法官、检察官或警方提供其在诉讼中所缺乏的专业知识及经验,如汇报最新的科技研究成果、解释专业术语与交易惯例等;运用专业知识来确定案件中的相关事实,如参加勘验、测试酒精浓度等;运用专业知识来分析事实并得出结论,如制作鉴定意见是鉴定人最为重要的任务。[7] 不同于民事诉讼程序,在刑事诉讼中,鉴定人还承担来自刑事追诉机关(Strafverfol-gungsbehörde)[8]的委托,完成对被告人或证人进行身体上的检查等常规任务,如验血(《刑事诉讼法》第81a条第1款第2句)、被告人衣物纤维化验分析(《刑事诉讼法》第81c条第2款)[9]。原则上,鉴定人只负责事实问题,特殊情况下,法官可以委托鉴定人回答法律问题,如委托鉴定人查明外国法,或者决定有争议的基本法律问题(umstritten grundlegende Rechtsproblem),

---

[1] *Rogall*, in SK-StPO, 5. Aufl. 2018, vor § 72 Rn. 2.

[2] *Trück*, in MüKoStPO, 1. Aufl. 2014, § 72 Rn. 2. 也有学者认为,"法官助手"这一概念只是基于历史上的原因,没有太多实际意义。事实上,这一概念有误导他人的嫌疑,因为鉴定意见也仅仅是证据种类中的一种,并没有高于其他证据种类的地位,鉴定人本身也不对判决承担任何责任。Vgl. *Krause*, in Löwe-Rosenberg StPO, 27. Aufl. 2017, Vor § 72, Rn. 3.

[3] *Zwiehoff*, Das Recht auf den Sachverständigen, 1. Aufl. 2000, S. 18.

[4] OLG Naumburg Beschluss vom 12. 12. 2013 - 10 W 43/13, BeckRS 2014,05577.

[5] *Krause*, in Löwe-Rosenberg StPO, 27. Aufl. 2017, Vor § 72, Rn. 2.

[6] *Eisenberg*, Zur Ablehnung des Sachverständigen im Strafverfahren wegen Besorgnis der Befangenheit, NStZ 2006,368,374.

[7] Meyer-Goßner/*Schmitt*, StPO, 61. Aufl. 2018, Vor 72 Rn. 5 - 7.

[8] 在德国,一般是指警方和检察官,同时在税务领域还包括财政及海关行政机构(Zollverwaltung, Finanzverwaltung)。

[9] *Krause*, in Löwe-Rosenberg StPO, 27. Aufl. 2017, Vor § 72, Rn. 7.

或者阐明法律领域最新的发展(neue Entwicklungslinien)。[1] 但是,鉴定人承担法律问题解答的,只为法官提供特别法律知识,不承担审判的任务。[2]

第二节　鉴定程序的启动

一、民事诉讼中鉴定程序的启动

在德国的民事诉讼中,鉴定程序的启动分为两种形式,分别为法官依职权(von Amt wegen)启动,以及当事人向法官提出鉴定申请启动。[3]

如果法官在处理具体案件的时候,认为自身缺乏特殊领域的专业知识,那么可以且必须依职权启动鉴定程序,否则将构成程序上的违法(Verfahrenverstoß)。[4] 法官对于是否委托鉴定人参加诉讼,必须进行符合其义务的裁量(pflichtsmäßes Ermessen),但是法官也可以自行判断是否具备足够的专业知识及何时需要鉴定人的帮助。[5] 就专业知识而言,鉴定人也非法官的唯一选择,法官还可以通过其他的方式(如阅读专业文献)来获取必要的专业知识,或者法官可能对于待办案件已经有类似的经验。[6] 然而,法官对自身专业知识能力的判断并非是毫无限制的,根据最高法院的判决,法官不得直接援引专业文献上的结论,而是应当首先掌握专业知识,然后利用专业知识来进行判断。[7] 法官在判决中对专业知识的表述和运用,应当是可以被上级法院复查的(nachprüfbar)。[8] 这对法官来说是极大的挑战,因此当案件涉及专业方面的知识时,法官一般都会选择启动鉴定程序,否则法官要详细阐述并利

[1] *Peters*, Strafprozess, Ein Lehrbuch, 4. Aufl. 1983, S. 366.

[2] *Krause*, in Löwe-Rosenberg StPO, 27. Aufl. 2017, Vor § 72, Rn. 12.

[3] § 144 Abs. 1 S. 1 ZPO i. V. m § 403 ZPO.

[4] *Reichold*, in Thomas/Putzo, ZPO, 38. Aufl. 2018. vorb § 402 Rn. 3.

[5] BGH, Urteil vom 14. 02. 1995 – VI ZR 106/94, NJW 1995,1619.

[6] *Hartmann*, in Baumbach/Lauterbach/Albers/Hartmann, ZPO, 76. Aufl. 2018. übers § 402 Rn. 12.

[7] BGH, Urteil vom 07. 06. 1977 – VI ZR 77/76, NJW 1977,2120.

[8] BGH, Urteil vom 18. 03. 1993 – IX ZR 198/92, NJW 1993,1796.

用自身的专业知识来作出判决。[①] 法官对证人证言可信度的评估是自身专业领域的要求也是其任务,但是对特殊人员证言的评估则一般会借助心理医生或精神病专家,其中包括儿童或青少年,以及精神病患者或药物成瘾者。[②]

当事人可以向法官申请,要求鉴定人参与诉讼,法官驳回当事人的申请必须有充分的理由,即法官本身具备必须的专业知识。[③] 当事人申请鉴定的,应向法官表明所要鉴定的事项,但无须确定具体的专业领域或提出人选,只需向法官笼统地(summarische)表述所要鉴定的问题。[④] 在鉴定人提交鉴定意见之前,当事人可以撤回申请,但是这并不对法官构成影响,因为法官仍然可以依职权邀请鉴定人。通常情况下,法官会尊重当事人的意愿,必要时会考虑到举证责任的问题来进行决定。[⑤]

除了在法官缺乏专业知识的情况下,在特别法中,也有关于委托鉴定人的强制性规定,如《律师报酬法》(Rechtsanwaltsvergütungsgesetz,RVG)第 3a 条第 2 款规定,经过协商后,律师费仍然不适当的高的(unangemessen hoch),可要求降低,法官如要降低律师费的,必须邀请律师协会(Rechtsanwaltskammer)理事会成员出具鉴定意见。《律师报酬法》第 14 条第 2 款规定,律师与委托人就费用或退款存在争议的,法官也应当邀请律师协会的理事会成员出具鉴定意见。[⑥] 如果法官没有邀请鉴定人,那么会被视为重大的程序错误,将按照《民事诉讼法》第 508 条被发回重审。[⑦]

除法庭依职权或当事人向法官申请委托鉴定人外,当事人也可以自行委托私人鉴定(Privatgutachten)。

(一)鉴定人的选任

根据《民事诉讼法》,原则上,法官应当选任自然人为鉴定人,因为只有自

---

① BGH,Urteil vom 02.03.1993 – VI ZR 104/92,NJW 1993,2378.

② Musielak/Voit/*Huber*,ZPO,15. Aufl. 2018,§ 403 Rn. 3.

③ Musielak/Voit/*Huber*,ZPO,15. Aufl. 2018,§ 403 Rn. 3.

④ *Zimmermann*,in MüKoZPO,5. Aufl. 2016,§ 403 Rn. 3.

⑤ *Zimmermann*,in MüKoZPO,5. Aufl. 2016,§ 403 Rn. 4.

⑥ *Schneider*,Fehler bei Einholung eines Gebührengutachtens des Kammervorstands,NJW 2004,193,195.

⑦ *v. Seltmann*,in BeckOK RVG,40. Aufl. 2017,§ 14 Rn. 59.

然人才能依据《民事诉讼法》第 408 条的规定行使拒绝鉴定权,以及依据第 410 条进行宣誓。① 而对于以私法形式组织起来的私人诊所、协会或私人的机构是否可以作为鉴定人则存在一定的争议,主流观点对此持否定的意见。② 从目的解释的角度出发,相关规定亦旨在减少程序拖延,因而与鉴定人直接建立联系是最优选。③

　　特别法规定④,公法机构可以在民事诉讼程序中出具鉴定意见,而不是仅仅具有书证(Urkundenbeweis)的效力,这是目前的主流观点。⑤ 所谓公法上的机构分为两类,一种是《行政诉讼法》第 1 条第 4 款规定的所有承担公共行政任务的机关,另一种是《司法收费与补偿法》(*Justizvergütungs- und -entschädigungsgesetz*,JVEG)第 1 条第 2 款规定的其他具有权利能力的公共机构⑥,主要包括公法团体(Körperschaft)、公法设施(Anstalt)及公法基金会(Stiftung)。⑦ 但是,也有学者认为,公法上的机构虽然能够出任鉴定人,但适用部分关于鉴定人的条文时仍会遇到问题,如《民事诉讼法》第 406 条关于鉴定人申请回避的规定。⑧ 由于《民事诉讼法》缺少如《刑事诉讼法》第 83 条关于任命机关(Behörde)作为鉴定人的一般条款,因此只能以特别法的方式规定机关作为鉴定人,而机关出具的其他文件则被称为官方答复(amtliche Auskunft),不会作为鉴定意见进行评价。⑨

　　法官依照其职责来决定鉴定人的人选及人数,任命之后也可以撤换鉴定人或追加鉴定人,更换鉴定人应当明确通知当事人,以保障当事人对新的鉴定

---

① *Zimmermann*, in MüKoZPO, 5. Aufl. 2016, § 404 Rn. 2.

② OLG Düsseldorf, Entscheidung vom. 30. 11. 1988 3 WF 220/88;OLG München, Urteil vom 22. 09. 1967 - 8 U 707/67;BayObLG (2. Strafsenat), Urteil vom 03. 05. 1955 - RevReg. 2 St 114/55.

③ Musielak/Voit/*Huber*, ZPO, 15. Aufl. 2018, § 404 Rn. 2.

④ § 91 Abs. 1 Nr. 2 HWO, § 29 PatG, § 67 Abs. 4 BNotO, § § 192ff. BauGB. Vgl. Musielak/Voit/*Huber*, ZPO, 15. Aufl. 2018, § 404 Rn. 2.

⑤ BGH, Urteil vom 23. 01. 1974 - IV ZR 92/72, NJW 1974, 701. (建筑法);BGH, Urteil vom 01. 12. 1965 - VIII ZR 271/63, NJW 1966, 502. (商业惯例)

⑥ *Ulrich*, Der gerichtliche Sachverständige, Ein Handbuch für Praxis 12. Aufl. 2007, Rn. 92 - 93.

⑦ 公法团体,如药剂师协会、医生协会、工商协会等;公法设施,如广播电台、储蓄银行(Sparkasse)等。

⑧ *Müller*, Der Sachverständige im gerichtlichen Verfahren, 2. Aufl. 1978, S. 84.

⑨ *Zimmermann*, in MüKoZPO, 5. Aufl. 2016, § 404. Rn. 3. 相反观点认为,《刑事诉讼法》的机关作为鉴定人之规定可以适用于《民事诉讼法》,只要是属于该机关的任务范围之内即可。Vgl. *Berger*, in Stein/Jonas, Kommentar zur Zivilprozessordnung, 23. Aufl. 2015. § 404. Rn. 12.

人申请回避及听审的权利。① 2016 年,《民事诉讼法》修改之后,加入了一款规定,即在法官任命鉴定人之前,当事人可以要求参加有关鉴定人选任的听审,且可以向专家提问,但这不是强制性规定。② 增加这一款是为了能够避免在选任鉴定人之后,当事人再对鉴定人提出回避申请,从而拖延诉讼。③ 当事人可以对鉴定人的人选发表意见,但法官不受当事人意见的约束。④

法官也可以要求双方当事人协商确定合适的鉴定人人选。如果当事人就鉴定人的人选达成一致,那么法官有义务选任该鉴定人;同时,法官有权规定当事人协商的鉴定人的人数。⑤ 如果当事人没有在法官限定的鉴定人人数内选任,那么法官可以按照《民事诉讼法》第 142 条的规定,自行选任鉴定人。⑥

在选任鉴定人的过程中,由行业协会认证并授予头衔的"公共宣誓鉴定人"(öffentlich bestellter und vereidigter Sachverständiger, ö. b. u. v.)应当被优先考虑,此类鉴定人在被授予头衔时必须进行宣誓,承诺对委托事项出具公正、客观的鉴定意见。之所以被称为是"公共"的,是因为此类鉴定人是由特定领域的机关通过行政行为,基于德国联邦法律或州法律设立的⑦,并且负有特殊的权利义务。通常来说,公共宣誓鉴定人也具备法庭经验。⑧ 如果公共宣誓鉴定人滥用该头衔,那么将会受到刑事处罚。⑨ 根据《民事诉讼法》第 407 条,公共宣誓鉴定人不得拒绝法院的委托,但是公共宣誓鉴定人对于来自私人的委托不受该条约束。对于法官来说,可以依据其职责,对是否优先选择公共宣誓鉴定人进行裁量,即在一般情况下,应当优先考虑,而在特殊情况下,法官可以不考虑公共宣誓鉴定人,如对某一种专业知识有很高的要求,或者对该鉴定人本身存在疑虑。⑩

---

① BGH, Urteil vom 08. 01. 1985 – VI ZR 15/83, NJW 1985, 1399.

② *Hartmann*, in Baumbach/Lauterbach/Albers/Hartmann, ZPO, 76. Aufl. 2018. § 404 Rn. 5.

③ Musielak/Voit/*Huber*, ZPO, 15. Aufl. 2018, § 404 Rn. 5.

④ Musielak/Voit/*Huber*, ZPO, 15. Aufl. 2018, § 404 Rn. 6.

⑤ § 404 Abs. 1 S. 1 ZPO.

⑥ *Hartmann*, in Baumbach/Lauterbach/Albers/Hartmann, ZPO, 76. Aufl. 2018. § 404 Rn. 8.

⑦ *Ulrich*, Der gerichtliche Sachverständige, Ein Handbuch für Praxis 12. Aufl. 2007, Rn. 50.

⑧ Zöller/*Greger*, ZPO, 32. Aufl. 2018. § 404a Rn. 3.

⑨ § 132a Abs. 1 Nr. 3 StGB.

⑩ *Hartmann*, in Baumbach/Lauterbach/Albers/Hartmann, ZPO, 76. Aufl. 2018. § 404 Rn. 6.

（二）法官主持鉴定工作

在德国，法官对于鉴定程序的启动及之后整个过程都起到重要的指引作用。根据《民事诉讼法》第 404a 条，法官对鉴定人有一般引导和指示的义务（allgemeine Leitungs- und Weisungspflicht），即鉴定人只能对法官所指示的对象出具鉴定意见，但是法官不得干涉鉴定意见的内容。[①]《民事诉讼法》亦未对鉴定内容有特别规定，但特别法会对鉴定意见的内容有所要求，如《家事程序法》（*Familienverfahrensgesetz*）第 280 条第 3 款规定，鉴定意见应当包含特定的内容，如相关人员的精神和身体状态等。[②] 另一方面，解释法律是法官的任务，鉴定人如果请求法官帮助，或者对法律概念不理解，那么法官必须提供帮助。[③]

为明确鉴定人的任务和委托的要求，如遇特殊情况，法庭可以在确定需要证明的事项之前通知鉴定人前来，并听取其意见。实践中，这种情况一般发生在事实较为复杂的案件中，如涉及私人建造房屋，其中会大量充斥建筑方面的专业知识[④]；涉及医疗事故鉴定的[⑤]；涉及不同专业领域的[⑥]。另外，当法官不确定鉴定人是否对事实基础已有足够了解，需要鉴定人对部分事实进行澄清的，或者向鉴定人表示部分事实可以自行调查的，也可以通知鉴定人前来听取意见。[⑦] 之所以提前通知鉴定人前来，是出于诉讼经济的考量，目的在于减少不必要的开支及避免之后程序上的拖延。[⑧]

根据《民事诉讼法》第 355 条规定的法庭调查证据的直接原则，原则上，调查证据应当由受诉法院（Prozessgericht）进行。当事实产生争议的时候，由法官来决定鉴定人应当将何种事实作为鉴定基础来出具鉴定意见。[⑨] 当事实的

---

① *Reichold*，in Thomas/Putzo，ZPO，38. Aufl. 2018. § 404a Rn. 2.

② § 280 Abs. 3 FamFG.

③ BGH，Urteil vom 12. 06. 1996 – IV ZR 116/95，BeckRS 9998，02386.

④ *Seibel*，Der Sachverständige und die gerichtliche Leitung seiner Tätigkeit nach der ZPO，NJW 2014，1628，1633.

⑤ *Scheppokat/Neu*，Zur ärztlichen Begutachtung in Arzthaftpflichtsachen，VersR 2001，23 – 28.

⑥ Musielak/Voit/*Huber*，ZPO，15. Aufl. 2018，§ 404 Rn. 3.

⑦ Musielak/Voit/*Huber*，ZPO，15. Aufl. 2018，§ 404a Rn. 3.

⑧ Prütting/Gehrlein/*Katzenmeier*，ZPO，8. Aufl. 2016，§ 404a Rn. 4.

⑨ § 404a Abs. 3 ZPO.

确定不用基于鉴定人的专业知识时,法庭的任务就是要确定事实,鉴定人以法庭确定的事实来出具鉴定意见。① 这种事实类型在民事诉讼程序中被称为"前提事实"(Anknüpfungstatsachen)。

在进行勘验或听取证人证言的时候,法庭也可以邀请鉴定人参加。《刑事诉讼法》第 80 条第 2 款规定,为了解相关情况,鉴定人可以向证人或被告人直接提问。虽然《民事诉讼法》中有类似的规定,但是在实践中,鉴定人只有得到法庭的允许后,才可以直接向证人提问及自行调查。② 法庭也可以命令鉴定人基于不同的事实情况出具相应的鉴定意见③,但是由于鉴定费用高昂,法庭在通常情况下会先询问证人,以避免之后鉴定人根据不同事实基础,分别出具鉴定意见。④

虽然查明事实是法院的责任,但是对某些事实的查明,必须借助专业知识,此类事实类型被称作"结果事实"(Befundtatsachen),由鉴定人根据自身的专业知识发现所得,法官必须就鉴定人对这类事实的发现及查明来确定范围。实践中,鉴定人是法庭进行勘验的助手,勘验结果必须按照勘验笔录的要求,以一种能够复核的方式(nachprüfbar)公开。⑤ 如果鉴定人在鉴定报告中所确定的事实并非必须有专业知识才能发现,那么这一部分的事实就被称作"补充事实"(Zusatztatsachen)。之所以区分结果事实和补充事实,是因为鉴定人宣誓的范围只限于其以专业知识确定的部分,即"结果事实",对于"补充事实"则除非鉴定人曾作为证人宣誓过,否则不会被追究责任。⑥ 实际上,如果当事人发现鉴定人的"补充事实"违反法官调查证据的直接原则并提出异议,那么当这部分事实对判决起到很大作用(entscheidungserheblich)且没有相应的证据的情况下,鉴定人只能作为专家证人(sachverständiger Zeuge)被询问,即具有专业知识的证人。如果当事人没有发现这一程序瑕疵,那么根据《民事诉讼法》第 295 条⑦,当事人如果放弃对该条的遵守,或者如果其在最近的一次言辞

---

① BGH,Urteil vom 13. 07. 1962 - IV ZR 21/62,NJW 1962,1770.
② *Zimmermann*,in MüKoZPO,5. Aufl. 2016,§ 404a Rn. 5.
③ Prütting/Gehrlein/*Katzenmeier*,ZPO,7. Aufl. 2015,§ 404a Rn. 5.
④ Saenger/*Siebert*,ZPO,7. Aufl. 2017,§ 404a Rn. 3.
⑤ *Zimmermann*,in MüKoZPO,5. Aufl. 2016,§ 404a Rn. 7.
⑥ Musielak/Voit/*Huber*,ZPO,15. Aufl. 2018,§ 410 Rn. 2.
⑦ *Scheuch*,in BeckOK ZPO,29. Aufl. 2018,§ 404a Rn. 12.

辩论中或在与该程序相关的最近一次言辞辩论中曾经到场,且知晓或可以知晓有违反程序的情况但没有提出质疑,那么就不得再提出。①

法庭还可以决定鉴定人是否能够及在多大程度上与当事人直接联系,如为了完成鉴定任务,鉴定人进入当事人的住所查阅其文件,或者测试噪音影响。限制鉴定人与当事人的交流,一方面是为了防止当事人对鉴定人产生影响,进而破坏鉴定人的中立性,另一方面也是为了避免对方当事人因此提出回避申请。② 除当事人外,鉴定人从第三方处获得信息也要获得法官的授权。③

法官指示鉴定人的事项也应当告知当事人双方。当法官确定日期后,鉴定人进行调查时,法官应当允许当事人参加,这一方面是基于《基本法》第103条对当事人享有听审请求权(Anspruch auf rechtliches Gehör)的规定④,另一方面是出于对诉讼效率(Prozessökonomie)的考量,避免当事人对法官或鉴定人的中立性提出质疑,进而申请回避,使得诉讼程序拖延。

二、刑事诉讼中鉴定程序的启动

(一) 鉴定人的选任

虽然法律规定,在特定条件下,可以邀请机构出具鉴定意见,但是一般认为,只有自然人可以担任鉴定人。⑤ 依据《刑事诉讼法》第83条第3款的规定,法官还可以在较为重要的案件(wichtigere Fälle)中寻求专业机构(Fachbehörde)的协助。事实上,是否是"较为重要的案件",由法官基于查明义务(Aufklärungspflicht)进行裁量。⑥ 即便不是所谓的"较为重要的案件",法官也可以委托专业机构进行鉴定⑦,因为《刑事诉讼法》第83条第3款并不是

---

① § 295 Abs. 1 ZPO.

② *Zimmermann*, in MüKoZPO, 5. Aufl. 2016, § 404a Rn. 10.

③ BGH, Beschluss vom 17. 08. 2011 – V ZB 128/11, NJW-RR 2011,1459.

④ *Hartmann*, in Baumbach/Lauterbach/Albers/Hartmann, ZPO, 76. Aufl. 2018. § 404a Rn Rn. 10.

⑤ *Eisenberg*, Beweisrecht der StPO 10. Aufl. 2017, Rn. 1500.

⑥ *Eisenberg*, Beweisrecht der StPO 10. Aufl. 2017, Rn. 1544; *Senge*, in KK-StPO, 7. Aufl. 2013, § 83 Rn. 4.

⑦ *Krause*, in: Löwe-Rosenberg StPO, 27. Aufl. 2017, § 83 Rn. 11, Meyer-Goßner/*Schmitt*, StPO, 61. Aufl. 2018, § 83 Rn. 6.

基于专业机构的利益,而是为了帮助法官履行其必要的查明义务。① 因此,也有学者认为,即便这里作出了违反法律的解释,在实践中也是不会产生后果的(folgenlos)。②

所谓专业机构有两类,一种是《行政诉讼法》第 1 条第 4 款规定的所有承担公共行政任务的机关③,另外一种是《司法收费与补偿法》(*Justiz-vergütungs- und -entschädigungsgesetz*,JVEG)第 1 条第 2 款中的其他具有权利能力的公共机构④,主要包括公法团体(Körperschaft)、公法设施(Anstalt)及公法基金会(Stiftung)。实践中,司法领域较为常见的机构有联邦或各州的刑事局(Bundeskriminalamt,Landeskriminalämter)、公立大学的法学院或法医研究机构、医疗领域的公立医院与公立大学的诊所等。⑤

专业机构可以委派其工作人员当庭宣读其出具的鉴定意见(Behördengutachten),但代表机构出庭的工作人员是否可以被视作鉴定人或享有鉴定人的权利义务则存在一定的争议。一种观点认为,机构接受鉴定委托且独立承担责任,包括选取公正的工作人员制作鉴定意见,不应当将宣誓义务或回避类比适用于机构的代表人。⑥ 其他观点认为,代表机构出庭解释的工作人员应当被认定为具有鉴定人的资格,或者应当类比具有鉴定人的资格,适用回避或宣誓。⑦

---

① *Rogall*,in SK-StPO,5. Aufl. 2018,§ 83 Rn. 18.

② *Rogall*,in SK-StPO,5. Aufl. 2018,§ 83 Rn. 18. 除此之外,也有学者对"较为重要的案件"这一表述进行过批评,因为这一表述实际上仅仅具有一种指导方针上的意义(Richtliniencharakter),但是这种指导恰恰限制了刑事诉讼程序中尽可能地查明事实原则(Grundsatz bestmöglicher Sachaufklärung),所以是不适当的。Vgl. *Trück*,in MüKoStPO,1. Aufl. 2014,§ 83 Rn. 8.

③ 公法机构本身出具鉴定意见的情况分为三类:(1)按照依法负责出具特定领域鉴定意见的机构;(2)机构本身并不承担鉴定任务,但是法律规定该机构可以出具鉴定意见;(3)法律法规均未对该机构是否承担鉴定意见作出规定,但是法院可以援引《基本法》第 35 条,要求该机构进行机构协助(Amtshilfe)。Vgl. *Ulrich*,Der gerichtliche Sachverständige,Ein Handbuch für Praxis 12. Aufl. 2007,S. 49,Rn. 95.

④ *Ulrich*,Der gerichtliche Sachverständige,Ein Handbuch für Praxis 12. Aufl. 2007,S. 48,Rn. 92 – 93.

⑤ *Krüger*,in MüKoStPO,1. Aufl. 2016,§ 256 Rn. 10.

⑥ *Rogall*,in SK-StPO,5. Aufl. 2018,§ 83.

⑦ *Conrad-Graf*,in BeckOK StPO,30. Aufl. 2018,§ 83 Rn. 4;Meyer-Goßner/*Schmitt*,StPO,61. Aufl. 2018,§ 83 Rn. 5.

（二）侦查阶段

在侦查阶段，检察官或警方可以邀请鉴定人参与程序。实践中，如要邀请鉴定人，警方会和检察官进行商讨。[1] 特别法对鉴定人的邀请有其他规定，如《税法通则》(*Abgabenordnung*，AO)第 399 条第 1 款规定，在税务犯罪侦查阶段，税务机关(Finanzbehörde)拥有与检察官在侦查阶段相同的职权和义务。[2] 根据《刑事诉讼法》第 161a 条第 1 款，检察官可以传唤证人作证或鉴定人出具鉴定报告，如果没有特别规定，那么适用于法庭审理阶段的关于证人与鉴定人的条文亦适用于侦查阶段。[3] 检察官委托鉴定人的，应当对鉴定人的任务设定明确界限，对于所要回答的问题应当尽可能地精确表达，同时提供可用的"前提事实"(Anknüpfungstatsachen)。[4] 实践中，检察官会把案卷一并转交给鉴定人。[5] 一般来说，心理或精神方面的鉴定人在侦查阶段就会被检察官邀请参加诉讼。[6]

根据《刑事诉讼程序和罚款程序指令》(RiStBV，*Richtlinien für das Strafverfahren und das Bußgeldverfahren*)，除特殊情况外，检察官在确定鉴定人人选之前，应给予辩护人机会对此发表意见或提出可能存在的回避事由。[7] 这一规定实际上也有利于检察官的工作，因为可以减少之后举证的不确定性，从而提高诉讼效率。[8] 然而，司法实践中，辩护人在检察官确定鉴定人人

---

[1] *Krause*，in Löwe-Rosenberg StPO，27. Aufl. 2017，§ 73 Rn. 2. 例外情况参见《刑事诉讼法》第 81f 条第 1 款和第 2 款，即在侦查程序中，如需要进行 DNA 检测的，不由检察官来确定鉴定人人选，而是由侦查法官(Ermittlungsrichter)来决定。Vgl. *Krause*，in Löwe-Rosenberg StPO，27. Aufl. 2017，§ 81f Rn. 9.

[2] § 399 Abs. 1 AO.

[3] § 161a StPO.

[4] Meyer-Goßner/*Schmitt*，StPO，61. Aufl. 2018，§ 161a. Rn. 13.

[5] *Kölbel*，in：MüKoStPO，1. Aufl. 2016，§ 161a Rn. 7.

[6] *Sarstedt*，Auswhal und Leitung des Sachverständigen im Strafprozess，NJW 1968,177,182.

[7] Nr. 70 Abs. 1 RiStBV. 特殊情况包括：进行常规鉴定(Routinegutachten)，如酒精浓度测试；不利于调查目的的；有可能引起程序拖延的。需要注意的是，《刑事诉讼程序和罚款程序指令》不是具有对外效力的法律(Gesetz)，只是调整行政机关内部行为的行政规则(Verwaltungsvorschrift，Verwaltungsrichtlinie)，原则上不具有直接外部效力。此外，由于该条没有规定违反的惩罚措施，因此有法官认为，此条几乎是无意义的(kaum Bedeutung erlangen)。Vgl. *Detter*，Der Sachverständige im Strafverfahren-eine Bestandsaufnahme-NStZ 1998,57,61.

[8] *Rogall*，in SK-StPO，5. Aufl. 2018，§ 73 Rn. 12.

选时的影响非常有限①,检察官并不受其意见约束。如果检察官对辩护人关于鉴定人的意见不予考虑,那么辩护人可以依据《刑事诉讼法》第163a条第2款,申请检察官收集对被告人有利的证据,以期检察官任命特定的鉴定人,这一申请将由法官来决定。②

有学者认为,检察官只要求鉴定人提供一个口头的鉴定报告即可,因为对于检察官而言,侦查阶段的鉴定只是为其在侦查结束之后决定(Abschlussverfügung)是否提起公诉提供一个依据。如果检察官决定提起公诉,那么还可以另外确定一个期限,要求鉴定人补交一份书面鉴定报告。③ 但是,也有观点认为,《刑事诉讼法》第161a条第1款第1句的意义很小,因为口头报告对于检察官来说并没有重要的作用,这一条仅仅是为了确定检察官也有选任鉴定人及实施相关强制措施的权力。④ 检察官和警方要求鉴定人制作书面的鉴定报告是非常普遍的做法,因为证据调查结果最后要记录进案卷,除非案情简单,通过检察官询问鉴定人进行即可。⑤ 此外,按照《刑事诉讼法》第82条,检察官就此问题征求法官意见,法官可以决定鉴定人提供口头还是书面的鉴定意见,征求法官意见也是为了之后的审判工作顺利进行。⑥ 也有学者指出,辩护人对书面的鉴定意见享有合法的利益,因为辩护人往往可以从鉴定意见中找出问题与漏洞⑦,从而使得之后针对其内容和结果的辩论有支撑点。⑧

检察官任命鉴定人,并不会对之后法官在法庭审理阶段任命鉴定人产生约束,因为法官总能按照《刑事诉讼法》第73条来任命鉴定人。但事实上,检察官选任鉴定人的权力之行使,经常能够提前确定(vorbestimmen)在法庭审

---

① *Detter*, Der Sachverständige im Strafverfahren-eine Bestandsaufnahme-NStZ 1998,57,61.

② *Eisenberg*, Beweisrecht der StPO 10. Aufl. 2017, Rn. 1526a.

③ Meyer-Goßner/*Schmitt*, StPO, 61. Aufl. 2018, § 161a. Rn. 14.

④ *Erb*, in Löwe-Rosenberg StPO, 27. Aufl. 2018, § 161a Rn. 24. 该作者援引了一个2004年与2000年的数据统计比较,相较于2000年,2004年检察官在侦查程序中显著减少了对鉴定人的询问。Vgl. *Erb*, in Löwe-Rosenberg StPO, 27. Aufl. 2018, § 161a Rn. 3. Fn. 13. 类似观点认为,司法实践中,检察官一般要求鉴定人制作书面鉴定意见,口头的鉴定报告结果及论证将按照《刑事诉讼法》第168b条进行记录并写进案卷。Vgl. *Griesbaum*, in KK-StPO, 7. Aufl. 2013, § 161a Rn. 11.

⑤ *Krause*, in Löwe-Rosenberg StPO, 27. Aufl. 2017, § 82 Rn. 1.

⑥ 检察官根据《刑事诉讼法》第162条与第169条向法官提出申请。

⑦ *Peters*, Strafprozess, Ein Lehrbuch, 4. Aufl. 1983, S. 373.

⑧ *Eisenberg*, Beweisrecht der StPO 10. Aufl. 2017, Rn. 1582.

理阶段的鉴定人①,即法官经常在审理阶段继续任用检察官任命的鉴定人,以至于在刑事诉讼程序中,检察官任命的鉴定人是整个程序中唯一的鉴定人,法官很少会重新任命或增加鉴定人的人数②,但是检察官也会就此问题与之后负责审理的法官进行联系③。

根据《刑事诉讼法》第163条第1款,警方在侦查程序中也可以邀请鉴定人,但是警方必须遵循检察官的领导,且鉴定人没有义务必须接受警方的传唤并承担鉴定工作,因为警方没有被赋予《刑事诉讼法》第163a条中检察官对鉴定人的权力。④

(三) 审判阶段

1. 法官任命鉴定人

《刑事诉讼法》第73条⑤第1款规定,法官邀请鉴定人参加诉讼,并由其确定鉴定人的人数。法官在确定鉴定人之后,应当与鉴定人进行协商,确定提交鉴定意见的期限。如果鉴定人没有按照期限提交鉴定意见,那么法官可以对其处以秩序罚款(Ordnungsgeld)。⑥ 从审查起诉阶段——“开启程序”(Eröffnu-ngsverfahren, Zwischenverfahren)⑦——起,法院就可以任命鉴定人。一旦进入主审程序(Hauptverfahren),就由负责审判的法庭任命鉴定人。通说认为,在出现符合《刑事诉讼法》第223条之规定的情况下,即因疾病、虚弱或其他无法排除的障碍,鉴定人在较长时间或不确定时间内无法

---

① *Erb*, in Löwe-Rosenberg StPO, 27. Aufl. 2018, § 161a Rn. 25.

② *Detter*, Der Sachverständige im Strafverfahren-eine Bestandsaufnahme-NStZ 1998, 57, 61; *Eisenberg*, Beweisrecht der StPO 10. Aufl. 2017, Rn 1526.

③ *Griesbaum*, in KK-StPO, 7. Aufl. 2013, § 161a Rn. 10.

④ *Rogall*, in SK-StPO, 5. Aufl. 2018, § 73 Rn. 15.

⑤ 事实上,《刑事诉讼法》第73条的表述曾经被学者批评具有一定的误导性(irreführend),此条意在表示,法官在程序的所有阶段(in allen Stadien des Verfahrens)都可以依职权邀请鉴定人,但并未排除其他诉讼参与者邀请鉴定人。Vgl. *Rogall*, in SK-StPO, 5. Aufl. 2018, § 73 Rn. 1.

⑥ § 73 StPO.

⑦ 开启程序(Eröffnungsverfahren)也被称作“中间程序”(Zwischenverfahren),检察官在此阶段向审理法庭递交公诉书,同时法庭将公诉书送达嫌疑人。法庭进行书面审理,决定是否进入主审程序。如果法庭认为嫌疑人有足够的犯罪嫌疑,那么裁定进入主审程序。法庭裁定不开始的,必须表明原因。开启程序置于审判程序之前,一方面旨在“过滤”不用进入审判的公诉,保护嫌疑人免于不公正的公诉,另一方面是为了之后的主审程序进行得更加顺畅。Vgl. *Wenske*, in MüKoStPO, 1. Aufl. 2016, § 199 Rn. 4.

参与法庭审理的,法庭可以将选择鉴定人的权力赋予受命法官或受托法官(ersuchten bzw beauftragten Richter)。①

　　法官基于查明义务进行裁量,决定是否任命鉴定人及鉴定人的人选。《刑事诉讼法》原则上认为,刑事诉讼没有鉴定人也能顺利进行,因为法官、检察官及警方已经具备必要的专业知识②,但是德国联邦最高法院对这一原则的限制越来越大。德国联邦最高法院认为,基于宪法中的原则,举证要有理性论证和事实依据③,因而其在审判中引入了更多的专业知识,如犯罪学、心理学方面的研究。④

　　法官可以不任用检察官在侦查程序中任命的鉴定人并重新任命鉴定人。⑤ 有学者指出,法官继续任命侦查程序中的鉴定人的,应当认识到其中的危险。但是,如果规定法官必须重新任命"自己的"鉴定人,那么刑事诉讼程序也不会因此而显得更加法治化(nicht besonders rechtsstaatlich)⑥,因为不启用侦查阶段的鉴定人可能会导致诉讼时间及费用的增加,同时有些证据是不可重复获得的。而且,一旦如此规定,检察官就会出于策略上的考量,首先选取最为优秀的鉴定人。⑦

　　除非法官按照《刑事诉讼法》第 83 条来委托公法机构出具鉴定意见,否则

---

① *Senge*, KK-StPO, 7. Aufl. 2013, §73 Rn. 1; *Trück*, in MüKoStPO, 1. Aufl. 2014, §73 Rn. 5; Meyer-Goßner/*Schmitt*, StPO, 61. Aufl. 2018, §73 Rn. 1a. 相反观点认为,负责审理的法官不能将选择鉴定人的任务交给受命法官或受托法官,因为只有参与审理的法官才知道需要何种专业知识。Vgl. *Rogall*, in SK-StPO, 5. Aufl. 2018, §73 Rn. 10. 受命法官(beauftragte Richter),参见《民事诉讼法》第 361 条第 1 款,由审判长任命调查证据,是审判组织(Spruchkörper)的成员,一般由特殊的具有相关知识的法官担任(Berichterstatter),但是也可能由专职法官担任,受命法官不是必须参加之后的主审程序;受任法官(ersuchte Richter,也有翻译成"受托法官"),参见《民事诉讼法》第 362 条第 1 款,不同于受命法官,本身并非处理该案的审判组织成员,按照《法院组织法》(Gerichtsverfassungsgesetz, GVG)第 156 条与第 157 条来提供司法协助(Rechtshilfe),如对证人或鉴定人的询问,可以委托由证人居住地的地区法院(Amtsgericht)的法官为受任法官来进行。Vgl. *Arnoldi*, in MüKoStPO, 1. Aufl. 2016, §223 Rn. 11 - 12.

② *Eisenberg*, Beweisrecht der StPO 10. Aufl. 2017, Rn. 1518.

③ BGH, Urteil vom 18. 09. 2008 - 5 StR 224/08, NStZ 2009,401.

④ *Trück*, in MüKoStPO, 1. Aufl. 2014, §73 Rn. 14.

⑤ 侦查程序中的侦查法官没有重新任命的权力,仍然应询问检察官所邀请的鉴定人。Vgl. *Monka*, in BeckOK StPO, 30. Aufl. 2018, §73 Rn. 2.

⑥ *Rogall*, in SK-StPO, 5. Aufl. 2018, §73 Rn. 10.

⑦ *Rudolph*, Das Zusammenwirken des Richters und des Sachverständigen (Beiträge), Die Justiz 1969, 24,32.

法官必须将委托限定到某一具体的个人,而不能是一个私法上的组织,如不能是私人诊所,而应当是诊所中的某一名医生。[①] 法官选任鉴定人的标准,应当从鉴定人的专业及鉴定人个人角度出发。鉴定人个人方面,法官应当首先考量鉴定人是否能够按照其知识及良心,公正地出具鉴定意见;鉴定人是否存在被要求回避的理由;以及鉴定人是否有足够的时间来制作鉴定意见。[②]

鉴定人的专业方面,由于学科的精细化及专业化,法官凭借自己的知识并不能总是选择合适领域的鉴定人,甚至有时候专家也无法确定针对某一特定鉴定意见,何种领域的专家更为合适。[③] 即便如此,法官也不得授权已经任命的鉴定人或第三方来代替其委托鉴定人(Auswahlgutachter),如一个机构的领导。但是,法官可以与机构领导进行研讨,以确定具体的鉴定人人选[④];或者,法官会先选定一个他认为最为合适的鉴定人,然后在可能的情况下,再次邀请一个其他领域的鉴定人。[⑤] 虽然最后是由法官作出决定,但是如果之前能够和检察官及其他诉讼参与人进行讨论,那么将会有利于提高诉讼效率。[⑥]

与《民事诉讼法》第 404 条第 1 款一样,依照《刑事诉讼法》第 73 条第 2 款,在选取鉴定人的过程中,法官应当优先考虑公共宣誓鉴定人(öffentlich bestellter und vereidigter Sachverständiger, ö. b. u. v.)。法官在特殊情况之下才能考虑其他的鉴定人,即"应该条款"(Soll-vorschrift),必须有充足的理由才能偏离原本的义务,这一理由必须记录下来。这里的义务一般指法官的查明义务,如选择公共宣誓鉴定人不能保证"假定的"质量上的优势,以及还有诉讼效率上的要求需满足。[⑦] 前者包括对某一领域的知识有更多或更加

①　*Senge*, KK-StPO, 7. Aufl. 2013, § 73 Rn. 6.

②　*Monka*, in BeckOK StPO, 30. Aufl. 2018, § 73 Rn. 3.

③　*Krause*, in Löwe-Rosenberg StPO, 27. Aufl. 2017, § 73 Rn 9.

④　*Eisenberg*, Beweisrecht der StPO 10. Aufl. 2017, Rn. 1536.

⑤　OLG Koblenz Urteil vom 23. 04. 1968 - 2 Ss 41/68, VRS 36,1969,18.

⑥　司法实践中,测试血液酒精浓度的不一定必须是医生,可以是这一领域有经验的专家;证人证言可信度的评估一般要求心理学专家;对被告人责任能力的评估,只有在例外情况下才任用心理学家,一般都需要神经科医生(Neurologe)或精神病医生(Psychiater)。Vgl. Meyer-Goßner/*Schmitt*, StPO, 61. Aufl. 2018, § 73 Rn. 6 - 8. 此外,对脑部损伤进行鉴定的医生应当具有相关领域的知识(BGH, Urteil vom 28. 2. 1952 - 5 StR 46/52, NJW 1952, 633.);依照《青少年法院法》(Jugendgerichtsgesetz, JGG)第 43 条第 2 款第 2 句的规定,涉及青少年的鉴定人应当具有能够承当相应任务的能力。

⑦　*Rogall*, in SK-StPO, 5. Aufl. 2018, § 73 Rn. 57.

专业的要求。① 后者包括法院自身就有更加合适的专家②；就近就有与公共宣誓鉴定人水准相当的被认可的鉴定人；公共宣誓鉴定人本身无法前来，或者负担过重③。

公共宣誓鉴定人在被授予头衔时必须进行宣誓，承诺对委托事项出具公正、客观的鉴定意见，被任命为公共宣誓鉴定人也意味着对鉴定人本人专业和个人的认可。④ 如果公共宣誓鉴定人滥用该头衔，那么将会受到刑事处罚。⑤ 之所以被称为是"公共"的，是因为此类鉴定人是由特定领域的机关通过行政行为，基于联邦法律或州法设立的。⑥《刑事诉讼法》第73条第2款中的公共宣誓鉴定人只涉及自然人，而机构制定的满足一定标准的鉴定意见仍然适用《刑事诉讼法》第83条有关机构鉴定的规定。⑦ 法庭常用的公共宣誓鉴定人包括国家研究机构中的医生、公立大学法医研究院中的主任等。⑧

《刑事诉讼程序和罚款程序指令》第70条没有规定法官是否应当在选任鉴定人之前邀请辩护人发表意见，但是根据德国联邦最高法院的判决，基于听审权（Anspruch auf rechtliches Gehör），法官有义务邀请鉴定人参加鉴定人的选任工作，而且这种做法也是值得推崇的。⑨ 但是，针对法官的鉴定人选任，被告人不能提起抗告，只能通过《刑事诉讼法》第74条关于鉴定人回避的规定来影响法官的选择。⑩

法官任命鉴定人之后，鉴定人可以另外聘用助手，但是助手的责任仍然由

---

① *Trück*, in MüKoStPO, 1. Aufl. 2014, §73 Rn. 27.

② *Rogall*, in SK-StPO, 5. Aufl. 2018, §73 Rn. 60.

③ *Krause*, in Löwe-Rosenberg StPO, 27. Aufl. 2017, §76 Rn. 2.

④ *Rogall*, in SK-StPO, 5. Aufl. 2018, §73 Rn. 55; *Monka*, in BeckOK StPO, 30. Aufl. 2018, §73 Rn. 5.

⑤ §132a Abs. 1 Nr. 3 StGB.

⑥ *Ulrich*, Der gerichtliche Sachverständige, Ein Handbuch für Praxis 12. Aufl. 2007, S. 28 Rn. 50.

⑦ *Rogall*, in SK-StPO, 5. Aufl. 2018, §73 Rn. 54; *Eisenberg*, Beweisrecht der StPO 10. Aufl. 2017, Rn. 1530; *Senge*, in: KK-StPO, 7. Aufl. 2013, §73 Rn. 8. 相反意见认为,《刑事诉讼法》第73条第2款同样包括了机构的鉴定。Vgl. Meyer-Goßner/*Schmitt*, StPO, 61. Aufl. 2018, §73 Rn. 16; *Krause*, in Löwe-Rosenberg StPO, 27. Aufl. 2017, §73 Rn. 34.

⑧ *Eisenberg*, Beweisrecht der StPO 10. Aufl. 2017, Rn. 1530.

⑨ BGH, Beschluss vom 10. 9. 2002 – 1 StR 169/02, NJW 2002, 3484; *Senge*, in KK-StPO, 7. Aufl. 2013, §73 Rn. 2.

⑩ *Krause*, in Löwe-Rosenberg StPO, 27. Aufl. 2017, §73 Rn. 36.

鉴定人承担。鉴定人可以获得其他鉴定人的帮助，但其他鉴定人的鉴定结果必须经过自身的审核才能运用。如果涉及跨学科的鉴定，那么法官也可以组建鉴定人团队（Sachverständigengruppen），但是委托必须有明确的分工和范围。① 《刑事诉讼法》没有规定其他诉讼参与人是否有权参加关于鉴定人人选的听证，但是法官被鼓励赋予诉讼参与人这一权利。②

2. 其他诉讼参与人邀请鉴定人

通说认为，其他诉讼参与人对法官、检察官或警方选定的鉴定人无法提起抗告③，但是被告人（辩护人）及自诉人（Privatklager）可以分别通过《刑事诉讼法》第 220 条第 1 款和第 386 条第 2 款来直接另外邀请鉴定人，附加诉讼人（Nebenklager）没有直接邀请鉴定人的权利④。除此之外，诉讼参与人还可以按照《刑事诉讼法》第 244 条第 4 款提出证据，要求询问鉴定人，但是法官确定鉴定人及人数不受诉讼参与人限制，法官可以选择不询问其他诉讼参与人邀请的鉴定人，这原则上是法官的裁量权之行使。⑤

被告人与自诉人可以自行确定鉴定人人选及人数，且委托的鉴定人的鉴定意见证明能力原则上与法官委托的鉴定人出具的鉴定意见相同，即其他诉讼参与人委托的鉴定人不会被认为是"第二等的鉴定人"（Sachverständiger

---

① *Monka*，in BeckOK StPO，30. Aufl. 2018，§ 73 Rn. 2.

② *Senge*，in KK-StPO，7. Aufl. 2013，§ 73 Rn. 2.

③ *Rogall*，in SK-StPO，5. Aufl. 2018，§ 73 Rn. 62. 相反观点认为，如果选任鉴定人的时候有违反法律的情况或限制查明义务的，那么应当通过抗告来对决定进行审查，如有以结果为导向的，或者在邀请之前就内容上有约定的。Vgl. *Eisenberg*，Beweisrecht der StPO 10. Aufl. 2017，Rn. 1548.

④ 附加诉讼（Nebenklage）是指，在涉及部分犯罪行为的情况下，受害人可以通过《刑事诉讼法》第 395 条之规定，成为附加诉讼人（Nebenkläger）来参加主程序，借助各项权利来维护自身利益，如出席法庭审理、要求回避法官及鉴定人、行使查证申请权与陈述权等。附加诉讼不是一个独立的诉讼，并不追求客观性，而是维护受害者自己的利益。附带诉讼人不是"检察官的助手"（Gehilfe der StA），甚至某种意义上有监督检察官的作用。需要注意区分的是附加诉讼和涉及民事赔偿的附带诉讼（Adhäsionsverfahren）。Vgl. *Senge*，KK-StPO，7. Aufl. 2013，§ Vor 395 Rn. 1. 主审程序中，检察官仍然能够邀请鉴定人。Vgl. *Eisenberg*，Beweisrecht der StPO 10. Aufl. 2017，Rn. 1527a. 相反观点认为，附加诉讼人亦可以按照《刑事诉讼法》第 220 条来直接邀请鉴定人。Vgl. Meyer-Goßner/ *Schmitt*，StPO，61. Aufl. 2018，§ 397 Rn. 5.

⑤ *Rogall*，in SK-StPO，5. Aufl. 2018，§ 73 Rn. 16，22；BGH，Urteil vom 12. 02. 1998 – 1 StR 588/ 97，NStZ 1998，422.

zweiter Klasse),也不会被认为只是其中一方当事人的鉴定意见。① 因此,刑事诉讼中的其他诉讼参与人邀请的鉴定人,不同于民事诉讼中所谓私人邀请的鉴定人(Privatgutachter)。②

(四) 鉴定人必须参与诉讼的情形

通常情况下,法官邀请鉴定人并不是必须的。法官就本身是否具备相关的专业知识有一定的裁量空间③,然而如果法官因就自己的相关专业知识水平给出过高的估计而没有启动鉴定程序,以致违反了《刑事诉讼法》第 244 条的查明义务,那么当事人可以以此作为上诉理由。④

根据德国联邦最高法院的判决,在实践中,法官为了履行《刑事诉讼法》第 244 条的查明义务而必须延请鉴定人时,若对儿童或精神病患者的证言之真实性产生怀疑,则必须运用专业知识来测试其可信度⑤;在致人死亡的案件中(Kapitalstrafsachen)确定被告人罪责时,只有在特殊的情况下,才需要有鉴定人意见⑥。此外,《刑事诉讼法》有特别规定的,法官必须启动鉴定程序,其中主要包括被告人精神状况鉴定、法医解剖尸体等专业性较强的问题。⑦ 与此相对,《民事诉讼法》并没有较多关于鉴定人的强制性规定。

---

① *Rogall*,in SK-StPO,5. Aufl. 2018,§73 Rn. 16;*Eisenberg*,Beweisrecht der StPO 10. Aufl. 2017,Rn. 1527b.

② *Rasch/Jungfer*,Die Ladung des psychiatrisch-psychologischen Sachverständigen nach §220 StPO - Ein Disput,StV 1999,513,515.

③ *Beulke*,Strafprozessrecht,13. Aufl. 2016,Rn. 199.

④ *Roxin/Schünemann*,Strafverfahrensrecht,28. Aufl. 2014,S. 221 Rn. 10.

⑤ BGH,Urteil vom 17. 03. 2005 - 5 StR 222/04,BeckRS 2005,03994.

⑥ BGH,Beschluss vom 10. 12. 2008 - 5 StR 542/08 (LG Berlin),NStZ-RR 2009,115.

⑦ 如《刑事诉讼法》第 81a 条规定,在被告人被安置在精神病院、戒瘾机构,或者处于预防性拘留(Sicherungsverwahrung)的情况下,应当在侦查程序期间为鉴定人提供机会,为接下来在审判程序中制作鉴定意见做准备;第 81 条规定,被告人被安置在精神病院进行观察的情况下,只需要进行鉴定人的听证;第 81f 条、第 81g 条及第 81h 条涉及分子遗传方面的检查;第 87 条规定,验尸必须有医师在场,解剖尸体必须由两名医师进行;第 91 条涉及案件中存在投毒嫌疑的情况;第 92 条涉及存在伪造货币或伪造有价证券的情况;第 246a 条涉及被告人缺席参加审理情况下的医生鉴定;第 415 条涉及被告人在预防性拘留期间,因其状态或公共秩序的原因不能出席的情况下,法官询问鉴定人的意见;第 454 条规定,在假释决定中,法官应当听取鉴定人关于被告人危险性的报告。

第三节 鉴定人的回避

一、民事诉讼中鉴定人的回避

(一) 回避的适用范围

当事人可以对鉴定人提出回避。如上文所述,鉴定人原则上应是自然人,但主流观点已经认同公法上的机构也能够成为鉴定人,只是无法适用关于自然人回避事由的规定。然而,即便作为鉴定人的公法机构不能被要求回避,关于机构中的工作人员是否能够被要求回避才存在不同的观点。

反对回避的意见认为,从教义学的角度出发,公法机构中的工作人员并不具有鉴定人或证人的独立诉讼地位也不独立承担责任,而且接受委托并出具鉴定意见的是机构,而不是机构中的工作人员;如果赋予当事人要求机构中的工作人员回避的权利,将降低诉讼效率。事实上,部分机构已经对某些特殊领域的专业知识具备了垄断地位,如果其工作人员被要求回避,那么可能将难以替代。[1] 同时,特别法也能够排除《民事诉讼法》第 406 条的适用,如《建筑法》关于鉴定委员会(Gutachterausschusses)的规定。[2]

支持回避的意见认为,对制作鉴定意见的工作人员及为鉴定意见署名并承担责任的工作人员可以要求回避[3];鉴定人是由一个团队组成的鉴定委员会的,也可以要求其中的单个成员进行回避,如律师协会委员会中的成员,但特别法有规定的除外,即只是部分的可以要求回避(teilweise ablehnbar)[4]。鉴定人的助手(Hilfskraft)不是申请回避的对象,因为助手不承担责任,鉴定人也不因助手的原因而被要求回避。[5]

---

[1] *Ahrens*, in Wieczorek/Schütze, ZPO, 4. Aufl. 2014, § 406 Rn. 2.

[2] BGH, Urteil vom 23. 01. 1974 - IV ZR 92/72, NJW 1974,701.

[3] *Zimmermann*, in MüKoZPO, 5. Aufl. 2016, § 406 Rn. 3; BVerwG, Beschluss vom 11 - 01 - 1988 - 4 B 256/87 (Mannheim).

[4] *Zimmermann*, in MüKoZPO, 5. Aufl. 2016, § 406 Rn. 3.

[5] OLG Koblenz, Beschluss vom 19. 05. 2009 - 4 W 150/09, NJW-RR 2009,1653; OLG Zweibrücken, Entscheidung vom 30. 01. 1986 - 2 WF 179/85, LSK 1986,390064.

（二）回避的理由

根据《民事诉讼法》第 406 条的规定，当事人可以申请鉴定人回避，回避理由包括绝对回避理由/法定回避理由（absolute Ablehnungsgründe/gesetzliche Aussschließungsgründe）和相对回避理由/存在"偏颇之虞"（relative Ablehnungsgründe/Besorgnis der Befangenheit）。

1. 绝对回避理由

根据《民事诉讼法》第 41 条及第 406 条的规定，鉴定人回避的理由与法官回避的理由相同（《民事诉讼法》第 41 条第 5 项除外）。[①] 参照《民事诉讼法》第 41 条，这一部分的回避理由主要是基于人身关系，因此是绝对的回避理由，不用具体权衡个案就可以适用，其中包括：（1）鉴定人就是当事人一方，或者鉴定人与当事人是共同权利人（Mitberechtigten）、共同义务人（Mitverpflichteten）或具有偿还义务的关系；（2）鉴定人与当事人存在或曾经存在婚姻关系；（3）鉴定人与当事人存在或曾经存在生活伴侣关系（Lebenspartner）；（4）鉴定人与当事人是直系亲属或姻亲、三等亲以内的旁系亲属，或者二等亲以内的旁系姻亲；（5）鉴定人是或曾经是当事人的法定代理人、诉讼代理人或者辅佐人（Beistand）；（6）鉴定人之前已经参加了同一事由的法庭之外的冲突解决程序（außergerichtliche Konfliktbeilegung），如州医生协会调停部门的程序。[②]

至于鉴定人是否能够因为在之前的程序[③]中出具过鉴定意见而以该条作为回避理由则存在一定的争议，主流观点对此持否定态度[④]，认为即便鉴定人参加过之前的程序，但由于其本身也只是法庭的助手（Gehilfe），并未对最终的判决施加自己的影响，因此不适用《民事诉讼法》第 41 条的第（6）项。反对意见则认为，如果二审法院需要对原来在一审案件中已经出具的鉴定意见进行

---

① 针对法官的回避理由，也同样适用于口译员（Dolmetscher）及书面翻译人员（Übersetzer）。Vgl. § 191 GVG；OLG Köln, Beschluss vom 07. 08. 1986 - 7 VA 3/86, NJW 1987,1091.

② BGH, Beschluss vom 13. 12. 2016 - VI ZB 1/16, NJW 2017,1247.

③ 这里主要包括一审程序、审前证据调查程序（Beweissicherungsverfahren），以及在同时进行的刑事诉讼程序。Vgl. *Zimmermann*, in MüKoZPO, 5. Aufl. 2016, § 406 Rn. 2.

④ OLG Köln, Entscheidung vom 27. 03. 1990 - 22 W 17/90, LSK 1991, 290088；OLG Stuttgart Entscheidung vom 18. 09. 1963 - 2 W 56/63, FHZivR 10 Nr. 9339.

审核,那么原来的鉴定人应当回避。①

2. 相对回避理由

根据《民事诉讼法》第 42 条及第 410 条的规定,鉴定人应当就出具中立的鉴定意见进行宣誓,如果鉴定人存在不公正的可能,且有适当的理由,那么可以申请鉴定人回避,判断标准是从一个理性人的角度出发,审视是否存在可以怀疑鉴定人中立性的客观依据(objectiver Anhaltspunkt)。② 因此,符合鉴定人的回避情形并不要求鉴定人在事实上存在不中立的表现,只要存在客观上的依据,足够使当事人的主观怀疑获得支持,就可以要求鉴定人回避。③

实践中,以相对回避理由申请回避的,要考虑个案情况。④ 此类回避理由的分类也各有不同,大致可以归纳为以下若干种类型:

(1)鉴定人与当事人或诉讼⑤有一定的个人关系,如鉴定人与当事人是朋友且关系超过一般的社交联系⑥;鉴定人与一方当事人的代理人是朋友关系尚不足以构成回避,还需要有其他的依据⑦;鉴定人与当事人或其代理人关系紧张⑧。如果朋友关系或熟识关系持续时间较长,那么应当考量这种关系是否继续发生作用。⑨

(2)鉴定人与当事人有商业或经济上的关系,如鉴定人是当事人的家庭医生(Hausarzt),或者是为当事人一方进行长期治疗,从而形成了一种信任关系⑩;鉴定人曾经为一方当事人出具过私人的鉴定意见⑪;鉴定人与当事人有持续的业务关系(ständige Geschäftsbeziehungen)⑫;鉴定人与当事人存在竞

① *Zimmermann*, in MüKoZPO, 5. Aufl. 2016, § 406 Rn. 2.

② BGH, Beschluss vom 15. 04. 1975 – X ZR 52/75 (BPatG), NJW 1975, 1363.

③ *Ahrens*, in Wieczorek/Schütze, ZPO 4. Aufl. 2014, § 406 Rn. 16.

④ *Zimmermann*, in MüKoZPO, 5. Aufl. 2016, § 406 Rn. 5.

⑤ *Zimmermann*, in MüKoZPO, 5. Aufl. 2016, § 406 Rn. 5.

⑥ *Walter*, Der Ablehnungsantrag gegen den Sachverständigen im Zivilprozess-Grundlagen und aktuelle Rechtsprechung, DS 2008, 133, 140.

⑦ *Ahrens*, in Wieczorek/Schütze, ZPO, 4. Aufl. 2014, § 406 Rn. 17.

⑧ *Ahrens*, in Wieczorek/Schütze, ZPO, 4. Aufl. 2014, § 406 Rn. 19.

⑨ BVerfG (3. Kammer des Ersten Senats), Beschluss vom 29. 06. 2004 – 1 BvR 336/04, NJW 2004, 3550.

⑩ *Berger*, in Stein/Jonas, Kommentar zur Zivilprozessordnung, 23. Aufl. 2015. vor § 406 Rn. 21.

⑪ OLG Stuttgart, Beschluss vom 10. 06. 1958 – 2 W 32/58, NJW 1958, 2122.

⑫ *Scheuch*, in BeckOK ZPO, 29. Aufl. 2018, § 406 Rn. 22.

争关系[1]；鉴定人与对方当事人存在雇佣关系[2]。

(3) 鉴定人在程序中出现特定行为的，当事人也可以要求鉴定人回避，如鉴定人只和一方当事人建立联系[3]；鉴定人在进行勘验调查的时候没有通知另一方当事人到场[4]，但是如果鉴定人没有邀请任何一方当事人，那么不会因此构成回避理由；违反法院的命令或有超出授权的行为，以及违反证据裁定要求的(Beweisschluss)[5]；鉴定人与一方当事人就鉴定意见的详细内容及证明问题进行通话，但是不包括鉴定人向一方当事人收集证据或就费用问题的讨论[6]；鉴定人侮辱当事人的[7]；鉴定人在没有得到法官授权的情况下询问第三人，将所得证据作为鉴定基础，而该证据未公开的[8]。

(三) 回避程序

当事人针对所谓绝对偏倚的理由(《民事诉讼法》第 41 条)提出回避时，应当明确表示原因；如果存在此种理由，那么法官没有权力裁量鉴定人是否存在偏倚，而是应当直接决定鉴定人回避；但是，如果当事人不提出回避，那么鉴定人可以继续承担委托。因此，鉴定人的回避不同于法官的回避，法官自身一旦满足绝对偏倚的理由就必须回避，否则会构成程序错误，而鉴定人存在绝对偏倚的理由时，只要当事人不提出回避申请，就不会影响程序的进行。当事人在特殊情况下不能对鉴定人提出回避，如双方当事人合意确定鉴定人的，就视为当事人对鉴定人的情况已经知晓。当事人明知存在可以申请回避的理由，但

---

① 针对鉴定人与当事人存在竞争关系，法院判决在实践中尚未形成统一标准。一般来说，仅仅存在竞争关系还不足以构成回避，必须是有持续且直接的竞争关系，且鉴定人有意或无意的片面鉴定会导致另一方当事人在诉讼中处于不利地位，进而使其在市场竞争中处于弱势地位，同时这种情况应当是以一种客观且可理解的方式呈现出来。Vgl. *Walter*, Der Ablehnungsantrag gegen den Sachverständigen im Zivilprozess-Grundlagen und aktuelle Rechtsprechung, DS 2008,133,140.

② 鉴定人与对方当事人仅仅在法庭之外存在雇佣关系是不足以构成回避的理由的，该雇佣关系应当足够紧密(von einiger Erheblichkeit sein)，在制作鉴定意见时仍然持续，并且经济上存在从属关系。Vgl. *Walter*, Der Ablehnungsantrag gegen den Sachverständigen im Zivilprozess-Grundlagen und aktuelle Rechtsprechung, DS 2008,133,140.

③ *Ahrens*, in Wieczorek/Schütze, ZPO, 4. Aufl. 2014, § 406 Rn. 26.

④ *Berger*, in Stein/Jonas, Kommentar zur Zivilprozessordnung, 23. Aufl. 2015. vor § 406 Rn. 28.

⑤ Musielak/Voit/*Huber*, ZPO, 15. Aufl. 2018, ZPO § 406 Rn. 9.

⑥ *Ahrens*, in Wieczorek/Schütze, ZPO, 4. Aufl. 2014, § 406 Rn. 28.

⑦ Musielak/Voit/*Huber*, ZPO, 15. Aufl. 2018, § 406 Rn. 9.

⑧ *Zimmermann*, in MüKoZPO, 5. Aufl. 2016, § 406 Rn. 5.

是仍然同意任命该鉴定人的,之后也不能对该鉴定人申请回避。①

当事人向任命鉴定人的法院或法官提出回避申请,法官作出裁定之前,鉴定程序将会暂停。② 回避申请应当在鉴定人接受法庭询问之前提出,无论鉴定人是否已经完成书面鉴定意见。③ 回避的申请最迟应当在任命裁定公布或送达后两周内提出。当事人也可以在法官任命鉴定人之前就提出异议,但是正式的针对鉴定人的回避,最早可以在鉴定人被任命之后就提出。④

超出上述期限的,不得主张回避,除非当事人能够证明超过期限并非因其自身的过错。一般应证明回避原因是在回避申请的最迟时间之后产生的,或者当事人在这之后才获悉⑤,因为当事人对鉴定人的身份并不存在调查义务。通常情况下,只有在存在具体证据的情况下,当事人才倾向于获悉鉴定人的信息。若当事人在已经存在具体证据的情况下,直至回避申请的期限届满,仍然没有去调查,则属于当事人自身的过错。⑥

当事人提出回避申请的,必须说明原因。鉴定人是否回避,由任命鉴定人的法院或法官来裁决,但是不需要口头审理。⑦ 通常情况下,法官会在作出裁定之前,听取另外一方当事人的意见,根据是《基本法》第 103 条第 1 款,每个人都享有听审的权利(rechtliches Gehör),且一旦回避成立的裁定发出,就不能被推翻,否则另一方当事人之后也无法发表其观点。⑧ 其他观点认为,对于当事人听审,只有在其因丧失听审机会而面临不利境地的时候才是必须的。⑨

关于鉴定人对回避裁定是否有听审的权利,存在一定的争议。第一种

---

① Musielak/Voit/*Huber*, ZPO, 15. Aufl. 2018, § 406 Rn. 16. 存在其他观点认为,即便是之前双方合意的鉴定人,如果是在合意之后(nach der Einigung)产生回避理由或当事人知晓回避事由,那么仍是可以申请回避的。Vgl. *Berger*, in Stein/Jonas, Kommentar zur Zivilprozessordnung, 23. Aufl. 2015. § 406 Rn 53.

② *Scheuch*, in BeckOK ZPO, 29. Aufl. 2018, § 406 Rn. 38.

③ *Berger*, in Stein/Jonas, Kommentar zur Zivilprozessordnung, 23. Aufl. 2015. vor § 406 Rn. 46.

④ OLG München, Beschluss vom 04. 02. 1958 – 6 W 570/58, NJW 1958,1192.

⑤ *Scheuch*, in BeckOK ZPO, 29. Aufl. 2018, § 406 Rn. 26.

⑥ BGH, Beschluss vom 23. 09. 2008 – X ZR 135/04 (BPatG), GRUR 2009,92.

⑦ *Ahrens*, in Wieczorek/Schütze, ZPO, 4. Aufl. 2014, § 406 Rn. 44.

⑧ *Berger*, in Stein/Jonas, Kommentar zur Zivilprozessordnung, 23. Aufl. 2015. vor § 406 Rn 60. 但是,也有观点认为,另一方当事人实际上并不存在对鉴定人法律上的利益,因此法院并非必须听取另一方当事人的意见。Vgl. *Zimmermann*, in MüKoZPO, 5. Aufl. 2016, § 406 Rn. 11.

⑨ *Hartmann*, in Baumbach/Lauterbach/Albers/Hartmann, ZPO, 76. Aufl. 2018. § 406 Rn. 28.

观点认为,鉴定人听审的权利可以类推适用《民事诉讼法》第 44 条第 3 款的规定,法官在被申请回避之后,有权从职务角度对回避原因发表看法①;同时,鉴定人被申请回避之后,就会导致对鉴定意见的报酬请求权(Vergütungsanspruch)的丧失。除非法官认为回避已经成立,否则应当给予当事人机会,对鉴定人的观点进行答复。② 第二种观点则认为,既然《民事诉讼法》没有关于鉴定人发表意见的相应规定,那么鉴定人不享有这一权利;同时,鉴定人并不必然承担这一鉴定工作,由此导致的报酬请求权的丧失不能是其取得听审权的理由。③ 第三种观点认为,鉴定人的听审权是否及在多大程度上可以类推适用《民事诉讼法》第 44 条第 3 款,应当视具体情况而定,鉴定人并非一直必须享有听审的权利(Anhörung nichts stets erforderlich)④,或者说原则上也不是必须的(grundsätzlich unnötig)。⑤

法官裁定鉴定人回避成立的,当事人不得对回避提起上诉;根据《民事诉讼法》第 412 条第 2 款,法官可以重新任命鉴定人。如果有需澄清的问题,那么被要求回避的鉴定人依然可以作为专家证人来接受询问。⑥

针对不成立的回避,当事人可以提出即时抗告(sofortige Beschwerde),但是当事人的即时抗告并不导致法官的裁定效力延迟(aufschiebende Wirkung)。⑦ 实践中,如果是因为超过期限提出回避申请而被法官驳回的,那么法官可以在之后对证据进行评价时,考虑其提出的回避理由。⑧ 当事人提出即时抗告的,可以补充回避的理由。根据《民事诉讼法》第 569 条,提起即时抗告的期限自裁定送达之后起算,时间为两周,至迟由宣布裁定的五个月后开始起算。⑨

当事人向作出裁定的法院提起即时抗告,或者向抗告法院提起即时抗告。当事人如果是对家事法院(Familiengericht)中的回避裁定提起抗告,那么由州

---

① OLG Koblenz, Beschluss vom 15. 06. 1976 – 4 W 282/76, OLGZ 1977,375.

② Musielak/Voit/*Huber*, ZPO, 15. Aufl. 2018, § 406 Rn. 17.

③ *Zimmermann*, in MüKoZPO, 5. Aufl. 2016, § 406 Rn. 11.

④ *Berger*, in Stein/Jonas, Kommentar zur Zivilprozessordnung, 23. Aufl. 2015. vor § 406 Rn. 61.

⑤ *Hartmann*, in Baumbach/Lauterbach/Albers/Hartmann, ZPO, 76. Aufl. 2018. § 406 Rn. 28.

⑥ § 414 ZPO.

⑦ § 570 Abs. 1 ZPO.

⑧ *Scheuch*, in BeckOK ZPO, 29. Aufl. 2018, § 406 Rn. 40.

⑨ § 569 Abs. 1 ZPO.

最高法院(Oberlandesgericht)来决定。① 针对州高级法院(Landgericht)或州最高法院的抗告,必须提交至德国联邦最高法院。②

二、刑事诉讼中鉴定人的回避

与证人不同,作为一种可以被替代的证据形式③,鉴定人是可以被申请回避的,但是即便鉴定人被申请回避,也可以作为证人接受法官询问。鉴定人只能通过被申请而回避,不能自行回避(Selbstablehnung),但是在司法实践中,法官可以通过《刑事诉讼法》第 76 条第 1 款第 2 句,解除鉴定人的鉴定义务。④ 除了法律规定的绝对回避理由(Zwingende Ablehnungsgründe)和有"偏颇之虞"(Besorgnis der Befangenheit)外,鉴定人不具备相关专业知识并不构成回避的理由。

(一) 申请回避的主体

根据《刑事诉讼法》第 74 条第 2 款,检察官⑤、自诉人及被告人有权对鉴定人提出回避。辩护人申请鉴定人回避的,必须以被告人的名义进行。⑥ 附加诉讼人可以通过《刑事诉讼法》第 397 条第 1 款第 3 句,提出针对法官和鉴定人的回避申请;根据《刑事诉讼法》第 433 条第 1 款第 1 句,没收参与人(Einziehungsbeteiligte)有与被告人相同的权利,因此也包括了申请鉴定人回避的权利⑦;根据《刑事诉讼法》第 444 条,在对法人及人合团体进行罚款的程

---

① §119 Abs. 1 Nr. 1a GVG.

② *Berger*, in Stein/Jonas, Kommentar zur Zivilprozessordnung, 23. Aufl. 2015. vor §406 Rn. 71.

③ 如果某一鉴定人因事实原因而无可取代,或者唯有某一鉴定人才拥有必须的专业知识,那么该鉴定人仍然能够被申请回避。Vgl. *Senge*, in KK-StPO, 7. Aufl. 2013, §74 Rn. 1.

④ Meyer-Goßner/*Schmitt*, StPO, 61. Aufl. 2018, §74 Rn. 1.

⑤ 检察官可以要求法官、鉴定人及附加诉讼人所邀请的鉴定人回避;而在特殊情况下,如检察官按照《刑事诉讼法》第 376 条和第 377 条,因存在公共利益而介入自诉案件时,对自诉人邀请的鉴定人,亦可申请回避。Vgl. *Rogall*, in SK-StPO, 5. Aufl. 2018, §74 Rn. 44.

⑥ OLG Hamm, Beschluss vom 09. 07. 1951－2 Ws 110/51, NJW 1951,731.

⑦ 在刑事诉讼程序中,没收参与人(Einziehungsbeteiligte)的财产或权利有面临被没收或者消灭的可能,因此在涉及其财产或权利的范围内,赋予其与被告人相同的权利。另外,根据《刑事诉讼法》第 442 条第 1 款,如果当事人面临收缴、销毁、废弃及消除违法状态的情况,那么等同于没收的情况,因此也能针对鉴定人申请回避。

序中，法人代表也有申请鉴定人回避的权利①；针对附带诉讼
(Adhäsionsverfahren)中的申请人是否能够申请鉴定人回避，存在一定的争
议，大多数学者认为，基于《刑事诉讼法》第 406 条第 4 句和第 5 句，被害人提
出的针对鉴定人回避的申请，必定影响整个诉讼的效率，因此法官有理由对此
不予决定②；在被害人按照《刑事诉讼法》第 172 条第 2 款的规定，要求检察官
提起公诉被拒绝，从而向法院申请裁定的情况下，被害人不能对检察官在侦查
程序中任命的鉴定人申请回避③。此外，在特别程序中，其他诉讼参与人也被
赋予对鉴定人申请回避的权利，如《青少年法院法》第 67 条规定，监护人
(Erziehungsberechtigte)及法定代理人也有被告人的权利，即包括了申请鉴定
人回避的权利。④

(二) 回避的适用范围

原则上，鉴定人应当是自然人，自然人是能够因为绝对理由或相对理由而
被申请回避的。通说认为，当公法机构担任鉴定人时，机构作为整体是不能被
申请回避的。⑤ 如上文所述，如果受托机构委托其成员按照《刑事诉讼法》第
256 条第 2 款的规定，代表机构出庭或解释鉴定意见，且成员本身没有被任命
为鉴定人，那么针对该成员是否可以被要求回避，存在不同观点。持否定观点
的学者认为，事实上，按照《行政诉讼法》第 20 条和第 21 条，机构本身有义务
任命中立的成员制定鉴定意见。如果机构没有履行这一义务，那么虽不会导
致禁止评价该鉴定意见(Verwertungsverbot)，但是在证明力上会被削
弱。⑥ 肯定观点认为，作为代表出庭的机构成员享有鉴定人的权利和义务，其

---

① *Rogall*，in SK-StPO，5. Aufl. 2018，§74 Rn. 48.
② *Krause*，in Löwe-Rosenberg StPO，27. Aufl. 2017，§74 Rn. 17；*Rogall*，in SK-StPO，5.
　 Aufl. 2018，§74 Rn. 48；相反观点参见 *Trück*，in MüKoStPO，1. Aufl. 2014，§74 Rn. 13；Graf/
　 Monka，StPO，1. Aufl. 2010，§74 Rn. 5.
③ *Senge*，in KK-StPO，7. Aufl. 2013，§74 Rn. 10；*Rogall*，in SK-StPO，5. Aufl. 2018，§74
　 Rn. 48；*Krause*，in Löwe-Rosenberg StPO，27. Aufl. 2017，§74 Rn. 17；Meyer-Goßner/*Schmitt*，
　 StPO，61. Aufl. 2018，§74 Rn. 9. 相反观点参见 Heintschel-Heinegg/Bockemühl/*Neubeck*，
　 KMR-StPO，2018，§74 Rn. 16。
④ Radtke/Hohmann/*Beukelmann*，StPO 1. Aufl. 2011，§74 Rn. 5.
⑤ *Rogall*，in SK-StPO，5. Aufl. 2018，§74 Rn. 5.
⑥ *Gössel*，Behörde und Behördenangehörige als Sachverständiger vor Gericht，DRiZ 1980，363，376.

中包括了回避和宣誓。① 有的人认为,代表机构出庭的成员应当在被申请回避的范围之内。② 此外,鉴定人的助手也不能被申请回避。③

至于检察官或警方在侦查阶段邀请的鉴定人是否能够依据《刑事诉讼法》第 74 条被申请回避,则存在争议。目前,多数学者认为,在侦查阶段,嫌疑人没有申请鉴定人回避的权利。④ 侦查阶段的鉴定人只有在进入法庭审理阶段,被法官任命之后,才能够成为适格的回避对象。⑤ 或者,法官询问了检察官邀请的鉴定人之后,其可以被申请回避。⑥ 相反观点认为,在侦查阶段就能对鉴定人提出回避。首先,既然允许检察机关或警方在侦查阶段邀请鉴定人,那么也应当存在申请鉴定人回避的可能性;其次,根据《刑事诉讼法》第 161a 条第 1 款第 2 句,除另有规定外,第一编第六章与第七章关于证人和鉴定人的规定相应适用,用于回避的第 74 条显然也包括其中。⑦

(三) 回避理由

为确保鉴定人的鉴定意见之中立性,依据《刑事诉讼法》第 74 条,鉴定人按照法官回避的相同事由进行回避,但是鉴定人不能因为曾作为证人接受询问而被要求回避。如上文所述,回避的理由一般分为两种,分别为绝对回避理由和相对回避理由(有"偏颇之虞")。⑧

1. 绝对回避理由

绝对回避理由主要是指因鉴定人人身属性而引起的回避,如与被告人或

---

① Meyer-Goßner/*Schmitt*, StPO, 61. Aufl. 2018, §83 Rn. 5; *Krause*, in Löwe-Rosenberg StPO, 27. Aufl. 2017, §74 Rn. 3.

② *Senge*, in KK-StPO, 7. Aufl. 2013, §74 Rn. 1.

③ *Ulrich*, Der gerichtliche Sachverständige, Ein Handbuch für die Praxis, 12. Aufl. 2007 Rn. 196.

④ *Krause*, in Löwe-Rosenberg StPO, 27. Aufl. 2017, §74 Rn. 19.

⑤ *Trück*, in MüKoStPO, 1. Aufl. 2014, §74 Rn. 3.

⑥ Meyer-Goßner/*Schmitt*, StPO, 61. Aufl. 2018, §74 Rn. 12.

⑦ *Eisenberg*, Zur Ablehnung des Sachverständigen im Strafverfahren wegen Besorgnis der Befangenheit, NStZ 2006,368,374.

⑧ 关于回避理由的分类大致相同,其他分类如因个人原因被要求回避、因中立性被质疑而回避,以及其他的个别列举的原因。Vgl. *Rogall*, in SK-StPO, 5. Aufl. 2018, §74 Rn. 12 – 42.

被害人有特定的人身关系，主要参见《刑事诉讼法》第22条第1至第4项①，即鉴定人本人为被告人的犯罪行为所侵害；鉴定人是或曾经是嫌疑人或者被害人的配偶、生活伴侣、监护人或照管人（Betreuer）；鉴定人是或曾经是嫌疑人或者被害人的直系血亲或直系姻亲、三亲等（Grad）以内的旁系血亲或者二亲等以内的姻亲；鉴定人曾是本案中的检察官、警员、辩护人或被害人的律师。此外，《刑事诉讼法》第87条规定，尸体解剖不得委托给曾经治疗过死者去世之前最近病症的医师。②

鉴定人曾是本案检察官或警员的情况中，不包括来自宪法保卫部门（Verfassungsschutzamt）的工作人员③，也不包括警方中不参与侦察任务且在组织上（organisatorisch）就与侦查相分离的部门，其中主要是指警察部门中从事犯罪学研究、技术工作及化学研究的部门，这些部门的工作人员既不作为检察官的助手工作，也不执行检察官的命令④；警察部门中不从事侦查工作的行政人员或预算审计人员⑤；检察机关中从事经济类犯罪调查的专业人员（Wirts-chaftsreferent）⑥。

2. 相对回避理由

相对回避理由也被称为有"偏颇之虞"，由于可能存在的偏见是鉴定人的一种内心状态（innerer Zustand），是无法被准确地证明的，因此法律规定，只要存在合适的理由能够质疑鉴定人的中立性，就能以有"偏颇之虞"，要求鉴定人回避，即只要一个申请人从自身理性的角度考虑，有理由怀疑鉴定人的中立

---

① 《刑事诉讼法》第22条第5项被第74条第1款第2句排除适用绝对回避理由，即鉴定人已经参加过一审或侦查程序的情况是否适用相对回避理由，需视情况而定。Vgl. *Eisenberg*，Beweisrecht der StPO 10. Aufl. 2017, Rn. 1550a；*Monka*，in BeckOK StPO, 30. Aufl. 2018, § 74 Rn. 2.

② *Monka*，in BeckOK StPO, 30. Aufl. 2018, § 74 Rn. 1.

③ BGH，Urteil vom 04. 06. 1964 – 3 StR 13/64，NJW 1964, 1681.

④ Meyer-Goßner/*Schmitt*，StPO, 61. Aufl. 2018, § 74 Rn. 3；BGH，Urteil vom 11. 01. 1963 – 3 StR 52/62，NJW 1963, 821.

⑤ *Krause*，in Löwe-Rosenberg StPO, 27. Aufl. 2017, § 74 Rn. 7.

⑥ 此类在检察机关中从事经济类犯罪调查的工作人员，一般被任命为财务审计方面的鉴定人，其是否能够被申请回避，存在一定的争议。有学者认为，此类工作人员也可以作为检察官的助手工作，因而如果被任命为鉴定人，那么应当可以被申请回避。相反观点认为，仅仅是隶属于侦查部门，不能作为绝对回避理由，应当从个案中观察该工作人员是否对侦查工作施加过影响，以及是否能够独立承担责任且不受外界及原来侦查工作的影响来制作鉴定意见。Vgl. *Trück*，in MüKoStPO，1. Aufl. 2014, § 74 Rn. 6.

性,那么这种回避申请就能成立。[1] 当申请人提出申请时,应当以一种理性的方式来陈述其理由,且能够令诉讼之外的第三人也予以理解。[2] 法庭对此类回避申请,应当从整体上进行权衡,不用考虑鉴定人事实上是否存在偏见。[3] 提出回避申请的诉讼参与人应当说明回避理由。

主要的回避事项包括:鉴定人有特定的先前行为(vorausgegangenes Verhalten);鉴定人有错误行为(Fehler im Vorgehen);涉及鉴定人的个人利益;鉴定人超越权限行事(Kompetenzüberschreitung)。[4] 通过法院的司法实践,德国逐渐形成了较为常见且特定的相对回避理由的惯例。

(1)鉴定人有特定的先前行为:鉴定人在侦查阶段通过其鉴定意见,指控嫌疑人犯罪的[5];鉴定人在侦查阶段主动批评对嫌疑人有利的决定,或者明确鼓励(ermutigen)检察官对嫌疑人的追诉[6];鉴定人曾经为被害人治疗过[7];鉴定人在侦查阶段接受检察官的命令行事,如鉴定人曾是检察官的侦查人员[8]。

(2)鉴定人有错误行为:鉴定人在没有被害人同意的情况下,在学生面前进行检查[9];鉴定人对鉴定对象有不适当的肢体上的接触[10];鉴定人为了获取信息,故意隐瞒自己在司法机关工作的事实[11];鉴定人在口头或书面的陈述中

---

[1] *Rogall*, in SK-StPO, 5. Aufl. 2018, § 74 Rn. 30; OLG Köln, Beschluss vom 23. 2. 2011 – 2 Ws 87/11, NStZ-RR 2011,315.

[2] LG Braunschweig, Beschluss vom 01. 04. 1969 – 3 O 97/68, NJW 1969,2291; OLG Nürnberg Beschluss vom 11. 05. 1999 – 5 W 1347/99, BeckRS 1999,14732.

[3] Meyer-Goßner/*Schmitt*, StPO, 61. Aufl. 2018, § 74 Rn. 4.

[4] *Monka*, in BeckOK StPO, 30. Aufl. 2018, § 74 Rn. 4; *Eisenberg*, Zur Ablehnung des Sachverständigen im Strafverfahren wegen Besorgnis der Befangenheit, NStZ 2006,368,374.

[5] *Eisenberg*, Zur Ablehnung des Sachverständigen im Strafverfahren wegen Besorgnis der Befangenheit, NStZ 2006, 368, 374. 相反意见参见 *Krause*, in Löwe-Rosenberg StPO, 27. Aufl. 2017, § 74 Rn. 12。

[6] BGH, Urteil vom 02 – 08 – 1995 – 2 StR 221/94. NJW 1995,2930.

[7] *Eisenberg*, Zur Ablehnung des Sachverständigen im Strafverfahren wegen Besorgnis der Befangenheit, NStZ 2006,368,374.

[8] 鉴定人是否因为参加过之前的侦查而被申请回避,应当进行个案分析。司法实践中的标准是,鉴定人是只进行了咨询性质的鉴定,还是在侦查阶段同时从事警方维持治安方面的工作(sicherheitspolizeiliche Aufgaben),如果只是前者,那么不构成回避的理由。Vgl. BGH Urteil vom. 12. 07. 1955 – 5 StR 109/55, JurionRS 1955,11761; BGH, Urteil vom 11. 01. 1963 – 3 StR 52/62, NJW 1963,821.

[9] Satzger/Schluckbier/Widmaier/*Bosch*, StPO, 3. Aufl. 2018, § 74, Rn. 4.

[10] BGH, Urteil vom 08. 07. 1955 – 5 StR 233/55, NJW 1955,1765.

[11] BGH, Urteil vom 04. 12. 1996 – 2 StR 430/96, NStZ 1997,349.

表现出明显的偏见,如提出诱导性问题,也能构成对鉴定人的拒绝[1];鉴定人表现不专业且鉴定活动片面[2]。

(3) 涉及鉴定人的个人利益:鉴定人是受损失一方公司的雇员[3];在涉及事故的案件中,鉴定人之前已经为受害人,尤其是附加诉讼人,制作过私人的鉴定意见[4];在诉讼程序之外的涉及相关利益的保险公司出具过相关的鉴定意见[5]。

(4) 鉴定人超越权限行事[6]:鉴定人无视诉讼参与者基本的程序性权利[7];鉴定人违反《刑事诉讼法》第 80 条的原则,擅自询问第三人,尤其是所要鉴定对象的亲属[8];鉴定人在鉴定书中已经使用"受害人"(Opfer)、"犯罪行为人"(Täter)等用语[9]。

(四) 回避的程序

根据《刑事诉讼法》第 74 条第 2 款第 2 句,除特殊情况外,诉讼参与人应当被告知鉴定人的姓名。该规定是为了给权利人机会来了解鉴定人及其能力,从而决定是否要申请其回避。但是,在侦查阶段,当检察官和警方邀请了鉴定人时,他们没有此告知义务。[10] 针对该条所谓的"特殊情况",法律并没

---

[1] BGH, Urteil vom 02. 08. 1995 - 2 StR 221/94, NStZ 1995,590.

[2] *Monka*, in BeckOK StPO, 30. Aufl. 2018, § 74 Rn. 4; BGH, Urteil vom 08. 05. 1991 - 3 StR 467/90, NJW 1991,2357.

[3] *Senge*, in KK-StPO, 7. Aufl. 2013, § 74 Rn. 6.

[4] BGH, Urteil vom 20. 07. 1965 - 5 StR 241/65, NJW 1965,2017. 有的学者将该情况归入涉及鉴定人的个人利益这一类。

[5] BGH, Beschluss vom 09. 11. 2001 - 3 StR 216/01, NStZ 2002,215.

[6] 鉴定人超越权限行事,一般是指鉴定人行使原本应当保留给法官或检察官的进行法律上评价的权力。Vgl. *Eisenberg*, Zur Ablehnung des Sachverständigen im Strafverfahren wegen Besorgnis der Befangenheit, NStZ 2006,368,374.

[7] BGH Beschluss vom 06. 04. 2011 - 2 StR 73/11, BeckRS 2011,14038.

[8] *Trück*, in MüKoStPO, 1. Aufl. 2014, § 74 Rn. 11; AG Euskirchen Beschluss vom 15. 05. 2006 - 6 Ls 70 Js 515/03, BeckRS 2006,16854.

[9] *Eisenberg*, Zur Ablehnung des Sachverständigen im Strafverfahren wegen Besorgnis der Befangenheit, NStZ 2006,368,374. 该事由有一定的争议,相反观点参见 LR/Krause Rn. 14; Meyer-Goßner Rn. 7。

[10] *Rogall*, in SK-StPO, 5. Aufl. 2018, § 74 Rn. 49; *Senge*, in KK-StPO, 7. Aufl. 2013, § 74 Rn. 11. 学者认为,检察院或警方之所以没有此义务,是因为嫌疑人在这一阶段没有申请鉴定人回避的权利。Vgl. *Krause*, in Löwe-Rosenberg StPO, 27. Aufl. 2017, § 74 Rn 19.

有进一步列举,学者一般认为包括为避免鉴定人所要鉴定的证据灭失,如勘验的对象,应当及时对其进行鉴定,而有的时候无法及时通知不在场的权利人之情形,另外的原因包括程序拖延。① 事实上,《刑事诉讼法》第 222 条第 1 款规定,如果法官传唤了鉴定人,那么应当及时告知检察官和被告人鉴定人的姓名和住址。如果鉴定人没有出庭,只是宣读其鉴定意见,那么权利人仍然能够在主程序中得知其姓名,因此完全没有理由去故意隐瞒鉴定人的姓名。②

法官任命鉴定人之后,或者其他权利人邀请鉴定人之后,申请人就可以向法官提出回避申请,申请没有特定的形式。③ 即便鉴定人已经出具了鉴定报告,申请人也依旧能够提出申请④,因为不同于法官的回避必须不拖延地(unverzüglich)提出,即使权利人有申请鉴定人回避的理由,也可以先等待鉴定报告,之后再决定是否申请回避。⑤ 申请人至迟应当在主审程序结束之前提出申请,一旦开始进入宣判程序,法官就没有义务再处理鉴定人的回避申请了。⑥

根据《刑事诉讼法》第 74 条第 3 款第 1 句,申请人要求鉴定人回避的,应当提供能够支持其回避理由的事实;申请人没有提出的事实,法官将不会予以考虑⑦;申请人所提出的回避理由,应当是法官不需要继续调查就能发现的⑧。回避申请随时都可以撤回,一旦申请撤回,鉴定人就又可以接受询问。但是,如果法官发现存在绝对回避理由,那么即便申请人要求撤回申请,鉴定人也将被法官撤换。⑨

申请鉴定人回避的,不由委托该鉴定人的法官独自决定,而要由负责该案

① *Rogall*，in SK-StPO，5. Aufl. 2018，§ 74 Rn. 51；*Senge*，in KK-StPO，7. Aufl. 2013，§ 74 Rn. 11.；*Krause*，in Löwe-Rosenberg StPO，27. Aufl. 2017，§ 74 Rn 19.

② *Krause*，in Löwe-Rosenberg StPO，27. Aufl. 2017，§ 74 Rn. 18.

③ Gercke/Julius/Temming/Zöller/*Brauer*，HK-StPO，5. Aufl. 2012，§ 74 Rn. 11.

④ *Rogall*，in SK-StPO，5. Aufl. 2018，§ 74 Rn. 55.

⑤ *Krause*，in Löwe-Rosenberg StPO，27. Aufl. 2017，§ 74 Rn. 22.

⑥ *Eisenberg*，Zur Ablehnung des Sachverständigen im Strafverfahren wegen Besorgnis der Befangenheit，NStZ 2006，368，374. 其他观点认为,权利人至迟应在法庭进行证据调查 (Beweisaufnahme)之前,提出对鉴定人的回避申请。Vgl. Meyer-Goßner/*Schmitt*，StPO，61. Aufl. 2018，§ 74，Rn. 12.

⑦ Gercke/Julius/Temming/Zöller/*Brauer*，HK-StPO，5. Aufl. 2012，§ 74 Rn. 13.

⑧ BGH，Urteil vom 10. 11. 1967 - 4 StR 512/66，NJW 1968，710.

⑨ Gercke/Julius/Temming/Zöller/*Brauer*，HK-StPO，5. Aufl. 2012，§ 74 Rn. 16.

的法庭作出裁定(Beschluss)。① 法庭在作出裁定之前,不用听取鉴定人的意见,《刑事诉讼法》第 26 条第 3 款关于被回避法官应当对回避理由进行职务上的陈述之规定,不适用于鉴定人。② 根据《刑事诉讼法》第 33 条和第 34 条,法庭在对此作出裁定之前,应当听取诉讼参与人的意见,法院所作出的裁定应当论证充分。③

一旦回避成立,鉴定人将不再接受询问,已经完成的鉴定意见也不会被法官考虑,该鉴定意见的内容不得以任何的形式被引入审判。④ 但是,被回避的鉴定人依然能够作为证人或专家证人(sachverständige Zeugen)接受询问,所陈 述 的 事 实 包 括 "结 果 事 实"(Befundtatsachen)和 "补 充 事 实"(Zusatztatsachen)。⑤ 如果鉴定人因回避而作为证人接受询问,那么法官会考虑其有可能的偏见。⑥ 一般情况下,鉴定人回避之后,法官应当选定新的鉴定人,除非法官认为该鉴定事项已经是不必要的了。

根据《刑事诉讼法》第 304 条第 1 款,不同于民事诉讼中法官对鉴定人回避的裁定,在刑事诉讼中,不论法官是否批准鉴定人回避,诉讼参与人⑦均可以按照《刑事诉讼法》第 304 条提出抗告。⑧ 虽然《刑事诉讼法》第 304 条第 2 款提到,证人、鉴定人和其他人员也可以对涉及他们的裁定与处置提出抗告,但是通说认为,针对鉴定人的回避裁定不被认为是对鉴定人的"涉及"(betroffen),鉴定人没有对回避提出抗告的权利,只有当法官对回避申请不予决定的时候,鉴定人才可以行使抗告权。⑨ 为避免权利滥用,针对抗告之后的

---

① Gercke/Julius/Temming/Zöller/*Brauer*, HK-StPO, 5. Aufl. 2012, § 74 Rn. 17.

② *Senge*, in KK-StPO, 7. Aufl. 2013, § 74 Rn. 13.法官当然也可以听取鉴定人的意见,而且这被认为是较为适宜的(zweckmäßig)。法官听取被申请回避的鉴定人意见之后,在作出裁定时,也可以将鉴定人的意见考虑进去。Vgl. *Trück*, in MüKoStPO, 1. Aufl. 2014, § 74 Rn. 18.

③ *Rogall*, in SK-StPO, 5. Aufl. 2018, § 74 Rn. 62.

④ *Monka*, in BeckOK StPO, 30. Aufl. 2018, § 74 Rn. 11.

⑤ BGH, Urteil vom 07. 05. 1965 – 2 StR 92/65, NJW 1965,1492.

⑥ *Trück*, in MüKoStPO, 1. Aufl. 2014, § 74 Rn. 19.

⑦ 即原来可以提出回避申请的权利人。

⑧ *Rogall*, in SK-StPO, 5. Aufl. 2018, § 74 Rn. 67.

⑨ OLG Frankfurt, Beschluss vom 11. 08. 1964 – 1 Ws 157 – 159/64, NJW 1965,314; *Rogall*, in SK-StPO, 5. Aufl. 2018, § 74 Rn. 67; *Krause*, in Löwe-Rosenberg StPO, 27. Aufl. 2017, § 74 Rn. 38.

裁定不能再提起抗告；此外，德国联邦最高法院及州最高法院的裁定不接受抗告。[①]

第四节　鉴定人的义务

一、民事诉讼中鉴定人的义务

（一）特殊种类鉴定人接受委托的义务

普通的鉴定人没有必须接受法院委托的义务。与《刑事诉讼法》相同，根据《民事诉讼法》第 407 条，以下四类人员必须接受委托：受委托人被官方指定或授权（即上文提及的"公共宣誓鉴定人"）；受委托人对外营业，从事科学、艺术、商业方面的工作，并具备制作相关鉴定意见所必需的专业知识；官方聘任（öffentliche Bestellung）的人员，如所有公务员，包括在卫生部门工作的医生（Amtsarzt）、大学教授等[②]；官方颁布执业许可（Öffentliche Ermächtigung）的人员，如药剂师、专利律师等[③]。其他的鉴定人只有接受了委托，才受其义务约束，如鉴定人接到法院传讯后没有反对就表示出席，或者无保留接受制作鉴定意见的委托。[④]《民事诉讼法》第 407a 条集中规定了鉴定人的其他义务。规定特殊鉴定人义务的目的，主要是通过快速取得可利用的鉴定意见，提高案件的诉讼效率。[⑤]

依据《民事诉讼法》第 408 条，特殊种类鉴定人拒绝鉴定权利可以类比证人拒绝作证的权利，法院也可以因为其他理由而免除鉴定人的鉴定义务。可以拒绝鉴定的情形主要包括：鉴定人与当事人存在特定关系，如配偶、生活伴侣关系等；因案情的原因而拒绝鉴定，如鉴定将会导致自身财产权受到损害；鉴定将导致职业或技术上的秘密公开，等等。[⑥]

---

① § 304 i. V. m § 310 StPO.

② VGH München, Beschluss vom 11. 01. 1996 – 24 C 95. 3910, NVwZ-RR 1996,328.

③ *Ahrens*, in Wieczorek/Schütze, ZPO, 4. Aufl. 2014, § 407 Rn. 4.

④ *Scheuch*, in BeckOK ZPO, 29. Aufl. 2018, § 407 Rn. 5.

⑤ *Ahrens*, in Wieczorek/Schütze, ZPO, 4. Aufl. 2014, § 407a Rn. 1.

⑥ § § 383,384 ZPO i. V. m § 408 ZPO.

法官可以依职权,通过自由裁量,免除此类鉴定人接受委托的义务。法官通过这种方式免除鉴定人的义务,不需要鉴定人或当事人的参与。解除义务的原因有很多,如鉴定人不具备相关专业知识、鉴定人工作负荷过大(Arbeitsüberlastung)、鉴定人的年龄问题等。针对法官所作出的免除鉴定人接受委托义务的裁定,权利人不能上诉。[①]

(二) 通知义务

鉴定人接到法院委托后,应当及时确认所托事项是否属于自身专业领域,并确定是否能在不邀请其他鉴定人的情况下,在法院规定的时间内独立完成鉴定。如果情况不是如此,那么鉴定人应当及时通知法院。这一通知义务是为了防止程序的拖延,即避免在鉴定人不能完成委托的情况下,法官重新委托或再次委托。[②]

鉴定人应当及时审核是否存在导致鉴定意见不公正可能性的原因,并及时通知法院。如果鉴定人没有及时通知,那么法院可以按照《民事诉讼法》第406条对其处以秩序罚金。鉴定人的及时审核,有助于在任命的较早阶段确定其中立性,并且向法官及当事人阐明该问题。实践中,当事人往往不知道或无法得知其中的利益冲突,从而导致申请鉴定人回避的权利落空。[③]

鉴定人如果对委托事项的内容及范围存有疑问,那么应当及时要求法院作出说明。如果可能要提高鉴定费用,以至于明显与标的物的价值不相适应(außer Verhältnis zum Wert des Streitgegenstandes stehen),或者显著超出预支的费用,那么鉴定人应当及时通知法院。这一义务是为了减少不必要的诉讼拖延及费用。[④] 通常来说,鉴定人能够确定自己的任务范围。如果鉴定人认为还需要完成更多的工作才能完成委托,那么可以通知法院。在法院不反对的情况下,鉴定人可以继续通过自己的专业知识来完成委托。[⑤] 如果鉴定人没有履行该通知义务,那么鉴定费用只限于预支的费用。[⑥]

---

① *Zimmermann*, in MüKoZPO, 5. Aufl. 2016, § 408 Rn. 3.

② Musielak/Voit/*Huber*, ZPO, 15. Aufl. 2018, § 407a Rn. 2.

③ Musielak/Voit/*Huber*, ZPO, 15. Aufl. 2018, § 407a Rn. 4.

④ *Rosenberg/Schwab/Gottwald*, Zivilprozessrecht, 18. Aufl. 2018, S. 755 Rn. 44.

⑤ *Ahrens*, in Wieczorek/Schütze, ZPO, 4. Aufl. 2014, § 407a Rn. 20.

⑥ § 8a Abs. 4 JVEG.

（三）独立完成鉴定意见的义务

由于法官有权决定鉴定人的人选，因此鉴定人不得将法院委托的鉴定任务转交给他人。如果鉴定人需要他人协助，且必须依靠非次要的辅助工作才能完成鉴定，那么鉴定人应当向法院上报该人的姓名及工作范围。因为鉴定人并不需要亲自完成所有出具鉴定意见的必要工作，所以在准备工作及书面鉴定意见的撰写过程中，也可以邀请他人予以帮助。[1] 即使鉴定人邀请助手参与鉴定意见的制作，鉴定人也应当独立承担责任，助手与鉴定人仅仅是一种"内部关系"（Innenverhältnis），鉴定人不能只是最后署名。[2] 鉴定人必须至少能够理解其助手的工作，并通过自己的思考和理解，使助手的工作成果为自己所用[3]，边界就在于鉴定人完成鉴定的核心工作（Kern der Begutachtung）。[4] 然而，在一些特殊的领域，对鉴定人助手的使用是有特定限制的，如被委托进行精神病鉴定的鉴定人不得将与受检者的调查性对话（explorierendes Gespräch）及会面完全交给助手实施。[5] 如果鉴定意见不是受托的鉴定人完成的，那么不会被用作证据。司法实践中，如果需要其他领域的鉴定人，那么在法院没有另外补充邀请的情况下，鉴定人可以自行邀请一名专家从事发现事实的调查，比较常见的是内科或外科医生邀请放射科医生（Röntgenologe）参与调查，被邀请的是专家而非助手。[6]

（四）案卷及文件归还义务

鉴定人有义务在法院的要求下，提交法院案卷和其他与鉴定意见相关的文件及调查结果。如果鉴定人不履行，那么法院可以发布命令。这种义务一般发生在原鉴定人被申请回避成立之后，法院重新任命鉴定人，以保证新的鉴定人及时取得重要文件及必要信息之情形下。实践中，有的鉴定人为了确保

---

[1] BVerwG，Urteil vom 09. 03. 1984 - 8 C 97/83，NJW 1984,2645.

[2] OLG Frankfurt，Urteil vom 18. 05. 1983 - 17 U 29/82，LSK 1984,070067.

[3] OLG Zweibrücken，Urteil vom 22. 06. 1999 - 5 U 32/98，BeckRS 1999,13466.

[4] *Berger*，in Stein/Jonas，Kommentar zur Zivilprozessordnung，23. Aufl. 2015，§ 407a Rn. 4.

[5] BSG，Beschluss vom 18. 09. 2003 - B 9 VU 2/03 B（LSG NRW Urteil vom 20. 03. 2003 - L 7 VU 24/01），NZS 2004,559.

[6] OLG Frankfurt，Urteil vom 18. 05. 1983 - 17 U 29/82，LSK 1984,070067.

能够取得鉴定委托,不归还案卷及文件。① 文件一般是病史记录、照片等,调查结果一般是数据、阶段性成果等。但是,在因回避而更换鉴定人的情况下,应当对原鉴定进行批判性的审核。鉴定人并不会因报酬问题而拥有对案件及文件的留置权(Zurückbeha-ltungsrecht)。② 违反此类义务的鉴定人将承担由此引起的费用,同时法官可以对其处以秩序罚款。

(五) 宣誓义务

根据《民事诉讼法》第 410 条,鉴定人有义务按照其知识和良心,作出中立的判决。如果鉴定人已经进行过一般宣誓(allgemeine Vereidigung),那么只需引用其进行过的宣誓即可。通常情况下,公共宣誓鉴定人已经进行过一般宣誓。《民事诉讼法》第 410 条只是对鉴定人宣誓形式的规定,鉴定人何种情况下宣誓,应当结合《民事诉讼法》第 391 条与第 402 条的规定来加以判断。③

根据《民事诉讼法》第 391 条与第 402 条,在法院考虑到鉴定意见的重要性,或者为了要求使鉴定人出具真实的鉴定意见,并且双方证人都要求鉴定人宣誓的情况下,鉴定人应当宣誓。④ 然而,法官一般不会考虑要求鉴定人出具所谓"真实的鉴定意见",因为法官如果对该鉴定有所怀疑,那么可以直接按照《民事诉讼法》第 412 条,撤换鉴定人或再任命一名鉴定人。如果法官缺乏相关的专业知识,那么必然认为该鉴定意见具有重要性。实践中,当事人双方一般都放弃要求鉴定人进行宣誓的权利。⑤ 由于鉴定意见作为证据的主要意义在于,通过专业经验或专业知识来分析事实,加强鉴定意见论点的说服力,而宣誓无益于鉴定意见质量的提高。⑥ 因此,一般情况下,法官不会要求鉴定人进行宣誓⑦,

---

① *Zimmermann*, in MüKoZPO, 5. Aufl. 2016, § 409 Rn. 4.

② Musielak/Voit/*Huber*, ZPO, 15. Aufl. 2018, § 407a Rn. 10.

③ BGH, Urteil vom 03. 03. 1998 – X ZR 106 – 96, NJW 1998,3355.

④ *Scheuch*, in BeckOK ZPO, 29. Aufl. 2018, § 410 Rn. 1.

⑤ Musielak/Voit/Huber, ZPO, 15. Aufl. 2018, § 410 Rn. 1.

⑥ *Ahrens*, in Wieczorek/Schütze, ZPO, 4. Aufl. 2014, § 410 Rn. 3.

⑦ 相反的观点参见 *Müller*, Der Sachverständige im gerichtlichen Verfahren, 2. Aufl. 1978, S. 224。该作者有条件地持通说(nur bedingt zu folgen),认为当鉴定意见包括了按照鉴定人的科学技术知识得出的法官完全无法审查(überhaupt nicht mehr überprüfbar)的结论时,如果鉴定人为其观点宣誓,并以特殊的方式表达出来,那么是可以增强其证明力的,因为宣誓就是宣誓人为自己增加一个更高要求的真实义务(Wahrheitpflicht)。

除非鉴定人利用专业知识来发现鉴定事实,并就发现的事实进行报告,而法官按照义务进行裁量。在这种情况下,可以要求鉴定人宣誓,但宣誓范围仅限于鉴定事实,宣誓可以在出具鉴定报告之前或之后。[①] 当专家以机构名义出席但由个人出具鉴定意见时,由个人进行宣誓;如果是一个专业的鉴定委员会(Kollegialbehörde)制作鉴定意见,且由其委任的代表进行报告,那么代表个人不宣誓,因为代表本身不承担鉴定意见的所有责任。[②]

(六) 损害赔偿义务

根据《德国民法典》第 839a 条,由法院任命的鉴定人出具不正确的鉴定意见且存在故意或有重大过失,而法院以该鉴定意见作为审判依据并给当事人带来损害的,鉴定人有义务进行赔偿。

首先,鉴定人是法院委托的,与当事人并不存在合同上的关系,在引入《德国民法典》第 839a 条之前,当事人依据《德国民法典》第 823 条,因侵犯其主观权利而向鉴定人主张侵权损害赔偿责任的案例很少,一般只能援引《德国民法典》第 826 条有关违反善良风俗的损害赔偿责任的规定。[③] 《德国民法典》第 839a 条虽然一方面扩张了鉴定人的责任范围,但是另一方面,鉴定人只对故意或重大过失承担损害赔偿责任。鉴定人的故意或重大过失之定义,参照《德国民法典》第 276 条。仅限于故意和重大过失也是为了保护鉴定人免受当事人的压力,以作出中立的鉴定,因此《德国民法典》第 839a 条具有所谓的"双重目的"(doppelter Zweck)。就重大过失而言,根据以往的判决,应当是在主客观方面均较为严重地违反了义务[④],如鉴定人连最明显简单的思考都没有进行,严重违反了必不可少的谨慎义务[⑤],或者是没有注意到该领域中鉴定人通常都能理解的问题,从而不能免责(unentschuldbar)。[⑥]

鉴定人必须是由法院委托的,但是根据《民事诉讼法》第 411a 条,书面鉴定意见也可以由其他法庭程序的鉴定意见或检察官取得的鉴定意见代替。因

---

① Musielak/Voit/*Huber*, ZPO, 15. Aufl. 2018, § 410 Rn. 2.

② *Berger*, in Stein/Jonas, Kommentar zur Zivilprozessordnung, 23. Aufl. 2015, § 410 Rn. 3.

③ *Wagner*, in MüKoBGB, 7. Aufl. 2017, § 839a Rn. 2.

④ *Wagner*, in MüKoBGB, 7. Aufl. 2017, § 839a Rn. 21.

⑤ BGH, Urteil vom 10. 10. 2013 – III ZR 345/12, NJW-RR 2014,90.

⑥ Jauernig/*Teichmann*, BGB, 17. Aufl. 2018, § 839a Rn. 2.

此,通过类比解释,《德国民法典》第839a条超出了其文义,包含了检察官在侦查程序中所取得的鉴定意见。[1]

所谓鉴定意见"不正确",就是鉴定意见不符合客观实际情况,如所确定的事实并不存在;从一个不正确的事实出发,得出一个结论;从正确的事实出发,得出一个错误的结论[2];传授的专业知识本身错误或不再正确[3]。如果在一些情况中,鉴定意见只能进行可能性的推断,那么鉴定人不能宣称准确无误,而是应当提供一个具有可能性的结论并表明其推断的可靠程度。[4]

当事人的损害应当是由法院的决定(Entscheidung)引发的。法院的决定包括判决(Urteil)、裁定(Beschluss)及命令(Verfügung),因此按照文义解释,当事人在诉讼中基于一个不正确的鉴定意见而达成和解(Vergleich)或终结表示(Erledigungserklärung)的,不适用《德国民法典》第839a条的规定。[5]

法院的决定错误应当与不正确的鉴定意见存在因果关系,但是这一要件并不要求鉴定意见是导致法院决定的唯一原因,只要是法院决定时考虑的因素之一即可。[6] 如果鉴定意见已经错误,法院没有将该鉴定意见考虑进去,但还是得出了错误的判决,那么不适用《德国民法典》第839a条的规定。[7]

针对鉴定人的损害赔偿责任,由受害人承担举证责任。受害人如果因过错而没有通过法律救济手段来消除损害,那么鉴定人不承担损害赔偿责任,该主张由鉴定人承担举证责任。[8]

(七) 其他义务

接受委托的鉴定人、公共宣誓鉴定人及公开营业的鉴定人,有义务在法院的传唤下到场,并在法院的指示下提供口头鉴定报告。违反上述义务,鉴

---

① BGH, Urteil vom 6.3.2014 – III ZR 320/12, NJW 2014,1665.

② BGH, Urteil vom 10.10.2013 – III ZR 345/12, NJW-RR 2014,90.

③ *Wagner*, in MüKoBGB, 7. Aufl. 2017, § 839a Rn. 19.

④ *Wagner*, in MüKoBGB, 7. Aufl. 2017, § 839a Rn. 19.

⑤ Schulze/*Staudinger*, HK-BGB, 9. Aufl. 2016, § 839a Rn. 4.

⑥ LG Ansbach, Urteil vom 25.01.1956 – 2 S 106/55, NJW 1956,1205.

⑦ Schulze/Grziwotz/Lauda/*Wilhelm*, BGB: Kommentiertes Vertrags- und Prozessformularbuch 3. Aufl. 2017, § 839a. Rn. 7.

⑧ *Rosenberg/Schwab/Gottwald*, Zivilprozessrecht, 18. Aufl. 2018, S. 757 Rn. 53.

定人将承担由此所导致的费用。同时,法官可以对鉴定人处以秩序罚款;如果重复违反,那么法官可以再罚,至多罚款两次。[①]

二、刑事诉讼中鉴定人的义务

(一) 特殊种类鉴定人接受委托的义务

从事相关行业的专业人士,可以拒绝法官的鉴定委托,但是如果受委托人是以下四类人员,那么就必须接受委托:上文所述的"公共宣誓鉴定人";受委托人对外公开营业,从事科学、艺术、商业方面的工作,并具备制作相关鉴定意见所必需的专业知识[②];官方聘任(öffentliche Bestellung)的人员,如所有公务员、高校教师、公证人等;官方颁布执业许可(Öffentliche Ermächtigung)的人员,如被授予教学资格的人、药剂师、专利律师等[③]。此外,其他鉴定人一旦接受了委托,就受其义务约束。鉴定人所涉及的专业范围几乎包括每一个行业,甚至涵盖了自由职业者。[④] 民事诉讼程序也同样规定了特殊种类鉴定人接受委托的义务。违反此项义务,拒不接受委托的,将会被要求承担因此产生的费用,此外还将被处以秩序罚款,秩序罚款一共可以处罚两次。[⑤]

特殊种类鉴定人也可以通过《刑事诉讼法》第 75 条来行使拒绝鉴定权(Gutachtenverweigerungsrecht),参照的是证人拒绝作证的权利。根据《刑事诉讼法》第 52、53、53a 条的相关规定,行使拒绝鉴定权的情形主要包括:鉴定人与被告人存在血缘关系或是特定的关系,如配偶或生活伴侣关系;鉴定人从事特定的职业,如神职人员或因该身份而被信赖的心理咨询师,其中还包括前者的辅助人员。此外,德国联邦最高法院判决指出,作为鉴定人的医生需要用其专业知识来确定相关的事实(Befundtatsachen),此类鉴定人不享有拒绝鉴

---

① *Zimmermann*, in MüKoZPO, 5. Aufl. 2016, §409 Rn. 7. 相反观点参见 KG, Beschluss vom 27.04.1960 – 12 W 668/60, NJW 1960, 1726。

② *Rogall*, in SK-StPO, 5. Aufl. 2018, §75 Rn. 21. 必须是以经营为目的,区别于一般的爱好者(Liebhaber)。

③ *Rogall*, in SK-StPO, 5. Aufl. 2018, §75 Rn. 22.

④ Meyer-Goßner/*Schmitt*, StPO, 61. Aufl. 2018, §75 Rn. 1.

⑤ §77 Abs. 2. StPO.

定的权利。① 即便鉴定人没有上述情况，不能行使拒绝鉴定权，法官也仍然能够依职权，主动取消对鉴定人的委托，或者基于受委托人的申请而解除鉴定义务，如考虑到鉴定人年事已高或工作负担过重，法官可以免除其鉴定义务。②

(二) 宣誓义务

依据《刑事诉讼法》第 79 条第 1 款，鉴定人根据法庭的裁量进行宣誓。因此，宣誓并不是必须的。如果对鉴定人的专业知识或工作的认真程度（Gewissenhaftigkeit）有所怀疑，或者在认为无法对鉴定结果进行审核的情况下，法官会要求鉴定人宣誓。③ 然而，在司法实践中，法庭一般不会要求鉴定人进行宣誓④，甚至法庭都不需要特地对此作出一个不用宣誓的决定，因为通常情况下，鉴定人不存在人身财产方面的利害关系。⑤

诉讼参与人也可以提出申请，要求鉴定人宣誓，但仍旧由法庭来裁决。目前的司法实践中，审判长会在询问结束时提问是否有诉讼参与人提出要求鉴定人宣誓的申请。如果没有申请被提出，那么审判长会在笔录中记载，"根据《刑事诉讼法》第 79 条第 1 款，鉴定人没有被要求宣誓"。⑥

如果法庭要求鉴定人进行宣誓，那么根据《刑事诉讼法》第 79 条第 2 款，鉴定人在完成鉴定意见之后进行宣誓。鉴定人应当单独进行宣誓，表示中立地、依照其所有知识及良心出具鉴定意见。类比《刑事诉讼法》第 67 条关于证人宣誓的规定，如果在同一个程序中，鉴定人已经进行过宣誓，那么可以援引上次宣誓，但是不包括上一个阶段的程序，如侦查阶段的宣誓不能被直接援引到审判阶段。⑦ 宣誓的效力范围仅仅及于鉴定人鉴定意见中的"结果事实"及

---

① BGH, Urteil vom 14. 11. 1963 - III ZR 19/63 (Hamm), NJW 1964,449.

② *Monka*, in BeckOK StPO, 30. Aufl. 2018, § 76 Rn. 2.

③ *Monka*, in BeckOK StPO, 30. Aufl. 2018, § 79 Rn. 1.

④ *Krause*, in Löwe-Rosenberg StPO, 27. Aufl. 2017, § 79 Rn. 2.

⑤ BGH, Urteil vom 22. 02. 1967 - 2 StR 2/67, NJW 1967,1520. 其他观点认为，审判长可以对是否要求鉴定人进行宣誓作出"预先裁判"（Vorabentscheidung），且如果合议庭中有其他成员要求鉴定人进行宣誓，或者其他诉讼参与人按照《刑事诉讼法》第 238 条第二款，认为审判长的命令不适当，并要求作出裁定，那么法庭必须就此作出一个裁定。Vgl. BGH, Urteil vom 31. 08. 1951 - 4 StR 427/51, NJW 1952,233.

⑥ *Monka*, in BeckOK StPO, 30. Aufl. 2018, § 79 Rn. 2.

⑦ *Senge*, in KK-StPO, 7. Aufl. 2013, § 79 Rn. 4.

鉴定人对此的观点,"补充事实"不为鉴定人的宣誓所覆盖,因为"补充事实"不是鉴定人依照专业知识得出的。[1]

鉴定人如果进行过一般宣誓(allgemeine Vereidigung),那么只要援引自己的宣誓即可,一般宣誓由联邦法或州法规定[2],如上文提及的公共宣誓鉴定人。一般宣誓通常仅仅局限于某一特定的专业领域(Zuständigkeit nach Sachgebiet)及特定的地区(Örtliche Zuständigkeit),当然并不是所有的一般宣誓都有地域上的限制。[3] 接受一般宣誓的机构包括工商协会(Industrie- und Handelskammer,IHK)、手工业协会(Handwerkskammer,HWK)等。[4] 承担鉴定工作的公务员已经进行过"职务宣誓"(Diensteid)的,在承担其工作范围之内的鉴定时,亦可以援引职务宣誓。[5] 当委托机构进行鉴定时,机构成员不用宣誓,除非机构成员同时被委托为鉴定人;如果机构成员仅仅代表机构,按照《刑事诉讼法》第 256 条出庭阐述鉴定意见的,那么亦不用宣誓。[6]

(三) 独立完成鉴定意见的义务

与民事诉讼相同,在刑事诉讼中,鉴定人也负有义务来独立完成鉴定意见。虽然《刑事诉讼法》没有直接规定该义务,但是可以从第 73 条鉴定人的选任中推出鉴定人独立完成鉴定意见的义务[7],即鉴定人接受委托之后,不得将鉴定任务转交给他人,基本上可以参照适用《民事诉讼法》第 407a 条第 2 款的规定。

鉴定人可以选任助手来帮助自己完成鉴定工作。一般来说,助手是承担准备性工作的人,如实验室工作人员、技术工等。针对已经接受委托的鉴定人是否能够邀请其他专家一起进行鉴定工作,存在一定的争议。通说认为,已经接受委托的鉴定人能够再邀请其他的专家,只要该鉴定人能够通过自己的专业知识来审核其他专家的发现,同时对整个鉴定意见承担责任并作出判断即

---

① *Rogall*,in SK-StPO,5. Aufl. 2018,§ 79 Rn. 12 – 13.

② *Trück*,in MüKoStPO,1. Aufl. 2014,§ 79 Rn. 12.

③ *Rogall*,in SK-StPO,5. Aufl. 2018,§ 79 Rn. 16 Fn. 65.

④ § 7 IHKG-BW,§ 91 Nr 8 HandwO.

⑤ *Trück*,in MüKoStPO,1. Aufl. 2014,§ 79 Rn. 13.

⑥ *Rogall*,in SK-StPO,5. Aufl. 2018,§ 79 Rn. 16.

⑦ 《民事诉讼法》第 407a 条第 2 款已明确规定。

可,由鉴定人另外寻找的专家被法院称作"专家助手"(Hilfssachver-ständige)。① 反对观点则认为,不应存在所谓的"专家助手",只应当有鉴定人和助手,鉴定人不得再任命其他的专家;如果鉴定人认为自身专业知识不够,那么应当由委托者要求再邀请其他鉴定人。②

(四) 告知义务

所谓的告知义务(Belehrungspflicht),是指依据《刑事诉讼法》第 136 条,在初次询问的时候,询问人应当向被告人阐明,其有就指控作出陈述或保持沉默的权利,以及依据《刑事诉讼法》第 52 条,有拒绝作证权的证人在被询问之前,询问人应当告知其权利。

根据《刑事诉讼法》第 80 条,为准备鉴定意见,鉴定人可以要求询问机关询问被告人或证人。此外,鉴定人也可以列席询问及提出问题。但是,关于鉴定人对被鉴定对象的告知义务,存在一定的争议。通说认为,鉴定人不是询问主体(Vernehmungsorgan),鉴定人的任务不是直接了解被告人是否有犯罪行为,而是通过自己的专业知识来回答单个的问题,所以鉴定人并没有询问权(Vernehmungsrecht);同时,也没有法律明示鉴定人对被告人存在一个提示的义务,因此鉴定人并不存在一个对被告人的告知义务。③ 反对意见指出,应当注意对被告人权利的特别保护,从而课以鉴定人告知义务。虽然理论上鉴定人不能单独进行询问,如要进行询问,辩护人和检察官应当在场一同进行,但是实践中,仍旧会有鉴定人自行进行刑事诉讼意义上的询问,且在鉴定人是一名医生的情况下,被告人容易与鉴定人建立一种信任关系(Vertrauenver-hältnis)。④ 同样,对于询问证人的告知义务,通说也认为鉴定人因不是询问主体而没有告知义务,其他询问主体也不得将告知义务转交给鉴定人。但是,实践中,屡屡出现询问主体将告知义务转交给鉴定人的情况。⑤

---

① BGH, Urteil vom 30. 10. 1968 – 4 StR 281/68, NJW 1969,196.
② *Rogall*, in SK-StPO, 5. Aufl. 2018, Vor §72 Rn. 110; *Krause*, in Löwe-Rosenberg StPO, 27. Aufl. 2017, §73 Rn. 7.
③ BGH, Urteil vom 06. 09. 1968 – 4 StR 339/68, NJW 1968,2297.
④ LG Oldenburg Beschluss vom 06. 07. 1994 – SG 7/94(n. r.), StV 1994,646.
⑤ BGH, Urteil vom 22. 01. 1991 – 1 StR 624/90, NStZ 1991,295.

（五）接受传唤义务

根据《刑事诉讼法》第 77 条，鉴定人有义务在确定的日期出庭或面见检察官。如果拒绝应传，那么鉴定人要承担因此而产生的费用，同时还将被处以秩序罚款；如果仍不服从，那么可以要求鉴定人再次承担相关费用，并再次对其处以秩序罚款。这里的鉴定人包括上文所述的，负有鉴定义务的鉴定人（也包括其他诉讼参与人邀请的鉴定人）。[1] 如果鉴定人本身就有拒绝鉴定权，那么其不需要出庭或面见检察官。[2] 法官对鉴定人出庭的时间有裁量权，一般会要求鉴定人在进行证据调查的时候出庭；在涉及对物的鉴定时，法官一般会允许鉴定人在完成鉴定报告之后就离去，但是法官也可以基于查明义务，认为鉴定人的出席有必要，如需借助专业的帮助来重现犯罪情形（Tatrekonstruktion），或者需要鉴定人的帮助来判断被告人的人格特征等。[3]

（六）报告义务

当医生作为鉴定人时，鉴定人处在一个较为特殊的地位。通常，医生与治疗的对象处在一个相互信任的关系之中。《刑事诉讼法》第 53 条规定了特定人员拒绝作证的权利，其中第 1 款第 3 项就包括了医生。然而，医生作为鉴定人参加刑事诉讼，并非是普通意义上的为了治疗对象的康复，而是为了辅助刑事侦查，帮助法官更好地判决。[4] 但是，针对医生鉴定人的报告义务的范围，存在一定的争议。一种观点认为，医生鉴定人应当将"结果事实"和"附加事实"一并上报刑事追诉机关。[5] 相反观点认为，医生鉴定人只应上报"结果事实"，因为鉴定人只是为了发现"结果事实"而被请来，"附加事实"的发现并不需要专业知识[6]；同时，鉴定人本身也应当在自己的授权范围之内行事，对"附加事

---

① *Monka*，in BeckOK StPO，30. Aufl. 2018，§ 77 Rn. 1.

② Gercke/Julius/Temming/Zöller/*Brauer*，HK-StPO，5. Aufl. 2012，§ 77 Rn. 2.

③ *Eisenberg*，Beweisrecht der StPO 10. Aufl. 2017，Rn. 1584.

④ *Krause*，in Löwe-Rosenberg StPO，27. Aufl. 2017，§ 53 Rn. 38.

⑤ BGH，Beschluss vom 21. 10. 2008 - 1 StR 536/08，NStZ-RR 2009，15；Meyer-Goßner/*Schmitt*，StPO，61. Aufl. 2018，§ 53 Rn 20.

⑥ *Krause*，in Löwe-Rosenberg StPO，27. Aufl. 2017，§ 53 Rn 38.

实"的收集是超出其权限的,鉴定人本身也只是一个证据形式(Beweis-mittel)[1]。

(七) 损害赔偿义务

德国刑事诉讼法中的鉴定人损害赔偿义务与民事诉讼法中的相同,此处不再赘述。

第五节　鉴定意见的生成

一、民事诉讼鉴定意见的生成

法官可以要求鉴定人提交书面鉴定意见,或者对鉴定人进行询问。要求书面鉴定报告的,法官可以要求鉴定人在一定的期限内提交由其署名的书面鉴定报告。法官有裁量权来决定鉴定人是否要制作书面的鉴定意见。[2] 实践中,法官通常会要求书面鉴定意见[3],它先于口头鉴定报告被提交,便于法官和当事人双方先行准备对之后的口头鉴定报告的问题及异议。[4] 法官要求鉴定人提交书面鉴定意见的,如果鉴定人经过一次延长期限之后依然逾期,那么法院可以对其处以最高达 3000 欧元的秩序罚金,最多可以处罚两次。[5] 针对秩序罚金,鉴定人可以提起即时抗告。

法官依照其义务进行裁量,决定是否传唤鉴定人,令其解释其书面的鉴定意见。法官有义务对鉴定意见进行仔细审查,而不是不加考虑地全盘接受,传唤鉴定人是为了消除案件的疑点与问题。[6] 在司法实践中,满足特定的前提时,法官应当传唤鉴定人,如当事人对鉴定意见提出质疑,提交私人鉴定或利

---

[1] BGH Urteil vom 06.09.1968 – 4 StR 339/68, NJW 1968,2297.

[2] *Zimmermann*, in MüKoZPO, 5. Aufl. 2016, § 411 Rn. 3.

[3] *Scheuch*, in BeckOK ZPO, 29. Aufl. 2018, § 411 Rn. 1.

[4] Musielak/Voit/*Huber*, ZPO, 15. Aufl. 2018, ZPO § 411 Rn. 2.

[5] § 411 Abs. 2 ZPO.

[6] Musielak/Voit/*Huber*, ZPO, 15. Aufl. 2018, ZPO § 411 Rn. 9.

用专业文献进行论证[1]；鉴定人的前后论述存在矛盾之处[2]；鉴定人没有明确表示根据何种事实来制作鉴定意见，以及如何查明鉴定事实[3]；针对同一问题，不同鉴定意见的结论不同[4]；关键问题论述不清，且存在矛盾[5]。案件上诉至上级法院后，上级法院可以审核原审法官是否正确行使了传唤鉴定人的裁量权。[6] 如果原审法院对鉴定事项的判决不同于鉴定人的观点，那么上诉法院应当传唤原审程序中的鉴定人。[7]

除了法官传唤外，当事人也可以申请传唤鉴定人，该权利属于《基本法》第103条听审权的保护范围。[8] 双方当事人应当在适当的时间内，向法院提出对鉴定意见的异议。针对与鉴定有关的申请或补充的问题，法官可以为当事人确定期限。根据《民事诉讼法》第397条及第402条，如果认为必要且有助于查明案情，那么当事人有权向鉴定人提出问题。当事人在规定的时间内，以书面形式向法官提出传唤鉴定人进行询问申请的，法官应当准许[9]，即便法官认为书面鉴定已经充分且具有说服力，不需进一步解释。当事人所提出的问题不必达到精确的程度，只要当事人存在解释的需求即可。[10] 司法实践中，如果当事人滥用这一权利，那么法官也可以驳回当事人的申请，如当事人提出的问题证明意义不大（beweisunerhebliche Fragen）[11]，或者完全没有解释的必要。[12]《民事诉讼法》于2016年修改之后，法官也可以要求鉴定人在原有的鉴定意见之基础上进行书面解释或补充。

---

① *Scheuch*，in BeckOK ZPO，29. Aufl. 2018，§ 411 Rn. 14.

② BGH，Urteil vom 16. 01. 2001 – VI ZR 408/99，NJW 2001，1787.

③ Musielak/Voit/*Huber*，ZPO，15. Aufl. 2018，ZPO § 411 Rn. 9.

④ BGH，Urteil vom 29. 09. 1992 – VI ZR 234/91，NJW 1993，269.

⑤ BGH，Urteil vom 27. 05. 1982 – III ZR 201/80，NJW 1982，2874.

⑥ BGH，Urteil vom 18. 06. 1997 – XII ZR 96/95，NJW-RR 1997，1487.

⑦ BGH，Urteil vom 08. 06. 1993 – VI ZR 192/92，NJW 1993，2380.

⑧ *Scheuch*，in BeckOK ZPO，29. Aufl. 2018，§ 411 Rn. 27.

⑨ Musielak/Voit/*Huber*，ZPO，15. Aufl. 2018，ZPO § 411 Rn. 9.

⑩ BGH，Urteil vom 05. 09. 2006 – VI ZR 176/05，NJW-RR 2007，212.

⑪ BVerfG (1. Kammer des Zweiten Senats)，Beschluss vom 29. 08. 1995 – 2 BvR 175/95，NJW-RR 1996，183.

⑫ BVerwG，Beschluss vom 31. 07. 1985 – 9 B 71/85，NJW 1986，3221.

二、刑事诉讼鉴定意见的生成

鉴定意见书的制作由鉴定人独立完成,法庭不得对鉴定人发出与其专业有关的命令。[①] 鉴定人可以聘用相关的助手,但是不得将整个鉴定任务再次委托给他人。鉴定人应当亲自制作鉴定意见书,且不得委托他人来代表鉴定人参与法庭审理及回答法庭上的提问。[②]

当鉴定人不是直接提供专业知识或通过专业知识来确定相关事实时,鉴定人需要法庭提供相关的"前提事实"来完成其鉴定意见。根据《刑事诉讼法》第 78 条,法官主持鉴定工作,因此鉴定人取得案卷等材料的范围由法官决定,但是法官负有查明义务。同时,《刑事诉讼法》第 80 条第 1 款再次强调了查明真相的必要性,构成了对法官自由裁量的限制,要求法官为鉴定人提供足够的"前提事实"。[③] 另一方面,对于法官所提供的材料,鉴定人也应当批判性地接受并作出评价,判断其正确性及完整性。如果鉴定人认为材料还不够完整,那么鉴定人有义务向委托方(检察官、警方及法官)要求进一步的材料。[④]

(一) 鉴定人参加询问与提问

按照《刑事诉讼法》第 80 条第 1 款,为了准备鉴定意见书,鉴定人可以要求询问机关对证人或被告人进行询问。如上文所述,鉴定人本人不是询问主体,因此不能被授权对证人或被告人进行询问,能够进行询问的只有检察官、警方及法官,但是否进行询问由询问机关来裁量。[⑤] 就此类询问而言,鉴定人并不能直接参加。按照《刑事诉讼法》第 80 条第 2 款,鉴定人必须征得询问机关的同意才能参加询问,并向被告人或证人提问(Fragerecht),但是询问机关

---

① BGH,Beschluss vom 28. 08. 2002 - 1 StR 277/02,NStZ 2003,101.

② BGH,Beschluss vom 25. 05. 2011 - 2 StR 585/10,NStZ 2012,103.

③ *Krause*,in Löwe-Rosenberg StPO,27. Aufl. 2017,§ 80 Rn 3.

④ Meyer-Goßner/*Schmitt*,StPO,61. Aufl. 2018,§ 80 Rn 1.

⑤ *Rogall*,in SK-StPO,5. Aufl. 2018,§ 80 Rn 2. 心理医生作为鉴定人的,对相关人员提问及进行检查性的对话不能被认为是询问,因为此类行为并没有侦查的目的。Vgl. *Monka*,in BeckOK StPO,30. Aufl. 2018,§ 80 Rn. 2.

不能将提问全部交给鉴定人来完成。① 如果鉴定人没有参加询问,那么询问机关应当将询问结果告知鉴定人,这是实践中比较常见的情况,也是出于减轻鉴定人的工作负担和降低费用的考虑。② 如果询问机关本身需要鉴定人的专业知识来从证人或被告人的询问中得出结论,或者需要鉴定人以一种专业的方式向证人或被告人提问,那么询问机关会允许鉴定人参加询问。③ 经过询问机关的批准,鉴定人可以直接向证人和被告人提问,但是鉴定人必须符合规定地提问,不适宜的问题将按照《刑事诉讼法》第 241 条被驳回;鉴定人应当只提对于制作鉴定意见而言必不可少的问题。④ 证人必须回答鉴定人的问题,但是被告人不是必须回答。⑤

(二) 鉴定人查阅案卷

鉴定人可以要求查阅案卷及文件,用以制作鉴定意见,但是《刑事诉讼法》第 78 条规定,法官主持鉴定活动,因此法官有权决定是否允许鉴定人查看案卷和相关文件及查阅的范围。⑥ 为了避免鉴定人产生先入为主的偏见,法官会拒绝或限制鉴定人要求审阅案卷的权利。尤其要避免鉴定人受到目前侦查阶段结论的影响,因为侦查阶段的案卷往往具有一定的诱导性(suggestiv),鉴定人由此可能有意或无意地形成了犯罪的画面(Tatbild),进而得出错误的结论。⑦ 因此,法官通常不会将全部案卷交给鉴定人。⑧

(三) 鉴定意见书的形式

根据直接询问原则(Grundsatz der Unmittelbarkeit)及口头原则(Grundsatz der Mündlichkeit),鉴定人应当参加法庭审理,并且当庭陈述其鉴

---

① OLG Köln Beschluss vom 28. 10. 2011 – 2 Ws 669/11, BeckRS 2011,26108.
② *Rogall*, in SK-StPO, 5. Aufl. 2018, § 80 Rn. 8.
③ *Rogall*, in SK-StPO, 5. Aufl. 2018, § 80 Rn. 13.
④ *Senge*, in KK-StPO, 7. Aufl. 2013, § 80 Rn. 6; OLG Köln Beschluss vom 28. 10. 2011 – 2 Ws 669/11, BeckRS 2011,26108.
⑤ *Krause*, in Löwe-Rosenberg StPO, 27. Aufl. 2017, Vor § 72, Rn. 12.
⑥ *Trück*, in MüKoStPO, 1. Aufl. 2014, § 80 Rn. 12 – 14.
⑦ *Peters*, Strafprozess, Ein Lehrbuch, 4. Aufl. 1983, S. 372
⑧ *Krause*, in Löwe-Rosenberg StPO, 27. Aufl. 2017, § 80 Rn. 4.

定意见,其后鉴定人书面的鉴定意见的总结才可以被法庭使用。[1] 但是,这也没有排除法庭可以在审判阶段要求鉴定人提供一份书面的鉴定意见。按照《刑事诉讼法》第202条,为更好地收集证据,法庭可以要求鉴定人提供书面鉴定意见[2],书面的鉴定意见经常被用于对鉴定人的当庭鉴定报告的再一次批判性审查[3]。但是,需要注意的是,只有当庭出具的鉴定报告才是决定性的,且是判决的基础。[4]

第六节　法官对鉴定意见的评价

　　法官对鉴定意见的评价,也遵循与其他证据评价相同的方式,即法官按照《民事诉讼法》第286条的自由心证原则来决定是否采纳。但是,对鉴定意见进行评价经常是较为困难的任务,法官之所以邀请鉴定人参加诉讼,就是因为缺乏专业知识。[5]

　　即便面对重重困难,法官还是被要求对鉴定意见进行细致的、批判性的(kritisch)评价,包括逻辑上的一致性及鉴定意见本身的说服力。如果法官不采纳鉴定意见,那么必须充分论证,且证明不采纳这一鉴定意见并非是由于本身专业知识的缺乏。[6] 虽然法官可以通过学习或专业文献来弥补专业知识的缺乏,但是这往往不足以应对复杂的鉴定情形,如支持其他结论,或者指出鉴

① *Ott*, in KK-StPO, 7. Aufl. 2013, §261 Rn. 22. 口头原则及直接询问原则的例外情况,参见《刑事诉讼法》第251、253、256条,如可以宣读勘验记录等;此外,自由证据(Freibeweis)规则也不用遵循口头原则和直接询问原则。Vgl. *Rogall*, in SK-StPO, 5. Aufl. 2018, §82 Rn. 5.

② Meyer-Goßner/*Schmitt*, StPO, 61. Aufl. 2018, §82 Rn. 3.

③ *Krause*, in Löwe-Rosenberg StPO, 27. Aufl. 2017, §82 Rn. 5. 法庭可以要求鉴定人提供书面的鉴定报告,但是通说认为,其他的诉讼参与人对书面的鉴定报告没有法律上的请求权;另外,对于用于准备鉴定报告的文件,诉讼参与人也没有请求权,只有在例外情况下,法庭基于查明义务,要对鉴定意见进行审核时,可以要求鉴定人交出作为鉴定依据的相关文件。Vgl. BGH Beschluss vom 14. 07. 1995 - 3 StR 355/94, BeckRS 1995,08836; *Conrad-Graf*, in BeckOK StPO, 30. Ed. 1. 6. 2018 §82 Rn. 3.

④ BGH, Beschluss vom 12. 02. 2008 - 1 StR 649/07, NStZ 2008,418.

⑤ Musielak/Voit/*Huber*, ZPO, 15. Aufl. 2018, ZPO §402 Rn. 12.

⑥ Musielak/Voit/*Huber*, ZPO, 15. Aufl. 2018, ZPO §402 Rn. 12.

定中的漏洞或矛盾之处,尤其是面对医疗领域的鉴定。① 为解决鉴定意见说服力的问题,法官也会通过任命多名鉴定人的方式,综合评价鉴定意见。为了更好地了解鉴定意见并评价其内容,法官通常会在判决前询问鉴定人。②

　　而在刑事诉讼中,法官在本身缺乏专业知识的情况下邀请鉴定人的,对鉴定意见的评价一直会存在特殊的问题,但是即便如此,按照《刑事诉讼法》第261条的自由心证原则,在多大程度上接受鉴定人的结论仍由法官自己决定。③ 法官所要做的,就是将鉴定意见"翻译"成一个法律上的评价。④ 然而,无论是否接受鉴定意见,法官都必须了解鉴定人是如何将专业知识运用到已经给定的事实上的,或者能够用目前自己的专业知识来亲自审核并确信鉴定意见的正确性。⑤

　　首先,如上文所述,法官原则上对鉴定人当庭出具的鉴定报告进行评价,而非对事先为诉讼进行准备的书面鉴定意见进行评价。⑥ 如果书面鉴定意见与当庭出具的鉴定报告存在矛盾的地方,那么法官应当在判决中对这个问题予以论证,并确定一个正确的鉴定结果。⑦ 鉴定人何时及出于何种原因改变了鉴定意见,对于鉴定意见的评价很重要。如果鉴定人只是基于明显的新发现(klar erkennbare neue Erkenntnisse)或基于其他诉讼参与人都知道的新发现而改变鉴定意见,那么鉴定人不用特别进行解释说明。⑧

　　其次,如果法官邀请了多名鉴定人,而鉴定人的鉴定意见在关键问题上产生冲突,那么法官必须对问题进行分析阐明,并且在判决书中以能够让人理解的(nachvollziehbar)方式论证为何采纳某一种鉴定意见。⑨ 法官应当在判决书中分别重述不同鉴定意见的关键论证,同时论证自己对鉴定意见的相反观

---

① BGH, Urteil vom 10. 01. 1984 – VI ZR 122/82, NJW 1984,1408.

② BGH, Urteil vom 10. 01. 1984 – VI ZR 122/82, NJW 1984,1408.

③ *Miebach*, in MüKoStPO, 1. Aufl. 2016, § 261 Rn. 308.

④ *Velten*, SK-StPO, 5. Aufl. 2016. § 261 Rn. 8.

⑤ *Miebach*, in MüKoStPO, 1. Aufl. 2016, § 261 Rn. 308.

⑥ Radtke/Hohmann/*Pegel*, StPO, 1. Aufl. 2011, § 261 Rn. 23.

⑦ BGH, Beschlussvom 21. 09. 2005 – 2 StR 311/05, NStZ 2007,538; BGH, Beschluss vom 29. 12. 1989 – 4 StR 630/89, NStZ 1990,244.

⑧ *Miebach*, in MüKoStPO, 1. Aufl. 2016, § 261 Rn. 310.

⑨ *Ott*, in KK-StPO, 7. Aufl. 2013, § 261 Rn. 31.

点,这种论证方式应当使得上诉法院也能进行审核。①

另外,法官当然可以在判决中不采纳鉴定人的意见,对此甚至不用另外邀请一名鉴定人,但是法官需要在判决中给出该鉴定意见的重要论述,同时充分论证自己的对立观点,以此显示法官具备了更加专业的知识来对鉴定进行评价②,这种方式也能够使得上级法院更好地审核原判决的正确性③。如果该类案件在通常情况下需要邀请鉴定人,而法官还是没有采纳鉴定人的意见,那么法官对此就必须有更为详细的论证(nähere Darlegung)。④ 如果法官整体上采纳了鉴定意见,但是在个别问题上偏离了鉴定意见,那么法官也必须解释为何仍然在整体上认为鉴定意见是正确的。⑤

第七节　民事诉讼中的私人鉴定

如上文所述,当事人也可以在法庭程序之外,自行委托专业人士制作私人鉴定(Privatgutachten),但是在一般情况下,私人鉴定仅能作为书面的当事人陈述(Parteivortragl Parteivorbringen)⑥。当事人不能要求法官对私人鉴定人进行询问,或者允许其当庭陈述私人鉴定意见。此外,私人鉴定不被认为是鉴定意见这一特殊的证据形式,而是以一种"专家证人"的方式进行询问。如果当事人双方同意,那么法官可以将私人鉴定意见当作书证(Urkundenbeweis),以此作为判决基础。⑦

如果私人鉴定意见的结论与法庭鉴定人的鉴定意见相冲突,那么法官不

---

① BGH,Urteil vom 14. 06. 1994 – 1 StR 190/94,NStZ 1994,503.

② BGH,Urteil vom 06. 12. 2012 – 4 StR 360/12,NStZ 2013,180.

③ *Miebach*,in MüKoStPO,1. Aufl. 2016,§ 261 Rn. 314.

④ BGH Urteil vom 21. 05. 2014 – 1 StR 116/14,BeckRS 2014,11833.

⑤ *Miebach*,in MüKoStPO,1. Aufl. 2016,§ 261 Rn. 314.

⑥ Zimmermann,MüKoZPO,5. Aufl. 2016,§ 402 Rn. 9;BGH,Beschluss vom 13. 11. 2013 – IV ZR 224/13,NJW-RR 2014,545;BGH,Beschluss vom 22. 4. 2009 – IV ZR 328/07(OLG Hamm),NJW-RR 2009,1113.

⑦ *Zimmermann*,MüKoZPO,5. Aufl. 2016,§ 402 Rn. 9. 实践中也存在判决,即只要当事人双方同意,法官可以将其作为鉴定意见,因为通常情况下,为一方进行过私人鉴定的,会被另一方当事人申请回避。Vgl. *Ghassemi-Tabar/Nober*:Der Privatgutachter im Zivilprozess,NJW 2016,552;BGH,Urteil vom 29. 09. 1993 – VIII ZR 62/92,NJW-RR 1994,255.

能忽视私人鉴定意见,应当就此询问法庭鉴定人,同时也可以给予法庭鉴定人机会对其鉴定意见进行书面补充。[①] 如果有必要,可以让法庭鉴定人与私人鉴定人在法庭上对质,然后由法官决定在多大程度上采信鉴定意见。[②] 如果仍旧没有清楚的定论,那么法官应当根据《民事诉讼法》第412条,再邀请新的鉴定人出具鉴定意见。[③] 法庭委托的鉴定人针对与私人鉴定意见的冲突,不能回避及不予讨论。[④]

总之,在德国,作为重要的证据形式之一,鉴定意见无疑对最终的判决有着深远的影响。实践中,如果法官过于欠缺相应的专业知识,那么鉴定人的鉴定意见就会成为影响判决的重要因素,因为法官的判决会很大程度依赖于鉴定意见。尤其是随着科学技术的快速发展及社会生活的日益复杂,鉴定人在民事诉讼程序中的作用也越来越大。鉴定人所涉及的领域可以是各个方面的,除了一般的科学领域,如医学、生物学、化学学、心理学等,还包括特定商业领域(如银行业)的经验性知识,如交易惯例等。[⑤] 在要求鉴定意见的公正性的同时,我们也看到了民事诉讼法对诉讼效率的追求,如当事人在决定鉴定人人选过程中的参与及提问,细微的程序瑕疵并不必然导致严重的程序违法等。为了平衡各方利益,法官被授予了较大的裁量权,同时这种裁量权也并非毫无限制,而是依照法官自身义务来行使。

相较于民事诉讼中的鉴定人,刑事诉讼中的鉴定人之规定更为复杂,因为有更多的诉讼参与人(包括检察机关)的参与,每一个诉讼参与人都有相应的有关鉴定人的权利,尤其是检察官在决定鉴定人人选方面的影响不可忽视。同时,由于刑事诉讼的特殊性质,心理、精神方面及医学领域的专家会更广泛地作为鉴定人参与刑事诉讼,针对嫌疑人或被告人的刑事责任能力进行鉴定或者参加勘验。此外,相较于民事诉讼,刑事诉讼有更多的关于鉴定人必须参加庭审的强制性规定,缺少鉴定人将会导致程序上的瑕疵。

---

① BGH, Beschluss vom 12.01.2011 – IV ZR 190/08, NJW-RR 2011,609.
② BGH Urteil vom 14.04.1981 – VI ZR 264/79, BeckRS 1981 30391648.
③ *Zimmermann*, in MüKoZPO, 5. Aufl. 2016, § 402 Rn. 9.
④ BGH, Urteil vom 11.05.1993 – VI ZR 243/92, NJW 1993,2382.
⑤ *Berger*, in Stein/Jonas, Kommentar zur Zivilprozessordnung, 23. Aufl. 2015. vor § 402 Rn. 8.

第四章

法国司法鉴定人与鉴定意见评价

第一节　概念界定

一、法国司法鉴定的概念及分类

所谓鉴定,是指具有相应能力与资质的专业人员和机构①接受委托人的委托,运用专业知识和根据相应的经验,就案件中的专门性问题提出客观、公正和具有权威性的技术意见②。在法国,根据委托人性质的不同,鉴定分为非官方鉴定和司法鉴定两种形式。

(一) 非官方鉴定

所谓非官方鉴定,是指鉴定人接受案件当事人提出的鉴定申请所进行的鉴定。如果鉴定由一方当事人提出,那么就称为单方鉴定(expertise unilatérale);如果鉴定由双方当事人共同提出,那么就称为协商鉴定③(expertise amiable)。总之,这种未经法官许可的鉴定,在这里统称为非官方

---

① 司法鉴定人可以依据 1901 年《协会组织法》成立组织,并以某某组织命名(Compagnie)。这些存在于上诉法院的协会又组成了司法鉴定协会国家理事会(http://www.cncej.org/defaultsite)。加入协会并无任何强制性。另外,法国不动产鉴定人还成立了国家鉴定中心(https://www.l-expertise.com/#)。

② PECKELS B., HUREAU J. "Essai de définition de l'expertise et des experts", *Experts*, n°78, mars 2008, p. 79.

③ 协商鉴定要么依据合同条款的规定,要么双方当事人达成一致。双方当事人可以共同指定一位鉴定人,也可以分别指定自己的鉴定人。在后一种情况下,若鉴定结果不一致,则需要第三位鉴定人。

鉴定。①

　　不仅法国的法律未就非官方鉴定进行相应的规定②,法国最高法院也并未对单方鉴定和协商鉴定进行区分③,但这并不意味着非官方鉴定不具有法律上的效力。④ 1999 年,法国最高法院通过判例指出,即便非官方鉴定未遵守对席审判原则⑤,只要当事人双方在法庭辩论中就鉴定意见进行辩论,非官方鉴定也可以作为法官判案的证据。⑥ 法国最高法院通过判决,认可了非官方鉴定的证据效力。⑦

　　但是,针对法官是否仅依据非官方鉴定就可以作出判决,法国最高法院的不同法庭对此持不同的态度。民事审判法庭基本上认为,法官不能只以非官方鉴定为依据而作出最终判决;不过,商事审判庭则认为,依据《商法典》第 L621-9 条,法官可以只依据未经过对席审判程序的协商鉴定作出判决。⑧ 面对这样的争端,法国最高法院混合审判庭通过 2012 年 9 月 28 日的判决给出了新的规定:“对于按照规则入档,并且当事人在辩论过程中对鉴定结果进行过辩论的非官方鉴定,法官不能拒绝参考;法官也不能完全依据当事人一方进行的鉴定作出判决。”概言之,对于这种非官方鉴定,无论是单方鉴定还是协商鉴定,法官必须予以参考。但是,这样的鉴定对于案件本身的判决而言并不够充分,必须通过其他证据予以证实。⑨

---

① 单方鉴定有时被称为非官方鉴定,协商鉴定有时被称为非诉讼程序的鉴定,但某些文献又笼统地将单方鉴定和协商鉴定统称为非官方鉴定。为避免混淆,在此将司法鉴定外的鉴定均称为非官方鉴定。Cass. Bulletin d'information n° 632 du 15/01/2006.

② 与司法鉴定不同,《刑事诉讼法典》《民事诉讼法典》《行政司法法典》均未对非官方鉴定进行规定,如鉴定任务、鉴定人报酬问题等。

③ Civ. 1ere 13 avril 1999 Bull. I, n°134, p. 87.

④ MARIE Henriette, "La valeur probante de l'expertise officieuse et de l'expertise judiciaire", https://www. conseil-juridique. net/marie-henriette/blog/avocat-2579. htm.(访问日期：2018 年 12 月 16 日)

⑤ 见《民事诉讼法典》第 16 条。

⑥ Civ. 1ere 13 avril 1999 Bull. , I, n°134, p. 87;24 septembre 2002, Bull. I n°220, p. 16.

⑦ 20 世纪 60 年代,法国最高法院民事审判第一庭就作出过类似判决:“在不违反关于证据和司法鉴定的规定之情况下,如果非官方鉴定的报告按照规则入档,并且当事人在审判中对该报告进行过辩护,那么地方各级法院的法官可以将该报告作为断案依据。”Civ. 1ere 6 novembre1963 Bull. I, n°481.

⑧ Cass. , 25 novembre, 1997.

⑨ 2018 年 7 月 11 日的判决也有相似的规定:“如果鉴定报告按规则入档,并且当事人在辩论中对该报告进行辩论,那么法官不可拒绝采用这份报告;法官还要确定是否有其他证据可以支持该份报告。”Civ. 1ere , 11 juillet 2018.

(二) 司法鉴定

在法国,对单方鉴定和协商鉴定的区分虽然无关紧要,但是对非官方鉴定和司法鉴定的区分则是至关重要,因为两者的制度有着本质上的区别。[1] 与非官方鉴定不同,司法鉴定分别由《刑事诉讼法典》《民事诉讼法典》和《行政司法法典》予以规定。三部法典对司法鉴定的规定基本大同小异,我们分别从鉴定的启动、鉴定人的任命、鉴定的进行、鉴定报告等几个方面来论述三部法典对鉴定规定的异同。

二、司法鉴定的法律依据

法国没有统一的司法鉴定法典,也没有统一的司法鉴定法律。[2] 有关司法鉴定的内容,分别由《刑事诉讼法典》《民事诉讼法典》和《行政司法法典》[3]规定。

《民事诉讼法典》第一卷第七编第五章第四节的第 263 条至第 284 - 1 条,《刑事诉讼法典》第一卷第三编第一章第九节的第 156 条至第 169 - 1 条,以及《行政司法法典》法规部分第六卷第二编第一章的第 R621 - 1 条至第 R621 - 14 条对鉴定进行了规定。三部法典中,除了《行政司法法典》是通过法规部分对鉴定进行规定外,其余两部法典对鉴定进行规定的条款均属法律性质。[4]

三部法典规定,鉴定是预审阶段通过技术人员调查证据来协助司法审判的程序,并且是在勘验或咨询不足以查明事实或者遇到技术性问题的情况下,才有必要进行的。[5] 对于非官方鉴定而言,它主要是用于为法官提供一定的证据,或者用于质疑其他鉴定结果,既可以在纠纷发生前启动,也可以在纠纷发生后启动。例如,保险公司常常通过非官方鉴定,对不动产、交通事故等领域的问题进行损失评估和责任确定。

---

① Cass. Bulletin d'information n° 632 du 15/01/2006.
② 刘新魁:《法国司法鉴定制度及启示》,载陈光中、江伟主编:《诉讼法论丛》(第七卷),法律出版社 2002 年版。
③ 三部法典的具体内容见本章附录。
④《刑事诉讼法典》最高行政法院令部分第 D37 - D40 条,对鉴定的实施也进行了规定。
⑤《民事诉讼法典》第 263 条、《刑事诉讼法典》第 156 条。

三、司法鉴定制度的发展

　　法国的鉴定历史悠久,肇起于尸伤检验的司法实践。15 世纪,伴随着欧洲资产阶级革命的发生,生物学、物理学、化学、数学得到空前的发展,这对法医学的发展起到了推进作用,对诉讼制度提出了新的要求,特别是通过科技手段等专门知识来证明案件事实产生了深远的影响。[①] 1562 年,法国医生巴雷(AmbroisPare)第一次进行汞中毒的法医学鉴定,并于 1575 年撰写了《外科手术学》,对损伤、杀婴、机械性窒息、电击死等非正常死亡尸体及活体损伤等提出一些鉴定方法。[②]

　　至 16 世纪,刑事案件中有关自然科学的问题要由有关专家进行鉴定,这在法国似乎已成了一种惯例。[③] 1539 年,法国的《民事诉讼法令》规定,法官可以采用咨询专家的方式进行证据调查。1606 年,亨利四世通过许可状的方式授权任命外科医生让·德拉里维尔为被伤害或谋杀的人进行检验。路易十四王朝的 1667 年《刑事条例》,第一次正式明确了法官运用专家咨询意见的法定程序。[④] 根据法令,受伤者应受愿意宣誓提供诚实报告的内科医生与外科医生检验。这个法令明确了"专家的书面报告"是与法官的"司法检查"并列的证据方法,同时明确了专家的任务,即哪些案件应由专家提供报告。专家的书面报告需要在"委派法官"之前进行正式的调查,调查的方式是双方当事人在场的情况下,专家按照当事人选择的誓言宣誓,宣誓他的书面报告为真,并将书面报告留存在"委派法官"那里,由他提交给"合议庭"讨论。这些规定主要涉及鉴定宣誓、鉴定人资格等内容,形成了法国现代鉴定制度的基本内容与雏形。由于 1667 年法令对专家证据的规定是"刚性"的,其结果之一就是显著提升了专家的社会地位。法庭依重于专家证据断案,在当时的法国被看作是社会进步的标志之一,并导致了 18 世纪初,法国的专家地位具有世袭的特征。[⑤]

---

① 霍宪丹主编:《司法鉴定通论(第二版)》,法律出版社 2013 年版,第 29 页。
② 杜志淳主编:《司法鉴定概论》,法律出版社 2010 年版,第 14 页。
③ 郭华:《鉴定结论论》,中国人民公安大学出版社 2007 年版,第 110 页。
④ 张斌:《科学证据采信基本原理研究》,中国政法大学出版社 2012 年版,第 61 页。
⑤ 刘振红:《司法鉴定:诉讼专门性问题的展开》,中国政法大学出版社 2015 年版,第 135—136 页。

19 世纪后,法国的司法鉴定制度逐渐走向成熟。随着司法鉴定的技术手段不断发展,指纹和笔迹也逐渐成为鉴定的对象。1872 年,米尚(Jean Hippolyte Michon)出版了《笔迹学的体系》和《笔相学的方法》,成为"笔相学"始祖。[①] 同时,法国的鉴定机构也逐渐建立并完善。1883 年,法国的贝蒂隆(A. Betillon)建立了"人体测量法",将其应用于刑事犯罪档案的建立,并创建了世界上第一个鉴定机构——刑事鉴定局。鉴定机构的建立,对大陆法系国家的司法制度产生了深刻的影响,并使其他国家纷纷效仿。[②] 1910 年,埃德蒙·洛卡尔(Edonond locard)在里昂创立了欧洲第一家警察犯罪侦查实验室,为现代法医学和犯罪侦查学奠定了基础。法国的警察系统设有鉴定机构,隶属于内政部的国家司法警察局下设的司法鉴定中心,主要在现场勘察、物证检验、人身识别等方面向各地的警察机构提供服务。巴黎警察局设有中心实验室和毒物学实验室。国家宪兵总局设有技术处,主要负责现场勘察和鉴定工作。

随着诉讼模式的演进、证据制度的变化、科学技术的发展及对鉴定问题认识的深入,法国将鉴定作为一项相对独立的活动,鉴定结果也逐渐作为证据的一种,在实体法和程序法中予以规范。例如,《民法典》以"鉴定"这种证据方法来明确其证据种类;《刑事诉讼法典》设立"鉴定"专节,共用 14 个条款来规定鉴定的程序规则;《民事诉讼法典》规定了鉴定程序规则。在刑法中,只要运用各种证据方法——书证、供述、搜查、扣押、现场查证、勘验、鉴定、事实上的推定、痕迹等——所取得的证据是按照一定的形式并遵守特定的规则进行查找与提出,且提交法庭辩论与对席争论,便都能获得许可。[③]

第二节　鉴定人资质及管理

一、鉴定人资格与鉴定人名册

鉴定人的资格就是什么人能够担任鉴定人的问题。与英美法系国家不

---

① 霍宪丹主编:《司法鉴定通论(第二版)》,法律出版社 2013 年版,第 30 页。
② 杜志淳主编:《司法鉴定概论》,法律出版社 2010 年版,第 14 页。
③ 霍宪丹主编:《司法鉴定通论(第二版)》,法律出版社 2013 年版,第 30—31 页。

同,大陆法系国家从狭义角度来看待作为专业人员的司法鉴定人。所谓专家,是指在物证技术学、法医学、司法精神病学等专业学科领域内受过较高层次教育并具有较高专业水平的人。鉴定人被限定为少数具有大学和大学以上文化程度,并且在各种行业具有特殊专业才能和名望的人士,他们专业知识的取得主要通过正规教育和实践经验的积累。因此,在非专门司法鉴定领域内,只有建筑师、会计师、律师、医师、土地房屋调查师等获得资格认证或具有较高学历的人士,才被认为有鉴定人的资格。[1] 通常而言,司法鉴定专家应当具备下列资质:一是道德操守,不能有受过刑事处罚和其他纪律处分的经历;二是能力,必须提供毕业证书和从业经历的证明;三是住所,必须证明自己居住在某个上诉法院的司法管辖区内。专家在司法鉴定过程中有违纪、违法行为的,会受到除名处理,甚至会被追究刑事责任。[2]

对于鉴定人资格的确定,法国采用鉴定权主义,即有关法律或权力机关明确规定哪些人或哪些机构具有鉴定主体资格,或者将鉴定权固定地授予特定的人或机构,只有具备鉴定资格的人或机构才能向司法机关提供鉴定结论。[3] 由于鉴定人完全独立于司法系统之外,不属于任何司法机关管辖,因此为了保障司法鉴定人的质量,法国实行鉴定人名册制度。司法鉴定人名册全部由最高法院或上诉法院遴选后确认,大审法院和初审法院没有制定名册的权力。[4] 通过特定的考评和登录程序,将全国具有鉴定资格的专家根据行业登记造册,注册各自的教育程度、学术成果、专业经历等内容,供法官根据案件的需要,从名册中选任鉴定人。[5]

取得名册中的鉴定人资格要经过一定的程序。首先,由申请人向最高法院和上诉法院递交申请,并在申请中列明其在相关领域从业的经历和取得的成就,由最高法院或上诉法院从内部挑选法官组成委员会,对申请人的资质进行审核。如果申请人符合某个领域鉴定人的条件,那么就将他列入本级法院的鉴定人名册之中。[6] 列入名册的鉴定人只能从事本级法院或下级法院的鉴

---

① 孙业群:《司法鉴定制度改革研究》,法律出版社 2002 年版,第 79 页。

② 杜志淳、宋远升:《司法鉴定证据制度的中国模式》,法律出版社 2013 年版,第 27 页。

③ 参见何家弘:《司法鉴定导论》,法律出版社 2000 年版,第 95—96 页。

④ 《司法鉴定人法》第 2 条第 1 款。

⑤ 黄维智:《鉴定证据制度研究》,中国检察出版社 2006 年版,第 73 页。

⑥ 《司法鉴定人法》第 2 条第 2 款。

定工作,无权对上级法院的案件进行鉴定。比如,列入上诉法院名单的鉴定人不能为最高法院审理的案件充当鉴定人,但对大审法院和初审法院管辖的案件则有权进行鉴定。①

获得资格的鉴定人应受试用期的约束,期满后必须重新登记。具体而言,初次向上诉法院提出申请并通过的鉴定人以试用身份在名册上登记,期限为三年。② 三年适用期满后,鉴定人需要重新提出申请并通过后才能在名册上登记,期限为五年。之后,以五年为期限延续登记。③ 在上诉法院名册中登记不满五年的鉴定人,不得在最高法院制定的名册中进行登记。国家级名册登记的期限为七年,并以此为期限延续登记。④ 对于鉴定人提出的上述初次申请或延续申请登记的请求,如果上诉法院作出驳回要求登记的裁决,那么需说明相应的理由⑤。

关于鉴定人能否是法人的问题,法国的规定与其他大陆法系国家有些不同。根据《刑事诉讼法》第157条,鉴定机构可以作为法人载入鉴定人名册,并且法官可以将这种法人指定为鉴定人。但是,如果指定的专家是法人,那么其法定代表人应在取得该主管法院的同意后,从其所辖人员中,选定一名或一名以上自然人,以该法人的名义进行鉴定。法人虽然能够成为鉴定人,但具体代表法人进行鉴定的,仍然是法人内部所属的自然人,该自然人的选任仍要取得法院的同意。⑥

二、鉴定人的诉讼(法律)地位

与英美法系不同,大陆法系国家鉴定人的诉讼地位要高于证人。大陆法系国家设立鉴定人的目的是弥补法官知识和经验的不足。鉴定人通过提供鉴

---

① 刘新魁:《法国司法鉴定制度及启示》,载《诉讼法论丛》(第7卷),法律出版社2002年版。
② 《司法鉴定人法》第2条第2款。
③ 同上。
④ 《司法鉴定人法》第2条第3款。另外,法律还规定,欧盟成员国符合标准的鉴定人也可以在国家级名册中注册。由于各国司法鉴定的运作和鉴定人的认定各具特色,因此在欧盟中成立的欧盟鉴定和鉴定人院,试图统一各国的法律。https://experts-institute.eu。(访问日期:2019年1月7日)
⑤ 《司法鉴定人法》第2条第4款。
⑥ 黄维智:《鉴定证据制度研究》,中国检察出版社2006年版,第73页。

定意见,成为法官"科学上的辅助人"和"帮助法官认识活动的人"。① 法国学者认为,司法鉴定人是根据法官的指令,对需要运用专业技术知识并通过复杂的调查才能查证的事实提出意见的专业技术人员。② 在法国,鉴定就意味着"更为全面的综合调查"③,鉴定人被视为法院的组成人员,要按照法官的指令,将鉴定结论作为发现事实的一种方式,实质上是代替法官所从事的职务性活动。④

法国的司法鉴定人这一较高的法律地位和中立性的要求,与其大陆法系特有的法律文化密不可分。大陆法系的鉴定制度根植于其诉讼传统,其职权主义传统以国家垄断刑事司法权力为特征,强调司法的效率和权威,在诉讼中,以法庭主导和控制诉讼进程、法官的事实裁判权和司法调查权为核心。无论是当事人还是鉴定人,均被笼罩在由法官代表的国家司法权威之下。职权主义诉讼模式强调国家解决社会冲突的职权和责任,要求这些机关依据其法律责任来查明真相,最大限度地保护各种应当受到保护的社会利益。鉴定意见这一独立的证据形式,就是职权主义诉讼模式的重要特征。鉴定工作强调法官对鉴定的决定权,鉴定制作主体表现出中立性,更倾向于追求实质公正和效率价值,在司法中体现国家的司法权威。⑤ 在职权主义理念下,进行事实调查、寻找案件的客观真相既是法院的权力,也是法院的职责,鉴定的决定权和鉴定人的选任权掌握在法官手中,因为这是法官调查事实真相的一种手段,是法院的职权行为。⑥

可见,大陆法系的鉴定制度对案件真实的追求采用了直接的方式,对超出法官认识能力的事实认定,由鉴定人辅助法官进行,刑事鉴定被视为法官认识能力的延伸。事实问题是大陆法系国家司法鉴定制度的一个重要问题,整个鉴定制度都围绕着如何保障解决诉讼中的事实问题展开。在司法实践中,法

① 常林:《寻找司法鉴定"守门人"》,载《司法鉴定专家辅助人制度研究》,中国政法大学出版社2012年版,代序。
② 樊崇义主编:《司法鉴定法律知识导读》,法律出版社2001年版,第254页。
③ [法]让·文森、[法]塞尔日·金沙尔:《法国民事诉讼法要义(下)》,罗结珍译,中国法制出版社2001年版,第1001页。
④ 孙业群:《司法鉴定制度改革研究》,法律出版社2002年版,第69页。
⑤ 汪建成:《专家证人模式与司法鉴定模式之比较》,载《证据科学》2010年第1期。
⑥ 周湘雄:《英美专家证人制度研究》,中国检察出版社2006年版,第36页。

庭科学的发展使得刑事鉴定在诉讼中发挥着越来越重要的作用,这种作用则通过鉴定人来实现。[①]

三、鉴定人的权利与义务

(一) 鉴定人的权利

基于"法官的科技辅助人"的诉讼地位,法国的司法鉴定人在帮助法官调查和认定案件事实之过程中,除享有证人的基本权利外,还享有鉴定人的"特权"。概括起来,鉴定人的权利主要有以下几项:

首先,为了使鉴定人完全了解其接受的任务,鉴定人享有了解案情、查阅案卷、获取必要鉴定材料之权利,这是鉴定人的一项基本权利。为此,法国的刑事诉讼法和民事诉讼法均赋予鉴定人较为广泛的权利和措施,以保障其更好地完成鉴定工作,辅助法官查明案件事实。例如,现行《民事诉讼法典》第268条规定:"各方当事人案卷或者鉴定所必需的文件,暂时保存于法院书记室……鉴定人在接受任务之前即可查阅这些文件。鉴定人一经接受任命,即可经其签字或出具收据,提取上述各方当事人案卷或文件,或者由法院书记室向其寄送这些案卷或文件。"[②]《刑事诉讼法典》第164条规定:"如果鉴定人认为有必要询问被审查人,可以由预审法官或者主管法院所指派的法官在鉴定人在场的情况下,按照法律规定的形式和条件,对被审查人进行询问。"[③]

其次,鉴定人还享有要求延长鉴定期限之权利。根据《刑事诉讼法典》第161条,虽然预审法官或审判法官可以在作出委派鉴定人的决定时,具体规定完成鉴定任务的期限,但在特殊情况下,司法鉴定人可以要求延长鉴定期限,法官或法院应当作出附理由的决定。"如有特殊原因,依鉴定人申请,指定鉴定人的司法官或法院得以说明理由的决定,延长完成鉴定的期限。"[④]

再次,对于鉴定的结果,鉴定人有独立出具鉴定意见权。在法国,通常情况下,鉴定结束时,鉴定人都要向法院书记员提交一份书面的"鉴定报告"。在

---

① 周湘雄:《英美专家证人制度研究》,中国检察出版社2006年版,第36页。
② 《法国新民事诉讼法典》,罗结珍译,中国法制出版社1999年版,第53—54页。
③ 《法国刑事诉讼法典》,罗结珍译,中国法制出版社2006年版,第164页。
④ 同上,第167页。

指定数名鉴定人的情况下,多位鉴定人只能制定一份鉴定报告,所有人都应当在这份单一的报告上签字。如果多位鉴定人的意见不一致,那么鉴定报告中应当反映出这种意见分歧,以便法庭更全面地了解情况。①

又次,完成鉴定任务之后,鉴定人依法享有获取鉴定报酬权。在法国,鉴定费用因案件的性质而有所不同。刑事案件的鉴定是免费制,当事人不负担鉴定的费用,司法鉴定人的鉴定费用由国家财政支付。民事案件的鉴定则由当事人向鉴定人支付费用,原、被告双方支付费用的比例,按照一般民事诉讼付费规则,由法官确定。② 在行政诉讼中,实行的也是收费制。③ 鉴定人完成鉴定工作后,要向法官提交一份有关其缺勤与支出费用的证明。鉴定报告一经提交,法官即依据鉴定人的工作量大小、是否遵守了规定的期限及所完成的工作的质量,确定鉴定人应得的报酬,并允许鉴定人从寄存在法院书记室的款项中,按应得数额领取报酬。④

最后,鉴定人还享有被告知相关裁判结果的权利。依据《民事诉讼法典》第284-1条之规定:"如鉴定人有此要求,依其鉴定意见作出的判决的副本可提交给鉴定人,或者由法院书记员交给鉴定人。"⑤

(二) 鉴定人的义务

为了保证诉讼活动的正常进行,鉴定人在被赋予一定诉讼权利的同时,也应当承担相应的诉讼义务,以保证鉴定工作能够顺利完成,从而辅助法官探明案件真相。

根据《刑事诉讼法典》第160—169条,鉴定人的义务主要包括以下几个方面:一是宣誓的义务。首次注册登记于上诉法院名册中的鉴定人,应当在其住所地的上诉法院宣誓,将依据自己的荣誉和良心来履行职务、制作鉴定报告和提供意见。注销后重新注册的鉴定人应当重新宣誓,但不必在每次受委托

---

① 沈健:《比较与借鉴:鉴定人制度研究》,载《比较法研究》2004年第2期。
② 《民事诉讼法典》第269条、第284条等。
③ 《行政司法法典》第R621-7-2条、第R621-11至R621-14条、第R761-14条等。
④ [法]让文森、[法]塞尔日·金沙尔:《法国民事诉讼法要义(下)》,罗结珍译,中国法制出版社2001年版,第1003页。
⑤ 《法国新民事诉讼法典》,罗结珍译,中国法制出版社1999年版,第57页。

时重复进行。对于法人而言，由法人代表进行宣誓。① 二是按期、亲自、全面、公正地完成鉴定工作的义务。鉴定结束后，鉴定人应当制作一份内容包括对鉴定过程的记录及其结论的报告，以证明委托其进行的鉴定是他亲自进行的，并在报告上签名。三是有出庭作证、接受质证、参与辩论的义务。具体而言，根据《刑事诉讼法典》第 168 条，如有必要，鉴定人应当在宣誓后，当庭宣布已进行的技术鉴定的结果；审判长可以依职权，或者根据检察院、当事人或律师的要求，向鉴定人提出委托其进行的鉴定范围内的任何问题；在宣布完毕后，除非审判长准许其退庭，否则鉴定人应当参与辩论。②

此外，法国鉴定人的"法官科学助手"之性质和地位，也决定了鉴定人对双方当事人应当采取中立的立场，并适用监督、回避和保密的规定。例如，《刑事诉讼法典》第 156 条第 2 款规定了鉴定人接受监督和按期报告的义务："鉴定人在预审法官的监督下进行鉴定，或者在命令鉴定的法院指定的司法官的监督下进行鉴定。"该法第 161 条还规定："鉴定人应当和预审法官或受委派的司法官保持联系，完成鉴定任务，并应随时将鉴定的进展情况告知预审法官或受委派的司法官，以便其能随时采取有效措施。"③针对鉴定人的回避义务，《民事诉讼法典》第 234 条规定："对技术人员，得依申请法官回避之相同理由，申请回避。"该法第 244 条规定了鉴定人的保密义务："禁止技术人员透露其在执行任务时可能了解的其他情况。"④在这里，保密也往往可以被扩大解释为包括保护隐私。⑤

第三节　司法鉴定的启动程序

法国的鉴定启动程序大致包括：鉴定的申请程序、鉴定的决定程序、鉴定人的选任程序及鉴定的拒却（拒绝）程序。由于法国采取职权主义诉讼模式，

---

① 1974 年 12 月 31 日法令第 20 条第 2 款。

②《法国刑事诉讼法典》，罗结珍译，中国法制出版社 2006 年版，第 169 页。

③ 同上，第 163—164 页。

④《法国新民事诉讼法典》，罗结珍译，中国法制出版社 1999 年版，第 49—50 页。

⑤ 徐景和：《司法鉴定制度改革探索》，中国检察出版社 2006 年版，第 27 页。

法官不仅在审判阶段居于主导地位,而且在审判前也可以就某项司法问题作出决定,因此鉴定被认为是"帮助裁判者发现真相,实现正义"的活动,是司法权的组成部分。[①]

一、鉴定的申请与决定程序

法国的司法鉴定通常由司法机关来启动,鉴定启动程序也体现了职权主义诉讼模式的特点。

具体而言,在民事诉讼中,《民事诉讼法典》第 263 条规定,在勘检或咨询不足以查明事实的情况下,法官有理由决定进行鉴定。在行政诉讼中,当事人和法官均可以要求法院委派鉴定人进行鉴定。[②] 在刑事诉讼中,因为涉及公检权力,所以除了当事人和法官外,检察院也可以要求法官进行司法鉴定。《刑事诉讼法典》第 156 条第 1 款规定:"任何预审法庭或审判法庭,在案件遇有技术问题的情况下,或者应检察院的要求,或者依职权,或者应当事人的请求,得命令进行鉴定。"[③]根据此条的规定,鉴定的申请主体为检察院和当事人。也就是说,控辩双方均享有申请权而没有决定权,体现了控辩双方在鉴定启动程序上的权利对等性。预审法官或审判法官对检察官和当事人提出的鉴定申请享有决定权。[④] 在法国,预审法官在审前程序中占有重要地位,是刑事案件侦查的领导者和指挥者,除有权决定羁押嫌疑人外,在鉴定活动中亦发挥着重要的职权作用。[⑤]

同时,根据《刑事诉讼法典》第 156 条第 2 款之规定,预审法官或审判法官在接到有关进行鉴定的请求之后,应当在一个月的期限内作出答复并说明理由。同意当事人或检察院的鉴定申请的,预审法官或审判法官应作出准许的决定;对当事人或检察院的鉴定申请不予准许的,应当裁定驳回,并说明驳回

[①] 孙业群:《司法鉴定制度改革研究》,法律出版社 2002 年版,第 106 页。

[②] 《行政司法法典》第 R621－1 条。

[③] 《法国刑事诉讼法典》,罗结珍译,中国法制出版社 2006 年版,第 162 页。

[④] 郭华:《鉴定结论论》,中国人民公安大学出版社 2007 年版,第 155 页。

[⑤] 张华:《司法鉴定若干问题实务研究》,知识产权出版社 2009 年版,第 24 页。

的理由,"以说明理由的裁定,始能驳回进行鉴定的申请"①。虽然检察院或当事人的申请对预审法官没有当然的约束力,但一定的制约性和对预审法官的相应约束机制,可以避免预审法官驳回鉴定申请的任意性或随意性。②

法官依据请求,可以依职权启动鉴定程序,但法官亦有权力拒绝启动鉴定程序。对预审法官驳回鉴定申请的裁定,依据《刑事诉讼法典》第186－1条第1款之规定,当事人或检察院可以向上诉法院起诉审查庭提出上诉。如果上述期限未得到遵守,那么提出鉴定申请的当事人可以直接向上诉法院起诉审查庭庭长提出请求。③ 这一规定给予了当事人或检察院申请鉴定被驳回之后的相应救济方式。

尽管当事人或检察院有提出鉴定申请的权利,但在刑事诉讼中,预审法官或审判法官提起鉴定属于一种职权行为,不需要经过其他人的同意。这一启动权甚至不受他人的限制,在刑事诉讼中仅受法律规定的"案件出现技术方面的问题"的制约。由于"可以进行鉴定的技术领域极为广泛。在医疗领域往往需要进行鉴定,在生物、化学、毒品等领域,也经常需要进行鉴定,但是,司法鉴定的一个极为重要的领域是财务方面的鉴定。有时,在空难事故与公路交通事故中,也常常采用司法鉴定手段。最后,我们还要指出的是,属于科学警察范畴的鉴定活动(对痕迹、组织、泥土的分析,对武器与弹头的鉴定,查找伪造的文件,鉴别打字的机器型号,等等)尤其重要",因此"很难确定一个完全适用于各种鉴定情形的统一规定。在《刑事诉讼法典》规定的统一规则之外,也许有必要安排其他一些不同的程序"。④ 从这一规定可以看出,在法国的刑事鉴定制度中,虽然三方都有提起鉴定的权利,但最终的决定权仍在法官手中,法官依职权行事的色彩还是比较明显的。

在民事诉讼中,法官对鉴定事项的决定权相对而言限制较大。依据《民事诉讼法典》第263条和第265条之规定:"(法官)仅在经过验证或咨询仍不足

① ［法］卡斯东·斯特法尼等:《法国刑事诉讼法精义(下)》,罗结珍译,中国政法大学出版社1998年版,第646页。
② 郭华:《鉴定结论论》,中国人民公安大学出版社2007年版,第155页。
③ ［法］卡斯东·斯特法尼等:《法国刑事诉讼法精义(下)》,罗结珍译,中国政法大学出版社1998年版,第646页。
④ ［法］卡斯东·斯特法尼等:《法国刑事诉讼法精义(下)》,罗结珍译,中国政法大学出版社1998年版,第645页。

以查明事实的情况下,始有必要命令进行鉴定。""命令进行鉴定的裁判决定应：说明由于哪些情形进行鉴定有所不必要,以及如有必要,说明任命多名鉴定人的原因。"据此可知,法国的民事诉讼注重鉴定的成本,对专门性问题,在鉴定之前能够采用验证或咨询解决的,则不需要启动鉴定程序；对决定启动鉴定程序的,还要说明其必要性。①

二、鉴定人的选任程序

预审法官或审判法官同意当事人或检察院的鉴定申请而作出准许鉴定的决定,或者依职权决定进行鉴定后,就存在谁有权选择鉴定人或鉴定机构的问题。

对于依当事人或检察院的申请而作出进行鉴定的决定,或者依职权自行决定启动鉴定程序的情况,预审法官或审判法官均有权自主选择鉴定人,不必征得当事人或检察院的同意,其选择权不受检察院或当事人权利的制约。《刑事诉讼法典》第 157 条和第 159 条规定："应当从列入最高司法法院制定的全国性名册的自然人或法人中挑选鉴定人,或者从列入上诉法院按照 1971 年 6 月 29 日有关司法鉴定人的第 71－498 号法律规定之条件制定的名册上的自然人或法人中挑选鉴定人。""预审法官指定负责进行鉴定的鉴定人。"②

原则上,预审法官所借助的鉴定人,应当从法院设置的鉴定人正式名单中挑选。作为例外,法院还可以选任并未在任何名册登记的鉴定人,但应当在说明理由的决定中具体说明其作出此选择的原因(通常都是由于有待鉴定的问题要求具有特殊的技术,并要求鉴定人具有特别的能力)。③ 如果预审法官不予说明理由,那么其选择鉴定人的决定就无效。总之,无论如何,预审法官所选的鉴定人都不应当是在私下已经了解案情的人,在这种条件下制作出来的鉴定报告是无效的。④

① 郭华:《鉴定结论论》,中国人民公安大学出版社 2007 年版,第 156 页。
②《法国刑事诉讼法典》,罗结珍译,中国法制出版社 2006 年版,第 163 页。
③ ［法］卡斯东·斯特法尼等:《法国刑事诉讼法精义(下)》,罗结珍译,中国政法大学出版社 1998 年版,第 647 页。
④ 同上。

　　关于鉴定人人数的规定,经历了复杂的变化和控辩双方的长期较量才得以确定下来。一般而言,除极为复杂的棘手问题,法律规定,法官只可以认定一名鉴定人。① 但是,由预审法官选任鉴定人的做法引起了辩护方的批评,加之 1960 年修改之前的《刑事诉讼法典》第 156 条还规定"在命令进行鉴定之前,预审法官要提请共和国检察官提出意见",辩护方认为"这样做是受到了检察机关的指导与引导,因此担心受到任命的鉴定人有可能是某种控告代理人"。② 修改后的《刑事诉讼法典》允许当事人讨论挑选鉴定人,甚至要求任命由辩护方从鉴定人正式名册上选任的第二鉴定人,虽然这一修改被 1985 年的"法官每一次至少指派两名鉴定人"之规定代替。在实际操作过程中,可能因为需要确定鉴定事项是否涉及实体问题,所以提交到上诉法院起诉审查庭的案件越来越多。在这种情况下,1985 年的修改又恢复到之前的状态,规定"预审法官指定负责进行鉴定的专家(鉴定人)",即"唯一鉴定人"制度。③ 但是,现行的《刑事诉讼法典》在第 159 条第 2 款又补充规定了"如案情证明有此必要,预审法官得指定多名鉴定人"。立法者在这一问题上又回到了先前的制度。④ 法国刑事诉讼法的这一变动,也反映了法律对启动鉴定程序选择的艰难。

　　从上述规定中可以看出,在鉴定的启动程序方面,法官占据着主导地位,这些规定与法国传统的职权主义诉讼模式相吻合。但是,在此基础上,法国的法律又进行了一定程度的限制,这种限制主要表现为:在鉴定的提起方面,除法院可以依职权启动鉴定外,法律设计了当事人和检察院都有权提起鉴定申请,扩大了检察院和当事人的权利;法院在选任鉴定人时,需从名册中挑选,挑选名册外的鉴定人需说明理由并进行宣誓;针对法院作出的有关鉴定方面的

---

① 之前有学者提出对席鉴定的建议,《刑事诉讼法典》也曾在鉴定程序中引用对抗成分,此种鉴定被称为"共同鉴定"。但是,由于实际操作的问题,上诉法院预审庭出现了案件积压,因此现在《刑事诉讼法典》又回到了唯一鉴定人制度。参见[法]贝尔纳·布洛克:《法国刑事诉讼法》,罗结珍译,中国政法大学出版社 2009 年版。

② [法]卡斯东·斯特法尼等:《法国刑事诉讼法精义(下)》,罗结珍译,中国政法大学出版社 1998 年版,第 647 页。

③ 关于"唯一鉴定人"制度的条款,参见《司法鉴定人法》第 1 条、《刑事诉讼法典》第 157 条、《民事诉讼法典法典》第 264 条、《行政司法法典》第 R626－2 条。

④ [法]卡斯东·斯特法尼等:《法国刑事诉讼法精义(下)》,罗结珍译,中国政法大学出版社 1998 年版,第 648 页。

裁定、决定,在许多情况下,法律规定法院必须附有理由,这对法官的自由运用和擅断产生了一定的制约效果。①

关于当事人对司法鉴定启动制度的参与程度,如法国巴黎大审法院第一副院长 Bi-boche 先生所言:"在 1993 年修改《刑事诉讼法典》后,当事人有权在出现技术疑难时要求司法鉴定。《刑事诉讼法典》在 2000 年 6 月 15 日修订后,当事人的权利进一步加强,不仅可以申请司法鉴定,而且还可以一定程度地参与司法鉴定,如可以要求司法鉴定员回答问题。涉案证人、犯罪嫌疑人、被告人都可以在鉴定时申请听取其意见。然而,法律没有明确规定犯罪嫌疑人、涉案证人、刑事附带民事原告及律师对司法鉴定员在技术方面提出还应该进行哪些方面鉴定的权利,所以很难说在司法鉴定方面,法国在从纠问式向控辩式转变。"②

三、鉴定的拒却(拒绝)程序

所谓鉴定的拒却(拒绝),是指预审法官或审判法官选定鉴定人之后,该鉴定人是否可以拒绝鉴定,即是否享有拒绝权的问题。

《刑事诉讼法典》对此没有明确的规定,现行《民事诉讼法典》将其规定于第五章"由技术人员执行的审前预备措施"中,根据第 234 条和第 235 条:"对技术人员(包括验证人员、咨询人员和鉴定人员),得依申请法官回避之相同理由,申请回避。""如申请回避得到允许,如技术人员拒绝接受任务,或者如技术人员有合法原因不能接受任务,由委派该技术人员的法官或负责监督事务的法官另选他人替代之。"据此可知,受预审法官或审判法官选任的鉴定人可以拒绝接受鉴定任务,并且无须说明理由。

也有学者认为,当事人的拒却权因其申请鉴定人"回避权"的存在而被暗含。根据《民事诉讼法典》第 234 条和第 235 条规定,既然鉴定人被规定在回避之列,那么在当事人认为鉴定人符合回避条件或鉴定人自己认为符合回避条件的情况下,鉴定人享有鉴定拒绝权,当事人也享有拒却权。③

---

① 熊庆秋:《法国的刑事鉴定制度》,载《当代法学》1990 年第 1 期。
② 刘计划:《法国、德国参与式侦查模式改革及其借鉴》,载《法商研究》2006 年第 3 期。
③ 郭华:《鉴定结论论》,中国人民公安大学出版社 2007 年版,第 157 页。

第四节　鉴定意见的生成程序

一、鉴定的准备程序

（一）鉴定的委托与接受程序

作为大陆法系国家，法国的鉴定准备过程所涉及的委托和接受程序具有职权性的特征，《民事诉讼法典》第 267 条与第 268 条及《刑事诉讼法典》第 163 条分别进行了一些程序性规定。

法国接受鉴定的主体为鉴定人而非鉴定机构。在民事诉讼程序中，任命鉴定人的决定宣布后，法院书记员用平信将决定的副本送到该鉴定人。鉴定人收到通知后，应告知法官其接受任命；鉴定人在得到有关各方当事人寄存的应当交付的预付款项，或者已交付第一期应寄存款额的通知之后，就应开始进行鉴定。鉴定人接受任命后，为了解案件信息、开展鉴定工作，在其签字或出具收据后，可以提取暂时保存于法院书记室的各方当事人案卷或鉴定所必需的文件，法院书记室也可以向其寄送这些案卷或文件。根据《民事诉讼法典》之规定，鉴定人甚至在接受任务之前就可以查阅这些文件。[①]

在刑事诉讼程序中，鉴定人在接受鉴定任务后，首先需要进行宣誓，承诺将"本着良心与荣誉为司法提供协助"[②]。对于未在专家名册上登记的鉴定人，每次受任命进行鉴定活动时，都需要在任命其为鉴定人的预审法官前宣誓；而对于名册中的鉴定人，仅需要在首次登记于专家名册上时进行宣誓，没有必要在每次受指定时再另行宣誓，也没有必要在每年重新登记时再行宣誓。

其次，由预审法官或审判法官向接受委托的鉴定人移交鉴定物品，并制作清单。《刑事诉讼法典》第 163 条规定："在把鉴定物品移交鉴定人以前，如果有必要，预审法官或经该主管法院指派的法官，制作清单，并在移交笔录中载

---

① 参见《法国新民事诉讼法典》，罗结珍译，中国法制出版社 1999 年版，第 53—54 页。
② 《法国刑事诉讼法典》，罗结珍译，中国法制出版社 2006 年版，第 163—164 页。

明。鉴定人应该在自己的报告中列明每次开封或多次开封的情况；在此情况下，也应该编制清单。"[1]

（二）鉴定材料的补充程序

鉴定机构或鉴定人在接受鉴定委托后，发现鉴定的资料不全的，可以要求委托机关或委托人予以补充，并可以参加必要的调查活动。法国作为大陆法系国家，为了保证鉴定的充分性，在鉴定人作为法官助手理论的驱使下，法律赋予鉴定人部分"调查证据"的权利。[2] 根据《刑事诉讼法典》第 164 条，鉴定人为了完成鉴定任务，可以听取被审查人以外的其他人的陈述作为参考。如果鉴定人认为有讯问被审查人的必要，那么可以由预审法官或主审法院所指派的法官在鉴定人在场的情况下，对被审查人进行讯问。同时，法律允许被审查人向法官表示，愿意在有其律师在场的情况下，向鉴定人提供鉴定所需的说明。[3]

二、鉴定的实施程序

（一）实施鉴定的主体

所谓实施鉴定的主体，是指具备法定资格来接受委托并实际进行鉴定活动的鉴定人。鉴定的实施是司法鉴定的核心环节，鉴定人的实施状况也直接影响着鉴定工作的质量。原则上，鉴定应当由接受预审法官或审判法官之委托的特定主体来完成。然而，有些鉴定涉及多个领域的知识，或者虽然涉及学科单一，但属于类型复杂、需多人协助完成的鉴定事项，因此一些鉴定的进行难以由接受任命的鉴定人单独完成，还需要其他人员的配合与协助。

对此，法国设计了"附带鉴定"制度。根据《民事诉讼法典》第 278 条，在鉴定过程中，如果鉴定人的专业能力不足以完成鉴定，希望借助其他学科鉴定人的意见完成鉴定，那么可以向法官提出申请，要求增派一名鉴定人认定的有能

---

[1] 《法国刑事诉讼法典》，罗结珍译，中国法制出版社 2006 年版，第 164 页。
[2] 郭华：《鉴定结论论》，中国人民公安大学出版社 2007 年版，第 236 页。
[3] 参见《法国刑事诉讼法典》，罗结珍译，中国法制出版社 2006 年版，第 165—166 页。

力的人予以协助。①

在刑事诉讼中,《刑事诉讼法典》第 162 条规定:"如鉴定人请求查明不属于其专业知识范围的某问题,预审法官得批准点名指定有专门资格的人提供协助。"据此可知,如果鉴定人希望通过另一学科的技术人员来厘清某一特定问题,那么应当向预审法官提出请求,由法官准许鉴定人让有相关学科专长的特定人员予以协助。但是,鉴定人有义务亲自完成交付给他的鉴定任务,因为《刑事诉讼法典》第 166 条第 1 款规定:"鉴定人应当证明是其亲自完成交付的鉴定工作,并在鉴定报告上签字。"②在得到预审法官的批准之后,经鉴定人指名的特定人员应当进行"鉴定人宣誓",并提交个人的鉴定报告。这一报告附于主报告内,作为辅助的、附带的鉴定,附在主鉴定之上。③

(二) 实施鉴定的时间

鉴定人在接受委任、启动鉴定工作后,应当在合理的期限内完成鉴定。若鉴定时间过长,则会大大降低诉讼的效率。由于不同鉴定事项的复杂程度不同,所需的时间也不一,因此法国采用指定鉴定期限的形式来进行灵活规定。

法官在下达鉴定的裁决中,要注明鉴定完成的时间。④ 但是,考虑到案件的复杂性,当鉴定时间不够时,鉴定人可以向法官请求延长鉴定时间并说明理由。在此情况下,法官可以作出说明理由的裁定,同意将完成鉴定的时间延长至鉴定人所请求的时间;相反,预审法官也可以立即对原来任命的鉴定人进行替换。被替换的鉴定人应在 48 小时内送还原交付给他的全部物品、材料与文件资料。此时,"漫不经心的鉴定人有可能受到纪律性措施的处分,直至将其从正式登记名册上除名"⑤。另外,《刑事诉讼法典》还规定,如果鉴定时间需要一年以上,那么法官可以要求鉴定人提交阶段性报告,并按照规定通知当

---

① 《刑事诉讼法典》第 162 条;《民事诉讼法典》第 278 条和第 278－1 条;《行政司法法典》第 R621－2 条。

② 《法国刑事诉讼法典》,罗结珍译,中国法制出版社 2006 年版,第 167 页。

③ [法]卡斯东·斯特法尼等:《法国刑事诉讼法精义(下)》,罗结珍译,中国政法大学出版社 1998 年版,第 652 页。

④ 《刑事诉讼法典》第 161 条;《民事诉讼法典》第 265 条;《行政司法法典》第 R621－2 条。

⑤ [法]卡斯东·斯特法尼等著:《法国刑事诉讼法精义(下)》,罗结珍译,中国政法大学出版社 1998 年版,第 653 页。

事人。①

（三）实施鉴定的控制程序

鉴定意见的本质仍然是鉴定人的一种推测②,其结果也不能保证完全正确。鉴定人作为帮助法官查清事实的"科学辅助人",鉴定结果的正误对案件实体能否得到正确处理可能产生较大影响。因此,法国设置了一定的控制机制,旨在从程序上排除各种非正常因素对鉴定过程的干扰。这种控制程序主要是指对鉴定实施过程的监督,具体可以分为委托鉴定主体(预审法官或审判法官)的监督和当事人的监督。

在实施鉴定的过程中,鉴定人要接受来自预审法官或审判法官的监督,主要体现在以下几个方面:第一,鉴定人在实施鉴定活动时,应当和预审法官或受委派的司法官保持联系,并应随时将鉴定的进展情况告知预审法官或受委派的司法官,以便其能随时采取有效措施。③ 第二,对鉴定人触及的鉴定资料进行严格管理。"在把鉴定物品移交鉴定人之前,如有必要,预审法官或经该主管法院指派的法官应当制作清单,并在移交笔录中载明。鉴定人应该在自己的报告中列明每次开封或多次开封的情况,同时也必须编制清单。"④第三,授予法官鉴定在场权,以便对鉴定活动进行监督。"在鉴定过程中,当事人得请求命令进行鉴定的法院指示鉴定人进行某项调查,或者点名指出可能为鉴定人提供技术性情况的任何人,并请法院指示鉴定人听取这些人的说明。"⑤可见,在法国的刑事诉讼中,各方当事人只有通过预审法官,才能对鉴定活动的进展予以监督,无论是何方当事人,即使是检察院,也不能涉足鉴定活动或通过监督来干涉鉴定活动。⑥

法国的司法实践更强调当事人对鉴定活动的监督,主要体现在"两造审理"原则中,即鉴定活动要求各方当事人到场,至少要传唤当事人到场,强调当事人与他们的辅助人列席鉴定活动。法国的民事诉讼程序采用了完全的两造

---

① 《刑事诉讼法典》第 161－2 条。
② 郭华:《鉴定结论论》,中国人民公安大学出版社 2007 年版,第 244 页。
③ 《刑事诉讼法典》第 161 条第 3 款。
④ 同上,第 163 条。
⑤ 同上,第 165 条。
⑥ 樊崇义、郭金霞:《司法鉴定实施过程诉讼化研究》,载《中国司法鉴定》2008 年第 5 期。

审理原则,《民事诉讼法典》第 16 条规定:"法官于任何情形下,均应明令遵守且自行遵守两造对审原则。诸当事人所援引或提出的理由、说明和文件,只有进行对席辩论后,法官才可以在其裁定中采用。"①因此,违反该原则的鉴定均属不当鉴定。例如,1993 年,法国最高法院认为,在互相辩论过程中,某当事人在未对鉴定报告中的新资料发表自己看法的情况下,上诉法院作出该鉴定报告可以作为对抗该当事人的证据的裁定是违反两造对审原则的。②

对于刑事诉讼中的司法鉴定而言,在 2007 年之前,两造审理原则并非那么重要,但随着 2007 年《关于加强刑事诉讼程序均衡原则法律》的出台,刑事诉讼中的司法鉴定也要遵守两造对审原则③,其第四章的规定主要是加强刑事诉讼两造对审的特性,第 18 条对《刑事诉讼法典》的第 161 - 1 条、第 161 - 2 条、第 167 条、第 168 条等条款进行了改动,加大了两造对审原则在鉴定中的适用。

三、鉴定意见的制作程序

司法鉴定人对委托主体提供的鉴定材料进行检验、鉴别,并完成鉴定活动后,应当出具记录鉴定人专业判断意见的文书。作为大陆法系国家,法国强调鉴定报告的书面化,且鉴定报告的制作关系到结论的有效性问题,也涉及鉴定结论是否具有证据能力和证明力问题。一旦鉴定报告内容不完整或存在瑕疵,就会引起当事人申请或法院决定原鉴定人、其他鉴定人或者专门机构再鉴定。这不仅导致了鉴定的额外负担和鉴定资源的无端浪费,而且也会造成诉讼的拖延,影响到诉讼的效率。④

根据《刑事诉讼法典》第 166 条第 1 款,鉴定人应当在鉴定任务完成后起草一份报告,其内容包括对鉴定活动的概述。鉴定人应在鉴定报告上签字,书面证明鉴定任务是由鉴定人本人完成的。此外,鉴定报告还应包括鉴定人本

---

① 该规定源自 1981 年 5 月 12 日第 81 - 500 法令。

② Cass. civ. 1ere, 3 novembre 1993, n°92 - 13342.

③ LOI n° 2007 - 291 du 5 mars 2007 tendant à renforcer l'équilibre de la procédure pénale, JORF n°55 du 6 mars 2007, p. 4206;司法部司法鉴定管理局:《两大法系体系司法鉴定制度的观察与借鉴》,中国政法大学出版社 2008 年版。

④ 王敏远、郭华:《司法鉴定与司法公正研究》,知识产权出版社 2009 年版,第 239 页。

人从其鉴定活动中得出的结论,所得结论尤其应当回答原已向鉴定人提出的,并且有可能牵涉受指控人是否真正有罪的问题。①

基于鉴定客体的复杂性,某些专门性问题需要多名鉴定人共同参与完成鉴定任务。在此种情况下,多名鉴定人之间由于自身能力与知识结构的不同,可能产生鉴定意见的分歧。对此,《刑事诉讼法典》第 166 条第 2 款规定:"在案件指定了多名鉴定人,并且诸鉴定人之间意见不一致时,或者对共同结论有保留意见时,每一鉴定人都应当指出其本人的意见或保留意见,并且应当说明理由,以便法官尽可能全面地了解真实情况。"

最后,鉴定报告应当提交至预审法官的书记员之手。此时,书记员应制作已提交鉴定报告的笔录。在提交鉴定报告的同时,原来交给鉴定人的封存件或尚存之物,应一并交还预审法官的书记员。②

第五节　鉴定意见的质证制度

所谓鉴定意见的质证,是指在裁判活动中,控辩双方对在法庭上出示的鉴定意见,围绕其证明能力和证明力问题,采取质疑、询问、辩驳等形式进行对质核实的诉讼活动。③ 鉴定结论在性质上属于言词证据的范畴,在质证中必然要受到直接言词原则的约束,同时也应当遵循言词证据质证的普适性规则,但由于鉴定结论本身属于具有一定科技含量和经验积累的意见证据,在一定程度上带有主观的成分,因此其质证程序必然存在不同于其他言词证据的特点。④

法国采取职权诉讼模式,鉴定人被视为法官的助手,在司法鉴定质证程序上也采用职权式询问模式,即"以法官为主,以当事人为辅"的询问方式,是否实际采用交叉询问的方式,完全听凭法官的自由裁量。⑤ 根据法国法律之规定,鉴定意见的质证程序可以分为两个步骤,即鉴定意见的展示程序与实际质

① ［法］卡斯东·斯特法尼等著:《法国刑事诉讼法精义(下)》,罗结珍译,中国政法大学出版社 1998 年版,第 653 页。
② 同上,第 653—654 页。
③ 裴小梅主编:《司法鉴定概论》,郑州大学出版社 2009 年版,第 97 页。
④ 郭华:《鉴定结论论》,中国人民公安大学出版社 2007 年版,第 260 页。
⑤ 孙业群:《司法鉴定制度改革研究》,法律出版社 2002 年版,第 267 页。

证程序。至于质证规则,由于法国的鉴定意见作为独立的证据类型与其他证据种类并列,因此与英美法系国家不同,其没有规定质证规则,在具体适用中对鉴定意见准用人证(证人)的质证规则。

一、鉴定意见的展示程序

作为大陆法系国家,法国虽然没有明确规定类似英美法系那样的证据开示制度,但其对控方告知辩方鉴定结论的义务,以及辩方查阅案卷材料的权利进行了规定[①],可以视为作为证据的鉴定意见之展示程序。

根据《刑事诉讼法典》第 167 条,鉴定结束后,当事人的律师可以查阅诉讼案卷。预审法官在依据《刑事诉讼法典》第 114 条之规定传唤双方当事人及律师到庭后,应当将鉴定人所得出的结论告知他们,或者通过挂号函件的方式告知。如果被告人在押,那么可以通知监狱长告知,监狱长应当迅速报告原来的预审法官,并将被告人的收据副本转送。在任何情况下,预审法官均应给双方规定一个对鉴定意见提出意见或请求的期限,特别是在为了进行补充鉴定或提出反鉴定之请求的情况下。

法国民事诉讼的审前程序包括当事人之间的相互传递书证、交换书证的庭前准备程序。《民事诉讼法典》第 783 条规定:"在终结审前准备的裁定作出之后,不得再行提交任何陈述准备书,也不得再行提交任何供辩论的文书、字据,否则,依职权宣告不予受理。"[②]

法国的诉讼法对证据的这种获悉程序的设置,主要目的是考察当事人对鉴定结论是否提出异议,是否提出重新鉴定、补充鉴定的申请等,以免当事人在庭审过程中突然提出意见,从而影响诉讼效率。[③] 证据展示是防止突然袭击,实现实体正义的一种重要诉讼手段。鉴定意见的专业性使得庭前证据开示显得尤为必要。考虑到法官、当事人和律师对鉴定意见认知的有限性,如果依赖于法庭上的"竞技",那么必然使质证难以达到预期的效果。另外,如果没有审前证据开示程序,那么难免会造成当事人为各自的诉讼利益而进行"证据

① 刘振红:《司法鉴定:诉讼专门性问题的展开》,中国政法大学出版社 2015 年版,第 304 页。
② 《法国新民事诉讼法典》,罗结珍译,中国法制出版社 1999 年版,第 157 页。
③ 郭华:《鉴定结论论》,中国人民公安大学出版社 2007 年版,第 261 页。

突袭"。

此外，从诉讼效率的角度来讲，审前证据开示也有利于提高诉讼效率。无论是实行当事人主义的英美法系国家，还是实行职权主义的大陆法系国家，审前证据开示或证据交换程序已经成为诉讼的一个重要环节，以达到在审判前对案件争点、证据进行梳理，集中诉讼争议的目的。鉴定意见的专业性也使审前证据开示程序十分重要，如果直接在法庭上进行展示、质证，必然会造成诉讼拖延，影响诉讼效率。因此，鉴定意见的审前开示有助于确定争点，达到对案件集中审理的目的，从而提高诉讼效率。①

二、鉴定意见的质证程序

法国虽然存在直接审理原则，但在鉴定意见的质证方面，由于存在比较完备的鉴定人资格审查机制，且鉴定人是作为法官的"科学辅助人"参与诉讼，因此没有英美国家那种建构发达的交叉询问规则。② 在鉴定意见的质证程序中，法国采取法官主导、当事人参与的职权主义质证模式，当事人对鉴定结论进行的质证必须在法官的指挥下进行；法官除指挥当事人进行质证外，也可以直接询问鉴定人。

《刑事诉讼法典》第 168 条规定："如有必要，鉴定人在法庭上先进行宣誓之后，介绍其进行的技术性鉴定活动的结果。审判长得依职权，或者应检察院、当事人或其辩护人的请求，向鉴定人提出属于交付给他的任务范围之内的问题。"为了程序公正的需要，以及保证有关当事人享有对鉴定结论进行质疑的机会，一般允许当事人及其诉讼代理人要求鉴定人出庭作证，以便让鉴定人就其鉴定结论进行解释，并就鉴定结论得出的过程和采用的方式予以说明。在质疑的程序和方式上，不划分主询问和反询问。③

由此可见，法国的鉴定结论质证程序不是当事人与鉴定人的直接对话，其通常是由法官来主导；有时，只有通过法官来安排，鉴定意见问题的对质才有

---

① 苏青：《鉴定意见证据规则研究》，法律出版社 2016 年版，第 126 页。

② 樊崇义、郭华：《鉴定结论质证问题研究(上)》，载《中国司法鉴定》2005 年第 1 期。

③ 张永泉：《民事证据采信制度研究》，中国人民大学出版社 2003 年版，第 213 页。

可能发生。① 在这种以职权主义为主的诉讼模式下，当事人对鉴定意见质证过程的诉讼行为受法官的控制，当事人始终处于消极、被动的地位。在法国，当事人对鉴定意见的质证权没有英美法国家的当事人及其律师所享有的质疑权那么充分。②

第六节　鉴定意见的认证制度

一、鉴定意见的认证程序

鉴定意见的认证过程，就是审判法官对鉴定意见证据能力与证明力的审查评判过程，它是鉴定意见经历举证、质证后的目的和归宿。③ 鉴定意见的证据能力是其被采纳时应具备的"资格证"或"准入证"，大陆法系国家又称其为"证据资格"（competency of evidence）；而鉴定意见的证明力则表示鉴定意见在多大程度上能证明案件的待证事实，它体现了鉴定意见对法官内心的影响力。

对于大陆法系国家而言，由于案件事实的认定与法律问题的判断均属于法官的职权范围，因此法官有权启动鉴定、补充鉴定或重新鉴定程序；同时，法院视鉴定人为法官的"助手"，借助鉴定人专门知识的内在摄涵和鉴定人意见的外在形式来"弥补其知识的不足"或"掩饰其常识的缺陷"。虽然立法或法典将鉴定人作为一种证据方法，但法官与当事人基于对鉴定人的依赖性和对专门知识的崇拜，特别是法官依职权启动鉴定程序，一般不会以怀疑的心态，通过程序对其予以重新审视。因此，鉴定意见的证据能力在审判中与其证明力一起被认证，形成了证据能力与证明力并合的认证模式。④

在大陆法系诉讼制度的改革中，诉讼程序逐渐被分化为审前准备程序与庭审程序，审前准备程序成为独立的诉讼阶段。基于鉴定意见的专业性，一般

---

① 汪建成：《专家证人模式与司法鉴定模式之比较》，载《证据科学》2010 年第 1 期。
② 黄维智：《鉴定证据制度研究》，中国检察出版社 2006 年版，第 198 页。
③ 裴小梅主编：《司法鉴定概论》，郑州大学出版社 2009 年版，第 100 页。
④ 郭华：《鉴定结论论》，中国人民公安大学出版社 2007 年版，第 314 页。

均在审前准备程序中对鉴定意见的证据能力进行认证，但这并不意味着在庭审中就不再对鉴定意见的证据能力进行认证，通过质证来判断鉴定意见的证据资格问题仍是庭审的重要内容。[①]"因为，审判法官会基于担任法官的经验而获得关于作为专家证言的主题事项的知识，这样在他们作为事实认定者时，他们就会通过询问证人或者与律师的交叉询问能力协同减轻很多对专家的不当依赖，而不必像在陪审团审判中那样，为采纳专家证言的可信度和关联性设置一个相关较高的标准。"[②]可见，大陆法系国家对证据的证据能力与证明力仍采取并合认证的模式，在认证主体与认证程序上，对二者不进行明确的区分。[③]

二、鉴定意见的认证规则

在认证规则方面，法国没有完整的、逻辑严密的证据规则对司法鉴定结论的认证加以限制；同时，法国以"自由心证"（intime conviction）为基本原则，法官不一定受法定证据制度束缚，可以凭借内心确信来采纳司法鉴定意见。[④]究其原因，主要是大陆法系国家没有采用陪审制，且审判程序中的职权主义色彩较浓，认定事实与适用法律均由审判法官一人完成。作为专业人士，审判法官可以凭借自己的知识、技能、经验对证据能力进行判断，因此没有必要像英美法系国家那样发展大量的认证规则，法官由此也获得了对证据认证的宽泛的自由裁量权。[⑤]

法国对鉴定意见的认证，主要是放在诉讼程序中进行的，具体可以分为对证据能力的采纳和对证明力的采信。

（一）对鉴定意见证据能力的认证

法国没有规定鉴定意见认证规则，即不是通过为鉴定意见本身设立标准，而是采取对鉴定意见生成过程中的程序合法性进行严格控制，以保证科学鉴

---

①　苏青：《鉴定意见证据规则研究》，法律出版社 2016 年版，第 164 页。

②　[加]玛里琳·T.迈克瑞蒙：《回到常识事实认定：〈常识、司法认知与社会科学证据〉导读》，徐卉译，载王敏远主编：《公法（第四卷）》，法律出版社 2003 年版，第 303 页。

③　苏青：《鉴定意见证据规则研究》，法律出版社 2016 年版，第 164 页。

④　孙业群：《司法鉴定制度改革研究》，法律出版社 2002 年版，第 289—290 页。

⑤　裴小梅主编：《司法鉴定概论》，郑州大学出版社 2009 年版，第 102—103 页。

定的真实性和可靠性。① 具体而言,包括以下几个方面的程序控制:

1. 程序合法性的采纳规则

第一,为保证鉴定人具有形式上的合法性资格,法国实行鉴定人名册制度,对鉴定资格进行控制。鉴定人资格是在具体诉讼前依法审核授予的,从而减少了不具有法定资格的鉴定人参与鉴定的可能。第二,通过采取严格的委任程序,确保鉴定人选任的程序合法性,包括鉴定资料收集和调查的程序合法性之规定。第三,规定鉴定前应当按照法定程序进行宣誓,如首次登记于鉴定名册中的鉴定人和接受任命的鉴定名册外的特定鉴定人,都应当宣誓将"本着良心与荣誉为司法提供协助"。第四,规定鉴定人适用回避制度,以保证鉴定人的中立性要求,实现其法官"科学辅助人"的性质与定位。

2. 必要性采纳规则

所谓鉴定意见证据能力的必要性采纳规则,是指若鉴定意见涉及法官凭普通经验或知识无法判断的关键事实或者证据,且对于案件的裁判而言,借助于专门知识的协助具有不可或缺性,则该鉴定意见就具备了证据能力,法官应当采纳,否则应当予以排除。② 在法国的刑事诉讼中,"案件遇有技术问题"③是法官得以依职权启动鉴定的前提;在法国的民事诉讼中,更是要求法官"仅在经验或咨询不足以查明事实的情况下,才有必要命令进行鉴定"④。

3. 事实性采纳规则

事实性采纳规则是指鉴定意见应仅涉及事实问题。作为法官的"科学辅助人",鉴定人出具鉴定意见是为了补充事实审理者认识能力上的不足,如果鉴定人对案件的法律问题提供或发表意见,那么就超出了鉴定的范围。⑤ 因为"鉴定人不是代理预审法官,鉴定人仅仅是应当作出努力,尽可能全面地就其任务范围内的各项问题查明真相"⑥,所以鉴定人的任务仅以审查技术性问题

---

① 杜志淳、宋远升:《司法鉴定证据制度的中国模式》,法律出版社 2013 年版,第 151 页。

② 郭华:《鉴定结论论》,中国人民公安大学出版社 2007 年版,第 326 页。

③ 《刑事诉讼法典》第 156 条。

④ 《民事诉讼法典》第 263 条。

⑤ 黄维智:《鉴定证据制度研究》,中国检察出版社 2006 年版,第 186 页。

⑥ 〔法〕卡斯东·斯特法尼等:《法国刑事诉讼法精义(下)》,罗结珍译,中国政法大学出版社 1998 年版,第 652 页。

为限①。

4. 过程规范性采纳规则

鉴定过程包括检材的保管、鉴定方法、操作程序等几个方面。鉴定过程的规范是鉴定意见可靠性的前提条件。《刑事诉讼法典》就对鉴定材料的提取、保管、移交等过程进行了严谨的规定，"鉴定人在开启其负责检查的物件后，有必要对封存物件进行清点，并在报告中进行记载"②。

（二）鉴定意见证明力的认证

在法国，虽然鉴定人倾向于被视为法官的助手，或者被当作"科学的法官"来看待，但是法官作出裁判时，并不受鉴定人的鉴定意见的限制。关于鉴定意见证明力的问题，交由法官通过自由心证进行判断。③

相对于法定证据原则，自由心证原则是指法官在根据证据资料进行事实认定时，不受法律上的拘束而进行自由的判断。这里的所谓"自由"，仅仅是指法律不设定具体的规则来指示法官在根据证据认定事实时，必须或不得作出某种判断。19世纪下半叶以来，自由心证原则在大陆法系国家得到普遍承认。例如，法国的《刑事诉讼法典》第353条规定了重罪法庭评议时的训词："法律不责问法官形成自我确信所依据的理由；法律也不规定一种规则并让法官必须依赖这种规则去认定某项证据是否完备，是否充分。法律只要求法官平心静气、集中精神、自行思考、自行决定，本着诚实之良心，按照理智，寻找针对被告人所提出的证据及被告人的辩护理由所产生的印象。法律只向法官提出一个概括了法官全部职责的问题'您已有内心确信之决定吗'。"④

实践中，审判法官对鉴定意见证明力的审查判断，主要通过以下方式来进行。首先，借助双方当事人对鉴定意见的评价、质疑或辩论，就有关的难疑之处，让鉴定人当场进一步加以阐释和说明。由利益直接冲突的当事人对鉴定意见进行评判、驳诘，可以从不同的角度对鉴定结论加以剖析、论证，有助于拓宽法官对鉴定结论内心确信的视角，有助于通过这一特殊的方式来发现真实，

---

① 《刑事诉讼法典》第158条。
② 《刑事诉讼法典》第163条。
③ 杜志淳、霍宪丹：《中国司法鉴定制度研究》，中国法制出版社2002年版，第175页。
④ 苏青：《鉴定意见证据规则研究》，法律出版社2016年版，第164页。

以便做到兼听则明。① 例如,《民事诉讼法典》第 283 条规定:"法官依据鉴定报告仍不能充分查明真相时,得听取鉴定人的说明,各方当事人应到场,或者传唤他们到场。"②在此基础上,法官凭借自己的学识、经验,并且结合与案件有关的其他证据等,对鉴定结论或意见进行自由裁量,以便获得心证,从而确定鉴定结论或意见的证据效力。

第七节　鉴定意见的救济程序

鉴定意见属于鉴定人对鉴定客体进行分析后所提出的判断性意见。基于专门知识存在的不确定性、鉴定人认识能力的有限性、鉴定客体的非稳定性,以及鉴定方法与手段的非科学性,实施鉴定的任何环节均有可能出现否定鉴定意见的因素。考虑到事实审理者欠缺专门的知识,但又不得拒绝对案件的裁判,为避免"助手"成为错误认定事实的"祸首",法律通过一定的渠道或程序对此种情况予以救济,以便发现真实和正确之事实,从而维护审判的公正性和鉴定科学的权威性。③

因此,鉴定意见的救济程序就是在鉴定启动后,当形成的鉴定意见存在不足、缺陷或错误时,重新开启鉴定程序来进行补救的程序,其中包括补充鉴定程序和重新鉴定程序,两者都涉及对鉴定结果进行评价后,再次启动鉴定的问题,即再鉴定问题。④

一、补充鉴定

补充鉴定是指在并不放弃原鉴定(包括初次鉴定和重新鉴定)的条件下,且在原鉴定的基础上,对其中出现的缺乏可靠性、妥当性的个别问题予以修

---

① 毕玉谦:《民事证据法判例实务研究》,法律出版社 1999 年版,第 309 页。
② 《法国新民事诉讼法典》,罗结珍译,中国法制出版社 1999 年版,第 56 页。
③ 郭华:《鉴定结论论》,中国人民公安大学出版社 2007 年版,第 363 页。
④ 黄维智:《鉴定证据制度研究》,中国检察出版社 2006 年版,第 158 页。

正、充实,或者进一步加以论证,以便使原鉴定所得出的结果更完备。[1] 与重新鉴定程序相比,补充鉴定属于再鉴定程序中较为经济的程序。

根据《刑事诉讼法典》第 167 条,预审法官传唤双方当事人及律师到庭后,将鉴定人所得出的结论告知他们,并应当为当事人规定一个期限,以供双方提出补充鉴定或反鉴定的意见与请求。[2]

结合法国刑事诉讼法的其他相关条文可知,法律没有明确启动补充鉴定程序的条件,也没有规定法官依职权决定补充鉴定,补充鉴定程序的启动权表现为当事人积极的申请权和法官被动的审查决定权,补充鉴定程序的启动权是当事人申请权与法官决定权的结合。[3]

二、反鉴定

《刑事诉讼法典》对反鉴定进行了具体规定。根据法律,如果预审法官根据鉴定人的结论作出不起诉的裁定,那么当事人有权在 15 天内(对于财物或会计鉴定,期限为一个月)提出反鉴定的要求。[4] 预审法官还可以规定一个期限,要求该污点证人提出完善鉴定或进行反鉴定活动的要求。[5]

另外,根据《刑事诉讼法典》第 167 - 1 条,当没有必要继续进行诉讼时,应当将鉴定结论通知附带民事诉讼当事人。附带民事诉讼当事人在 15 天内可以提出自己的意见,或者提出完善鉴定或进行反鉴定的要求,这是其法定权利。[6] 反鉴定至少由两位鉴定人完成。此外,法官有权驳回进行反鉴定的请求。为此,预审法官在收到请求之后的两个月内应作出说明理由的裁定;对此决定,申请人可以向上诉法院提出上诉。但是,只有在上诉法院预审庭庭长提出赞成审议的意见时,预审庭才能对上诉进行审议。[7]

---

[1] 黄维智:《鉴定证据制度研究》,中国检察出版社 2006 年版,第 160 页。
[2] 《法国刑事诉讼法典》,罗结珍译,中国法制出版社 2006 年版,第 168 页。
[3] 郭华:《鉴定结论论》,中国人民公安大学出版社 2007 年版,第 363 页。
[4] 《刑事诉讼法典》第 167 条。
[5] 同上。
[6] 《法国刑事诉讼法典》,罗结珍译,中国法制出版社 2006 年版,第 169 页。
[7] 《刑事诉讼法典》第 167 条。

附： 法国最新《刑事诉讼法典》《民事诉讼法典》《行政司法法典》之相关法律规定

(一)《刑事诉讼法典》(法律部分)①

第一卷　刑事指导原则、公诉和预审

第三编　预审法院

第一章　预审法官：初级预审管辖

第九节　鉴定

第156条②：每个预审法院或初审法院，在案件出现专业性问题时，应检察院要求，或者应当事人要求，或者在法官主动裁定的情况下，命令鉴定。检察院或要求进行鉴定的当事人，可以将向鉴定人提出的问题写入其请求。

预审法官若要驳回鉴定请求，则必须在申请提交一个月之内下达一份含有详细理由的裁决书。本法典第81条最后两款(第9、10款)仍然适用。

鉴定人在初审法官或命令鉴定的法院指定的法官的监督下进行。

第157条③：鉴定人需从登记于最高法院制定的国家级名册中的自然人或法人中指定，或者从上诉法院依据1971年6月29日第71-498号《司法鉴定人法律》制定的名册中的自然人或法人中指定。

在特殊情况下，法院可以通过附有详细说明的裁决，指定非上述名册中的鉴定人。

---

① 《刑事诉讼法典》(*Code de procédure pénale*) 译自：https://www. legifrance. gouv. fr/affichCode. do? cidTexte = LEGITEXT000006071154&dateTexte = 20200502。(访问日期：2019年4月15日)译者：赵智勇。翻译过程中，同时参考了罗结珍的译本。

② 2004年3月9日法律修改，第126条。

③ 2004年2月11日法律修改，第54条。

第 157－1 条[1]：被指定的鉴定人若是法人，则其法定代表人要将法人中以其法人名义进行鉴定的自然人的姓名提交给法院获得认可。

第 158 条：鉴定人只能就技术问题进行鉴定，其任务由命令鉴定的裁决加以规定。

第 159 条[2]：初审法官指定进行鉴定的鉴定人。

在必要条件下，初审法官可以指定多位鉴定人。

第 160 条[3]：未在上述第 157 条规定的名册中登记的鉴定人，在每一次被指定时，要在初审法官前或在法院指定的法官前，按照 1971 年 6 月 29 日第 71－498 号《司法鉴定人法》的规定进行宣誓。宣誓笔录由有权限的法官、鉴定人和书记员一同签署。若因正当理由而无法进行口头宣誓，则宣誓可以采用书面形式，宣誓书附加于诉讼案卷中。

第 161 条：任何指定鉴定人的裁决必须规定鉴定的期限。

如有特殊原因，在鉴定人的申请下，指定该鉴定人的初审法官或法官可以通过附有详细理由的裁决来延长鉴定期限。鉴定人在规定时间内未能提交鉴定报告的，可被立即替换，并就当时状况的鉴定结果进行汇报。鉴定人必须在48 小时之内归还为鉴定而转交的物件、证据和文件。另外，鉴定人可能会受纪律处分，最高处分可以为从上述第 157 条提及的名册中除名。

鉴定人进行鉴定时，必须和初审法官或委派法官保持联系，及时汇报鉴定进展，让后者能够在任何时候都可以采取有效措施。

初审法官在工作时，在自认为有必要的情况下，可以责令鉴定人提供协助。

---

① 源于 1975 年 8 月 6 日法律，第 24 条。该法律于 1976 年 1 月 1 日生效。

② 1993 年 8 月 24 日法律修改，第 35 条。该法律于 1993 年 9 月 2 日实施。

③ 2004 年 2 月 11 日法律修改，第 55 条。

第161-1条①：命令鉴定的裁决复印件应立即交付检察官和各方当事人。后者在10日之内，可以依据第81条最后两款规定的程序，向初审法官提出修改，或者补充向鉴定人提出的问题的请求，或者提出增加一位自己从第157条提及的名册中选择的鉴定人的请求。

预审法官在收到请求的10日之内，需下达一份含有详细理由的裁决书才能予以驳回。在10日之内，申请人可以就该裁决书或未下达裁决书之事向预审上诉法院院长提出申诉。预审上诉法院院长就该申诉作出含有理由的裁定，裁定一经作出，不可上诉。

本条款不适用于以下情况：鉴定和鉴定报告提交在紧急情况下完成，并且必须在本条款第1款规定的10日内完成的情况，或者按第1款的规定将复印件寄送不利于调查完成的情况。

本条款不适用于某些鉴定活动：鉴定报告书确认被指控者之罪没有任何影响的情况，或者法令规定的某些鉴定的情况。

第161-2条②：如果第161条规定的鉴定期限超过一年，那么预审法官可以要求鉴定人在期满之前提交阶段性报告；阶段性报告依据第167条规定的程序告知各方当事人。同时，各方当事人可以向鉴定人和法官提出自己的意见，以便完成最终报告。

第162条③：若鉴定人提出对某一超出其专业范围的问题进行了解的请求，则法官可以依据专业能力，指定其他鉴定人予以协助。

被指定鉴定人依照第160条的规定进行宣誓。

此鉴定人的报告附加于第166条规定的报告之中。

第163条④：在给鉴定人尚未启封的鉴定物品之前，预审法官或法院指定的法官在必要的情况下，依据第97条的规定制作清单，并在笔录中载明这些

---

① 2016年6月3日法律修改，第86条。
② 源于2007年3月5日法律，第18条。该法律于2007年7月1日实施。
③ 2004年2月11日法律修改，第56条。
④ 2016年6月3日法律修改，第72条。

封签。

为实施鉴定,鉴定人有权开启或重新开启封签,并在对鉴定的目标进行重新封袋后制作新的封签。就此情况而言,鉴定人在必要的情况下制作封签清单,并附于鉴定报告中。第 97 条第 6 款的规定不适用于此情况。

第 164 条①:为了更精确地完成鉴定任务,鉴定人可以采纳除了被指控人、污点证人、刑事诉讼中的民事诉讼被告人之外的任何人的声明。

另外,若预审法官或法院指定的法官允许鉴定人这样做,则鉴定人可以在征得当事人同意后,在被指控人、污点证人或刑事诉讼中的民事诉讼被告人中采集完成鉴定所需的声明。这些声明必须在当事人律师在场或第 114 条第 2 款规定的正式传唤的情况下采集,但以书面形式向鉴定人提出放弃的情况除外。在鉴定人在场时,这些声明也可以在审讯时或在预审法官前陈述证言时采集。

在法官和律师不在场的情况下,为完成鉴定活动,对被指控人、污点证人或刑事诉讼中的民事诉讼被告人之行为进行检查的医生或者心理专家,在任何情况下都可以向他们提出问题。

第 165 条:在鉴定过程中,各方当事人可以要求命令鉴定的法院责令鉴定人采取某些调查,或者听取明确指名的能提供技术意见的任何人的陈述。

第 166 条②:鉴定结束时,专家撰写一份内容包括鉴定过程记录和结论的报告。专家签署报告,并在报告中指明那些在其监督和责任下协助他们完成鉴定活动所必需之人的姓名和身份。

若指定多位鉴定人,鉴定人意见不统一或对结论有保留,则每位鉴定人在报告中提出自己的意见或保留,并附以详细的说明。

鉴定报告、鉴定物或残留物品要交付给指定鉴定人的法院的书记员保管。存放应记录在案。

---

① 2004 年 3 月 9 日法律修改,第 106 条。
② 2003 年 3 月 18 日法律修改,第 16 条。

征得预审法官的同意，鉴定人可以通过任何方式，直接将自己的报告结论告知被委任办案的司法警察、检察官或各方当事人的律师。

第 167 条[1]：预审法官依第 114 条第 2 款的规定传唤当事人和他们的律师后，向他们告知鉴定人的鉴定结论。在必要情况下，预审法官将除第 4 款之外的第 60 条和第 77 - 1 条规定之人得出的结论进行告知。若当事人律师提出请求，则应向其交付完整鉴定报告的复印件。

鉴定结论可以通过挂号信，邮寄给当事人及其律师。对于被拘押之人，鉴定结论由监狱长进行通知，监狱长应立即将被拘押人签字的收据原件或复印件寄给预审法官。在当事人律师的要求下，完整的鉴定报告也可以通过挂号信的方式向其寄送。如果当事人律师告知预审法官电子信箱，那么完整的鉴定报告也可以依据第 803 - 1 条，以电子邮件的方式向其寄送。[2]

在任何情况下，预审法官都可以规定一个期限，要求各方当事人提出自己的看法，或者提出完善鉴定或进行反鉴定活动的要求。各方当事人提出的完善鉴定或进行反鉴定的要求，必须符合第 81 条第 2 款的规定。在规定的期限内，各方当事人的顾问都可以查阅案件卷宗。考虑到鉴定程序的繁琐性，预审法官规定的期限不得低于 15 天；对于会计鉴定或财物鉴定，期限不得低于一个月。超过此期限，不得申请反鉴定或补充鉴定；即便依据第 82 - 1 条，除新证物出现的情况外，各方当事人也不得提出就同一物进行新的鉴定之要求。

预审法官若要驳回上述请求，则需在一个月之内，以附有详细说明的裁定驳回。在预审法官只指定一位鉴定人，但当事人要求多位鉴定人参与鉴定活动时，预审法官也要按上述原则驳回请求。预审法官未在一个月的期限内作出裁决的，当事人可以直接向上诉预审法庭提出上诉。

预审法官依据本条款的规定，同样可以将鉴定结论中涉及污点证人的结论告知该污点证人，并规定一个期限，要求该污点证人提出完善鉴定或进行反鉴定活动的要求。预审法官驳回上述请求，无须下达附有详细缘由的裁决，但

---

[1] 2015 年 2 月 16 日法律修改，第 14 条。

[2] 依据宪法委员会 2019 年 2 月 15 日合宪性审查的判决，委员会认为源于 2015 年 2 月 16 日的第 167 条第 2 款第 2 句中的"律师"一词违反宪法。但是，在 2019 年 9 月 1 日法律废除之前，该条款依旧适用。

污点证人依据第 113-6 条，要求主动变成受审之人的情况不在此限。

第 167-1 条[①]：依鉴定结论，认为适用第 122-1 条而不用追究精神问题患者刑事责任时，这些鉴定结论应依据第 167 条，告知刑事诉讼中的民事诉讼被告人；在必要的情况下，进行鉴定的鉴定人或多位鉴定人应在场。就重罪而言，如果刑事诉讼中的民事诉讼被告人提出要求，那么鉴定人必须在场。刑事诉讼中的民事诉讼被告人在 15 天内可以提出自己的意见，或者提出完善鉴定或进行反鉴定的要求。提出反鉴定是法律赋予刑事诉讼中的民事诉讼被告人的权利，反鉴定至少由两位鉴定人完成。

第 167-2 条[②]：预审法官可以要求鉴定人在提交最终报告之前，提交临时报告。检察院和各方当事人在预审法官规定的不少于 15 天的期限内，或者就会计鉴定或财务鉴定而言不少于一个月的期限内，可以向鉴定人和法官提出书面意见。鉴定人在审阅这些意见后，提交最终报告。若无任何意见提出，则临时报告等同于最终报告。

如果检察院要求，或者将依据第 161-1 条下达的鉴定命令通知一方当事人后，当事人按照第 81 条倒数第 2 款规定的方式提出要求，那么鉴定人必须提交临时报告。

第 168 条[③]：若有必要，鉴定人在宣誓以自己的荣誉和良心协助公正审判之后，当庭陈述鉴定结论。在审判过程中，鉴定人可以查阅他们的报告及附件。

法庭审判长可以依职权，或者在检察院、各方当事人或当事人顾问的要求下，向鉴定人提出任何与委托其进行的鉴定任务有关的问题。检察院或各方当事人的律师在第 312 条和第 442-1 条规定的方式下，直接向鉴定人提出问题。

在陈述之后，鉴定人参与辩论过程，除非审判长准许其退庭。

第 169 条：在初审法院的审判庭中，若证人或能够提供情况者对鉴定结果提出不同意见，或者从技术角度主张新的理由，则审判长可以要求鉴定人、检察院、被告人，以及在必要情况下要求刑事诉讼中的民事诉讼被告人提出意

---

① 2008 年 2 月 25 日法律修改，第 4 条。
② 源于 2007 年 3 月 5 日法律，第 18 条。该法律于 2007 年 7 月 1 日实施。
③ 2007 年 3 月 5 日法律修改，第 18 条。该法律于 2007 年 7 月 1 日实施。

见。该审判庭通过附有详细理由的裁决,宣布继续辩论,或者将案件押后延期。在后一种情况下,该审判庭可以就鉴定采取它认为有必要的一切措施。

第 169 - 1 条①:第 168 条和第 169 条的规定适用于第 60 条和第 744 条规定的被传唤确定事实与确定死亡原因之人员。

(二)《刑事诉讼法典》(法规部分- D)②
第一卷 公诉和预审的实施
第三编 预审法院
第一章 预审法官:初级预审管辖
第九节 鉴定

第 D37 条③:第 161 - 1 条的规定不适用于为确定受害人遭受的损害而进行的医学鉴定。

第 D38 条④:若预审法官指定的鉴定人属于第 2 - 1 条至第 2 - 21 条规定的组织,且就案件而言,该组织可能成为刑事诉讼中的民事诉讼人,则鉴定人需在得到任命书后,向预审法官作出声明。如果预审法官维持原有任命,那么该鉴定人属于该组织的事实要记录于鉴定报告中。

第 D39 条⑤:应依据第 803 - 1 条,向律师寄送第 161 - 2 条、第 166 条、第 167 条和第 167 - 2 条规定的阶段性鉴定报告、临时性鉴定报告和最终鉴定报告,以及鉴定人的结论。

---

① 源于 1972 年 12 月 30 日法律,第 13 条。该法律于 1973 年 1 月 1 日生效。
②《刑事诉讼法典》(Code de procédure pénale)译自:https://www. legifrance. gouv. fr/ affichCode. do? cidTexte = LEGITEXT000006071154&dateTexte = 20200502。(访问日期:2019 年 4 月 15 日)译者:赵智勇。翻译过程中,同时参考了罗结珍的译本。
③ 源于 2007 年 5 月 3 日法令,第 5 条。该法令于 2007 年 7 月 1 日实施。
④ 源于 2007 年 5 月 3 日法令,第 5 条。该法令于 2007 年 7 月 1 日实施。
⑤ 源于 2007 年 5 月 3 日法令,第 4 条。该法令于 2007 年 7 月 1 日实施。

第 D40 条[1]：应依据第 81 条倒数第 2 款，向预审法官提出鉴定申请、鉴定人鉴定任务变更申请、增加共同鉴定人申请；以及向预审法官提出对第 156 条、第 161－1 条、第 161－2 条和第 167－2 条所规定的鉴定报告之意见。

另外，如果本条款适用于法院和律师团体负责人之间签订的议定书，那么上述请求可以依据第 D591 条的规定提出。

（三）《民事诉讼法典》[2]

第一卷　通则

第七编　提出证据

第二副编　预审措施

第五章　技术人员执行的预审措施

第四节　鉴定

第 263 条：仅在勘检或咨询未能查明事实的情况下，法官才能下令进行鉴定。

第一目　命令进行鉴定的裁定

第 264 条：除非法官认定有必要指定多位鉴定人，否则只能指定一位鉴定人。

第 265 条[3]：鉴定裁定应：

说明启动鉴定的原因，以及如有必要，说明任命多位鉴定人的原因，或者说明任命没有注册于 1971 年 6 月 29 日《司法鉴定人法》第 2 条规定的名册中的鉴定人的原因。

任命一位或多位鉴定人。

---

[1] 源于 2007 年 5 月 3 日法令，第 4 条。该法令于 2007 年 7 月 1 日实施。

[2] 《民事诉讼法典》（Code de procédure civile），译自：https://www.legifrance.gouv.fr/affichCode.do?cidTexte＝LEGITEXT000006070716＆dateTexte＝20200502。（访问日期：2019 年 4 月 2 日）译者：赵智勇。翻译过程中，同时参考了罗结珍的译本。

[3] 2012 年 12 月 24 日法令修改，第 6 条。

简述鉴定人的主要任务。

规定鉴定人提交鉴定结论的期限。

第 266 条：命令进行鉴定的裁定也可以规定鉴定人和各方当事人前往作出鉴定裁定的法官处的日期，或者前往负责监督的法官处的日期，以便明确鉴定任务，以及必要时，明确进行鉴定的日程。

在这次会面中，交付鉴定人与鉴定活动有关的文件。

第 267 条①：任命鉴定人的裁定公布后，法院书记员可以采用任何方式，将任命复印件寄送给鉴定人。

鉴定人立即告知法官其，接受任命。一经被告知各方当事人已寄存应交付的预付款费用，或者已交付第一期寄存款，鉴定人应立即开始进行鉴定。法官要求专家立即实施鉴定的情况除外。

第 268 条②：各方当事人的卷宗或鉴定所需资料，临时由法院书记室保管。法官允许当事人取回部分文件或允许当事人提交复印件的情况不在此限。鉴定人在接受鉴定任务前，即可查阅这些材料。在接受任命后，鉴定人可以凭借签字单据或收据，提取各方当事人的案卷或资料，或者由法院书记室向其寄送这些案卷或资料。

第 269 条③：命令进行鉴定的法院或监督鉴定的法院，在任命鉴定人时或可能这样做时，尽可能按照鉴定人应得的最终报酬额来确定鉴定人的预付报酬金额。法官指定一方当事人或诸方当事人在规定期限内，向书记室寄存预付金。若认定多名当事人寄存预付金，则法官确定他们各自寄存的份额。在必要情况下，法官规定预付款寄存的期限。

---

① 2017 年 5 月 6 日法令修改，第 68 条。
② 2017 年 5 月 6 日法令修改，第 68 条。
③ 1989 年 7 月 25 日法令修改，第 4 条。

第 270 条①：法院书记员向当事人重申第 271 条的规定，并督促当事人在规定期限内，依据规定的方式，在书记处寄存自己应该缴纳的预付金。

书记员告知鉴定人预付金寄存之信息。

第 271 条②：若不按照规定方式在规定期限内寄存预付金，则鉴定人任命无效；除非法官应当事人之一的请求，在听取正当理由陈述后，决定延长期限或撤销前述任命的无效性。诉讼依旧进行，但未寄存预付金或拒绝寄存预付金之人应承担一切后果。

第 272 条③：如果上诉法院第一院长认定存在重大正当理由，那么经其批准，可以就命令进行鉴定的裁定向上诉法院提出上诉。该上诉独立于实体判决。

拟要上诉的当事人向上诉法院第一院长提出上诉请求，第一院长依紧急诉讼程序作出裁定。传唤在上诉受理一个月内开始。

如果上诉法院第一院长受理上诉，那么应确定案件审理的日期。上诉法院应该按照规定日期受理案件并进行裁定，或者按照第 948 条规定的情况受理案件并进行裁定。

如果命令进行鉴定的裁决书同时就管辖权问题进行宣告，那么应按照第 83 条至第 89 条的规定进行上诉、审理和裁定。

第二目　鉴定活动

第 273 条④：鉴定人必须向法官汇报鉴定活动的进展情况。

第 274 条：若法官参与鉴定，则其见证、鉴定人的解释及诸方当事人和第三方的声明可记录在案。笔录由法官签字。

---

① 1989 年 7 月 25 日法令修改，第 5 条。
② 1989 年 7 月 25 日法令修改，第 5 条。
③ 2007 年 5 月 6 日法令修改，第 2 条。
④ 1998 年 12 月 28 日法令修改，第 6 条。

第 275 条①：各方当事人应毫不迟疑地将鉴定人认为完成鉴定所必需的全部文件交付鉴定人。

在当事人未这样做的情况下，鉴定人应告知法官。法官命令提交资料，在必要时处以逾期罚款；或者，在必要情况下，批准鉴定人继续鉴定活动或按照现有状况提交报告。法院可以就未向鉴定人交付文件的情况出具法律上的结论。

第 276 条②：鉴定人必须对诸方当事人提出的建议或请求予以考虑。若该建议或请求以书面形式提出，则当事人一旦如此请求，就应将其附加于鉴定意见之中。

另外，若鉴定人规定诸方当事人提出意见和请求的期限，则对于期限之外提出的意见和请求，鉴定人无须采纳，除非存在重要的合法缘由。在此情况下，鉴定人需向法官提交报告。

对书面提出的意见和请求，当事人最新的一份意见和请求必须概括先前提出的意见和请求，否则视为当事人放弃提出新的意见和请求。

鉴定人必须在其鉴定意见中注明对当事人提出的意见和请求的答复。

第 277 条：若检察院派员列席鉴定活动，则应其要求，其意见和专家的回复需详细地写入鉴定意见中。

第 278 条：专家可以要求听取另外一位与其专业不同的技术员的建议。

第 278-1 条③：鉴定人可以按其意愿，选择一人协助其完成鉴定任务。鉴定人对其所选之人进行监督和负责。

第 279 条：若鉴定人遇到困难，妨碍其完成任务，或者必须扩大鉴定范围，

---

① 1998 年 12 月 28 日法令修改，第 7 条。
② 2005 年 12 月 28 日法令修改，第 38 条。
③ 2005 年 12 月 28 日法令修改，第 39 条。

则鉴定人应向法官提出报告。

法官可以作出决定,延长鉴定人提交鉴定意见的期限。

第 280 条[①]:如果案件过于复杂,那么依据鉴定进展,可以允许鉴定人提取部分寄存预付金。

在交付的预付金不足的情况下,专家依据已完成的工作或要完成的工作,向法官提交报告。在必要情况下,法官要求当事人按照其规定的数额补交预付金。如果当事人未按照法官规定的期限和方式寄存补交预付金,那么除了该期限得以延长的情况外,鉴定人按现有状况提交报告。

第 281 条:如果当事人达成和解,那么鉴定人应确认其鉴定任务已无标的,并向法官提交报告。

各方当事人可以要求法官赋予和解书执行效力。

第三目　鉴定人的鉴定意见

第 282 条[②]:如果不强制鉴定人给出书面鉴定意见,那么法官可以允许鉴定人在庭审时口述意见。口述意见应以笔录形式记载。如果案件直接进行终审,那么在判决中加以载述,以代替笔录。

在其他情况下,鉴定人必须将报告提交至法院书记室。即便有多位鉴定人,也只需撰写一份报告。若鉴定人之间存在分歧,则每位鉴定人在报告中应写明自己的观点。

如果鉴定人听取了另一不同专业技术人员的意见,那么此意见视情况而定,或附加于鉴定报告,或附加于庭审记录,或附加于案卷之中。

依据第 278－1 条,如果鉴定人在鉴定时得到他人协助,那么鉴定报告要指明协助人的姓名和身份。

鉴定人在提交报告时,提出领取薪酬的请求。鉴定人通过各种方式,向各

---

① 2017 年 12 月 24 日法令修改,第 7 条。
② 2017 年 5 月 6 日法令修改,第 68 条。

方当事人送达一份薪酬申请书,以便确认当事人知悉该请求。在必要情况下,各方当事人在收到该申请的 15 天之内,向鉴定人、法院或监督预审措施的法官以书面形式提出他们对此申请的意见。

第 283 条:如果法官认为鉴定结果不能充分查明真相,那么可以听取鉴定人、在场当事人或被传唤当事人的意见。

第 284 条[①]:若第 282 条规定的当事人提交对鉴定的意见逾期,则法官根据鉴定人完成的工作、工作质量及对期限的遵守,确定其薪酬。

法官准许鉴定人获得寄存于书记室的所有预留金。根据情况,法官也可以规定一位或多位当事人支付尚欠鉴定人的金额,或者命令返还原寄存的多余金额。

如果法官规定的鉴定人的薪酬低于鉴定人所要求的薪酬,那么在此之前,应当要求鉴定人对此提出意见。

法官向鉴定人签发一份执行凭证。

第 284-1 条[②]:如果鉴定人要求,那么依其鉴定意见作出的判决的复印件可以寄送给鉴定人,或者由法院书记员交给鉴定人。

(四)《行政司法法典》(法规部分(R))[③]
第六卷　预审
第二编　不同的调查方式
第一章　鉴定

第 R621-1 条[④]:行政法院可以依职权,或者应各方当事人或一方当事人

---

① 2012 年 12 月 24 日法令修改,第 9 条。

② 该条款源于 1989 年 7 月 25 日法令,第 8 条。

③《行政司法法典》(*Code de justice administrative*),译自:https://www.legifrance.gouv.fr/affichCode.do? cidTexte＝LEGITEXT000006070933&dateTexte＝20200502。(访问日期:2019 年 2 月 20 日)译者:赵智勇。

④ 2019 年 2 月 7 日法令修改,第 39 条。

的要求,在审判之前,下达对确定问题进行鉴定的裁定。鉴定人可以被委以调解任务,也可以在获得各方当事人的同意后,自动进行调解。鉴定人若进行调解,则需告知法院。除了第L213-2条规定的例外情况外,在未征得各方当事人同意之情形下,鉴定人提交一份无须提及调解过程中的事实认证和声明之鉴定报告。

第R621-1-1条[①]:法院院长可以在其法院内,指定一位负责鉴定事项的法官。

通过任命书,该法官可以被委以本法典第R621-1条、第R621-4条、第R621-5条、第R621-6条、第R621-7-1条、第R621-8-1条、第R621-11条、第R621-12条、第R621-12-1条和第R621-13条规定的全部或部分任务。

该法官可以参与鉴定,并予以协助。

第一节　鉴定人的认定和人数

第R621-2条[②]:除非法院认为有必要认定多位鉴定人,否则只指定一位鉴定人。行政法院院长、上诉行政法院院长或最高行政法院诉讼庭审判长依据情况,在第R221-9条规定的名册中指定鉴定人。在必要时,行政法院院长、上诉行政法院院长或最高行政法院诉讼庭审判长亦可以指定非名册中的其他鉴定人。行政法院院长、上诉行政法院院长或最高行政法院诉讼庭审判长规定鉴定人向法院书记处提交报告的期限。

若鉴定人在了解某一特定问题时,需要一位或多位海难事故价值鉴定人的协助,则其必须事先征得行政法院院长、上诉行政法院院长或最高行政法院诉讼庭审判长的许可。行政法院院长、上诉行政法院院长或最高行政法院诉讼庭审判长就请求作出的裁定不可上诉。

第R621-3条[③]:法院书记处负责人或最高行政法院诉讼部秘书在含有鉴定任务与鉴定人任命的鉴定裁定下达10日之内,将裁定通知被指定的一位

---

① 源于2010年2月22日法令,第34条。
② 2013年8月13日法令修改,第8条。
③ 2010年2月22日法令修改,第35条。

或多位鉴定人。送达的裁定还应附有宣誓书,以便鉴定人通过书面形式宣誓,并在 3 日内提交书记处归入案卷。

鉴定人宣誓,本着良心,以客观、公正、认真的态度来完成鉴定任务。

第 R621-4 条[①]:在鉴定人不接受鉴定任务的情况下,应指定另外一位鉴定人。

鉴定人接受任命后,若未能履职或未在规定期限内提交鉴定报告,则法院院长在听取该鉴定人的陈述后,可以将其替换。应一方当事人的要求,在互辩原则得以保障的原则下,法院可以判处该鉴定人支付损害赔偿。

第 R621-5 条[②]:无论何种原因,对案情有所了解之人,在接受鉴定任命或海难事故价值鉴定任命之前,应将情况告知行政法院院长、上诉行政法院院长或最高行政法院诉讼庭审判长。行政法院院长、上诉行政法院院长或最高行政法院诉讼庭审判长决定对案情有所了解之人是否不便参与鉴定。

第 R621-6 条[③]:对第 R621-2 条规定的鉴定人或海难事故价值鉴定人,可以按照申请法官回避的原则,申请回避。若涉及法人,则回避申请既可以对法人提出,也可以对以法人为名从事鉴定活动的自然人提出。一方当事人必须在鉴定开始之前或在得知有回避理由之后,提出针对鉴定人或海难事故价值鉴定人的回避申请。若鉴定人或海难事故价值鉴定人自认为应当回避,则需立刻向行政法院院长、上诉行政法院院长或最高行政法院诉讼庭审判长进行声明。

第 R621-6-1 条[④]:当事人应向命令进行鉴定的法院提出鉴定人回避的申请。如果回避申请由委托人提交,那么委托人需提交专门委任书。

回避申请书必须陈述理由和附有相关证明材料,否则该申请书不予受理。

[①] 2010 年 2 月 22 日法令修改,第 36 条。
[②] 2010 年 2 月 22 日法令修改,第 37 条。
[③] 2010 年 2 月 22 日法令修改,第 38 条。
[④] 源于 2010 年 2 月 22 日法令,第 39 条。

第 R621－6－2 条①：法院书记处负责人或最高行政法院诉讼部秘书将回避申请书复印件交付有回避嫌疑的鉴定人。

鉴定人在收到回避申请书复印件后，以及法院对申请书作出裁定之前，不得参与鉴定。

第 R621－6－3 条②：在收到回避申请书复印件的 8 日之内，鉴定人通过书面形式来告知是否同意回避，或者反对回避的理由。

第 R621－6－4 条③：若鉴定人接受回避请求，则应尽早被替换。

若鉴定人不接受回避请求，则在对鉴定人和各方当事人公开审讯后，法院通过无须附详细理由的裁定，对回避申请作出宣判。

除了依本法典第五卷第三编的规定命令的鉴定外，对回避申请的裁定，不得独立于初级法院或上诉法院的实体判决，向上诉法院或最高法院提出上诉。鉴定人不得对回避裁定提出质疑。

第二节　鉴定活动

第 R621－7 条④：鉴定人需至少提前 4 天，通过挂号信的方式来通知当事人鉴定进行的日期和时间。

当事人在鉴定过程中提出的意见，记录于报告之中。

第 R621－7－1 条⑤：各方当事人必须尽快将鉴定人认为完成鉴定所必需的全部文件交付鉴定人。

若当事人未这样做，则鉴定人应告知法院院长。在获得该当事人的书面

---

① 源于 2010 年 2 月 22 日法令，第 39 条。
② 源于 2010 年 2 月 22 日法令，第 39 条。
③ 源于 2010 年 2 月 22 日法令，第 39 条。
④ 2015 年 9 月 15 日法令修改，第 24 条。
⑤ 源于 2010 年 2 月 22 日法令，第 40 条。

陈述后,法院院长命令鉴定人提交资料,必要时可以科处逾期罚款,或者要求专家继续鉴定或按现有状况提交报告。

在第 R621-8-1 条规定的会议中,法院院长可以就当事人未提交文件所导致的问题进行审查。

法院可以就未向鉴定人交付文件的情况得出法律上的结论。

第 R621-7-2 条①:如果当事人达成和解,那么鉴定人应确定鉴定任务已无鉴定标的,并立即向指定他的法官出具报告。

鉴定人在鉴定报告中载明鉴定费用和鉴定人薪酬,鉴定报告必须附有各方当事人签字的和解记录复印件,以证明当事人各自应支付的鉴定费用。

若各方当事人未明确各自应支付的鉴定费用,则在按第 R621-11 条确定鉴定费用后,根据情况,依据第 R621-13 条或第 R761-1 条来确定各方当事人应支付的费用。

第 R621-8 条:即使指定多位鉴定人共同鉴定,也只需提交一份鉴定书。若他们就鉴定意见未能达成共识,则报告中应保留每位鉴定人的详细意见。

第 R621-8-1 条②:在鉴定进行过程中,法院院长为保障鉴定有序进行,可以组织一次或多次会议。在会议中,除了涉及鉴定的根本性问题外,还可以对鉴定执行期限、资料获取、预付金等问题进行审查,或者对紧急审理中的鉴定进展进行审查。

依据第 R711-2 条,可以在上一款规定的会议中,传唤各方当事人和鉴定人。

辩论所得之结论予以记录。该记录寄送给各方当事人和鉴定人,并予以归档。不得对组织或拒绝会议的裁定提出上诉。

---

① 源于 2010 年 2 月 22 日法令,第 40 条。
② 源于 2010 年 2 月 22 日法令,第 41 条。

第三节　鉴定报告

第 R621－9 条[①]：鉴定报告一式两份，提交法院书记处。鉴定报告复印件由鉴定人交给想要获取复印件的各方当事人。若征得他们的同意，则可以向他们提供电子版报告复印件。法院书记处可以要求鉴定人提交电子版鉴定报告。在此情况下，法院书记处向各方当事人寄送鉴定报告。

在一个月的期限内，法院书记处要求各方当事人对鉴定报告提出自己的意见。该期限可以延长。

第 R621－10 条[②]：法院在作出判决前，可以要求指定的一位鉴定人、指定的多位鉴定人、多位鉴定人中的一位或被传唤的当事人列席，按照第 R621－9 条，让他们提出补充性意见，并依据这些意见作出判决。

第四节　鉴定费用（略）

（五）1971 年 6 月 29 日第 71－498 号《司法鉴定人法》[③]

第 1 条[④]：依法律或法规的规定，法官可以从本法第 2 条规定的名册中指派一人进行勘验、提供咨询或实施鉴定。在必要情况下，法官可以按照自己的意愿，指派名册之外的任何人从事上述活动。

第 2 条[⑤]：（1）为方便法官获得信息：

最高法院制定司法鉴定人国家级名册；

每个上诉法院制定各自的司法鉴定人名册。

（2）首次以鉴定人的身份在上诉法院制定的名册中注册时，需在特定专

---

① 2012 年 12 月 21 日法令修改，第 3 条。
② 2010 年 2 月 22 日法令修改，第 42 条。
③ 《司法鉴定人法》（Loi n° 71－498 du 29 juin 1971 relative aux experts judiciaires），译自：https://www.legifrance.gouv.fr/affichTexte.do? cidTexte = JORFTEXT000000874942。（访问日期：2019 年 3 月 15 日）译者：赵智勇。
④ 2004 年 2 月 11 日法律修改，第 46 条。
⑤ 2016 年 11 月 18 日法律修改，第 21 条。

栏中以试用身份注册。该注册期限为 3 年。

试用期满后,鉴定人提交新的注册申请,在获得法院和鉴定人代表组成的委员会就其经验和对诉讼基本原则及按指示进行鉴定的相关规则之掌握程度予以评估及认可后,方可再次注册。注册期限为 5 年。

重新注册的期限仍为 5 年。在重新注册时,需按照上一款的规定,对鉴定人的申请进行审核。

(3) 在上诉法院名册中注册不满 5 年者,不得在国家级名册中进行注册。或者,鉴定人能力未得到法国之外某欧盟成员国的认可,以及在该成员国从事司法鉴定活动不足 5 年者,不得在国家级名册中进行注册。

在国家级名册中进行注册,注册期限为 7 年。重新注册的期限仍为 7 年,注册时需对申请进行审核。

(4) 一项含有说明理由的裁决可以驳回要求在本条第 1 款规定的名册中注册或重新注册的请求。

(5) 最高行政法院令规定本条第 2 款规定的委员会之构成和运作机制。

第 3 条①:在本法第 2 条规定的名册进行注册的鉴定人,需得到"最高法院认定鉴定专家"或"上诉法院认定鉴定专家"的任命才能成为进行司法鉴定的鉴定人。任命状中可以写明鉴定人的专业。

获名誉头衔的鉴定可以继续使用其头衔,但在使用时,必须声明"名誉"二字。

第 4 条②:除本法第 3 条所规定之人外,任何人使用第 3 条规定的任命时所用头衔的,处以《刑法典》第 433 - 14 条和第 433 - 17 条规定之罪。

使用与第 3 条规定的任命时所用头衔相似的头衔,并在公众中造成混淆之人,处以相同之罪。

获名誉头衔的鉴定人在使用其头衔时,若没有声明"名誉"二字者,则处以相同之罪。

---

① 2004 年 2 月 11 日法律修改,第 48 条。
② 2010 年 12 月 22 日法律修改,第 39 条。

第 5 条①：（1）在应鉴定人被除名的请求，或者因鉴定人长期远离工作岗位、存在持久严重残疾或疾病等必须被除名的情况下，上诉法院第一院长或最高法院第一院长，依据职权的不同，可以将该鉴定人从本法第 2 条规定的名册中除名。

获名誉头衔的鉴定人，如果因无法满足注册时应该遵守的户籍所在地和职业生涯地的条件，或者因个人信誉而破产，或者因被处以行业或行政处罚而无法满足在名册中注册或重新注册的条件，那么上诉法院第一院长或最高法院第一院长可以将其除名。

如果无法满足注册时应该遵守的户籍所在地和职业生涯地的条件，那么鉴定人可以提出在其他上诉法院制定的名册中进行注册的要求。上诉法院第一院长可以在上诉法院举行的法官大会对此请求作出裁决之前，依据该鉴定人就无法满足注册时应该遵守的户籍所在地和职业生涯地的条件所提供的证明，保留该鉴定人在原法院名册中的注册。

（2）存在下列情况时，上诉法院或最高法院可以吊销注册于本法第 2 条规定名册中的鉴定人之资格：

a. 法定无行为能力的情况。此情况要听取或要求鉴定人陈述意见，必要时，律师应在场。

b. 本法第 6－2 条规定的职业失职情况。

国家级名册中的鉴定人资格被吊销，依法直接导致其在上诉法院制定的名册中的注册被注销。在上诉法院制定的名册中注册的鉴定人，若资格被注销，则依法直接导致其在国家级名册中的注册被注销。

最高行政法令规定资格有可能被吊销的鉴定人暂时停职的条件。

第 6 条②：初次在上诉法院制定的名册进行注册时，鉴定人在户籍所在地的上诉法院进行宣誓，承诺本着自己的良心和信誉，完成任务、提交报告和给出意见。注销之后重新注册时，要重新进行宣誓。

未在规定的名册中进行注册的鉴定人，每一次被任命时，需按照第 1 款的

---

① 2010 年 12 月 22 日法律修改，第 40 条。

② 2004 年 2 月 11 日法律修改，第 50 条。

规定进行宣誓。

第 6-1 条[1]: 除了《刑事诉讼法典》第 706-56 条的规定外,只有那些在本法第 2 条规定的名册中注册,并依据最高行政法院令规定的条件获得认可之人,方能在司法领域实施 DNA 指纹鉴定来识别某人。

第 6-2 条[2]: 违反法律和法规规定的任务和职业的,有损荣誉和诚实的,或者从事与委托鉴定任务无关之事的鉴定人,可以被追究行业纪律责任。

即便被吊销资格或除名,依旧可以追究其在执行鉴定任务期间违反义务所应负的纪律责任。

行业纪律处罚为:

a. 警告;

b. 临时吊销资格,期限最多不超过 3 年。

c. 吊销资格并终身不得在本法第 2 条规定的名册进行注册,或者撤销名誉头衔。

上诉法院或最高法院受理对鉴定人违反纪律提起的诉讼,并以纪律委员会的身份作出裁定。依据情况,就该纪律裁定,当事人可以向最高法院或上诉法院提出上诉。临时吊销资格的鉴定人,如果要求重新在上诉法院制定的名单中进行注册,那么仍需通过试用期限。在吊销资格之后,只有重新在上诉法院的名册中注册满 5 年以上,该鉴定人方可在国家级名册中进行注册。

最高行政法院令对本条款的实施作出规定,特别是对纪律诉讼作出相关规定。

第 6-3 条[3]: 废除。

第 7 条: 本法的实施由相关法令规定。法令特别要对在名册中进行注册的条件、宣誓的方式、鉴定人年龄的限制及荣誉获得方式作出规定。

---

[1] 2004 年 2 月 11 日法律修改,第 51 条。

[2] 2010 年 12 月 22 日法律修改,第 41 条。

[3] 本条源于 2004 年 2 月 11 日法律第 52 条,被 2008 年 6 月 17 日法律第 10 条废除。

第 8 条①：本法亦适用于法属圣皮埃尔和米克隆岛。该法在该地方行政区域实施时，上诉法院的职权由该行政区域的高级法院行使。同样，赋予上诉法院第一院长的职能由高级法院院长行使。

除下列规定外，本法亦适用于马约特岛、新喀里多尼亚、法属波利尼西亚及法属瓦里斯群岛和富图纳群岛：

（1）本法在马约特岛实施时，上诉法院的职权由马木祖的上诉庭行使；赋予上诉法院第一院长的职能由马木祖的上诉庭审判长行使。

（2）本法在马约特岛实施时，删除第 2 条中"在获得法院和鉴定人代表组成的委员会……认可"的表述。

（3）本法第 6 条最后一款中"《民事诉讼法典》第 308 条的规定"的表述改为"当地民事诉讼中涉及宣誓的相关规定"。

2016 年 11 月 18 日第 2016‐1547 号《21 世纪司法现代化法律》就本法的表述进行了相关修改，以便本法在新喀里多尼亚、法属波利尼西亚及法属瓦里斯群岛和富图纳群岛得以实施。

---

① 2016 年 11 月 18 日法律修改，第 112 条。

第五章

刑事诉讼视角下的意大利鉴定制度

　　科学证据的迅速发展，导致鉴定制度对司法诉讼的影响力日趋扩大。随着人们在诉讼程序中所能掌握到的案件证据愈加真实、客观、准确，法官在审理案件时，对科学证据的采信态度也逐渐转变。大陆法系的法官开始更愿意倾听当事人对科学证据的意见，而英美法系的法官也会在某些例外情形下，决定由法院来指定鉴定人。信息化的发展促使各行各业的专家开始愿意利用自己的专业知识，参与到案件诉讼中去，为案件诉讼所遇到的关于科学证据的困难和问题提供专业性意见。

　　作为传统的大陆法系国家，意大利对鉴定制度的规定既不同于大陆法系在鉴定制度中采用"鉴定人"模式之通常做法，也不同于英美法系鉴定制度所采用的"专家证人"模式，而是采用一种独特的"鉴定人"与"技术顾问"并行的制度模式，使法院指定的鉴定人与控辩双方聘请的技术顾问之间既相互促进又互相制衡，从而推动案件发展，并为法官对科学证据的采信提供多样化的意见，便于法官探寻案件真相，保证审判的公平公正。鉴定人具有完全的中立性，虽然鉴定活动的启动、鉴定人的选择等是由法院进行主导的，但是在具体的诉讼活动中，鉴定活动与审判行为则是完全分立开来的。鉴定活动具有完全的独立性与客观性，不能受法官或案情的影响，而法官也不能够对鉴定人施加压力，影响鉴定报告的客观性。因此，鉴定人进行鉴定活动时，应具有客观性、独立性和中立性，不受法官、检察官、当事人或警察的影响，仅需要根据事实证据和自身的科学知识来出具鉴定意见。

　　意大利的刑事诉讼法除规定法院可以指定鉴定人的制度外，还允许当事人与检察院聘请技术顾问，对案件的鉴定意见证据进行鉴定。技术顾问拥有鉴定权,可以进行鉴定活动;在鉴定人实施鉴定的过程中,技术顾问可以参与鉴定工作,向鉴定人提议进行具体的调查工作,以及发表评论和保留意见。但是,技术顾问往往并不直接实施鉴定行为,而是作为当事人一方的监督者来监督鉴定人的鉴定活动,对鉴定报告进行审查监督,从而通过对鉴定活动的参与和对鉴定报告的审查来作出对当事人有利的技术辩护。另外,技术顾问还可以提供除鉴定外的技术咨询;此时,技术顾问更多的是提供专业技术和专业知识方面的咨询服务。

　　鉴定人制度与技术顾问制度的结合,使意大利鉴定制度融合了两大法系的优势,为两大法系的融合创造了很好的范例。本章将通过介绍意大利鉴定人制度和技术顾问制度的具体内容,探讨控辩审三方的制约平衡对科学证据的采信之作用,以研究在科学知识迅速发展的今天,究竟应该采用何种方式对鉴定意见证据的采信进行规定,从而在为当事人的权益提供充分保障的同时,维护司法公正。

第一节　鉴定制度的变迁

　　意大利鉴定制度的形成离不开历史的驱动和刑事诉讼法的发展,世界两大法系的鉴定制度之兴起推动了意大利鉴定制度的形成,而意大利刑事诉讼的变革也为鉴定制度的发展带来了不可磨灭的影响。本章将先从宏观角度对意大利鉴定制度发展的历史因素进行论述,为接下来介绍意大利鉴定制度进行背景铺垫;再从微观角度对意大利鉴定制度的沿革及现代发展进行详细论述,通过对意大利历史上每部刑事诉讼法中鉴定制度的具体规定进行梳理,展现一条明确的鉴定制度的变革路线;最后介绍现代阶段对鉴定制度有重大意义的一些具体改革措施,以全面探寻意大利鉴定制度。

一、鉴定制度产生的历史因素

　　作为一种专业性高、确定性强、说服力猛的证据形式,科学证据对案件审理往往产生极大的影响,甚至会左右法官的判断,因此必须对此种证据制度加以规范。大陆法系的国家往往会直接采用鉴定人制度来对科学证据加以甄别,以提高诉讼效率,节省诉讼资源;而英美法系的专家证人制度通过法庭辩论,对科学证据的真伪加以甄别,从而使法官达到内心确认,作出案件判决。意大利的鉴定制度则采用鉴定人制度与技术顾问制度相结合之形式,完美地融合了两种模式的优点,并结合本国国情,建立具有自身特色的鉴定制度。但是,意大利现代鉴定制度的建立也不是一蹴而就的,而是在原有纠问式的鉴定人制度之基础上,不断根据刑事诉讼法的变化,对鉴定制度进行改革而逐渐形成的。因此,在了解意大利鉴定制度之前,必须对两大法系鉴定制度的发展及意大利刑事诉讼法的历史沿革进行简述。

(一)两大法系的影响

意大利在科学证据的采信中选取鉴定人与技术顾问相结合的鉴定制度,与其整个诉讼模式的选择密不可分。刑事诉讼程序实际上是确证是否存在犯罪行为的一个过程,而刑事诉讼作为一种工具,具有不同的选择模式。历史上有两种不同的诉讼模式存在:一种模式产生于 1215 年的英国《自由大宪章》,后来随着新大陆的发现,由英国来到了美国,在整个普通法系中普遍存在;另外一种模式则产生于相同年代欧洲大陆的教会法,其规定在审判程序中,应当采取纠问的形式,从而在大陆法系生根发芽。

两种模式产生不同的根本原因在于政府形式的不同及国家与公民关系的不同,而这种根源的不同导致立法者在制定刑事诉讼法的过程中出发点和理念的不同,从而导致了举证责任的不同。因此,纠问式模式更多出现在职权主义国家,而非职权主义国家则更多采用的是对抗式。但是,大多数法治发达的国家在诉讼模式的选择上往往不是绝对的,而是更多地偏向于其中的某一种模式,只是两者或多或少的问题。程序的选择更多的还是依据社会的需求,作为一个大陆法系的国家,意大利选择在纠问式模式的历史基础之上,根据国家的发展和社会的需求,引入对抗式模式的因素到本国的刑事诉讼程序中去,从而也引发了科学证据采信制度的转变。

大陆法系的鉴定制度可以追溯的最早时期,是古罗马《十二表法》规定的"婴儿自父死后十个月内出生的,推定其为婚生子女"。而现代意义上利用科学技术与专业知识进行的鉴定,最早可以追溯到公元前 44 年凯撒大帝被刺身亡事件中,医师安提斯底对凯撒尸体的检验,人们也因此普遍将罗马法作为鉴定制度的起源。① 随着人们对鉴定制度理解的深入,鉴定意见开始逐渐作为法定证据种类之一,通过法律条文被确立于实体法和程序法之中。但是,由于受大陆法系纠问式风格的影响,因此意大利的鉴定人一般仅作为法官审判中辅助人的角色存在,具有完全客观中立的地位。法律规定,鉴定人像法官一样,实行回避制度,以保证鉴定人的中立性②;并且,法律对鉴定人的任职资格和职能也加以限制,以防止其权利滥用。

普通法系的鉴定制度最早从验尸官制度开始发展,英国早期的鉴定体系采用可以提供专业知识帮助的特殊陪审团,或者采用由法院主导的协助法官或帮助陪审团理解问题的顾问,而将这些具有专业知识的人聘用为法院的顾问之方式,最早可以追溯到 14 世纪。随着知情陪审团的逐渐消逝,不知情陪审团开始在法庭中得到越来越多的运用,法院开始传唤具有专业知识的专家作为证人参与到法庭中,为法官提供辅助性意见。然而,到了 18 世纪,随着对抗制的不断发展,控辩双方之间的对抗性越来越强,法官的积极作用则被逐渐削弱,成为消极的中立者,因此控辩双方开始各自聘请自己信任的专家作为自己的专家证人来维护自己的权益并与对方抗衡。③ 19 世纪中期以后,随着科学技术的发展,法庭上的科学证据较之以前呈现出爆发性增长,而专家证人的偏向性越来越强,控辩双方的专家证人往往仅代表聘请方的利益进行辩护,从而逐渐失去专家证人的中立性。这种控辩双方专家证人之间的对抗被称为"专家之战",而专家证人的发展也为意大利技术顾问制度的产生奠定了基础。

(二) 刑事诉讼法的影响

作为一种专业性高、确定性强、说服力猛的证据形式,科学证据对案件审理往往产生极大的影响,甚至会左右法官的判断,因此必须对此种证据制度加以规范。大陆法系的国家往往会直接采用鉴定人制度来对科学证据加以甄别,因为这种方式下产生的鉴定意见往往较为单一,不容易使检察院与当事人

---

① 杜志淳主编:《司法鉴定概论》,高等教育出版社 2015 年版,第 39 页。
② 郭华:《国外鉴定制度与我国司法鉴定制度改革的关系》,载《中国司法》2011 年第 1 期。
③ Jennifer Mnookin, *Idealizing Science and Demonizing Experts: An Intellectual History of Expert Evidence*, Villanovalawreview, Vol. 03, 2008.

产生争执,从而提高了诉讼效率,节省了诉讼资源。但是,此种方式下,一旦鉴定意见出现错误,就会对当事人造成严重后果,如出现冤假错案等。英美法系的专家证人制度通过法庭辩论,对科学证据的真伪加以甄别,从而使法官达到内心确认,作出案件判决。这种方式有利于对科学证据进行更加充分的探讨,保证科学证据的准确性,避免鉴定意见出现大的失误,但是往往存在诉讼过程长、双方纠纷不断、观点混杂且主观性强等问题,使法官难以准确判断案件事实,并作出客观中立的判决。

意大利鉴定制度与意大利刑事诉讼法的发展是密不可分的。随着意大利刑事诉讼法的历次改革,鉴定制度也在不断发展完善,最终发展成为现今意大利刑事诉讼法中的一个独具特色的制度。意大利刑事诉讼制度最早借鉴于1808年法国颁布的《重罪法典》。在《重罪法典》的影响之下,意大利于1865年颁布了本国第一部近现代意义上的刑事诉讼法典。这部法典受法国大革命的影响,出现了较为明显的纠问式风格,而这种风格在浸润了1913年意大利《刑事诉讼法典》后,一直延续到1930年颁布的意大利《刑事诉讼法典》。

1930年,在法西斯政权控制下的意大利颁布了本国第二部刑事诉讼法典《ROCCO法典》,主张通过法典来达到公权力与私权利的相互制衡;法典废除了案件被告在预审阶段的辩护权,并且规定原先预审法官的强制权转移到检察官手中。[1]《ROCCO法典》设立之初是希望建立一套集百家所长的综合性审判系统,但是由于此时的意大利处于法西斯政权的控制之中,因此最终确立下来的法典充满浓重的法西斯主义色彩,造成意大利刑事诉讼过程中的侦查程序往往比审判程序更为重要;法典在侦查阶段设立了预审法官,将侦查阶段所掌握和收集的证据与案件材料整理成卷宗,作为法院裁判和认定犯罪事实的基础[2],这使得审判程序成为对侦查程序结论的肯定,法庭审理彻底沦为形式主义。[3] 虽然这部法典有较多不合理之处,但仍然存在一些亮点,如通过控辩平衡来保障科学证据准确性的技术顾问制度之起点就产生于1930年《刑事

---

[1] 黄风:《意大利刑诉法最新修订呈现三大亮点》,载《检察日报》2016年第3期。

[2] 元轶:《程序分流视角下的意大利刑事诉讼改革》,载《比较法研究》2011年第5期。

[3] William TPizzi, LucaMarafioti, *The New Italian Code of Criminal Procedure: The Difficulties of Building an Adversarial Trial System on a Civil Law Foundation*, Yale Journal of International Law, 2002.

诉讼法典》。

鉴于法西斯的侵略与威胁之教训,第二次世界大战后,意大利于 1948 年颁布了新的《意大利共和国宪法》,确立了"主权属于人民""公民在法律上一律平等"等基本原则。[①] 为了与宪法原则保持一致,意大利于 1988 年颁布了现行的《刑事诉讼法典》,这部法典标志着意大利刑事诉讼法精神的转变,即由原来的纠问式风格转为英美法系的对抗式风格。[②] 需要说明的是,1988 年意大利《刑事诉讼法典》的颁布,实际上更多的是一种尝试,因此它并没有采用一蹴而就的方式,由原来的纠问式彻底转变为控辩式,而是根据模式的转变并考虑当时的社会需求,循序渐进地进行改革转变。随着这种模式的转变,很多刑事诉讼制度也必然会随之变化,鉴定制度就是其中的典型范例。

二、立法沿革

意大利鉴定制度的设立与发展,必须建立在意大利刑事诉讼法的基础之上。1930 年的《ROCCO 法典》作为一部带有大陆法系风格的法典,虽规定鉴定权应由法官与检察官行使,但却首次将技术顾问规定于法典之中,允许当事人的技术顾问对鉴定报告进行质疑和评价。1988 年的《刑事诉讼法典》对诉讼模式的改变,导致意大利鉴定制度也产生极大变化,不再将法官与检察机关置于同等地位,而是将检察机关与当事人放在同一位阶,形成对抗局面;在保留鉴定人制度的同时,对技术顾问的权利进行扩大,大幅提升技术顾问的法律地位。1999 年与 2000 年,意大利国会对意大利鉴定制度进一步加以修改完善,更加注重保障当事人对科学证据鉴定的权利,从而使其适应当代的经济发展与社会变迁。

(一) 1930 年《ROCCO 法典》

意大利于 1930 年颁布的《ROCCO 法典》是一部包含着法西斯主义精神的刑事诉讼法典。尽管这部法典是法西斯主义政权的产物,但它却首次以法律

---

① 宋英、孙长永、刘新魁等编著:《外国刑事诉讼法》,法律出版社 2006 年版,第 428 页。
② 陈瑞华:《意大利 1988 年刑事诉讼法典评析》,载《政法论坛》1993 年第 4 期。

条文的形式规定了鉴定制度及被告的技术顾问制度,即鉴定权应由法院统一行使,当事人的技术顾问仅可以通过检验法官指定的鉴定人的鉴定报告来提出质疑和评价。[①] 不过,《ROCCO 法典》所规定的刑事诉讼程序,对科学证据的采信仍带有较强的纠问式色彩,法官审理案件所采用的科学证据主要是由官方鉴定人提供,且技术顾问只能由被告聘请,检察机关并不具有聘请技术顾问的权利,但可以采用官方鉴定人。此时,科学证据的鉴定权主要掌握在法官的手里。因此,在《ROCCO 法典》中,法官与检察官处于同一位阶,可以聘请官方鉴定人,而被告人聘请的鉴定人则称为狭义上的"技术顾问"。此时,技术顾问的职能也非常有限,仅能查阅官方鉴定人的鉴定报告,以及对鉴定报告提出质疑或评论,并无参与鉴定活动、独立进行鉴定的权利。[②] 官方鉴定人则可以参与鉴定过程,行使独立的鉴定权,并可以在法庭上发表意见,与当事人的技术顾问进行对峙。

可见,在《ROCCO》法典中,鉴定制度主要还是以官方鉴定人的鉴定意见为主,此时的技术顾问多依附于当事人,仅对当事人起到辅助作用,并无独立的法律地位,其享有的法律权利也非常有限。

(二) 1988 年《刑事诉讼法典》

1988 年《刑事诉讼法典》是意大利现行的刑事诉讼法典,这部法典将意大利的刑事诉讼模式由原来的纠问式转为对抗式,这也导致鉴定制度产生了巨大的变化。1988 年《刑事诉讼法典》第 225 条规定:"在法官决定进行鉴定后,控辩双方有权聘请自己的技术顾问。"[③]这表明新法典改变了旧法典将法官与检察机关放在同一位阶的做法,其将检察机关与当事人放在同一位阶,检察机关所聘请的技术顾问与当事人所聘请的技术顾问地位平等。同时,1988 年《刑事诉讼法典》还扩大了技术顾问的权利范围,不仅允许技术顾问参与到鉴定人的鉴定工作之中,还允许其对具体的鉴定活动提出询问和评论,并且可以对案件鉴定活动中涉及的物品和证据发表意见。此外,当事人聘请的技术顾问也

[①] 章礼明:《意大利技术顾问制度及其对我国的启示》,载《中国司法鉴定》2017 年第 1 期。
[②] 章礼明:《意大利技术顾问制度及其对我国的启示》,载《中国司法鉴定》2017 年第 1 期。
[③] 1988 年意大利《刑事诉讼法》(现行版)第 225 条。参见《意大利刑事诉讼法典》,黄风译,中国政法大学出版社 1994 年版,第 78 页。

可以不参与到案件的鉴定活动中,而是仅仅提供除鉴定活动外的技术咨询。这种情形下的技术顾问在经过检察机关的批准后,也可以参与侦查阶段的活动。但是,1988 年《刑事诉讼法典》并未对鉴定制度进行彻底变革,仍然保留了带有纠问式色彩的鉴定人制度,允许法官从法院名册中聘请鉴定人,参与到诉讼过程中。在经过检察机关的批准后,鉴定人也可以参与侦查阶段的活动。

1988 年《刑事诉讼法典》对诉讼模式的改变,直接导致鉴定制度中的技术顾问之法律地位大幅提升,并且检察机关进行鉴定的方式由原来选取官方名册的鉴定人转为聘请具有私人性质的技术顾问,完成了在科学证据层面上的控辩双方的对抗。然而,1988 年《刑事诉讼法典》仍保留了法院指定官方鉴定人的权利,且在有官方鉴定人的情况下,控辩双方的技术顾问只能在法官主导的鉴定程序中进行工作,处于从属地位,这表明该法典并未完全舍弃纠问制的诉讼风格,而是将其部分保留下来。

(三) 1999 年"公正程序"原则

1999 年,意大利国会对《意大利共和国宪法》第 111 条进行了修改,将"公正程序"原则加入宪法之中,规定"任何程序由控辩双方在平等的条件下,在作为第三方的中正的不偏不倚的法官面前以抗辩的方式进行"。由于"公正程序"成为了意大利宪法的基本原则,因此意大利刑事诉讼法也要求"公正程序"原则必须体现在所有刑事诉讼程序中,要求一切刑事诉讼程序必须体现出控辩平等、法官中立、法庭对质等理念。[1] 并且,2001 年,意大利国会修改的《刑事诉讼法典》第 63 条将"正当程序"原则纳入刑事诉讼法体系中,规定法官采纳的鉴定意见证据必须是经过控辩双方法庭对峙质询过的证据,不能采用某一方通过隐秘手段,在对方不知情的情况下获得的证据。[2] 这使鉴定人和技术顾问不得采用秘密手段搜集证据,且此类证据若无法官的允许,不得作为案件的证据使用,从而在源头上杜绝了控辩双方为获得案件胜诉不择手段,以及通

---

[1] 意大利罗马第一大学刑事诉讼法教授 Giorgio Spangher 应本课题组之邀,于 2018 年 12 月 9 日在华东政法大学韬奋楼 119 教室举办了题为《意大利技术顾问制度与鉴定意见证据评价》的演讲,中南财经政法大学黄美玲教授担任翻译。Spangher 教授提供了讲演稿,并就此方面进行了详细讲解。特此致谢。

[2] 黄风:《意大利刑诉法最新修订呈现三大亮点》,载《检察日报》2016 年第 3 期。

过秘密窃取的方法取得案件证据,以避免此类行为对当事人的基本人权造成侵犯。这既是对意大利鉴定意见证据的运用提出的更高要求标准,也是有利于保障当事人诉讼权益的一种方式。

"公正程序"原则的确立要求所有的刑事诉讼程序都必须适用此原则,鉴定制度也不例外。由于"公证程序"原则要求认定刑事诉讼证据的形成过程必须受公开辩论原则的约束,因此检察机关的鉴定意见无法避开被告方技术顾问的交叉询问,从而保障了当事人对科学证据的质疑权和知情权。

(四) 2000 年国会颁布的 397 号法令

2000 年 12 月 7 日,意大利国会颁布了 397 号法令,扩张了当事人的调查权,从而使得意大利《刑事诉讼法典》在 327 条的基础上增加一条 bis:"允许当事人为了获得有利于辩护的鉴证意见证据,可以根据自身需要,聘请鉴定专家来寻找证据和进行鉴定。"[①]因为此条并未对具体的诉讼阶段进行限制,所以技术顾问可以在诉讼中的任何阶段享有独立的鉴定权,这使得技术顾问获得鉴定权的时间由检察阶段提前至侦查阶段。技术顾问享有独立的鉴定权,对其考察科学证据的准确性有十分重要的作用,这意味着当事人无须经过公权力机关的允许就能够获得鉴定权,并且可以在案件诉讼中独立自主地聘请能够维护自身利益的技术顾问,从而打破了检察机关在预审阶段对鉴定权的垄断。[②]

同时,意大利国会也对《刑事诉讼法典》第 391 条进行了相应修改,增加了多条 bis,并规定:"在诉讼的任何阶段和审级中,当事人均有权对案件证据进行调查鉴定。当事人可以将鉴定权交给辩护人独立行使,也可以由当事人或辩护人委托给其他鉴定专家行使。"[③]这使技术顾问的权利行使不再受诉讼阶段的约束,扩大了技术顾问的调查范围,从而赋予技术顾问一种非官方调查权,使其出具的鉴定意见能够作为一种独立的证据在法庭上被提出。

---

① 章礼明:《意大利技术顾问制度及其对我国的启示》,载《中国司法鉴定》2017 年第 1 期。

② 参见前已提及的 Giorgio Spangher 教授的《意大利技术顾问制度与鉴定意见证据评价》(演讲稿,未刊)。

③ 陈卫东、刘计划、程雷:《变革中创新的意大利刑事司法制度——中国人民大学诉讼制度与司法改革研究中心赴欧洲考察报告之三》,载《人民检察》2004 年第 12 期。

2000 年,意大利国会对《刑事诉讼法典》多条规定的新修改,使意大利鉴定制度产生了新的变化,不仅进一步维护了控辩双方的平等地位,增加了当事人技术顾问的权利,而且使技术顾问在行使权利时突破了诉讼阶段的限制,从时间维度对技术顾问的权限进行了进一步的扩大,有利于当事人对检察机关的抗衡。这些新修改更加偏向于保障当事人的诉讼权益免受公权力的侵害,而意大利的鉴定制度自此也更加蓬勃发展起来。

第二节　鉴定人员的资质及管理

意大利的鉴定制度将带有纠问式风格的鉴定人与带有控辩式风格的专家证人融合于一体,使鉴定意见具有多样性,让控辩双方的技术顾问与法官指定的鉴定人一起参与或观摩案件的鉴定过程,使最终确定的鉴定证据更具有说服力且具有更强的科学性,便于更好地还原案件事实。[①] 确定鉴定人员的资质内容和管理范围,是鉴定活动开展的基础条件。

一、鉴定人员的选任要求

(一) 鉴定人的选任条件

对于鉴定人的任命,一方面,意大利的刑事诉讼法从形式上要求法官应优先选择列入专门的专家名册内的鉴定人。每个法院内部都设立有本法院的专家名册,该名册被划分为若干领域,其中涵盖了八个必要领域的学科,为法官选取鉴定人确立了一个合适的标准,防止法官作出武断且无缘由的选择。虽然名册没有规定鉴定人入选名册的期限,但是名册规定了更新的办法,不符合名册要求的鉴定人将会通过名册更新的模式被淘汰。同时,这种依靠名册来选取的模式,能够对法官选择鉴定人施加一种无形的、客观上的控制,保证在无结党营私的情形下,法官能够在选择案件鉴定人时,不受个人偏好性的影

[①] 张俊文、黄远志:《论我国专家辅助人制度的完善——以重庆市医疗纠纷司法裁判情况为例》,载《人民司法》2011 年第 19 期。

响。另一方面,意大利的刑事诉讼法又从实质上规定,在某些特殊案件中,若需进行某些特殊领域的鉴定,而此领域又不在专家名册规定的领域范围内,或者在法院注册的鉴定人就数量而言不够充足,抑或名册上缺少能够进行涉及最前沿学科的鉴定活动的鉴定人,则为了避免因压缩对鉴定人进行选择的机会而阻碍应对这些情况的风险出现,立法者明智地预见到对法官选用名册之外的具有特定能力且经过认证的专家进行任命的必要性。至于这些鉴定人是否具有对案件证据进行鉴定的能力,则应由法官来决定。

当事人可以就法官任命鉴定人的决定提请复议,但不能据此认为鉴定结果是无效或不可采用的,其只能够从鉴定人品质方面,对鉴定意见的可靠性提出反对,如鉴定人行贿受贿等。在鉴定结论无效的情况下,法官应将该鉴定任务委托给另外一位鉴定人。如果法官又将此任务再次委托给同一鉴定人,那么这也并不构成要求鉴定人回避的理由,因为法官可以就相同证据安排另一次新的鉴定。如果法官通过裁定的方式启动鉴定,那么应当就采证及进行鉴定的理由进行相应说明。法官在控辩双方质证之后,也可以撤销采纳鉴定的决定。在法官作出安排鉴定的决定后,检察院和当事人得各自任命不超过 2 名技术顾问。违背该规定的,会导致鉴定结果的无效。控辩双方有权就上述无效的决定提出异议,异议可以由当事人、当事人的辩护人或公益诉讼代理机构的辩护人提出。根据意大利宪法法院 1990 年第 559 号判决,在鉴定被安排在附带证明程序中的情况下,受害人有权亲自或借由代理人提出异议,异议必须通过声明的方式作出,并递交或传送给法官;如果异议声明是在庭外作出的,那么为了保障可靠性,法庭必须提供证明来证实其已收到了当事人的异议声明。

在传唤鉴定人参与诉讼之前,法官会查验鉴定人的身份信息,如鉴定人是否在专家名册之中、是否具有鉴定能力等,以此来检验鉴定人是否存在造成其无力或无法兼任或者弃权的事由。一旦法官确定鉴定人后,除非突发特殊情形或鉴定人在专业能力上发生了意外状况,否则鉴定人不得再声明弃权或回避。控辩双方如果要求鉴定人回避,那么必须陈述理由,且理由需有相应依据,鉴定人的助手并不在回避范围之内。与此同时,回避可以经特定的诉讼程序予以解除。解除声明必须向安排鉴定的法官提出,法官在经过《刑事诉讼法》第 127 条规定的预先质证并采纳合理信息之后,作出是否解除的决定。当法官无法立即作出决定时,可以命令鉴定人先暂停鉴定活动。由于法官接受回避的申请会阻却鉴定活动的继续进行,因此之前已经开展的鉴定活动是否需要保留,由法官进行决定。

在当事人提出回避申请后,若法官不采纳或拒绝当事人的回避申请,则可能会导致申请人向罚款基金会支付一笔罚款。因此,鉴定人一旦被确定,就负有义务来履行其鉴定职责。如果鉴定人被依法传讯,但未在事先确定的时刻出庭,且未提出阻碍其出庭的正当事由,那么法官可以命令将其强制拘传,并对其处以纪律性质的罚金;若之后证明鉴定人未能出庭是因正当阻碍事由而导致,则该罚金可以取消。鉴定人无正当理由,拒绝完成其职责的,构成《刑法》第 366 条规定的罪行。同时,《刑事诉讼法》第 231 条规定了更换鉴定人的情形。除了法律规定的鉴定人死亡、鉴定人突然丧失鉴定资格或能力、鉴定人自身丧失行动能力等原因外,在鉴定人于确定的时限内未提供鉴定意见的、鉴定人请求推迟被拒绝的、鉴定人疏于履行其职责的、鉴定人弃权或回避的声明被法官采纳的、鉴定人延期作答的请求被法官拒绝等情形下,法官也必须更换鉴定人。鉴定人的更换,将会导致启动刑事诉讼附带程序,法官有可能将有关情况通报给鉴定人所归属的行会或协会团体,也可能判处该鉴定人支付一笔罚金。鉴定人被更换后,出于使鉴定资料得到最大程度的充分利用之目的,其所进行的鉴定活动的文献资料及鉴定成果,应当交由法官处置。

鉴定人酬金一般是在鉴定活动完成之后,由安排鉴定的法官负责发出支付命令,最终由败诉方负责承担。鉴定人、诉讼当事人、检察院及被告的辩护人均有权就该支付命令提出反对意见。针对结算酬金的反对意见所进行的判决,依照独任制审判程序进行,相关当事人可以就该判决向最高法院上诉。

(二) 技术顾问的选任条件

当事人对技术顾问的任命不受任何限制,除非技术顾问被当事人解聘,否则当事人可以根据自己的意愿,随意聘用技术顾问,不论其是否具有专业能力,且不受案件诉讼时间的限制。检察院通常会选择在鉴定人名册内的人作为其技术顾问。相对于法官的鉴定人,检察院的技术顾问不受法律规定的技术顾问无鉴定能力或不得兼任的限制,且在处罚方面也并不如鉴定人明确。在实际情形中,鉴定人的活动与技术顾问、检察院、当事人及辩护人的活动,往往是以辩证的方式同步进行的。在授予任务给鉴定人的阶段,技术顾问的工作是辩证性的,需要提出批评和建议。在这一阶段结束之后,鉴定人的工作主要集中在通过直接对话的方式,参加鉴定操作。技术顾问在不借助媒介的情况下参与对话,无论是提出观测和保留意见的演绎活动,还是向鉴定人提出特定调查建议的推动性活动,都是能够实现的,技术顾问的这些活动都应当被记录在报告中。同时,技术顾问拥有扩大针对疑问的鉴定调查的范围及对安排鉴定的法官进行质询的权利。根据《刑事诉讼法》第 228 条第 4 款,在鉴定开展过程中,技术顾问可以向法官寻求帮助,即便是当鉴定操作涉及"鉴定人权限及任务范围"的争议性问题,当然也包括牵涉到调查请求的情况。就技术顾问能够有效参与鉴定操作而言,有必要使其能够接触到所有鉴定人能够接触到的东西。实际上,相比鉴定人,能够为技术顾问所用的材料可能会更加广泛。无论是检察院的技术顾问,还是其他诉讼主体的技术顾问,都可以接触到案件有关资料;技术顾问既可以查阅审前证据调查取得的卷宗,也可以查阅辩护人进行的私下调查所形成的卷宗。另外,出于充分保障公开辩论的目的,若存在所有鉴定工作完成之后,技术顾问才获得任命的情况,则技术顾问能够获得鉴定结果及接触到被鉴定过了的材料,不仅可以查阅能够检验鉴定人作出的存疑证据的书面报告,还可以请求法官授权其检查鉴定活动所涉及的人员、物品、场所。

诉讼当事人也能够在案件无鉴定环节的情形下,要求技术顾问开展技术性的活动——技术咨询。技术咨询除了能够替法官发挥一种督促性的作用外,其本身也是一种独立的、有别于鉴定的工具。诉讼当事人中的任何一方,均可以直接在诉讼中运用基于技术咨询所获得的专业知识,这使技术顾问的活动从鉴定人的活动中独立出来。技术咨询更多的是一种证明工具,其与鉴定之间存在一定的可替代性,甚至一些法律规定也是通用的。根据 2000 年第 397 号法律,对《刑事诉讼法》第 233 条引入的修改内容规定,诉讼当事人有权任命技术顾问,这可以解释为包括被害人、间接受害人、公益诉讼代理机构在内的主体,均有权任命技术顾问。

对技术顾问进行任命不受时间限制,但必须如同任命辩护人一样,出具任命的证明文件来确保其可靠性。每方各自可任命最多不超过 2 名与此专业领域相关的顾问,但在由政府承担顾问费用的情况下,当事人只能在此领域任命 1 名技术顾问。技术顾问可以就获取材料数据及完成实验操作,进行一项特定并且独立的调查活动,也可以开展《刑事诉讼法》第 228 条第 1 款及第 3 款规定的活动。此外,与辩护人一样,技术顾问有权获得由司法警察或检察院取得并保存的全部文书的内容,同时也有权参加辩护人可以参加的相关鉴定活动。

技术顾问的鉴定外活动之范围则更为广大。首先,允许私方的技术顾问检查被扣押的物品,以行使同时为辩护人所享有的权利,通过这种方式来对专家的活动进行补充;不过,当检察院就涉密材料行使保密权力时,此项权利的行使则存在限制。其次,法律规定,技术顾问可以参与检查,同时也不排除扩大鉴定人参与范围的可能,使其能够参与到司法警察的活动中。最后,技术顾问可以检查的内容,不仅仅包括物品和场所,还包括人,其甚至可以检查之前未呈送检查的内容;并且,专家已参与了上述检查活动,但仍意欲就该内容独自重新检查的,应被允许。

辩护人任命技术顾问进行相关检查活动的请求,应当向法官提出。在检察院未提起公诉之前,该任命请求向检察院提出。在作出授权的同时,为了保存物品或地点的原始状态,同样也出于保障相关人员尊严的考虑,司法当局会下达必要的指令。如果公诉机关以法令的形式作出否决辩护人请求的决定,那么辩护人可以向法官提出异议,法官则根据法律规定,对该问题进行裁决。若法官维持了检察院的否决意见,则辩护人可以向最高法院上诉;若法官接受了辩护人的异议,则检察院也可以向最高法院上诉。相反,针对法官否决辩护人授权申请的情况,法律却没有规定,这带来的后果是使上文关于允许上诉的论点无法在此情形下适用。这意味着,技术顾问的鉴定外活动在本质上不仅仅具有一种诉讼层面的价值,其还能回归到鉴定活动之中,但在鉴定的内容和疑问方面,可以保留自己的独立性。

二、鉴定人员的诉讼地位

(一) 履行公职的鉴定人

首先需要明确的是,鉴定人并不是案件必须的,只有当法官认为案件需要鉴定人时,才会去选取鉴定人。对于鉴定人的选任,有两个主要原则:

（1）必须聘任名册内的专家。法官在选取鉴定人时，必须优先选择专门的专家名册内的专家。根据《刑事诉讼法实施办法》第 67 条，每一个法院内部都设立有自己的专家名册，名录被划分为八个领域，即法医、心理、审计、工程、交通事故、化学、字迹鉴定、翻译解释，从而确立了一个明确的法律标准，防止法官在选任人员时，作出随意武断的选择。同时，该实施办法的第 68 条与第 69 条规定，依靠名册，可以对鉴定人的选任进行一定程度的限制。虽然名册在专家录用期限方面没有限制，但名册会定期进行更新。鉴定专家被录入名册的更新条件具有较强的客观性，专家必须达到法律规定的必备条件才能被录入名册，以使名册更新不受任何机关或个人偏好性的影响，从而杜绝法官通过更新名录来做手脚的状况。[①]

（2）可以聘任名册外的专家。在某些案件中，法官可以聘请专家名册之外的专业人员作为案件的鉴定人，但仅限于下列三种情况：法官认为有必要进行某种要求具有特殊专业能力的调查；在法院注册的鉴定人就数量而言不够充足，无法满足案件需求；名册上缺少能够进行涉及最前沿学科的鉴定活动的鉴定人。为了避免因缺少对鉴定人进行选择的机会而阻碍各类特殊案件的解决，立法者明智地预见到对在名册之外的特殊学科具有专业知识且能力较强的鉴定专家进行任命的必要性。由于名册所涉及的八个领域不可能涵盖所有专业领域，因此在一些复杂特殊且在八个领域之外的专业领域，法官也可以指定一些相关的鉴定专家。

这些专家并不一定被列入法院名册内，因为其所涉及的科学领域可能是较为前沿且研究较少的领域，这些领域并未为名录所包含。在此情况下，法官也可以根据这种特殊的需求，指定名录之外的专家作为鉴定人。但是，对选择名册之外的专家存在的限制是，法官在可能的范围内，要选择那些在公共机关开展职业活动的人员，并且有义务就选取名册外的鉴定人的行为陈述理由[②]；若法官缺乏对理由的陈述，则可能构成《刑事诉讼法实施办法》第 181 条所规定的鉴定结论相对无效。[③]

其次，法律对鉴定人的人数并没有具体的数目限制，需要根据案件涉及的

---

① 参见 Giorgio Spangher 教授的《意大利技术顾问制度与鉴定意见证据评价》（演讲稿，未刊）。
② 同上。
③ 《刑事诉讼法实施办法》第 181 条。

专业领域来进行确定。《刑事诉讼法》第 221 条第 2 款规定："当有关的调查和评论具有明显的复杂性或要求具备不同学科的知识时,法官可以委托数人进行鉴定。"①也就是说,在案件非常复杂的情况下,案件事实和结果之间的联系非常难以寻求或涉及的领域较多,法官可以任命一组鉴定人,共同为案件提供鉴定意见。比如,一个案件既涉及医药领域,又涉及交通事故领域,还涉及工程领域,在这种情况下,法官可以在各个领域都聘请各自的鉴定人,从而组成一个鉴定团。

最后,与技术顾问具有明显不同的是,鉴定人在出庭时必须发誓。《刑事诉讼法》第 226 条规定："在对鉴定人的一般情况进行审核后,法官询问鉴定人是否处于第 222 条和第 223 条规定的某一条件之中,告知他有关义务和刑法所规定的责任,要求他作出以下声明:'我意识到我在履行职务时所承担的道德责任和法律责任,我保证将努力履行自己的职责,全心全意地为查明真相服务,并严守有关鉴定工作的秘密。'"②针对技术顾问,并没有这种强制性的规定,这也是鉴定人代表公权力进行鉴定,保持客观中立性的体现。

(二) 作为当事人助手的技术顾问

首先,《刑事诉讼法》第 225 条规定:"在法官决定进行鉴定后,公诉人及当事人有权任命自己的技术顾问。"③这是一种非官方的、由私人聘请的专家,因此对技术顾问的选任,并没有像鉴定人一样存在名册,而是完全由当事人来进行决定。在这个过程中,辩方和控方都可以非常自主地去选择自己的技术顾问。只要聘请人认为此人具备专业知识且神志正常,就可以进行聘请,即使此人没有任何专业资格的证明。实际上,虽然检察院也存在根据法院鉴定人名册来任命技术顾问的情况,但法律并未对检察院进行像法院那样的限制,不论是名册也好,私人也好,都可以很自由地进行选择。

其次,《刑事诉讼法》第 233 条规定:"在未作出鉴定决定的情况下,各方当

---

① 1988 年意大利《刑事诉讼法》(现行版)第 221 条。参见《意大利刑事诉讼法典》,黄风译,中国政法大学出版社 1994 年版,第 78 页。

② 1988 年意大利《刑事诉讼法》(现行版)第 226 条。参见《意大利刑事诉讼法典》,黄风译,中国政法大学出版社 1994 年版,第 78 页。

③ 1988 年意大利《刑事诉讼法》(现行版)第 225 条。参见《意大利刑事诉讼法典》,黄风译,中国政法大学出版社 1994 年版,第 79 页。

事人均可以任命自己的技术顾问,人数不超过 2 人;如果在任命技术顾问之后决定进行鉴定,那么先前已任命的技术顾问享有第 230 条的权利,但第 225 条第 1 款规定的限制除外。"①同时,《刑事诉讼法》第 225 条第 1 款明确规定:"各方任命的技术顾问的人数不得超过鉴定人的人数。"②因此,在法官没有作出聘请鉴定人的决定前,当事人在案件涉及的每个领域所聘请的鉴定人的人数不得超过 2 人。如果法官聘请了鉴定人,那么技术顾问的人员数量不得超过鉴定人,除非当事人的聘请决定是在法官决定聘请鉴定人之前作出的。③ 比如,一个案件涉及三个需要调查的领域,如果法官没有聘请鉴定人,那么当事人可以聘请的技术顾问人数需小于/等于 6 人;如果法官在这三个领域各聘请了 1 名鉴定人,共计 3 名鉴定人,那么当事人在未聘请技术顾问的情况下,可聘请的人数应小于/等于 3 人;如果当事人已经在每个领域各聘请了 2 名技术顾问(共计 6 人),然后法官才作出聘请 3 名鉴定人的决定,那么此时技术顾问的人数不再受鉴定人的约束。

最后,关于《刑事诉讼法》第 226 条鉴定人强制发誓的规定,虽然法律没有规定技术顾问需要发誓,但是在意大利的司法实践中,有一部分法官在法庭上除了要求鉴定人发誓外,有时还会要求技术顾问也必须发誓。实际上,这正是意大利的刑事诉讼由纠问式向控辩式转变过程中,两种模式在实践应用中产生的冲突。虽然控辩式模式已经在实践中得以广泛应用,但是之前纠问式模式的影响仍然存在。

三、鉴定人员的职能范围

根据《刑事诉讼法》第 228 条的规定,鉴定人在获得诉讼文书的信息内容方面,具有与法官类似的权能或地位。④ 当事人需要鉴定人的帮助来获得

---

① 1988 年意大利《刑事诉讼法》(现行版)第 233 条。参见《意大利刑事诉讼法典》,黄风译,中国政法大学出版社 1994 年版,第 79 页。

② 1988 年意大利《刑事诉讼法》(现行版)第 225 条。参见《意大利刑事诉讼法典》,黄风译,中国政法大学出版社 1994 年版,第 80 页。

③ 参见 Giorgio Spangher 教授的《意大利技术顾问制度与鉴定意见证据评价》(演讲稿,未刊)。

④ 1988 年《意大利刑事诉讼法》(现行版)第 228 条。参见《意大利刑事诉讼法典》,黄风译,中国政法大学出版社 1994 年版,第 79 页。

证据材料的,法官可以授权鉴定人协助诉讼当事人进行。对于单纯的实践活动,鉴定人可以使用助手,且助手不得被要求回避;使用助手前,鉴定人必须获得法官的准许。鉴定人可以查阅为法庭审理而收集的案卷材料、文件,以及由当事人提交的物品;参与对当事人的询问和调取证据的活动;向被告人、被害人或其他人员了解情况。鉴定人可以将鉴定工作委托给其他专家,但需要获得法官的准许,或者向法官说明该委托的必要性。[①] 另外,鉴定人具有受限的审讯权,可以直接向被告、受害者及其他人员询问信息。鉴定人可以通过运用特定的实用技术,对事件进行调查;通过对与假设前提有关的自然法则进行必要的调整,而非以经验性的方式,对经验法则进行阐述;可以将调查数据和经验法则进行结合,以期提出归纳性的结论。

技术顾问的职能则反映在两个不同的阶段,一是聘任技术顾问进行咨询的阶段,二是执行鉴定活动的阶段。通过这种方式,可以克服以往基于纯粹由果溯因方式、与已经形成的证据进行对质的视角,在证明形成过程中来贯彻一种辩证性的方式。特别是关于鉴定活动,以往强调的是能够就法条辩论发表意见,也就是技术顾问可以参与到控辩双方的争论中,发挥其劝说的功能,而现在技术顾问可以扩大针对有疑问的鉴定调查的范围。技术顾问能够接触到所有鉴定人能够接触到的东西,并且相比于鉴定人,技术顾问所用的材料可能会更加广泛。技术顾问在必要时可以制作书面报告,包括更进一步的说明、补充调查活动的成果,或者《刑事诉讼法》第233条规定的鉴定之外的活动所取得的特殊信息及成果。此外,随着立法方向出现了重大转变,除了法官活动所发挥的审查功能外,技术顾问也可以向鉴定人提出特定的请求,以及发表意见和进行保留。技术顾问的这些活动都应被记录在鉴定报告中,进而鉴定人和当事人方的专家能够直接进行辩论探讨。技术顾问具有对安排鉴定的法官进行质询和监督的权利。如果法官不允许技术顾问审查鉴定人,那么应当允许将二者的报告进行对比。在法官确定了鉴定人之后,当事人及其技术顾问拥有对鉴定人的人选进行质疑的权利。在鉴定活动的实施过程中,技术顾问可以对鉴定人的鉴定活动发表意见和提出质疑。

[①] 参见谷望舒、包建明:《意大利技术顾问制度及其对我国专家辅助人制度的启示》,载《中国司法鉴定》2018年第100期。

同时,根据《刑事诉讼法》第 230 条第 3 款,当事人也可以在所有的鉴定活动已经完成之后任命技术顾问。此时,技术顾问的主要职能是检查鉴定报告,以及向法官请求授权其对作为鉴定对象的人员、物品及场所进行检查;并且,经过法官的允许,技术顾问还可以对被鉴定的案件证据和物品进行检查,以及询问案件的鉴定人。[①] 另外,《刑事诉讼法》第 233 条规定:"在没有决定鉴定的情形下,各方当事人均可以任命自己的技术顾问,人数不超过 2人,这些技术顾问可以向法官提出自己的意见,也可以根据第 121 条的规定提交备忘录。"[②]此时,技术顾问更多的是提供专业技术和专业知识方面的咨询服务。

第三节　鉴定制度的法律架构

意大利的鉴定制度体系,被视为大陆法系鉴定人制度与英美法系专家证人制度相互融合的一次伟大尝试。由于对鉴定制度高度重视,意大利通过法律条文对鉴定制度加以详细规定,以保证法官认定的鉴定意见证据能够更加准确,从而最大程度地还原案件事实。虽然意大利将鉴定人与技术顾问相结合的鉴定制度,距今只有短短的几十年,但是却有自身鲜明独特的特点,并为多个国家所承认,被视为鉴定制度改革的典范。

一、鉴定活动在诉讼中的参与

一般情形下,在得知犯罪事实后的 48 小时之内,警察需到现场进行初步侦查取证。在取证阶段完成后,如果警察根据证据能够直接确定犯罪嫌疑人,那么将此人移交检察机关处理。比如,针对指纹、血液等证据,通过指纹库、血液库可以直接确定究竟属于谁,准确率非常高,此时不需要进行鉴定工作就可以开展下一阶段的活动。如果收集到的证据是警察无法准确确认的,需要再

---

① 参见 Giorgio Spangher 教授的《意大利技术顾问制度与鉴定意见证据评价》(演讲稿,未刊)。
② 1988 年意大利《刑事诉讼法》(现行版)第 233 条。参见《意大利刑事诉讼法典》,黄风译,中国政法大学出版社 1994 年版,第 80 页。

进行鉴定工作,如现场获取的鞋印、衣服布料等,那么需要移交检察机关去进行寻找和查证。在查证过程中,检察机关就需要聘请相关的鉴定专家来进行调查。[1] 当检察机关的证据是通过调查得出,而不是警察通过证据直接确证时,辩护人就可以聘请技术顾问来维护自己的权益。此时需要应用的案件证据是通过专家调查所获得的,并不是客观存在的、收集得来的,那么关于它的准确性就会存在争议,因此当事人的技术顾问就可以介入其中。由于这个阶段并没有法官的存在,因此也没有鉴定人参与其中。

在进入检察阶段后,如果此证据具有确定性,即可查证或不可查证,那么此时就不需要技术顾问的存在,检方可以直接进行起诉,进入诉讼阶段。但是,如果证据不可以直接获取,而是需要通过调查工作来获得,那么此时就需要检察机关聘请技术顾问进行介入。在以上两种情况外,往往还会出现一种较为复杂的情形。如上所述,针对可以查证的证据,往往应该在检察阶段没有聘请技术顾问,从而到达法官那里,直接进入诉讼阶段再开始聘请技术顾问,但是,如果案件的证据是可以查证却很复杂的情况,那么此时可以要求法官提前介入来聘请鉴定人对此证据进行鉴定。[2] 这就造成一种特例,类似此种证据可以获得但情况很复杂的状况,在意大利被称为"鉴定检验事故"。此时,检察院或当事人可以要求法官提前介入,指定鉴定人。此时的法官被称为"预审法官",与案件审理阶段的法官不可为同一人。在预审阶段,由法官指定的鉴定人及控辩双方的技术顾问一起对证据进行查证。

在案件审理阶段,控方和辩方都聘请了自己的技术顾问,法官也指定了鉴定人,此时法官所指定的鉴定人的鉴定范围是有限制的,即他并不能按自己的意愿,随意确定鉴定范围,而是必须根据法官向其询问的问题或咨询的意见来进行鉴定。也就是说,鉴定人只能在法官提问的调查领域内,提供自己的鉴定意见。法官所提问的领域,实际上是由控、辩、审三方共同决定的。控、辩、审三方一起进行工作,各自将自己有争议的问题提出来,由法官进行汇总,然后发给鉴定人,由鉴定人来进行回答。这个商议过程同时还包括控辩双方的技

---

[1] 章礼明:《意大利技术顾问制度及其对我国的启示》,载《中国司法鉴定》2017 年第 1 期。

[2] 参见 Giorgio Spangher 教授的《意大利技术顾问制度与鉴定意见证据评价》(演讲稿,未刊)。

术顾问,由这些人共同决定需要鉴定人来出具哪些问题的鉴定意见。[①] 也就是说,法官向鉴定人咨询的鉴定问题,不能够由法官单方决定,必须是三方共同商议决定,再提交鉴定人,使其出具鉴定意见。不论法官最后决定采信哪一方的鉴定意见,这个过程都是由双方的技术顾问与鉴定人一起参与,一起确定案件中有争议的问题。

另外,鉴定人与技术顾问在庭审阶段必须出庭,口头回答法官的询问,即鉴定专家提供的鉴定意见若想作为证据存在,则必须当面向法官和公诉人及被告人提供,而不能够仅仅是书面的。在这个过程中,技术顾问和鉴定人可以去查阅案件需要的文件与笔录,但不能照本宣科地复述自己所写的案件论证过程。这种查阅是在鉴定人或技术顾问记不清楚某些专业词汇或公式时进行,但是在查阅后,他们仍然需要口头回答法官的询问,目的是让法官检验鉴定人或技术顾问的论证过程是否具有逻辑性与连贯性,为此后对案件的判断提供依据。鉴定人在出庭问题上具有公众性,即鉴定人必须本人亲自出庭,通过庭审中的口头答辩和公众性来提供他所出具的鉴定意见。鉴定人是由法官指定的,是有强制出庭义务的。法官在进行庭审之前,会要求鉴定人出示其鉴定意见。如果鉴定人没有出具鉴定意见,那么法官可以要求鉴定人强制到庭,因为鉴定人的意见必须具有口头性,法律对此十分严格。如果鉴定人不出庭,那么法官不仅会将其名字从专家名册上剔除,更换一个新的鉴定人,而且该不出庭的鉴定人要受到刑事惩罚。与技术顾问不同,鉴定人实际上实施是一个公权力的行为,履行的是公职义务,且法院为此支付了鉴定费用。如果鉴定人出现违反公权力,没有履行公务行为的情形,那么就应当受到惩罚。相反,由于技术顾问具有私人性,往往是由私人聘请的,因此在出庭问题上,技术顾问更多的是像律师一样,完全受聘请方的约束。如果技术顾问不出庭,那么聘请方可以将其更换,再请他人,或者通过双方签订的协议来解决,并不受强制出庭法律规定的约束。

[①] 意大利罗马第一大学刑事诉讼法教授 Giorgio Spangher 继 2018 年 12 月 9 日下午在华东政法大学韬奋楼 119 教室举办了题目为《意大利技术顾问制度与鉴定意见证据评价》的公开演讲之后,又于 12 月 11 日上午,在韬奋楼 118 室与课题组成员进行闭门交流。针对我们的相关提问,Giorgio Spangher 教授当场画出了十几幅图表,并进行了详细的解释,本部分内容就是来源于此次讲解的启发。在四个多小时的交流中,华东政法大学张长绵老师承担了翻译工作,特此致谢。

　　在审理时,法官应当考量所有案件诉讼过程中取得的鉴定结果,包括诉讼各方的专家所提出的鉴定意见,诉讼各方的专家所提出的鉴定意见存在不同时尤其应当如此,且判决的说理应当具有逻辑性和说理性。法官有是否采纳证据的选择权,特别是在检察院任命了技术顾问的情况下。通过在控方的技术顾问与辩方的技术顾问之间构建一种对称的关系,还原鉴定人实质上的第三方地位,从而无形中提升了对私方的技术顾问价值的评估,突出了法官对证据进行认证的地位——对认证负有说明义务,但不受鉴定结果的束缚。但是,法官是否采纳证据的自由裁量权受到一定的限制。法官要阐明认定该鉴定结论的原因,若法官的解释存在瑕疵,则当事人有权在上诉中要求更新证据,并请求最高法院对该瑕疵进行调查,即符合鉴定以某种方式偏离了《刑事诉讼法》第 190 条规定的当事人享有充分证明权利的原则之情况。当专业性的调查在司法经验中发挥重要作用时,审查的内容必须既包含原则和采用方法是否具有科学性,也包含根据针对鉴定活动及鉴定报告中推理过程的适当性和逻辑性的审查,确认所适用的原则和方法的运用是否准确。当法官接受了鉴定人的结论时,不必对该结论的正确性进行证明,只需要在提供的理由中,体现出其对鉴定结论的支持并不是盲从的和消极的,而是经过审慎和符合逻辑的研究之结果。在审查的过程中,应当注意的是,专家是否遵守了那些能够保障信息具有科学价值的条件。

　　同时,法官具有更换鉴定人的权力。若鉴定人弃权或回避的声明被采纳,或者鉴定人未立即给出鉴定意见,而其延期提交意见的请求被拒绝,则必须替换该鉴定人。此外,其他有必要替换鉴定人的情形也是可能发生的,根据《刑事诉讼法》第 231 条,在出现鉴定人死亡、鉴定人因无力或突发原因而无法胜任、鉴定人无正当理由拒绝承担鉴定任务、鉴定人中途无故放弃鉴定任务、鉴定人在确定的时限之内未能出具鉴定意见等情况时,法官可以考虑是否有必要更换鉴定人。① 在鉴定人被替换之前,已经完成的鉴定操作的结果及文献资料,必须留给法官处置,但这并不一定意味着它们会被法官完全采纳,要由法官来判断其效力。

---

① 1988 年意大利《刑事诉讼法》(现行版)第 231 条。参见《意大利刑事诉讼法典》,黄风译,中国政法大学出版社 1994 年版,第 80 页。

二、鉴定的具体法律规定

意大利的《刑事诉讼法》于第三编"证据编"中单列一小节"鉴定",通过 14 条具体条文,对刑事诉讼中的鉴定程序加以规定,并且就鉴定内容、性质、适用范围、采用鉴定的程序、鉴定人、技术顾问、鉴定的效力等方面进行详细规定。

(一)鉴定的性质及采信

《刑事诉讼法》第 220 条第 1 款规定:"当需要借助专门的技术、科学或技艺能力进行调查,或者获取材料或评论时,可以进行鉴定。"该条清晰地说明,鉴定的性质应被界定为证明的方式而非认证的方式。与其他被法官直接采纳的证据不同,鉴定结论需要具备法学外特定能力的第三方的参与。法官对是否采取鉴定的审查工作,限于检查是否满足《刑事诉讼法》第 220 条所描述的情形,即存在需要进行调查才能解决的问题,或者需要技术、科学或艺术方面的特殊能力来完成获取材料及进行评价的工作。因此,法官采用鉴定,体现的不是权利,而是一项义务。只有在检查后,确定在相关案件中存在上述前提条件,法官才能履行安排鉴定的义务,而法官对是否存在上述前提条件所进行的评价活动,一方面要根据立法者确立的标准,另一方面也具有一定的自由裁量性质。

然而,在鉴定活动中,无法避免的一个问题就是,对专家出具的意见应当如何进行评估,即法官如何能够对鉴定人基于其专业知识所获得的结论进行审查。当能够采用新的技术作为证明工具时,人们往往把所有的注意力都集中在法官必须进行的核实工作上,而不是去验证鉴定结果究竟是否准确。因此,人们往往更应该做的,是坚决抛弃那种将鉴定结果不可辩驳地确证为判决的基础之看法,不能赋予具有科学技术属性的鉴定意见一种可知论的地位和至高的规范地位。鉴定需要受到合理制度的限制,即由法官或当事人通过逻辑与生活经验中的标准来加以判断。因此,意大利法律规定,当法官接受了鉴定人的结论时,不必对该结论的正确性进行证明,只需要在提供的理由中,体现出其对鉴定结论的支持并不是盲从的和消极的,而是经过审慎和符合逻辑的研究之结果即可。

（二）鉴定的内容

意大利法律对鉴定领域进行了划分，明确规定了哪些领域可以进行鉴定活动，哪些领域不能，常见的可以进行鉴定活动的领域包括字迹、票据、DNA、行为、声音等。法院在选取鉴定人的专家名册中，也为鉴定划分了八个主要领域，分别是法医、心理、审计、工程、交通事故、化学、字迹鉴定、翻译解释。但是，《刑事诉讼法》第220条第2款明确规定："为执行刑罚或保安处分的目的而制定的各项规定保持不变，不允许为确定是否具有犯罪的惯常性、职业性或倾向性，或者为确定被告人的特点和人格及与病理性原因无关的心理特性而实行鉴定。"也就是说，禁止犯罪和心理领域的鉴定，这是立法者对该类鉴定在科学性上的疑问、被告态度对结果可能造成的影响、对确定刑事责任可能带来的消极效果等多个因素加以考虑后得出的结论。立法者认为，关于此方面的调查将会带来危险性，特别是犯罪动机。该禁止规定是为了抵消这种危险，以及维护被告的身心自由。

然而，在需要对与被告人格有关的事实和该事实的价值进行区分的前提下，心理学鉴定被认为可以限定在获取信息或资料的范围内得到采用，如鉴定人只限于进行投射测试和对答案进行统计，不对该测试及统计结果进行进一步解释。另外，法律规定，在未成年人诉讼程序中，也可以采取心理学鉴定，其目的是描绘被告的人格及明确更合适未成年人的判决。此时，这种心理鉴定具有强制性，因为这将有助于法官作出最有利于未成年人身心成长的决定。

（三）具体鉴定措施的规定

《刑事诉讼法》第224条bis就鉴定要求的适当手段对个人自由产生影响时法官的措施进行了详细规定。例如，当所涉罪行是故意犯罪，无论既遂还是未遂，法律规定的相关刑罚为无期徒刑或最高超过3年有期徒刑的，或者满足《刑法》第589条bis及第590条bis，以及其他为法律所明确规定的情形的，若出于开展鉴定的目的，有必要实施影响人身自由的适当行为，包括对活体的毛发、皮肤或口腔黏膜进行提取，以确定DNA身份信息或进行医学检查的，在待接受鉴定检查者拒绝接受上述措施时，如果就取得事实证明而言，确有必要强制实施的,那么法官得依职权,裁定强制实施并附说明理由。

《刑事诉讼法》第 224 条 bis 同时还规定了裁定无效的情形:(1)待接受鉴定检查者的一般情况及其他有助于确定其身份的内容;(2)对起诉罪名的说明,说明中包含对事实的总体描述;(3)对待实施的提取或检查的特定说明,以及就取得事实证明而进行该操作的绝对必要性进行说明;(4)通知接受检查者有权获得 1 名辩护人或由其指定的人员的协助;(5)通知接受检查者在无合法阻却事由而缺席的情形下,可根据第 6 款的规定,裁定对其实施拘传;(6)指明进行操作的地点、日期及具体时间,以及操作的步骤。同时,该条规定,应在鉴定操作实施日期确定前,提前至少 3 日,告知利益相关人、被告及其辩护人,包括受害人。此外,不得采取违背法律明确的禁止性规定的操作,不得采取会使人或将出生婴儿的生命、肢体健全或健康有危险之虞,或者造成医学上重大疼痛的操作。实施鉴定操作,应当尊重接受鉴定操作对象的尊严和贞操。无论如何,在具有相同效果的情况下,优先选择具有较弱侵犯性的技术。生理强制手段的使用,仅在对实施采样或检查而言具有确实必要性时方得允许,且接受提取或检查的人员若未获其任命的辩护人协助,则鉴定操作行为无效。

三、特殊领域下的鉴定制度

(一) 不可重复的技术核查

意大利鉴定制度中有一个较为特殊的制度,就是《刑事诉讼法》第 360 条规定的,对不可重复或不可恢复的证据的采信①,即在证据无法固定的情况下,需要法官指定的鉴定人提前介入,此时鉴定人扮演的其实是证人的角色,而这个证据实际上就是科学证据,即鉴定意见证据。比如,烟作为证据时,可能转瞬即逝且无法完全复制,当事人双方对烟这个证据进行认定的鉴定意见就非常重要,如果双方无法达成一致,那么就需要找一个鉴定人,这种情况往往多发生于前述的预审阶段。法官不能在不通知双方当事人的情况下,基于该证

---

① 1988 年意大利《刑事诉讼法》(现行版)第 360 条。参见《意大利刑事诉讼法典》,黄风译,中国政法大学出版社 1994 年版,第 98 页。

据的出现就开始指定鉴定人。若法官打算任命鉴定人,则必须通知检方和当事人,由他们决定是否聘请技术顾问来参与不可重复的技术核查的调查。由于此种鉴定意见是要作为证据被法官采用的,因此法官如果采信鉴定人的鉴定意见,那么它会作为证据直接对审判结果造成影响,此时当事人就需要知道法官聘请了鉴定人,从而根据需要,决定是否聘请技术顾问来弄清楚不可重复的技术核查与案件结果之间是否存在联系,以达到一种司法平衡。

(二) 关于未成年人鉴定的法律规定

在意大利的鉴定制度中,还有一个较为特殊的制度,就是对未成年人的鉴定。需要注意的是,在整个鉴定的过程中,鉴定专家所鉴定的并不是人,而是案件事实。鉴定专家是根据鉴定的事实进行案情推断,而不是根据对某个人的人品、习惯等进行鉴定或评价来对案情进行判断。《刑事诉讼法》第 220 条第 2 款规定,不得采取心理学和犯罪学的鉴定结果。[①] 这既是考虑到上述学科在科学性方面缺乏可靠性,也是考虑到当事人的人格权益。一方面是为了避免损害当事人的身心自由,如 DNA 鉴定中的亲子鉴定对当事人的伤害;另一方面是因为定罪是法官而非鉴定人的任务,所以不应当由鉴定人对当事人的人格进行判断。为了避免鉴定人的工作与严格由法官行使的定罪量刑权发生重叠,法律禁止将犯罪习惯、犯罪手法、犯罪倾向,以及被告的性格与人格这些与病理学上的原因无关的精神品质作为鉴定内容。基于这个原因,意大利禁止对证人和被害人进行心理学与犯罪学人格方面的鉴定。

但是,意大利的刑事诉讼法存在一种例外情况,就是对未成年人的鉴定。根据诉讼程序的两阶段性理念,基于对人格的科学观察,为了满足被判刑者与被拘禁者的需求,应将具体确定刑事感化手段的工作,安排在刑罚的执行阶段。根据 1988 年第 448 号总统令第 9 条,就执行刑罚与安全措施的目的而言,为了使未成年人诉讼的刑事感化手段更好地发挥作用,可以对未成年人的人格进行鉴定。这种鉴定所强调的是一种对人与人格的鉴定,而不是对事实的鉴定。这种情况下的鉴定活动不是着眼于事实,而是着眼于人。未成年人

---

① 1988 年意大利《刑事诉讼法》(现行版)第 220 条。参见《意大利刑事诉讼法典》,黄风译,中国政法大学出版社 1994 年版,第 76 页。

诉讼与普通诉讼不同,普通诉讼是建立在犯罪事实是否真实的基础之上,而未成年人诉讼需要对未成年人的人格进行鉴定,以判断法律可以做什么来帮助他们,以及什么样的判决会对未成年人有利。这种情况下,法官需要进行衡量。

(三) 不可采用隐蔽手段取证

《刑事诉讼法》第 244 条规定,在法律所载明的手段之外,允许法官在鉴定操作的范围内,采取那些不可避免地对被调查者、被告或第三人的个人自由造成影响的措施。针对该问题,意大利宪法法院 1996 年第 238 号判决更新了其1986 年第 54 号判决中的观点,回归到原来 1962 年第 30 号判决的立场,判决上述《刑事诉讼法》第 244 条的内容违宪。目前,对鉴定意见证据取证进行规定的,是《刑事诉讼法》第 224 条 bis,即对于处以无期徒刑或 3 年以上有期徒刑的预谋犯罪,以及在法律明确规定的其他情形下,如果为查明相关犯罪事实,客观上确实需要进行某项鉴定,而该鉴定以提取 DNA 信息或实施医学上的检查为目的所采取的行动会损害生者的个人自由的,那么即便在缺乏鉴定检查实施对象的同意之情况下,法官也可以安排强制实施。①

因此,在以前科学技术没有如此发达的时候,法院可能会对当事人强行实施采血、采集 DNA 等行为,或者检方的技术顾问会通过巧借请当事人喝咖啡、与当事人聊天等契机,不经意间取得当事人头发等隐秘方式,获取不利于当事人的鉴定意见证据。这些隐蔽的方式往往并未提前征求当事人的同意,也不需要采取强制手段,而是通过隐秘性手段,悄悄地获取需要的证据。但是,此种方式已经被现行的《刑事诉讼法》完全禁止。《刑事诉讼法》第224 条 bis 规定,鉴定人与技术顾问不能采取此种方式来获取证据,因为这会侵犯当事人的自由。鉴定人或技术顾问若想获取当事人的毛发或血液,则必须征得本人的同意,不能采用隐蔽手段来提取。然而,这种情况仍然存在一种例外,即申请法官强制执行。法官拥有实施强制性取证的决定权,而技术顾问是没有此种强制性权力的。

---

① 参见 Giorgio Spangher 教授的《意大利技术顾问制度与鉴定意见证据评价》(演讲稿,未刊)。

第四节　意大利鉴定机制的形成原因及其启示

一、诉讼模式转变引发鉴定制度变革

权力制衡是刑事诉讼的理论基础,而控辩审三者关系的处理是权力制衡的核心,控辩审所处地位的不同会导致刑事诉讼各项制度的变化。因此,研究意大利的鉴定制度,必须以控辩审三者的关系为基础。意大利在刑事诉讼过程中对科学证据的采信,主要采用鉴定人制度与技术顾问制度相结合的方式,这实际上就决定了审判方与诉讼方在科学证据的收集和采信方面的重要性。至于如何平衡审判方与当事人在诉讼过程中对科学证据造成的影响,最大程度地保持科学证据的真实性,则是鉴定活动开展的目的所在。意大利技术顾问制度的确立,使控辩双方拥有对科学证据的辩护权及调查权,而法院任命鉴定人的制度也保障了案件审判的客观公正。因此,只有掌握好控辩审三者之间的平衡点,才能更好地保障当事人的权益,使鉴定制度更加科学。

意大利的鉴定制度属于一种混合模式,即在控方和辩方之外存在法官可以去聘请鉴定人出具鉴定意见的程序。在当事人双方聘请了技术顾问的情况下,若法官认为不需要找鉴定人进行介入,则案件对科学证据的考察就仅停留在技术顾问的辩论阶段,此时就更偏向于对抗式模式中的鉴定制度。但是,如果法官认为需要聘请鉴定人,那么此时就会存在对抗式模式与纠问式模式相混合的鉴定体系,即既存在鉴定人,也存在技术顾问。无论是法官聘请的鉴定人,还是当事人双方聘请的技术顾问,他们主要是通过在证据考证阶段进行辩论来发挥作用,而这个辩论实际上还是辅助法官进行确证的程序。意大利作为一个大陆法系的国家,为何会在证据确证程序中引入对抗式模式呢? 这要追溯到意大利诉讼模式的源头。

如前所述,意大利在科学证据的采信方面选取技术顾问制度,与其整个诉讼模式的选择密不可分。刑事诉讼程序实际上是确证是否存在犯罪行为的过程,而刑事诉讼作为一种工具,具有不同的模式。历史上有对抗式和纠问式两种模式存在,两种模式产生不同的根本原因在于政府形式的不同及国家与公

民关系的不同,而这种根源的不同导致立法者在制定刑事诉讼法的过程中的出发点和理念的不同,从而导致了举证责任的不同。纠问式模式更多的出现在职权主义国家,而非职权主义国家则更多采用的是对抗式模式。但是,大多数法治发达的国家在诉讼模式的选择上往往不是绝对的,而是更多地偏向于其中的某一种模式,只是两者或多或少的问题。程序的选择更多的还是依据社会的需求,作为一个大陆法系国家,意大利选择在纠问式模式的历史基础之上,根据国家的发展和社会的需求,引入对抗式模式的因素到本国的刑事诉讼程序中去,从而也引发了科学证据采信制度的转变。

具体到鉴定意见证据的采信,纠问式模式下的科学证据多由法官聘请的鉴定人进行鉴定,鉴定人更多的是处于一个中立的位置来出具鉴定意见,为法官提供判断依据。虽然这种做法能够减少争议,节省司法资源,但是由于没有其他鉴定意见进行佐证,因此往往会造成鉴定人的鉴定意见一家独大,其所能提供给法官的选择也只有采信或不采信。对抗式模式下的科学证据则引入了控辩双方的辩论,可以使当事人对案件事实、证据的疑问都公开在法庭上进行讨论,关于科学证据的争议也可以通过双方所聘请的专家在庭审上的辩论和质证环节进行公开透明的解决,以使法官在科学证据的采信问题上得到更多的意见,双方的争论也有利于还原案件真相、保障科学证据的确定性。但是,与此同时会带来的问题就是,控辩双方的专家多站在己方聘请人的立场之上进行论述,导致其所出具的鉴定意见往往带有偏向性,给法官造成一定程度的混淆,而法官处理这些混淆也需要一定的时间,从而拖慢案件进度,造成司法资源的浪费。

二、控辩平衡对科学证据的采信产生影响

作为一项重要的司法理念和诉讼原则,控辩平衡是平等权在刑事诉讼活动中的必然反映。[①] 作为国家权力的行使者,公诉机关很容易权力滥用,侵犯当事人的合法权益,所以必须建立能够促成控辩双方权力制衡的法律体系。控诉和辩护作为现代刑事诉讼的两大基本职能,呈现出对立统一的关系。公

---

① 冀祥德:《论控辩平等的功能》,载《法学论坛》2008 年第 3 期。

诉人和辩护人都可以聘请自己的技术顾问,两者在法庭上进行辩论,通过这种对立抗衡的方式来保护各自聘请方的权益。法官也通过这种方式,更好地了解案情,查明案件事实。因此,在研究鉴定意见证据时,必须首先考察控辩平衡的作用。

1988年《刑事诉讼法》的颁布,使意大利的刑事诉讼模式由纠问式转为控辩式,检察机关与被告人处于平等的地位,形成控辩之间权力与权利之抗衡,这种抗衡使鉴定意见证据在法庭中的运用发生了极大的改变。控辩平衡原则的发展,是建立在人权保障不断强化和当事人诉讼地位日益提高的基础之上的。控辩平衡原则的确立,使意大利现行《刑事诉讼法》中的鉴定制度之制定也发生了极大的变化。控辩平衡原则主要包括控辩平等、权力制衡等理论,1988年《刑事诉讼法》在制定之初,就将这些理论贯穿于鉴定制度的法条之中。

作为意大利刑事诉讼法的基础,控辩平等理论要求双方诉讼地位具有形式的平等,即控辩双方应具有平等的法律地位;还要求双方在权力配置方面应具有实质的平等,即在法律的实际运用过程中,必须赋予控辩双方相同或相对应的举证、质证、辩论的权利,法律在赋予一方权力的同时,必须赋予另一方可行使的相对应的权利,而法官应保持中立的地位,不偏向任何一方。具体到鉴定意见证据,控辩双方均可以聘请己方的专家顾问,双方的技术顾问均有权对法官聘请的鉴定人进行监督,可以针对有疑问的鉴定来扩大调查的范围;技术顾问在必要时可以制作书面报告,包括更进一步的说明、补充调查活动的成果,或者一些鉴定之外的活动所取得的特殊信息及成果。若不允许技术顾问审查鉴定人,则应当允许将二者的报告进行对比。控辩双方的技术顾问可以为当事人提供除鉴定外的技术咨询,并且在没有决定鉴定的情形下,他们可以向法官提出自己的意见,也可以提交备忘录来提供专业技术和专业知识方面的咨询服务。控辩平等理论的运用,对于鉴定意见证据而言十分重要,因为它能够保障当事人聘请的技术顾问享有与公诉机关相同或相对应的权利,从而弥补当事人在刑事诉讼中先天处于弱势的状况,有利于保障其自身权益。

控辩双方权力制衡所强调的,是一种同等对抗、势均力敌的状态。刑事诉讼作为国家为打击犯罪、惩罚犯罪而进行的最严厉的活动,很容易就会造成权力的滥用,从而侵犯当事人的基本人权。控辩制衡理论正是通过在打击犯罪与保障人权之间建立一个平衡点,让客观中立的法官更有利于查清案情,以维护司法公正。控辩双方的技术顾问均有权参与不可重复的技术核查,法官不能够在不通知双方当事人的情况下任命鉴定人,这将剥夺当事人自主决定是否聘请技术顾问的权利。不可重复的技术核查中的鉴定意见证据有可能被法官采用,会作为证据直接对审判结果造成影响,此时需要保障当事人的知情权,从而根据需要,判断是否应聘请技术顾问来弄清事实和结果之间的联系,弥补被告先天性的信息缺失的缺陷,保障控辩双方的权利相互制衡,达到司法平衡。另外,控辩双方的技术顾问能够接触到所有鉴定人能够接触到的材料。相比于鉴定人,私方聘请的技术顾问可以自行对案件进行调查,其所用的材料可能会更加广泛,且法律允许技术顾问仅展示对己方有利的鉴定意见证据,或者对对方不利的鉴定意见证据,从而通过对鉴定意见证据的举证、质证及法庭辩论,形成控辩双方的抗衡,促使法官通过所掌握的证据及听取双方陈述,作出公正的判断。

在刑事诉讼过程中,对鉴定意见证据的采信,主要体现在控辩双方的技术顾问必须通过法庭辩论和接受法官的询问,阐述本人对鉴定意见证据的意见。在庭审阶段,控辩双方的技术顾问需要出庭来口头回答法官的询问,即其所提供的鉴定意见若想作为证据存在,则必须当面向法官、公诉人及被告人提供,不能代之以书面形式。在这个过程中,技术顾问可以去查阅相关文件和笔录,但不能照本宣科地读已经写好的案件论证过程。技术顾问的发言必须以回答或辩论的形式存在。鉴定人或技术顾问记不清楚某些专业词汇或者公示之类时,可以进行查阅,但是在查阅过后,仍然需要口头回答法官的询问。法律要求技术顾问的回答具有口头性,目的是形成控辩双方之间的抗衡。口头性回答可以检验技术顾问的鉴定意见在论证过程中是否具有逻辑性与连贯性,从而为法官对案件作出判断提供依据。同时,这种方式也使控辩双方能够及时回应对方的质疑。通过技术顾问的回答与询问,当事人能够避免因为对专业知识的不了解而无力辩护证明,从而保障自己的诉讼权益。

与意大利鉴定制度中的鉴定人不同,技术顾问往往具有私人性,即他们是由控辩双方私人聘请的,因此其性质更像是特殊的"律师",只不过这种"律师"是通过自己的专业知识来帮助聘请方进行技术上的辩护而非法律上的辩护,其职能的行使受到聘请方的约束。因此,在庭审过程中,无论是控方还是辩方,均有得到专业鉴定意见的权利。案件证据的形成原因往往具有多种解释可能性,专家所提供的证据的论证过程或鉴定意见,也并不一定就十分可靠,从而无法达到说服法官相信的程度,不利于追求案件真相,作出公正判决。控辩双方诉讼地位和诉讼权利的平等,正是实现案件公正审判的基础。[①] 由于当事人聘请的技术顾问往往具有私人性,这种私人性赋予控辩双方的技术顾问以平等抗衡的可能,因此法官可以多角度、多方面地听取不同专家对鉴定意见证据的不同看法,再结合案件事实与其他证据,考证何种说法最能够形成完整的证据链。无论是控方聘请的技术顾问,还是辩方聘请的技术顾问,他们的主要职责都是在证据确证阶段进行辩论来发挥作用,而这个辩论实际上还是一个确证的过程,只是看当事人双方如何去进行说理,并通过这种专业的说理论证,为法官应采信何种证据提供辅助,使法官能够就最终作出的判决达到内心确认。因此,需要控辩双方的技术顾问就证据提供自己的鉴定意见,从而达到当事人在证据解释权利方面的平衡。设立技术顾问的初衷,就是让法官在基于多种不同角度所作出的鉴定意见证据中,选择自己认为最有说服力、最接近事实真相的证据来采信。

三、控辩审平衡下的鉴定制度

审判者在法庭上处于客观中立的地位,其设立既是为推动诉讼程序的进行,作出公正判决,也是为对控辩双方起到制约作用,对控辩双方在法庭上的行为进行监督,因此审判者带有法律监督的属性。[②] 由于审判者居于控辩审三方中的中立位置,需要对案件作出公平公正的审判,因此控辩双方对审判者所作出的判决裁定有提出异议的权利,控辩双方与中立的审判者一起构成了刑事诉讼活动中的等腰三角形架构。若想研究审判者在鉴定意见证据的运用过程中所扮演的角色,则必须对审判者指定的鉴定人与控辩双方聘请的技术顾问之间的相互制衡关系进行探讨。法院指定的鉴定人与控辩双方聘请的技术顾问,在诉讼角色定位方面略有不同:鉴定人代表的是公权力的行使,必须客观中立;而技术顾问则可以带有偏向性,允许其站在聘请方的角度进行技术

---

① 参见王为明:《构建理性均衡的控辩审诉讼机制——以法官视角中的公诉人为基点》,载《人民司法》2013 年第 13 期。
② 参见张军、姜伟、田文昌:《刑事诉讼:控辩审三人谈》,法律出版社 2001 年版,第 419 页。

辩护。

在庭审中,法官应当考量诉讼程序中取得的所有鉴定结果,既包括控辩双方的技术顾问所提出的意见,也包括鉴定人出具的鉴定意见。通过在控方的技术顾问与辩方的技术顾问之间构建一种对等的关系,法官任命的鉴定人可以占据中立客观的第三方地位。法官具有是否采纳证据的选择权,并且对认证的科学证据负有说明义务,这种说明应符合逻辑和理性。但是,法官的认证结论并不受鉴定人的鉴定结果之束缚,其也可以采纳技术顾问的部分或全部意见。法官具有更换鉴定人的权力。若鉴定人弃权或申请经过法官同意,或者鉴定人未立即给出鉴定意见而其延期提交意见的请求被拒绝,则法官必须替换该鉴定人。在鉴定人被决定替换之前,已经完成了的鉴定操作的结果及文献资料,必须留给法官处置,但这并不一定意味着它们将会被法官完全采纳,或者由法官来判断效力。与此同时,法官是否采纳证据的自由裁量权受到一定的限制。法官享有是否采纳证据的自由裁量权,但无论是采纳证据还是拒绝采纳证据,法官都有义务对作出该决定的原因进行阐明。鉴定意见作为可能影响判决结果的因素,若法官就该鉴定意见的适当性这一问题的解释存在瑕疵,则当事人有权在上诉中要求更新证据,并请求最高法院对该瑕疵进行调查。如果当事人的技术顾问提出鉴定人超越权限,即鉴定人所进行的鉴定并不在法官汇总的鉴定问题范围之内,那么此时法官可以根据此鉴定意见对于案情而言有无必要性,决定是否需要延伸鉴定人的鉴定范围。

鉴定人在庭审中必须出庭。作为公权力的代表,鉴定人有义务出庭说明所出具的鉴定意见。与技术顾问的私人性明显不同,鉴定人所实施的是一个具有公权力性质的行为,履行的是公职义务,且法院为此支付了鉴定费用。如果鉴定人出现违反公权力没有履行公务的行为,那么将会受到刑事惩罚。在进行庭审之前,法官会要求鉴定人出示鉴定意见。如果鉴定人没有出具鉴定意见,那么法官必须要求鉴定人强制出现在法庭,因为鉴定人的意见具有口头性,通过庭审中的口头答辩进行呈现。若鉴定人不出庭,则法官会将其名字从名单上剔除,更换一个新的鉴定人,并对其进行刑事惩罚。由于技术顾问往往是由私人聘请,因此其性质更像律师,受聘请方的约束。如果技术顾问不出庭,那么聘请方完全可以将其更换,或者通过两人间的协议进行解决,不受法律的约束。鉴定人与技术顾问在庭审阶段必须出庭,口头回答法官的询问,他们提供的鉴定意见若想作为证据存在,则需要当面向法官、公诉人及被告人提供,而不能单以书面形式存在。

意大利的刑事诉讼法通过法官的能动作用及鉴定人客观中立的地位,对控辩双方的技术顾问之权利行使起到制衡作用,使技术顾问不敢无视客观事实,利用自己的专业知识来任意搬弄是非、颠倒黑白,影响司法公正。鉴定人的存在能够为法官提供客观中立的专业意见,而技术顾问的使用也可以避免法官仅听取鉴定人的一家之言。同时,鉴定人对技术顾问的制约,也使得技术顾问必须在遵循客观事实的基础之上发表意见,进行技术辩护。

案件发生后,警察会进行取证,如果根据证据能够直接确定犯罪嫌疑人,如通过血液、指纹等,那么由警察负责将此人提交检察机关,此时就不需要控辩双方的专家进行鉴定工作,可以通过检察机关,直接进入诉讼阶段。如果收集到的是警察无法准确确认,需要进行鉴定才能确定嫌疑人的证据,如现场获取的鞋印、布料等,那么需要提交检察机关进行寻找和查证,此时就需要检察机关聘请技术顾问进行工作。当检察机关是通过鉴定来得出证据结论,而不是直接通过证据获得结论时,辩护人也可以去聘请技术顾问。如果某个证据是通过鉴定所获得的结果,并非客观存在且收集得来的,那么它的准确性就会存在争议,就会导致技术顾问的介入。

如果是可查证却很复杂的证据,这种情况在意大利被称为“鉴定检验事故”,那么此时可以要求法官提前介入,指定代表法官的鉴定人,在检察阶段就由鉴定人与控辩双方的技术顾问来一起进行查证。到了庭审阶段,控辩双方聘请的技术顾问有独立的鉴定权,可以参与鉴定工作,能够接触到当事人所接触到的所有材料。技术顾问可以查阅审前证据调查所取得的卷宗,也可以查阅辩护人进行的私下调查所形成的材料。相比于鉴定人,技术顾问所用的材料可能更加广泛。技术顾问在必要时可以制作书面报告,包括进一步的说明、补充调查活动的成果、鉴定之外的活动所取得的特殊信息及成果等。技术顾问有权对安排鉴定的法官进行质询,且法官如果不允许技术顾问审查鉴定人,那么应当将二者的报告进行对比。在法官确定了鉴定人之后,当事人及其技术顾问拥有质疑鉴定人人选的权利。在鉴定活动的实施过程中,技术顾问可以对鉴定人的鉴定活动发表意见和提出质疑。即使鉴定活动已经结束,技术顾问也可以查阅检验鉴定人的鉴定报告,并且如果征得法官的允许,那么技术顾问还可以对被鉴定的案件证据和物品进行检查,以及询问案件的鉴定人。①

　　技术顾问对法官聘请的鉴定人进行制衡,一方面避免了鉴定人的鉴定意见一家独大,使法官兼听则明,保证科学证据的准确性,还原出一个使控辩双方都信服的、最接近案件真相的案件事实;另一方面也使控辩双方的诉讼权利得到保障,最大程度地保护当事人的权益,避免因控辩双方各执一词,使法官难以理清案件纠纷,从而浪费司法资源。法官在听取多方意见后,以查证属实的鉴定意见为基础,作出公正的判决,有利于保障当事人权益,以及诉讼程序和实体法律的正义。

四、意大利鉴定制度的启示

　　意大利鉴定制度的设立,对意大利刑事诉讼审判有着不可忽视的重要作用。法官指定的鉴定人与控辩双方聘请的技术顾问之间,既存在相互抗衡制约的关系,也发挥着互相促进的作用。鉴定人可以为法官提供客观中立的鉴定意见,从而提升诉讼效率,有利于解决当事人之间的争议;而技术顾问可以强化控辩双方之间的对抗,有利于保障当事人的利益,也便于法官发现案件真相,作出公正判决。鉴定人与技术顾问的运用,共同构成了意大利鉴定意见证据体系。通过专业的鉴定活动来查找案件真相,有利于法官对科学证据的准确掌握,以确保案件结果的公平公正。鉴定人制度与技术顾问制度的结合,使意大利的鉴定制度融合了两大法系的优势,同时也为两大法系的融合创造了很好的范例。本章通过介绍意大利的鉴定人制度和技术顾问制度之具体内容,以及探讨控辩审三方的制约平衡对科学证据采信的作用,研究在科学知识迅速发展的当下,究竟应该采用何种方式对鉴定意见证据的采信进行规定,从而在为当事人的权益提供充分保障的同时,维护司法公正。

　　基于科学证据的准确性及社会责任的前置,鉴定意见在司法审判中扮演的角色越来越重要。意大利鉴定制度的特别之处,就在于其设立的技术顾问制度。庭审过程中,法官由于自身专业知识的缺乏,需要各类学科的专家出具

---

① 参见谷望舒、包建明:《意大利技术顾问制度及其对我国专家辅助人制度的启示》,载《中国司法鉴定》2018 年第 5 期。

鉴定意见来辅助案件的进行，以便查明真相，作出公正判决。考虑到纠问式模式中鉴定人一家独大的问题，意大利在 1988 年《刑事诉讼法》颁布时，扩大了技术顾问的职能，允许当事人聘请技术顾问作为"技术上的辩护人"为自己辩护，以应对那些常人无法通过直观观察就能得出事实、结论的证据。[①] 在法庭辩护阶段，无论是控方还是辩方，均有权聘请有丰富经验和扎实科学知识的专业人士，并运用他们出具的鉴定意见，为己方在法庭辩论阶段提供支撑，以获得自己期望的判决结果。因此，当控辩双方均聘请了技术顾问时，法官可以根据两造的技术顾问所提供的证言及鉴定意见，通过多角度的观察及询问与质证，分析这些需要专业知识辅助才能理解的证据，从而更好地分析案情，作出公正的判决。

　　然而，在部分案件中，控辩双方的技术顾问就科学证据的解释各执一词，或者法官需要站在中立立场的专家来帮助自己进行判断，此时仅依靠控辩双方的技术顾问就无法解决问题。针对这种情况，意大利的刑事诉讼法保留了原来纠问式模式下法官可以聘请鉴定人的制度，允许法官聘请鉴定人来帮助自己对案件中的一些问题进行鉴定，这也正是意大利鉴定制度的优势所在。此时，法官任命的鉴定人是公权力的代表。为防止腐败问题的产生，意大利的刑事诉讼法对这些鉴定人进行严格限制，仅允许法官选择法院专家名册中的专家，且鉴定人出庭作证时必须进行宣誓。意大利的每一个法院内部都设立有本法院的专家名录，名录被划分为八个领域。专家名册被用来防止法官在选任鉴定人时作出武断且无缘由的选择，以保证法官选择鉴定人时的客观性，避免法官个人偏好的影响。对于在八个领域之外的某些特殊复杂专业领域，法官也可以指定并未列在名录中的专家，但需要说明理由。另外，与控辩双方所聘请的技术顾问不同的是，鉴定人在出庭时必须发誓，以保证鉴定人是站在客观中立的立场上出具鉴定意见。

　　另外，法官所聘请的鉴定人的鉴定范围，也不是由法官单方面决定的，而是必须由控辩审三方来共同商议决定，即针对法官所聘请的鉴定人，应由控辩双方及其技术顾问与法官来共同决定需要该鉴定人出具关于哪些鉴定问题的

---

① 参见邓力军、张斌：《意大利刑事侦查制度的改革与嬗变——兼论对我国的启示与借鉴》，载《河北法学》2004 年第 9 期。

鉴定意见。控、辩、审三方将各自有争议的问题提出来,由法官汇总,然后交给鉴定人进行解答。不论最后法官决定采信哪一方的鉴定意见,这个过程必须是由控辩双方与法官共同商议探讨。控辩双方的技术顾问与法官的鉴定人一起去解决案件中这些有争议的问题,不能够由法官单方决定,从而平衡各方利益,保证鉴定程序的公开透明。

鉴定人的存在可以为法官提供客观中立的鉴定意见,使法官减少受当事人带有偏见性的技术顾问所出具的鉴定意见的影响,提升诉讼效率,从而有利于解决当事人之间的争议。技术顾问的使用可以维护控辩双方对科学证据的知情权,保障当事人的权利,同时还能强化当事人之间的对抗,便于法官发现案件真相,作出公正判决。尽管鉴定人制度与技术顾问制度分属意大利刑事诉讼法的两个部分,但究其本质,都是具有专业知识的专家通过进行专业的鉴定活动,查找案件真相,证明案件事实。"既是适应现代诉讼中控、辩、审三方收集和审查证据的需要,也是科学发展对刑事诉讼鉴定制度的必然要求。"[①]

意大利的鉴定制度与他国相比,有着自身不可替代的独特性,它是在意大利的国家制度和政权形式不断变化的基础上逐步建立起来的。既带有英美法系控辩双方对抗的因素,又保留了传统纠问式风格的鉴定人制度,可谓是集多家之长,补己身之短。意大利的鉴定制度拥有着诸多优势,而在全球化趋势下,我国的鉴定意见采信体系若想进一步发展,也应当向世界各国的先进经验学习,结合自身国情,选择适合本国的鉴定意见证据体系,提高鉴定意见的准确性,减少因鉴定意见错误而造成的冤假错案,维护司法公正。

鉴定人制度在我国设立已久,也存在一些问题。我国 2018 年修改的《刑事诉讼法》第 197 条明确规定:"公诉人、当事人和辩护人、诉讼代理人可以申请法庭通知有专门知识的人出庭,就鉴定人作出的鉴定意见提出意见。"这被认为是在我国建立了专家辅助人制度,而这项制度的主要借鉴对象,就是意大利的技术顾问制度。但是,与意大利的刑事诉讼法相比,专家辅助人制度在我国刑事诉讼法中的规定仅此一条,且内容简约,过于笼统,从而造成实践中的

---

① 陈志兴、黄友锋:《简析意大利国家的"技术顾问"制度》,载《长春理工大学学报(社会科学版)》2010 年第 8 期。

具体操作仍然存在很多问题。进一步研究意大利鉴定意见证据的建构体系，有利于在意大利技术顾问制度的基础上，结合我国刑事诉讼的传统与特色，充分发挥鉴定人与专家辅助人在案件中的作用，弥补自身存在的不足，保障法官作出公正的判决，维护当事人的权益，实现刑事诉讼的公平公正。

第六章

荷兰司法鉴定人制度

受历史因素影响,荷兰的司法鉴定制度承袭法国的基本原则与内容,其中刑事案件鉴定制度是该国最具特色的法律制度之一。荷兰司法鉴定机构的服务对象主要是刑事案件鉴定,故本章主要以刑事司法鉴定为视角,介绍和分析荷兰司法鉴定制度及改革的内容与方向。由于荷兰的刑事诉讼为职权主义模式,刑事鉴定以侦查机关为主导,因此犯罪嫌疑人的权利通常被忽视,"控辩失衡"成为导致司法错判数量逐年上升的一大关键因素。为确保司法公正,恢复公众对法治的信任,荷兰近些年对司法鉴定相关制度进行了改革,主要内容包括:新设司法鉴定人登记委员会,统一鉴定标准;赋予犯罪嫌疑人鉴定启动权,平衡侦查机关与被控方的诉讼权利;注重法官对鉴定结论的审查能力,保障司法鉴定在刑事案件中的作用和价值。

第一节　概念界定

一、证人

荷兰的法律主要来自对法国法的移植。与法国相同,证人证言与鉴定报告是荷兰诉讼程序所认定的两大证据类型。在荷兰诉讼法中,若法院认为争议的事实需要证人作证,则法官会要求证人出庭。法院就举证责任作出裁定后,有权要求证人出庭作证。在此情况下,当事人要求证人出庭,并向其传达法院要求其提供的证据内容及不出庭的法律后果(证人拒绝出庭作证将承担刑事责任)。① 如果法庭下令传唤后,证人仍不出庭,那么可以在公安机构(即警察)的协助下,将其带到法庭作证。证人所提交的书面陈述,不得作为证人证言,只能认定为书证。与鉴定人不同,对证人的资质基本没有限制,但是《民事诉讼法》第177(3)条规定,无法理解证人誓言(或承诺)的人及未满16周岁的证人,无须宣誓(坦白事实真相)。但是,如果法官决定采信此类证言,那么必须说明理由。

二、特权证人

《民事诉讼法》第165条规定,一部分证人享有作证豁免权。也就是说,有一类人可以拒绝在法庭上作证,包括当事人的配偶、家庭成员、合伙人,以及因工作或职业原因而需要保密的人(如公证人、律师、法律援助人员、医生及神父)。同时,为以上具有特权的证人工作的人员,也享有不作证的特权。② 值得一提的是,《民事诉讼法》承认了一种反对自证其罪的特权,即如果作证内容可能导致自己或其家庭成员面临因重罪而被判刑的风险,那么该证人有权拒绝作证。与特权证人不同的是,享有特权的鉴定人只有在涉及其职业范围涉密内容时,方可拒绝作证。换句话说,鉴定人一般不能行使证人特权,即鉴定人不享有豁免权。

三、鉴定人

鉴定报告只有在证人无法提供证据的情况下才会被使用。2009 年,荷兰修改《刑事诉讼法》时,新增一章"鉴定人",以独立的章节来专门规定鉴定人的职责与权限(《刑事诉讼法》第51i 条至第51m 条)。虽然荷兰两大诉讼法均未赋予"鉴定人"明确的定义,但《刑事诉讼法》第51i 条第1 款规定,鉴定人应该"在其所掌握的特定专业领域展开调查和研究"。《刑事诉讼法》第51i 条第3

---

① 《民事诉讼法》第173 条第1 款规定,对于经利害关系人请求出庭作证而拒不提供证人证言的,经法院审理,可以依法判处民事监禁。民事监禁的费用由利害关系人承担,最长不得超过一年。但是,在司法实践中,此项处罚很少被适用。

② C. H. van Rhee, *Evidence in Civil Law-The Netherlands*, Intersentia Press, 2015, pp. 257 - 290.

款规定,鉴定人必须"客观、完整并尽其所能"地制作鉴定报告。

从理论的角度看,荷兰学者对"鉴定人"一词所下的定义是,鉴定人是指根据内心的良心与公正,对技术性问题进行认定的,具有专业知识的科学家或技术人员。这一定义重在强调鉴定人的中立性与客观性。另外,还有一种定义认为,鉴定人是指通过其经验和特殊专业知识、技能,协助法院认知案件事实的人员。这一定义强调鉴定人并非必须是学者。[①] 在刑事诉讼中,鉴定人可以由侦查机关聘请,由当事人自行向侦查机关和法院申请来聘请,或者由法官任命。在民事诉讼中,法院任命鉴定人,首先要求各方当事人提供鉴定人数和名单;若双方协商一致,则法院通常会采用当事人提供的名单,否则由法院在鉴定人名册(非正式名册)中选任。[②] 当事人无权拒绝法院指定的鉴定人。关于对鉴定人与鉴定报告的质证程序,《民事诉讼法》规定,按照普通证人的质证程序进行。无论在刑事诉讼中还是在民事诉讼中,当事人都有权参与鉴定程序并提出质疑,鉴定人有义务解答当事人的提问。

第二节　鉴定人制度的变迁

一、荷兰诉讼法简史

19 世纪初,法国对荷兰实行殖民统治,并于 1838 年将拿破仑的《刑事诉讼法》进行细微修改后适用于荷兰,此为荷兰历史上第一部《刑事诉讼法》。这部法典几乎是法国《刑事诉讼法》的原版,带有强烈的强职权主义色彩。尤其在侦查阶段,犯罪嫌疑人缺乏充分的诉讼权利,从而导致侦查机关可以对其进行任意调查,忽视了对嫌疑人基本权利的尊重。[③] 此种控方的强势诉讼地位,在历史上造成了大量的冤假错案,降低了刑事诉讼的公平正义与司法公信力。

---

① RENEE KETELAARS, *Intersectie：Deskundigen（onderzoek）en de strafrechter*, Netherland：Univ. of Tilburg, 2011, p. 19.

② 需要注意的是,荷兰的民事诉讼并未形成与刑事诉讼一样正式的鉴定人注册登记制度。因此,在民事案件中,法官选鉴定人并无正式的鉴定人名册。

③ Peter J. P. Tak, *The Dutch Criminal Justice System*, Wolf Legal Press, 2008, pp. 29 - 99.

直到 1926 年,荷兰开始重新修订《刑事诉讼法》,其中增加了诸多被控方的诉讼权利,有效限制了刑事诉讼程序中的强职权主义色彩。近年来,由于受到国际人权法案、司法判例等诸多方面的影响,《刑事诉讼法》又进行了相关的修订,在保持职权主义基本原则不变的前提下,吸收了英美法系中的对抗制因素,力求有效平衡公诉方与被控方之间的权利关系。

二、荷兰司法鉴定人制度的改革过程与现状

(一) 国际人权法案与司法鉴定人制度改革

荷兰于 1950 年 11 月 4 日正式加入《欧洲人权公约》,且该公约在同荷兰国内法有关条款相抵触的情况下具有优先性。《宪法》第 94 条规定:"王国的现行法令法规,如果与具有普遍约束力的条约规定或国际机构决定相抵触,不得施行。"同时,欧洲人权法院(ECHR)在判例中规定了直接适用《欧洲人权公约》的相关条款,从而意味着除了判决结果可能会对荷兰产生不利影响外,也可能会影响刑事诉讼程序立法和审判实践的改革。例如,欧洲人权法院就 Cubber v. Belgium 案和 Hauschild v. Denmarkd 案的判决,导致对青少年刑事诉讼程序的改革;Kruslin v. France 案和 Huvig v. France 案的判决,导致了针对窃听通讯工具(通话)的新规定;Kamasinski v. Austria 案推动了有关匿名证人的立法。[①] 荷兰现行《刑事诉讼法》制定于 1926 年,与 1838 年《刑事诉讼法》相比,新法典赋予犯罪嫌疑人更多的程序权利来影响司法程序。例如,在刑事初步调查阶段有权聘请律师提供帮助,预审阶段有权在讯问时保持沉默,有权从警察或预审法官处获知调查结果,等等。

但是,在刑事司法程序中,犯罪嫌疑人与司法行政机关严重不对等的诉讼地位,同《欧洲人权公约》第 6 条关于公平审判权的规定出现了冲突,该条第 3 款(4)规定,凡受到刑事控告者,有"询问不利于他的证人,并在与不利于他的证人具有相同的条件下,让有利于他的证人出庭接受询问"的权利。同时,由于荷兰的刑事诉讼程序带有强职权主义色彩,因此犯罪嫌疑人在审前程序中,几乎不享有任何程序性权利,直到 1926 年《刑事诉讼法》的修订,才增加了被

---

① Kamasinski v. Austria https://hudoc. echr. coe. int. (accessed December 26,2019)

控方对等的程序权利,使侦查机关的权力受到了限制。① 但是,新法的实施很快随着欧洲人权法院对刑事被控方权利的逐渐重视而承受压力,如在 1985 年的 Bönisch v. Austria 案中,由于奥地利法院所聘请的鉴定专家未能得出公正而中立的鉴定结论,因此被人权法院判决违反《欧洲人权公约》第 6 条规定的平等武器原则。② 奥地利的问题在荷兰的刑事诉讼法中也存在,包括犯罪嫌疑人在刑事司法初步调查阶段无权聘请司法鉴定人,被控方及其辩护律师无权参与鉴定人调查过程,被控方在庭审开始之前无权获取相关案件的调查结果等,从而导致被控方无法针对检方所提供的鉴定结论,及时行使充分的抗辩权。以上现象的出现,进一步促使荷兰立法机构开始对《刑事诉讼法》进行新一轮修订。

(二) 司法错案屡次发生,开启鉴定人制度改革

21 世纪以来,荷兰的司法错案数量呈现逐年上升趋势。2004 年,在海牙上诉法院,一名护士露西娅·德伯克(Lucia de Berk)因 7 起谋杀和 3 起企图谋杀而被判处终身监禁。经过漫长的司法审查程序,被告最终推翻对其罪名的指控,被宣告无罪,此案件成为荷兰司法史上最严重的误判案例之一。③ 该案在调查与审理过程中显露出了司法不公、医疗系统的内部腐败,以及警察和检察机关对被控方的肆意指控。警察和检察机关甚至将与该案无关的虚假鉴定结论作为指控对方罪名的证据,从而造成在证据收集过程中出现严重的程序不公。即使被告最终被无罪释放,亦无法弥补六年监禁对其造成的身心损害。更为严重的是,该案的发生对荷兰的司法公信力造成了巨大的损伤。

2005 年,在一起谋杀案(Schiedamse parkmoord)中,被告因过失杀人罪和强奸罪而被判处 18 年监禁,其直到 2010 年真凶认罪后,才被无罪释放。④ 该案出现重大司法错误的原因主要在于,NFI 机构在检测犯罪嫌疑人与被害人

---

① Peter J. P. Tak, *The Dutch Criminal Justice System*, Wolf Legal Press, 2008, pp. 29 - 99.

② Jeremy McBride, *Human Rights and Criminal Procedure: The case law of the European Court of Human Right*, Council of Europea Publishing, 2009, pp. 203 - 205.

③ Court of Appeal of the Hague 18 June 2004, LJN: AP2846. www. rechtspraak. nl. (accessed December 26, 2019)

④ Dutch Supreme Court 25 January 2005, LJN: AS1872; Dutch Supreme Court 2 October 2007, LJN: BA5831.

DNA 匹配度时出现鉴定技术重大失误,检察机关的强势主导地位导致司法调查过程中的被控方律师同鉴定人之沟通渠道被阻塞,以及被控方在调查程序中权利缺失,无法有效提起抗辩。该案审结后,荷兰司法行政机构进行了深刻反思,并处分了办理本案的司法人员,荷兰司法部长的公开回复提到:"该案清楚地表明,在这种情况下,司法错误不单是个人行为严重不当的结果,更是司法过程中各部门职务疏漏和连续错误行为的累积。"①

2008 年,在一起名为"Puttense murdercase"的案件中,两名男子因过失杀人罪和强奸罪而被判处 10 年监禁,但 2010 年,荷兰最高法院在审查程序中宣告他们无罪释放。② 2011 年 9 月 10 日,荷兰的一份报告提到,"DNA 研究中存在数以百计的错误"。过去的 14 年来,在 DNA 研究中,荷兰司法鉴定所(NFI)犯下了数百种错误,有些错误甚至是无法挽回的,而这些错误的结论遍布在成千上万简单和复杂的案件中。过去几乎所有法医学鉴定都是由 NFI 完成的,上述案件和事实皆与司法程序中的鉴定结论出现严重错误相关。特别是 Schiedamse parkmoord 案的错误判决,对荷兰刑事诉讼的法律和司法实践产生了重大影响。一定程度上,由于这一案件,荷兰立法机关对刑事诉讼中的鉴定专家与鉴定结论之审查和监督进行了改革。③ 事实上,早在 2001 年,蒂尔堡大学和格罗宁根大学的刑法学院就已经开始对刑事诉讼法改革的问题展开深入研究,并形成了 2001 年刑事诉讼的研究成果,提出了审查司法鉴定人和鉴定证据的建议。

综上,导致荷兰出现司法误判的主要原因有:第一,司法鉴定报告的质量参差不齐,甚至出现大量的错误结论,严重影响法官对案件事实的认定;第二,刑事司法程序中,特别是刑事司法初步调查阶段,控方权力过大且被控方的对抗权利缺失,造成被控方无法及时介入司法调查,未能针对控方的指控和调查结果进行有效的抗辩;第三,法官与鉴定人之间没有建立良好的沟通渠道,对

---

① 2004 - 2005 conference document, 29800 - VI no. 168. https://zoek. officielebekendmakingen. nl/. (accessed December 26, 2019)

② Dutch Supreme Court 7 October 2008, LJN：BD4153；Court of Appeal of Arnhem 14 April 2010, LJN：BM0876.

③ N. J. M. Kwakman, *De deskundige in het strafproces*, in M. S. Groenhuijsen and G. Knigge (ed.), Het onderzoek ter zitting：eerste interimrapport van het onderzoeksproject Strafvordering 2001, Groningen：RuG, 2000.

鉴定报告的采信出现断裂现象。基于以上问题,从 2001 年开始,荷兰政府着手改革司法鉴定制度。经过十余年的讨论和修改,荷兰于 2010 年 1 月 1 日颁发了《刑事案件司法鉴定人法案》(*The Expert Witness in Criminal Cases Act*),该法案在保持原有程序结构不变的前提下,主要对审前阶段,特别是司法初步调查阶段,进行了重大的修改。

第三节　鉴定人资质及管理

一、司法鉴定机构及其管理体制

荷兰的司法鉴定机构主要有五种类型:(1)由荷兰安全与司法部设立和管辖的司法鉴定机构;(2)警察机构下设的实验室,主要从事指纹、弹痕等方面的鉴定工作;(3)大学内开设的鉴定机构,主要是法医学鉴定机构;(4)公司、社会组织设立的鉴定机构,这类机构数量较少,如 DSM 化工公司,主要从事毒品等方面的鉴定;(5)私人设立的鉴定机构。

二、司法鉴定机构

(一)荷兰司法鉴定研究所(NFI)

NFI 位于荷兰海牙附近。1945 年 7 月 30 日,荷兰政府决定成立司法实验室。1948 年 11 月 4 日,该实验室成为司法部的一个部门。1951 年,司法医学实验室成立,后更名为病理学实验室,该实验室位于海牙大楼,后被欧洲刑警组织使用。1999 年 11 月 1 日,上述两个实验室合并为荷兰司法鉴定研究所(Nederlands Forensisch Instituu)。[①] 该机构以欧洲司法鉴定联盟制定的标准为依托,与国际法医学研究组织,以及北美、南美、亚洲和其他地区的法医学工作者保持着密切合作,在欧洲法医学研究所网络(ENFSI)中发挥着突出的作用。NFI 拥有超过 500 名专业人员(其中经过注册的专家 130 多名),涉及 30

---

① Nederlands Forensisch Instituu, https://www.forensicinstitute.nl. (accessed December 26,2019)

多个研究领域的专业知识,包括废品和危险物;图像分析和生物识别技术;生物痕迹分析;火灾调查、技术调查和材料技术;化学识别分析;数字技术;DNA分析;爆炸和炸药;法医人类学;法医元素分析;法医学;毛发分析;文档和笔迹鉴定;跨学科法医调查;智能数据分析;标记;非人道生物痕迹;病理学;射击残留物;语音和音频;毒理学;药物;油漆、玻璃和磁带;交通事故重建;纤维和纺织品;潜伏指纹单位;枪支和弹药,等等。

在荷兰,大多数刑事案件的司法鉴定调查由 NFI 执行,检察院和警方有权自行聘请鉴定人。NFI 的主要业务有三项:(1)开展刑事案件司法鉴定;(2)开展研究开发工作;(3)开展专业知识和技能培训。专业知识和技能培训中心有助于法庭知识与技能的持续发展。NFI 学院组织(定制)培训课程,为国家项目提供专业知识,并安排犯罪现场模拟。其中,开展司法鉴定工作为该机构的主要业务,即运用鉴定技术,协助警察、公诉人和法院开展案件事实调查,帮助当事人开释罪行。除了三项核心业务外,NFI 还有几项额外的业务,包括为消防队人员和救护人员提供课程等活动、以官方身份进入犯罪现场、培训律师学习解读 NFI 调查报告之技能等。在荷兰甚至欧盟国家的司法实践领域,NFI 发挥着举足轻重的作用。[①]

NFI 属于国家级司法鉴定机构,由荷兰安全与司法部管理并对其负责,具体由司法部司法管理与法律执行部门负责。该管理机构有董事会成员 3 人,部门经理 14 人,董事会下设业务管理和执行两大部门,下面分设生物追踪部、数字和生物识别跟踪部、化学和物理痕迹部、专业服务和专业知识部四个部门。一方面,NFI 的主要服务对象是警察和检察机关。根据荷兰《司法组织法》的规定,警察和检察院均由司法部负责,因此 NFI 在行政方面也由司法部管辖。[②] 另一方面,司法部司法管理与法律执行司负责 NFI 具体事务的管理和监督,如确定其组织结构、负责工作人员的选拔和任命、制定相关司法鉴定政策与法规、确定司法鉴定的市场价格等。政府与研究所之间的关系,是一种"购买"式的合同关系。[③] 2011 年,司法部拨付给研究所的预算总额为 7500 万

① Nederlands Forensisch Instituu, https://www. forensicinstitute. nl. (accessed December 26,2019)
② 中国司法鉴定考察团:《中国司法鉴定考察团赴芬兰、荷兰考察报告》,载《中国司法鉴定》2007 年第 4 期。
③ 同上。

欧元,其中用于创新的预算占 15%。[①]

（二）欧洲司法鉴定联盟（ENFSI）

为了保证司法鉴定质量的提升,促进司法鉴定的发展和科学交流,1993年,欧洲司法鉴定联盟第一次会议在荷兰赖斯韦克召开,会议由 11 个成员国参加,并同意 ENFSI 的成员资格将向整个欧洲国家开放。1995 年 10 月 20日,ENFSI 举行了正式的创建大会,选举产生了第一届常规董事会。在 1999年的莫斯科年会上,ENFSI 的第一部宪法被会员国接受。同年,ENFSI 的网站成立,即 www.enfsi.eu。2002 年,秘书处设立了一个试验期,将新引入的会员费作为资金,荷兰法医学院自愿担任秘书处的东道主。

新的 ENFSI 章程于 2004 年获得批准,主要特征是从个人会员转变为机构会员,并明确引入年费。截至 2018 年,ENFSI 的成员数量已经发展到 69个。这些实验室涵盖了广泛的司法鉴定专业领域,来自 37 个国家,遍布欧洲各地。ENFSI 拥有 17 个专家工作组,它们具有深厚的专业背景,包括动植物和土壤痕迹、数字成像、DNA 鉴定、文件、毒品、炸药、指纹、枪支、火灾和爆炸调查、法医信息技术、法医语音和音频分析、笔迹鉴定、油漆和玻璃、道路事故分析、犯罪现场、纤维和毛发,但不涉及病理学、精神病学、昆虫等领域的研究。ENFSI 致力于加强和巩固协会内部工作,扩大整个欧洲成员国数量,保持联盟持续发展和可信度,并与其他类似组织建立工作关系。

ENFSI 内部设有理事会、秘书处、常务委员会、执行部门。理事会对ENFSI 的最高权力机构成员负责,其任务是发挥管理作用,旨在制定 ENFSI政策。理事会成员由年会成员选出,任期三年(主席和候任主席任期四年)。董事会的职责和责任由董事会在其职权范围内规定。ENFSI 秘书处的主要任务是支持联盟运行。ENFSI 秘书处对理事会负责,并在理事会的监督下运作。委员会包括质量和能力常设委员会(QCC)与研发常务委员会(RDSC)。质量和能力常设委员会负责制定质量与能力保证政策,向专家工作组和 ENFSI 成员提供建议,以及协助 ENFSI 实验室遵守国际标准。研发常务委员会的职能包括:(1)制定 ENFSI 的研发战略;(2)向专家工作组和 ENFSI 成员提供相关

---

① Nederlands Forensisch Instituu, https://www.forensicinstitute.nl.(accessed December 26,2019)

研究与开发新项目的建议及信息；(3)开展专业领域的教育和课程培训。① 在司法案件国际合作方面,荷兰主要有两种方式:一种是接受国际司法鉴定的委托;另一种是由荷兰司法鉴定所向欧洲其他国家寻求技术支持。

(三)其他类型的鉴定机构

荷兰精神病学和心理学司法鉴定所(NIFP)与 NFI 的性质相同,隶属于荷兰司法部,其总部设在乌特勒支,全国有 27 个办公地点,主要业务是从事精神、心理方面的司法鉴定和诊疗服务。该所现有工作人员 450 多名,其中包括行为专家 380 名左右,精神病专家 90 名,心理专家 50 名。② NIFP 的主要业务涉及三个方面:一是对犯罪嫌疑人、被告人的精神、心理状态进行司法鉴定;二是对服刑人员的心理和精神状态进行诊疗;三是就犯罪嫌疑人、被告人的心理和精神状态提出建议,供法官在定罪量刑时参考。③ 该所的服务内容主要是警察、检察官、法官委托的鉴定业务,同时也接受社会组织和个人的鉴定委托。2009 年,NIFP 的鉴定专家在荷兰司法鉴定注册委员会进行了注册。

莱顿大学司法鉴定所隶属于荷兰莱顿大学,完全独立于司法系统,主要从事 DNA 司法鉴定。过去,NFI 承担了全国 95% 以上刑事案件的 DNA 司法鉴定,因此一旦该所的鉴定结果出现问题,就会导致冤假错案的发生,而莱顿大学司法鉴定所设立的目的,就是打破 NFI 对刑事司法鉴定的垄断局面。该所的业务来源有三:一是来自警察部门的委托;二是协助 NFI 对疑难案件的鉴定;三是来自当事人申请的二次鉴定。④

荷兰儿童伤害鉴定中心是荷兰唯一经过认证的,专门从事儿童伤害鉴定的机构。该机构属于非政府、非营利、具有一定公益性质的鉴定机构,主要业务是对受伤儿童的伤残程度、致伤原因及是否存在虐待情形进行鉴定。该机构的业务来源主要有:其他医师委托的非法律问题的咨询业务,约占总业务量的 50%;警方委托的司法鉴定,约占总业务量的 25%;由法庭直接委托的鉴

① European Network of Forensic Science Institutes. www. enfsi. eu. (accessed December 26,2019)
② Nederlands Instituut voor Forensische Psychiatrie en, https://www. nifpnet. nl/. (accessed December 26,2019)
③ 霍宪丹主编:《司法鉴定管理模式比较研究》,中国政法大学出版社 2014 年版,第 312 页。
④ 同上,第 313 页。

定,约占总业务量的 25%。[1]

三、荷兰司法鉴定管理制度的特点

(一)统一的管理体系和多元的机构类型

荷兰的司法鉴定机构由荷兰公共安全与司法部统一管理和监督。2010年,荷兰司法体制改革后,该司法行政机关正式成立,与法官、检察机构、警察等共同构成荷兰司法组织实施体系。司法鉴定机构负责研究制定司法鉴定相关政策、法令,出台面向司法鉴定部门拨款等财政政策,以及管理司法鉴定人员的选任。2010年成立的司法鉴定注册管理委员会,就隶属于公共安全与司法部,荷兰司法鉴定所、精神病学和心理学鉴定所由有关部门直接管理,并且该部门也对警察机构内设的技术部门进行指导和管理。

司法鉴定虽然由公共安全与司法部统一管理,但并不意味着荷兰的司法鉴定机构均是国家公共性质。相反,除了上述两家鉴定机构外,荷兰新设立的莱顿大学司法鉴定所和荷兰儿童伤害鉴定中心,均独立于国家司法系统。一方面,非政府鉴定机构辅助国家鉴定机构从事司法鉴定业务,防止"一家独大"的垄断式鉴定;另一方面,非政府鉴定机构为社会组织和个人提供治疗、精神疏导服务,为民事案件鉴定提供便利服务,与国家鉴定机构共同构成健全的司法鉴定服务机制。这些鉴定机构虽然不属于公共安全与司法部管辖,但是在刑事案件中,它们通常由公诉机构或法官聘请,所以这些鉴定机构会在具体的案件中受司法机关的管辖。

(二)严格的质量管理体系

以 NFI 为例,该机构设置了严格的鉴定技术方法准入机制。由于司法鉴定旨在为案件审理提供事实依据,因此必须依赖于科学严密的鉴定技术和鉴定方法、高门槛的质量控制,以及规范的机构配置和人员管理。目前,荷兰司法鉴定的新技术和新方法,主要依赖成功的案例得以创设。在荷兰,大多数鉴定项目没有形成成文的行业规范和技术标准。1996 年,NFI 建立了符合 ISO17025

---

[1] 霍宪丹主编:《司法鉴定管理模式比较研究》,中国政法大学出版社 2014 年版,第 315 页。

的质量管理体系,并严格按照该体系进行技术指引和创新。NFI 主要采用三种方法进行质量控制:一是参照现有的样本进行自我检测;二是通过未知的样本进行盲测;三是参加外部的能力测试。[①] 同时,NFI 对人员的技术能力展开培训,设定严格的考核方式。NFI 从鉴定专家的知识能力、知识技能、品行态度等方面,强化鉴定人员的综合能力,重视对质量、调查结果的解读、分析,以及创新能力和权威方面的培训。对已经完成鉴定注册的人员,NFI 进行定期考核和培训,如撰写报告、模拟庭审、学习法律知识、构建贝叶斯证据思维等。另外,按照司法鉴定注册委员会的规定,每四年考核一次,依据不同的能力,对不同等级的鉴定人进行定期考核,并评价其业务能力,以确保鉴定人的质量得到专业认可。

(三) 健全的司法鉴定注册制度

2009 年,荷兰先后颁布了《刑事案件司法鉴定人法案》(*The Expert Witness in Criminal Cases Act*)和《刑事案件鉴定人登记条例》(*Register of Court Experts in Criminal Cases Decree*)。2010 年,荷兰正式成立了司法鉴定人注册委员会(NRGD)。法案要求,刑事案件中的司法鉴定人员必须从NRGD 中选任;法官委托尚未注册的专家进行鉴定的,要说明理由。NRGD通过制定详细的政策,对鉴定人的准入和退出机制及注册鉴定人的考核机制进行严格的管理,并且制定鉴定人行为准则,以确保司法鉴定的业务质量,提高司法审判的效率。同时,所有的注册鉴定人都通过互联网对外公布,便于公众查询监督。关于司法鉴定注册制度的详细内容,下文将会展开讨论。另外,荷兰通过修改《刑事诉讼法》,进一步保障刑事案件中嫌疑人、被告人委托司法鉴定人的权利,纠正过去刑事案件中控辩双方权利失衡的不公正局面,降低因鉴定不实、鉴定错误、重复鉴定等问题而导致的冤假错案之发生概率。

(四) 独立的鉴定人制度

荷兰实行独立的鉴定人制度,即鉴定人在制度上享有独立的地位,包括职务独立、活动独立和责任独立。鉴定人虽然由鉴定机构管理,但在开展司法鉴

[①] The Netherlands Forensic Institute,https://www. forensicinstitute. nl. (accessed December 26, 2019)

定工作时,其独立负责,不受他人干预,对以此所形成的鉴定意见报告书,原则上也由鉴定人独立承担责任。[①] 独立的鉴定人制度,可以有效保障鉴定结论的客观性、科学性和可靠性。当然,鉴定人独立负责,并非意味着司法鉴定机构不承担任何责任。司法鉴定机构需要对鉴定结论进行质量控制,一方面,审核鉴定报告的论据,重点审查论据是否充分、清晰,为客户所容易理解和信任;另一方面,审核鉴定报告的建议部分。以精神病司法鉴定为例,鉴定人对鉴定对象的精神和心理进行检测后,评估其未来重复犯罪的可能性,并就该部分提出一些指导性建议。这个过程中,司法鉴定机构需要对指导性建议持审慎态度,确保建议稳妥可靠,具有可操作性。

当鉴定人的意见与司法鉴定机构不一致,甚至出现严重分歧时,鉴定机构需要以机构的名义,向客户或法官出具一份说明,列明该机构对某一鉴定结论的看法,尤其是针对与鉴定人不一致的地方,需要明确作出解释说明,供法官参考。从这一点来看,荷兰的司法鉴定制度非常注重鉴定人的独立性,鉴定人的鉴定报告不会因与鉴定机构意见不一致而被认定为无效,法律也更倾向于鉴定人独立承担责任,并且鼓励和支持鉴定机构对其鉴定报告进行审核,以确保最终出具的报告具有高度的可靠性。独立的鉴定人制度产生了良好的效果,如在荷兰的司法实践中,重复鉴定、补充鉴定的情形很少出现,司法鉴定报告具有很高的权威性,很少受到社会的质疑,至于对鉴定报告的评估,则主要由法官依据自由心证原则来选择是否采用。当然,如果被告人对鉴定报告提出质疑,那么法官可以依职权或依申请,委托第三方鉴定机构来重新鉴定;若重新鉴定结果前后不一致,则法官有权决定使用更有说服力的鉴定报告作为证据。

第四节 鉴定人注册登记制度

一、司法鉴定人的注册登记

确保刑事案件鉴定人具备充分的专业水平,是荷兰刑事诉讼改革的关键

---

① 霍宪丹主编:《司法鉴定管理模式比较研究》,中国政法大学出版社 2014 年版,第 304 页。

问题。为解决这一问题,荷兰立法机关根据《刑事诉讼法》第51k条,建立了全国司法鉴定人注册登记制度,并在荷兰司法部的主持下,成立了荷兰司法鉴定人注册管理委员会(Nederlands Register Gerechtelijk Deskundigen,简称NRGD)。同时,荷兰规定了NGRD的组织机构(《刑事诉讼法》第51k条第2款)和评审申请人的相关规定(《刑事诉讼法》第51i条第4款)。下文将论述司法鉴定人注册管理委员会的组织结构、主要目标,以及立法者对该机构的预期和其实际产生的效果。

(一) 鉴定人登记册的预期目标

在2001年的荷兰刑事诉讼法改革会议中,司法部长夸克曼(Kwakman)强调了鉴定人在刑事诉讼中的重要作用,并提出了三点改革的方向,即平等的程序权利,法官的独立性、主导性,以及鉴定结论的质量保障。[①] 这三点也正是《刑事案件司法鉴定人法案》改革的重点所在。在会议纪要中,夸克曼提出,最关键的是改进司法鉴定制度,赋予辩方明确的对审权利,加强被告在刑事诉讼中的地位,实现公平审判原则,并根据《欧洲人权公约》第6条规定的"武器平等"原则,最终确立司法公信力。[②] 为实现以上目标,荷兰建立了司法鉴定人注册管理系统,该系统主要有三大目标,即运营目标、产品目标和系统目标。

1. 运营目标

管理注册鉴定人的资质和人数,是运营目标的两大核心要素。如果登记册中有充足的资质卓越的鉴定专家,那么刑事案件中的控辩双方便可以在有效的时间内,找到最适合的鉴定人。《刑事案件鉴定人登记条例》(*Register of Court Experts in Criminal Cases Decree*)第12条第2款对注册的鉴定人提出了如下要求:(1)申请人应当在其专业领域具备丰富的实践经验和理论知识;(2)在法律领域拥有足够的理论和实践经验,并熟知其在该领域的地位和作用;(3)有义务告知委托人所委托鉴定的事项得出正确结论的程度;(4)根据国

---

① RIDDER, J. DE, AKERBOOM, C. P. M., HOVING, R. A., SCHUDDE, L. T., STRUIKSMA, N. *Evaluatie van het Nederlands Register Gerechtelijk Deskundigen*, Pro Facto Publisher, 2014, p. 20.

② Kamerstukken II 2006 - 2007, 31116, nr. 3, p. 2. https://zoek. officielebekendmakingen. nl/. (accessed December 26,2019)

家标准,对所鉴定事项制定鉴定计划;(5)根据本行业的适用标准,收集、整理、解释并评估调查材料和数据;(6)运用合法有效的调查方法开展鉴定活动;(7)若需转让委托事项,则必须以口头和书面形式告知委托人,并向其提供详细且充分的理由,在规定或约定的时间内完成鉴定任务;(8)必须做到中立、公正、严谨、客观、可靠。

以上内容明确规定了鉴定人所应遵守和履行的各项义务,以确保鉴定结论的客观性。

值得注意的是,荷兰的立法领域普遍认同一种观点,即鉴定人登记册只适用于鉴定事项已经成熟发展的专业领域。尚未成熟领域的理论知识与实验方法都有可能随科学技术的推进而产生变动,这些领域的鉴定人并不适合登记注册,需要等待理论与技术的发展及完善。为确定鉴定人的专业与技术水平,根据《刑事案件鉴定人登记条例》第13条,申请人需提交其制作过的鉴定报告清单,以及与本专业相关的出版刊物等。几乎所有立法者都强调专业知识和经验的重要性,因为只有这样,法官和辩方律师才能获得客观、可靠的鉴定结论,并根据该结论来展开审理和辩论。① 至于第二个要求,即"在特定法律领域具备丰富理论知识与实践经验,并了解其在该领域的地位和作用",则是希望通过对鉴定人法律专业的要求,保证鉴定人与司法人员之间的沟通顺畅,防止因知识壁垒而造成信息错位甚至信息误判,从而给司法审判带来不良的效果。

从数据来看,登记册建立不久,申请注册的鉴定人数量便达到了理想的水平。2010年12月,第一批注册登记的鉴定人在网上公布。2010年至2013年,有10个领域的专业进行了注册,分别为精神病学(成人)、心理学(成人)、精神病学(青少年)、心理学(青少年)、麻醉品分析学、毒理学、武器弹药研究、笔迹研究、DNA分析与解释,以及针对"武器和弹药法"进行测试。前四个专业归类为FPPO(法医精神病学、心理学和矫形外科学)。2013年,有529人申请注册,80%注册成功,13%注册失败,7%撤回补充材料。2017年,共有601名专家在10个专业领域获得认证,10%的申请被驳回。预计在几年内,登记

① J. A. Nijboer, B. F. Keulen, H. K. Elzinga, N. J. M. Kwakman, *Expert registers in criminal cases. Governance in criminal proceedings*, 2011, 6. https://www.rug.nl/rechten/congressen/archief/2011/governancemeetslaw/workingpapers/papernijboerkeulen.pdf. (accessed December 26, 2019)

册还将扩大到包括民法和行政法领域的专家。① 基于领域方面的扩展,鉴定人的专业范围将更为多样化,甚至将会包括自然科学家、医生和计算机专家。

夸克曼(Kwakman)认为,注册登记对于许多鉴定人来说具有很大的吸引力。② 对于新入行的鉴定人,申请注册登记能为其职业发展提供有效的渠道;而已经在该领域具备稳定地位的专家,也期望成为注册鉴定专家。这些鉴定专家主要有 IFS、NFI、NFIP 等机构的工作人员及与这些机构合作的专家,其中一部分专家在 2010 年以前已经是荷兰的常任鉴定人。这些机构的鉴定人申请注册的原因主要有两点:第一,大型鉴定机构对注册登记制度的认可。例如,NFI 会对鉴定人制定激励机制,因此鉴定人如果登记注册成功,那么将有助于提升外界对该鉴定人的认可度。第二,法官更倾向于聘请经过注册登记的鉴定人,并且《刑事诉讼法》规定,检察机关只能聘请登记册内的鉴定人。换句话说,法官及其他司法人员对鉴定人登记册的充分使用,使鉴定人更加愿意成为其中一员。但是,对于少数司法鉴定领域的权威专家而言,考虑到注册登记的成本效益,他们要花费很多琐碎的时间去准备相关材料,并且要在一定时间内进行重新注册③,因此注册登记对他们不一定具有很强烈的吸引力。

2. *产品目标*

登记册的产品目标,主要集中在审查鉴定人的专业能力。例如,要求提交翔实的个人资料,包括其在本专业领域从事过的研究事项,以及发表的本专业的论文或研究报告等。通过以上审查,可以确定鉴定人的专业能力是否达到注册的标准。为此,鉴定人登记册设置了"访问功能",用户(包括检察机关、法院、辩护人等)有权根据《刑事案件鉴定人登记条例》第 16 条,获知注册鉴定人的姓名、专业领域、在本专业领域的特长或技能、首次注册登记的时间、是否为无条件注册的专家等信息。访问功能起到了非常积极的作用,使用户能够在短时间内找到合适的鉴定专家。遗憾的是,前文提到,登记册在一些专业发展不成熟的领域未能进行注册登记,如古玩鉴定等领域的鉴定技术发展目前依

---

① JAARVERSLAG 2017. https://www. nrgd. nl/binaries/NRGD％ 20Jaarverslag％ 202017 _ tcm39-344243. pdf (accessed December 26,2019.)

② B. F. KEULEN, H. K. ELZINGA, N. J. M. KWAKMAN, J. A. NIJBOER. *Het deskundigenregister in Strafzaken. De Beoogde Werking*，*Mogelijke Neveneffecten En Risico's*，*Rijksuniversiteit Groningen*，Faculteit der Rechtsgeleerdheid Publishing，2010，p. 231.

③ 2017 年 4 月 15 日起,《刑事案件鉴定人登记条例》将注册的有效期从四年修改为五年。

然很不成熟,其不像 DNA 领域有明确的鉴定专家审核标准,而这与上述提到的运营目标不相符合,运营目标的核心是尽可能扩大专业覆盖率,满足用户对登记册的访问需求。目前来看,上述问题会成为登记册的一大缺陷。从 2017年的数据来看,注册登记的鉴定专家数量呈上升趋势,所确定的专业领域也在逐渐扩大并得到完善。同时,NRGD 明确表示,未来几年,还会增加几大专业领域,以满足司法实践的需要。

登记册的另一个重要目标,是确保鉴定结论的质量。注册登记的申请,对申请人的资质提出了很高的要求,如《刑事案件鉴定人登记条例》第 12 条第 2款提出了一系列要求,这些要求在其他国家也同样受到重视。例如,法国的鉴定人必须提供其能参加鉴定活动的资质证明,而比利时为了确保专家有足够的鉴定能力,还会调查其过去在具体案件中的表现。但是,制定统一而精确的资质审查标准,从司法鉴定的理论发展与实践来看,是非常困难的。因此,NRGD 采用审核而非考试的形式来选拔鉴定人。审查委员会通常由同行专家、法官、检察官及辩护律师组成,同行专家负责从专业角度来评估申请人的资质,其他成员则需要从法律的角度来确认该专家是否具备良好的沟通能力,以保证其能将鉴定结论以明确易懂的方式传达给用户。同时,鉴定人的沟通能力在刑事司法中具有非常关键的作用。例如,前文提到的护士露西娅·德伯克(Lucia de Berk)一案的鉴定人认为,其所提供的数据和材料已经十分清楚地论证了鉴定结果,无需再提供额外数据图加以说明,但是荷兰最高法院认为,正是因为鉴定人未提供数据走向图,才导致法官有足够理由对鉴定结论的真实性产生质疑。[①] 该案说明,鉴定人与法官的沟通,在司法审判过程中至关重要。

最后,鉴定人应当做到中立、公正、严谨、客观、诚信。《刑事案件鉴定人登记条例》第 13 条第 2 款要求鉴定人在申请时提供三个月内的工作报告,以审核其在近期是否有违背执业准则的行为。事实上,《刑事案件鉴定人登记条例》第 13 条的所有条款均指向申请人的职业道德,并且要求其在所提供的良好行为记录证明上签字确认。以上这些都是从职业道德的角度,对鉴定人的

---

① B. F. KEULEN, H. K. ELZINGA, N. J. M. KWAKMAN, J. A. NIJBOER. *Het deskundigenregister in Strafzaken. De Beoogde Werking*, *Mogelijke Neveneffecten En Risico's*, *Rijksuniversiteit Groningen*, Faculteit der Rechtsgeleerdheid Publishing, 2010, p. 236.

业务能力进行规范。

3. 系统目标

与运营目标和产品目标不同,登记册的系统目标是实现最终的司法公正,并提升法治公信力,具有终极性意义。登记册的系统目标可以分为以下两个层面:一是协助查明案件事实,提高鉴定结论的准确率,确保刑事审判质量,最大限度地降低司法错判率;二是重建司法公信力,将鉴定结论以公开的方式呈现在法庭面前,用通俗易懂的表达向法庭解释说明,并接受法庭的当面询问,从而让所有的法庭参与主体都能看到鉴定结论的全貌,以使控辩双方信服和认可鉴定结论。

荷兰鉴定人登记册的运行是否有助于鉴定人得出客观准确的鉴定结论?答案是肯定的。根据荷兰学者对鉴定人的调查,绝大多数接受访问的鉴定人(63%)认为 NRGD 有助于提高鉴定结论的质量[①],几乎一半(47%)的受访鉴定人赞同 NRGD 是提升鉴定人在刑事案件中作用的必要途径。[②] 另外,《刑事诉讼法》第 51i 条第 3 款规定:"鉴定人必须如实、完整地制作鉴定报告。"《刑事诉讼法》第 51j 条第 1 款规定:"鉴定人必须声明其已经如实、完整并尽其所能地编制了鉴定报告。"《刑事诉讼法》第 216a 条第 4 款规定:"鉴定人需宣誓其所陈述的内容是遵从其良心和诚信。"关于鉴定报告的质量问题,《刑事诉讼法》51i 条第 2 款明确列出,鉴定报告应当包含鉴定活动中所采用的设备、储存材料的设备、测量方法、调查研究方法及使用的分析方法,以确保鉴定报告的形成过程最大限度地符合基本要求。

需要注意的是,虽然荷兰强调鉴定人与鉴定活动的中立地位,但是警察机关保留内部的鉴定机构的问题需要明确加以说明。这类机构只负责非常专业的技术研究和涉密案件的侦查鉴定工作,NRGD 并未将警方的技术调查纳入规制的范围,警方的鉴定专家也不受注册鉴定人行为准则的约束。虽然法官有权利在庭审过程中对警方的调查人员进行资格审核,但是这会增加法官的工作负担,延长庭审时间。在某些需要由警方进行技术调查的案件中,如何确

[①] RIDDER, J. DE, AKERBOOM, C. P. M., HOVING, R. A., SCHUDDE, L. T., STRUIKSMA, N. *Evaluatie van het Nederlands Register Gerechtelijk Deskundigen*. Pro Facto Publisher, 2014, p. 81.

[②] 同上。

保这部分鉴定人的资质和鉴定过程的独立性与公正性,该问题目前并未得到解决。

增加司法机关的公信力需要公正的司法判决,而客观准确的鉴定结论无疑是认定案件真相的关键。NRGD 运行至 2014 年,大部分鉴定人已经进行注册登记,辩护律师也更倾向于聘请登记在册的鉴定人[1],这表明注册登记制已经被荷兰社会公众接受,而且获得普遍认可。虽然案件质量的提高并不必然是鉴定报告质量提高的结果,但不可否认的是,经过对鉴定人的层层筛选,一批资质欠缺、职业道德较低的鉴定人被排除在登记册之外,从而对司法审判的公正有效运行产生了积极的促进作用。

(二) NRGD 的组织机构和运行成本

荷兰司法鉴定人注册管理委员会(Netherlands Register Gerechtelijk Deskundigen)的创立,旨在选拔资质合格的鉴定专家,提高司法鉴定结论的质量,协助检察院、司法委员会、律师协会、警察局、NFI 和 NIFP 等其他机构展开相关工作。2010 年生效的《刑事案件鉴定人登记条例》规定了委员会的组织和管理模式,并结合《刑事案件司法鉴定人法案》,强化了被控方的辩护地位,如赋予嫌疑人开展额外调查和反调查的权利。委员会由七人组成,包括一名司法部人员(可担任委员会主席)、一名检察官、一名辩护律师、一名警察和三名鉴定人。委员会内设董事会和理事会,董事会负责管理登记册,具体包括:起草和决定政策性文件;制定和通过年度报告;分析和讨论相关事项;在专业期刊上撰写并发表论文;进行自我评估;监测机构发展;密切关注新专业领域,并根据具体情况,修订 NRGD 相关法令;为提高法医专业质量,在国际上开展技术交流与合作。理事会成员由国家安全与司法部任命,根据不同的专业,设立两个部门,即标准咨询委员会(NAC)和审查咨询委员会(TAC)。此外,NRGD 还设立了异议咨询委员会(BAC)。[2] 以上三类机构分别负责决策、执行和监督,设

---

[1] RIDDER, J. DE, AKERBOOM, C. P. M., HOVING, R. A., SCHUDDE, L. T., STRUIKSMA, N. *Evaluatie van het Nederlands Register Gerechtelijk Deskundigen*. Pro Facto Publisher, 2014, p. 81.

[2] Nederlands Register Gerechtelijk Deskundigen (NRGD). https://www.nrgd.nl/over-het-nrgd/organisatie/index.aspx. (accessed December 26, 2019)

计理念类比现代公司治理模式,旨在最大限度地为申请人提供公正、严谨的程序,并确保每一位有资质的鉴定专家通过该程序来完成注册登记。

1. 标准咨询委员会(NAC)

标准咨询委员会负责划定专业领域,为每个专业领域起草详细的评估标准,并在 NRGD 网站公开接受其他专家的评价和建议。专家可以在规定的时间内进行答复,然后由 NAC 完善提案内容,最后由董事会制定最终的标准并公布。为确保评估标准随专业领域的发展而及时更新,评估框架的有效期为四年,具体要求可以登录 NRGD 官方网站"注册"一栏进行查询。该委员会由相关专业领域的专家组成,人数在十人到十五人,并由律师和 NRGD 的代表协助工作。涉及某些特殊且专家数量较少的专业领域时,可以邀请国外专家参与,但这些专家需要先了解并熟悉荷兰的相关立法。

2. 评审咨询委员会(TAC)

评审咨询委员会负责根据特定专业领域的要求,对申请人进行评审。在初审阶段,TAC 由三人组成,包括两名专家和一名律师,并由法学专家担任主席。在重新申请阶段,TAC 由两人组成,包括一名专家和一名律师。在审查过程中,若专家和律师的意见不一致,则另外挑选专家和律师重新进行评审。在荷兰,由于专家数量有限,因此除法医心理学和精神病学外,其他专业都有国外专家参与。申请人在收到 NRGD 发送的拟评审人员名单后,有权以对相关评审人员不利为由,提出回避申请。评审委员会根据申请人提交的材料,审查其是否符合注册要求,并形成专家意见。若 TAC 对材料中的部分内容存在疑问,则申请人需要接受面试,并回答或解释 TAC 的疑问。TAC 通常对申请人有四项要求:第一,根据申请人提交的案例报告,审查其是否能根据案情,准确判断出需要鉴定的事项,并制作出鉴定的过程和结果;第二,根据报告,审查申请人是否掌握了充分的鉴定材料,并使用了充足的鉴定资源;第三,报告是否能表明申请人采用了最先进的研究方法,以分析涉案当事人及相关行为;第四,申请人是否得出了可靠的鉴定结论,并为司法人员提供了有价值的意见和建议。[1] 另外,TAC 还需要审查申请人对本专业近期相关文献的了解和熟

---

[1] RIDDER, J. DE, AKERBOOM, C. P. M. , HOVING, R. A. , SCHUDDE, L. T. , STRUIKSMA, N. *Evaluatie van het Nederlands Register Gerechtelijk Deskundigen.* Pro Facto Publisher, 2014, p. 47.

悉程度,以确定其对专业发展现状的关注度。最后,TAC会审查申请人是否在报告中和面试中表现出独立、客观、公正、谨慎的专业素养。

3. 异议咨询委员会(BAC)

异议咨询委员会负责处理申请人不服董事会关于注册申请决定的事宜。BAC由一名律师和两名专家组成,并由秘书协助调查,秘书也由律师担任但不是BAC成员。为保持公正,律师作为异议咨询委员会主席,不能同时兼任评审委员会的成员。BAC收到不服董事会决定的申请书后,在有限时间内进行审查,并决定是否受理。如果决定受理,那么BAC将重新启动调查和评审程序,并组织听证会来讨论TAC拒绝申请人注册的所有理由。在听证会上,申请人有权以任何方式进行辩驳,秘书会将相关内容整理成书面记录,并交由BAC作出最后的决定。

二、鉴定人的权利与义务

(一) 新法案实施前,辩方对鉴定人的权利

2010年1月1日生效的《刑事案件司法鉴定人法案》在荷兰现行《刑事诉讼法》中增加了"鉴定人"一章,专门规定刑事案件中鉴定人的权利与义务。该章节规定,辩方在诉讼阶段有权利聘请鉴定人,以抗衡公诉方的侦查权。但是,在《刑事案件司法鉴定人法案》实施前,法律并未明确赋予辩方当然的对审权利,这一点可以从侦查、初审和庭审三个阶段窥见。

在案件的侦查阶段,警察、助理检察官等人员在犯罪嫌疑人知情的情况下行使侦查权。侦查机关根据案情需要,有权启动内部鉴定。此外,侦查机关也有权根据旧《刑事诉讼法》第151条,从外部聘请鉴定人。外部鉴定人并非隶属于检察院和法院,因此无需适用内部鉴定人的宣誓制度,他们只需根据自己所属鉴定机构的职业要求来进行调查研究。根据旧《刑事诉讼法》第344条,外部鉴定人所出具的鉴定结论,可以作为认定案件事实的证据在法庭上使用。在这一过程中,辩方几乎没有参与的机会,由此所形成的鉴定结论也就成为了"一家之言",这种情况无疑对辩方的权利造成极大的损害。由于旧《刑事诉讼法》并未明确赋予辩方在此阶段聘请鉴定人的权利,警方和检察院也无义务告知其所聘请鉴定人的信息,因此在大多数情况下,辩方只有在法庭调查阶段才

能首次得知鉴定结论的情况。^① 辩方无权影响甚至参与侦查机关的调查过程和结果,即使对鉴定结论提出异议,也会因无法获得前期的鉴定材料而不能提出实质性的理由。另外,虽然在 2001 年的《刑事诉讼法修正草案》中,刑事诉讼专家强调对抗是程序公正的核心^②,辩方有权在侦查阶段早期收集相关证据和聘请鉴定人,但他们并未明确提出鉴定费用的负担问题。如果这笔费用需要由辩方自行承担,那么无疑增加了被控方的经济负担,使得辩方聘请鉴定人的权利无法得到真正的发挥。

按照荷兰的刑事诉讼程序,疑难、复杂的案件可以根据案情需要,启动预审程序。与侦查阶段相比,嫌疑人在预审阶段拥有相对较多的权利。首先,嫌疑人有权要求预审法官聘请一名或多名鉴定人,预审法官只能以其申请的鉴定人之个人问题为由而拒绝该申请;同时,犯罪嫌疑人有权在符合调查利益的情况下,参与鉴定结论的形成过程。其次,旧《刑事诉讼法》第 232 条第 1 款规定:"嫌疑人聘请的鉴定人有权参与预审法官组织的鉴定研究讨论会议,并发表意见和评论。"最后,旧《刑事诉讼法》第 233 条规定,嫌疑人有权申请一名鉴定人对侦查机关出具的鉴定报告进行反调查,该鉴定人所提出的对已有鉴定结论的质疑和反对,都会成为争论的焦点。根据荷兰最高法院的判例,嫌疑人只有及时提出请求,才可能成功申请到对审专家。鉴定材料在初次调查中不幸灭失,或者由于侦查机关的原因而无法进行二次鉴定,并不会必然导致申请被拒绝或由此形成的证据被排除,最终结果取决于该证据对案件结论形成的作用。如果该证据的认定对案件至关重要,而侦查机关或检察院的行为导致反鉴定无法实现,那么将会引起违反《欧洲人权公约》第 6 条的问题。^③

庭审阶段,辩方有权向检察官或法官提出申请,要求鉴定人出庭接受询问,但是公诉方和法官也有权拒绝该申请。例如,若司法机关有理由认为鉴定

---

① H. H. M. Wauben, *de nieuwe Wet deskundige in strafzaken*; *een stap in de goede richting voor de positie van de verdachte*, Open Universiteit Nederland scriptie Nederlands recht, maart, 2011, p. 18.

② H. H. M. Wauben, *de nieuwe Wet deskundige in strafzaken*; *een stap in de goede richting voor de positie van de verdachte*, Open Universiteit Nederland scriptie Nederlands recht, maart, 2011, p. 18.

③ H. H. M. Wauben, *de nieuwe Wet deskundige in strafzaken*; *een stap in de goede richting voor de positie van de verdachte*, Open Universiteit Nederland scriptie Nederlands recht, maart, 2011, p. 20.

人因是外籍人员而不适合出现在法庭上,或者认为鉴定人出庭可能会威胁到人身安全,则鉴定人无须出庭接受询问。另外,若鉴定人经常在鉴定报告中使用不确定的专业术语,而法官又不熟知其专业知识,则有时会出现基于相同的鉴定材料而得出不同的结论之情况。正如荷兰诉讼专家所言:"如果法官对鉴定报告解读有误,并且鉴定人没有向其解释清楚,那么法官与鉴定人之间就存在严重的沟通问题,基于该问题所产生的后果比鉴定结论本身的不确定性更明显。"①旧《刑事诉讼法》规定,法官可以聘请鉴定人而无须向当事人解释聘用的原因,并且法官通常会对鉴定人出具的鉴定结论过于信任。在法官与鉴定人之间存在沟通不畅的问题之情况下,若法官对鉴定结论过分信任,则会对案件的公正审理产生极为消极的影响,这些问题在近些年的司法误判案例中经常出现。

(二) 新法案明确规定了鉴定人的权利与义务

针对上述问题,《刑事案件司法鉴定人法案》的实施主要侧重于三个问题,即明确规定鉴定人的权利和义务,增加刑事诉讼中犯罪嫌疑人的权利(特别是赋予辩方对鉴定结论反调查的权利),以及加强预审法官的权力。

首先,新法案单独开设一章,规定鉴定人的权利义务。《刑事案件司法鉴定人法案》在《刑事诉讼法》第 IIIA 之后增加了一章,命名为"IIIC:鉴定人"。新法案并未就"鉴定人"给出明确的定义,但《刑事诉讼法》第 51i 条第 1 款规定了鉴定人应该"在其所掌握的特定专业领域展开调查和研究"。例如,毒理学方面的专家应该具备和掌握详细的化学分析知识,并能对特定的毒品进行分析和研究。《刑事诉讼法》第 51i 条第 3 款规定,鉴定人必须"客观、完整并尽其所能"地制作鉴定报告。但是,如何理解"完整"一词,在实践中存在一些问题。例如,若鉴定人认为一些材料或信息与鉴定结论的形成无关紧要,则其通常不会写在鉴定报告中,所以法官或检察官会因为缺乏以上数据,对鉴定结论的客观真实性产生质疑,从而影响鉴定结论的采信。② 因此,鉴定报告应该是具体

---

① H. H. M. Wauben, *de nieuwe Wet deskundige in strafzaken*; *een stap in de goede richting voor de positie van de verdachte*, Open Universiteit Nederland scriptie Nederlands recht, maart, 2011, p. 20.

② 同上,p. 24.

详细可查证的,经得起考证和质疑。另外,鉴定人必须具备相应的法律知识,以便同法官形成良好的沟通关系,其需时刻警醒自己提供虚假鉴定报告将产生负面的法律后果,如伪证罪。《刑事诉讼法》第51k条规定建立鉴定人登记册,并组织成立鉴定人注册管理委员会(NRGD),前文对此已有详述,但是专家可以自由决定是否进行注册登记,并非所有鉴定人都会选择成为注册专家。因此,NRGD将通过国际相关组织,如欧洲司法鉴定联盟网(ENSI)、美国司法鉴定网(AAFS)等,补充国内薄弱的专业领域。[①]

其次,在刑事诉讼程序中,犯罪嫌疑人聘请的鉴定人有权就控方的鉴定结论提出异议。新法案规定,嫌疑人有权向检察院提出聘请鉴定人的申请(《刑事诉讼法》第150a条第3款),如果该申请被拒绝,那么嫌疑人有权在收到拒绝申请通知书之日起14天内,向预审法官重复申请(《刑事诉讼法》150b条第2款),预审法官应将结果同时告知犯罪嫌疑人和检察院。若符合调查利益,则嫌疑人因聘请鉴定人而产生的费用由国家承担。旧《刑事诉讼法》第151条在侦查阶段只赋予检察官或助理检察官聘请鉴定人的权利,新《刑事诉讼法》则增加了对抗性的条款,即检察官聘请鉴定人开展鉴定事项,必须以书面形式告知犯罪嫌疑人调查的时间和地点,(调查除涉密外)必须将鉴定结论告知嫌疑人。需要注意的是,以上规定不适用于警察内部的技术鉴定人,技术专家不能在NRGD注册登记,其隶属于警察机构。

最后,预审法官有权决定聘请鉴定人。预审法官可以主动聘请或者应检察官或被告的请求,以《刑事诉讼法》第227条至第232条规定的方式,任命一名或多名鉴定人(《刑事诉讼法》第176条)。根据旧《刑事诉讼法》的规定,预审法官只能通过《刑事诉讼法》第36a条来决定犯罪嫌疑人的申请,但新法规定,预审法官也有权接受检察院的申请,以分化检察院在鉴定方面过于绝对的权利。同时,预审法官有权召集检察官、犯罪嫌疑人、鉴定人,就鉴定结论的解释和说明进行讨论。以上改革的目标,是在职权主义诉讼模式下,吸收抗辩式的因素,强化预审法官的权力,以抗衡检察机关,平衡法院和犯罪嫌疑人之间的诉讼地位,改变过去因程序制度设计不合理而导致鉴定结论错误,从而引发司法误判错判的状况。

---

① European Network of Forensic Science Institutes,www. enfsi. eu.（accessed December 26,2019)

三、司法鉴定人制度的改革效果

如前文所述,荷兰在历史上长期受法国影响,其法律体系属于典型的大陆法系。以此为基础,荷兰的刑事诉讼程序必然呈现为职权主义诉讼模式。晚近时期,伴随着全球化的发展,两大法系吸收并借鉴彼此的优势,不断地进行改进。如今,在诉讼程序中,已不存在纯粹的职权主义诉讼模式或纯粹的当事人主义诉讼模式。在荷兰的刑事司法制度中,侦查程序虽然更明显地体现了职权主义色彩,但是审判阶段却呈现出了适度的职权主义诉讼和当事人主义诉讼相融合的特点。可以说,新法案的出台,使荷兰的刑事诉讼倾向于更为温和的职权主义诉讼模式①,具体表现为以下几个方面:

第一,提升了犯罪嫌疑人的程序对抗权利。荷兰的《刑事诉讼法》将刑事诉讼程序分为三个阶段,即侦查阶段、预审调查阶段和审判阶段。② 审前侦查有两种,即警方在检察官指导和监督下的侦查,以及由初审法官主导的司法调查。在刑事侦查阶段,原《刑事诉讼法》未规定警察和公诉人必须告知嫌疑人有关司法鉴定人参与调查的情况。此外,虽然犯罪嫌疑人有权向检察官申请聘请鉴定人,但是前提是必须由检察官同意,被控方没有权利直接委托鉴定人对抗公诉人的鉴定活动。另一个问题是,即使检察官同意被控方聘请鉴定人,面对荷兰司法鉴定所(NFI)这样声誉卓著且费用高昂的机构,被控方也会因经济上的困难而通常无力聘请,从而使得该权利形同虚设。以上这些问题对犯罪嫌疑人极为不利,也同欧洲人权委员会确立的公平审判原则不相符。③ 在《博尼施诉奥匈帝国 42 号判决书》中,欧洲人权法院判定,《欧洲人权公约》第 6条第 3 款同样适用于鉴定人。④ 因此,新《刑事诉讼法》第 51j 条第 4 款对嫌疑人具有重要意义——鉴定人有权获得国家的补偿。在不影响《刑事诉讼法》第

---

① [荷]帕尔特・海因・凡・科姆普恩:《荷兰刑事诉讼权利保障的法律基石》,倪铁、陈波译,载《犯罪研究》2012 年第 6 期。

② Peter J. P. Tak, *The Dutch Criminal Justice System*, Wolf Legal Press, 2008, pp. 29 - 99.

③ 《欧洲人权公约》第 6 条第 3 款:"任何人被起诉,均有权询问不利于他的证人,并在与不利于他的证人具有相同条件的情况下,让有利于他的证人出庭接受询问。"

④ EHRM 28 augustus 1991, nr. 11170/84;12876/87; Brandstetter vs. Austria (13468/87 punt 38, NJ 1992,https://hudoc.echr.coe.int. (accessed December 26,2019)

591 条的情况下,预审法官应当同意被控方启动司法鉴定的申请,并且在符合调查利益的情况下,由国家承担该部分鉴定费用。该条文的确立,使被控方有机会在刑事诉讼程序的早期采取有效行动,通过聘请对审鉴定人,介入证据部分的收集,为自己争取最大限度的权利。更有意义的是,国家承担聘请鉴定人的费用这一规定,减轻了被控方的经济负担,也从侧面增加了保障被控方诉讼地位的可能性,这对于实现其权利而言,意义重大。

第二,如果刑事案件过于复杂,那么检察官可以申请启动预审调查。与刑事调查相比,犯罪嫌疑人在预审调查阶段拥有更多的权利。《刑事诉讼法》第227 条规定,在不损害侦查利益的前提下,被告有权请求预审法官任命一名或多名由其推荐的鉴定人,并且鉴定人有权(部分)参加司法鉴定调查,而检察官不享有此权利。[1] 原《刑事诉讼法》第 151 条规定,只有助理检察官有权任命鉴定人,现规定增加了被告聘请鉴定人的权利。辩护律师如果被检察官拒绝,那么其可以向预审法官重申其请求(《刑事诉讼法》第 150 条第 2 款)。《刑事诉讼法》第150b 条规定了犯罪嫌疑人的知情权,即若检察官拒绝被告聘请鉴定人的申请,则应以合理的方式通知嫌疑人。立法委员已经删除了初审法官拒绝指定鉴定人的相关规定。嫌疑人有明确的权利向检察官提出反调查的申请(《刑事诉讼法》第 150a 条第 3 款)。如果被拒绝,那么嫌疑人可以在 14 天内向法官重新提出申请。这些规定不仅有助于犯罪嫌疑人实现获得鉴定人的权利,而且提升了其在鉴定程序中的地位。

第三,预审法官的地位得以加强。在荷兰,与侦查阶段和审判阶段不同,预审调查阶段并非必经的程序,而是由检察官根据案件的需要决定是否启动。在原《刑事诉讼法》中,预审法官只可以根据第 229 条展开调查,而其现在可以行使先前只适用于侦查阶段的权力。预审法官可以充当检察官和嫌疑人之间的调停人。在预审法官的指导下,检察官、嫌疑人和鉴定人(不论是否为注册鉴定人)可以就鉴定方式方法和鉴定结论进行直接讨论。新《刑事诉讼法》规定,预审法官有权自行召集鉴定人。这些新的规定,对犯罪嫌疑人是非常有利的。预审法官自行启动鉴定程序,要求鉴定人在规定的时间内提供鉴定报告,

---

[1] J. Hiekema, *Experts in Dutch Criminal Procedure*, at M. Malsch, J. F. Nijboer (eds.), *Complex Cases: Perspectives on the Netherlands Criminal Justice System*, Thela Thesis Press, 1999, pp. 29,34,36.

这样可以避免冗长而重复的法庭鉴定程序。当预审法官在检察官和犯罪嫌疑人之间,针对司法鉴定人组织协商调解时,控辩双方可以在同意的情况下,将鉴定任务交给鉴定人,由法官组织双方交换鉴定方法和鉴定结论,这样就节省了时间和经济成本。

第四,检察院和警察机关的权力受到了限制。新《刑事诉讼法》第150条授予检察官和助理检察官指定鉴定人的权利。为调查案件真相,检察官可以自行聘请或根据嫌疑人的请求,在登记册上指定一名鉴定人。被告的地位在检察官那里得到了提升。新《刑事诉讼法》第151条规定,检察官要将调查的结果和时间、地点通知给嫌疑人。除非对调查利益不利,否则嫌疑人可以要求进一步的调查,或者对将要进行的调查研究进行干预。嫌疑人可以在两周内对结果作出回应,或者要求进行反向调查。检察官拒绝嫌疑人聘请鉴定人的,必须向嫌疑人提供合理的解释。同时,如果检察官拒绝指定一名鉴定人,那么嫌疑人在两周内可以请求预审法官指定一名鉴定人。这些在旧的《刑事诉讼法》中都是没有规定的。另外,法律没有明确规定预审法官是否有权听取嫌疑人和公诉人的辩论,但是他认为有必要的话,是可以进行庭审的。

第五节　鉴定的启动程序

一、侦查机关直接启动

根据荷兰警检一体的司法体制,检察机关在调查阶段可以直接聘请鉴定人进行鉴定,而警察只能在其指导下获得专家帮助。因此,在调查阶段,检察机关是唯一享有鉴定启动权的主体。但是,在司法实践中,警察也享有聘请鉴定人的一般权限。荷兰最高法院也认为,虽然不存在制定法上的规定,但是警察有指定鉴定人的一般权限。同时,在荷兰的其他法律文件中,也有相关条文对警察聘请鉴定人的权利进行了确认。[①] 在预审阶段,检察机关在满足一定条件的情况下,享有任命鉴定人的权利:(1)已经请求预审法官启动预审调查;

① 冯俊伟:《荷兰刑事鉴定制度介评》,载《中国司法鉴定》2012年第5期。

(2)时间紧迫,无法等待预审法官启动;(3)存在紧急情况,包括不直接采取鉴定措施,重要证据将被毁损等。若以上条件同时满足,则检察官或助理检察官便有权直接任命鉴定人。① 同时,相关数据显示,1951 年到 1988 年,预审法官在国家法庭科学实验室(Forensic Science State Laboratory)任命的鉴定人,比例从 80％降到了 3％。相反,大多数鉴定人的任命是由检察官或警察完成的。② 故 1999 年的《刑事诉讼法》修改以后,检察官在预审阶段,即使未满足以上条件,也有权直接任命鉴定人。同时,根据修改后的《刑事诉讼法》第 151 条第 2 款,助理检察官也有类似权限。

警察机关负责司法鉴定检材的运送工作。犯罪现场收集的检材,经专业人员处理后,由警察局运输部门递送至司法鉴定研究所,接收标准包括检查包装、标识代码和委托表格是否符合要求。对符合接收标准的检材,由前台的工作人员编号,贴上射频标签,录入计算机案件管理系统。③

二、法院的鉴定启动权

如前所述,荷兰的刑事诉讼程序分为调查阶段、预审调查阶段和审判阶段,故法官启动鉴定程序也包括预审法官的启动与庭审法官的启动。虽然并非所有刑事案件都必须启动预审程序,但是过于复杂或比较重要的刑事案件,一般会经历预审程序。1926 年的《刑事诉讼法》赋予预审法官任命鉴定人的权力。《刑事诉讼法》第 227 条与第 235 条规定,预审法官可以自行聘请鉴定人,或者根据犯罪嫌疑人或侦查机关的请求,任命一名或多名鉴定人;预审法官任命的鉴定人在调查方法和得出结论方面发生争议时,可以主动或者根据检察机关的要求或被控方的请求,任命其他鉴定人。为了平衡被告人在涉及专家鉴定案件中的不利地位,《刑事诉讼法》第 227 条同时规定,在不损害侦查利益的前提下,被告人有权请求预审法官任命一名或多名由其推荐的鉴定人,而检

---

① P. T. C van Kampen, Expert *Evidence Compared：Rule and Practice in the Dutch and American Criminal Justice System*, Intersentia Publishers, 1999, pp. 67 - 68,76,69 - 69.

② 转引自冯俊伟:《荷兰刑事鉴定制度介评》,载《中国司法鉴定》2012 年第 5 期。

③ 潘广俊等:《荷兰司法鉴定制度及启示》,载《中国司法》2011 年第 1 期。

察机关却不享有此项权利。① 另外,根据荷兰诉讼程序的职权主义特征,法官在庭审过程中享有诸多权力,对案件的审理不受控辩双方的限制。根据荷兰《刑事诉讼法》的规定,法官有权自行启动鉴定程序。

三、当事人申请启动

在荷兰,民事案件的司法鉴定人分为当事人聘请的鉴定人和法院任命的鉴定人。前一类鉴定人可以由当事人自行决定,后一类鉴定人则通常由原被告协商确定双方认可的人选,经法官确认后承担司法鉴定任务。② 但是,大型司法鉴定机构,如 NFI,主要承担刑事案件的鉴定工作,目前对民事案件的司法鉴定没有专门性的管理规定。在刑事案件中,当事人申请启动鉴定分为向检察院申请启动、向预审法官申请启动与向法官申请启动。当事人可以向侦查机关申请聘请鉴定人进行鉴定,若该申请被拒绝,则当事人有权自行聘请鉴定人,且当鉴定事项满足侦查利益时,可以由国家支付该笔鉴定费用。在预审阶段,《刑事诉讼法》第 227 条规定,在不损害侦查利益的前提下,被告有权请求预审法官任命一名或多名由其推荐的专家,并且专家有权(部分)参加司法鉴定调查,而检察官不享有此权利。③ 同时,如前文所述,嫌疑人有明确的权利向检察官提出反调查的申请(《刑事诉讼法》第 150a 条第 3 款)。如果该申请被拒绝,那么嫌疑人可以在 14 天内向法官重新提出申请。

第六节　鉴定报告的生成及程序

一、鉴定报告的生成

司法鉴定报告是司法审判的参考依据,在法官的定罪量刑方面发挥着重

---

① 转引自冯俊伟:《荷兰刑事鉴定制度介评》,载《中国司法鉴定》2012 年第 5 期。
② 胡占山:《荷兰司法鉴定简介》,载《中国司法》2013 年第 3 期。
③ J. Hiekema, *Experts in Dutch Criminal Procedure*, at M. Malsch, J. F. Nijboer (eds.), *Complex Cases: Perspectives on the Netherlands Criminal Justice System*, Thela Thesis Press, 1999, pp. 29, 34, 36.

要作用。例如,在刑事诉讼中,针对 DNA 的研究,或者在认定是否属于醉酒驾驶时,必须通过具备专业知识的司法鉴定人才能得出结论。再如,对犯罪嫌疑人或被告的行为之分析,以及对犯罪者的性格、精神方面的脆弱性或再犯的可能性之评估,都需要鉴定人出具鉴定研究报告,供法官在定罪量刑时参考。荷兰《刑事诉讼法》第 51i 条第 2 款规定,鉴定人应出具详细的司法鉴定报告。原《刑事诉讼法》并未明确规定司法鉴定报告的标准和报告应当包含的内容。在大多数刑事案件中,鉴定人介入调查是为了更科学公正地获取案件的真相,鉴定报告可以用来证实诉讼当事人的主张,法官可以将它作为定案的依据之一。《刑事诉讼法》第 51l 条规定,每一份鉴定报告的内容都应该基于鉴定人所掌握的科学知识和经验。

司法鉴定报告分为两类:一类是书面鉴定报告,另一类是口头形式的报告。根据《刑事诉讼法》第 344 条第 1 款与第 4 款,鉴定人以书面形式出具的鉴定结论,可以作为审理案件的依据之一。同时,《刑事诉讼法》第 51l 条规定,鉴定人应提交“合理的司法鉴定报告”。这表明,鉴定人应当提交的是一份尽可能清楚且详细的鉴定报告,报告中应当明确标明所采用的鉴定方法,以及该方法的科学性与鉴定结论的可靠性。由此,鉴定人一方面可以向法官证明该鉴定结论的可靠性,另一方面也表明其在调查过程中已经尽了最大的努力。口头报告也符合荷兰《刑事诉讼法》的规定,法官可以要求鉴定人在庭审上接受当面询问,并向其解释报告的内容。

二、鉴定报告的询问与质证

根据荷兰刑事诉讼相关法律之规定,司法鉴定报告是法定的五种证据之一。司法鉴定报告能否作为裁判证据,完全取决于法官。在民事诉讼中,鉴定报告的质证程序与其他证据相同;但是,与英美国家不同,荷兰刑事诉讼程序中对司法鉴定报告的审查,集中于司法审查,庭审交叉询问环节对鉴定报告的审查并不具有太大的效用。在刑事诉讼的每一环节,被控方均有权利介入控方的鉴定活动。如前文所提到的,即使在最初的侦查阶段,嫌疑人也有权向检察机关申请聘请鉴定人,以及就针对控方形成的鉴定报告聘请对审专家进行反向侦查,以表示对控方鉴定报告的异议。因此,对鉴定报告的质证与交叉盘问,从庭审程序细化至诉讼程序的各个阶段,而非将重点置于法庭交叉询问环节。

三、鉴定报告的认证

最后提交至法庭的鉴定报告,属于控辩双方在诉讼程序中权利博弈的结果,即代表了控辩双方对鉴定结论的一致认可,故对鉴定报告的采信最终由法官直接进行评价。法官有权审查鉴定报告,并决定是否采信作为定案依据。无论是公诉方、辩护方还是法官,都必须以前期事实调查结果为依据来适用法律。尤其在职权主义诉讼模式下,展开法庭辩论和宣布判决,均离不开对案件事实的调查。法官要尽可能地查明事实真相,确定犯罪行为是否由被控方所为。

针对司法鉴定结论,法官需要进行两方面的评估:第一,对鉴定人本人专业能力的评估;第二,对司法鉴定报告的评估。关于对鉴定人的评估,2010 年新《刑事诉讼法》规定,法官可以在鉴定人登记册中选择适用于具体案件的鉴定人,也可以在登记册以外选择,但是需要提供充分的说明理由。关于对鉴定报告的评估,法官应对该报告的准确性进行斟酌,以决定是否采用。法院必须确定鉴定人是否真实地(正确地)表达了他的意思。法官审查的主要目的,是查明司法鉴定报告的内容是否真实可靠,具有可采性。

对于鉴定报告的评判标准,荷兰法律没有明确的规定,但是荷兰最高法院的相关判例确认了一些标准。例如,荷兰最高法院在《斯科宁法官判例》中规定了一些标准。从最高法院的判例来看,其主要从四个方面对鉴定结论进行评价:(1)专家是否在相关领域具有足够的专业知识;(2)专家使用了什么鉴定方法,以及为什么选择该种方法;(3)根据专家的意见,这种方法的可信度有多高;(4)专家是否能在具体的案例中专业地应用这种方法。事实上,以上是法官要问的关于鉴定报告的四个最基本的具体问题。法官通过上述问题来审查鉴定报告的可靠性,并将结果作为定案依据。[1]

---

[1] RENEE KETELAARS. *Intersectie*:*Deskundigen（onderzoek）en de strafrechter*,Netherland: Univ. of Tilburg, 2011, p. 36.

但是,在实践的过程中,仍然会面临一些问题。例如,法官应该对其审查的学科的基础知识有一定的了解,才能够从实质上评价鉴定报告,但一般情况下,法官只是法律领域的专家,不可能对涉案的所有专业领域都了如指掌。为解决这一问题,法官应该受到更广泛的专业知识培训。荷兰的 2010 年《民防促进法案》(*The Project expertise Promotion Program penal Sector*)为提高刑事司法质量,提出了一系列具体的建议。例如,对刑事法官进行生物学、物理学和化学的基本原理的培训,并且法官还应当熟悉逻辑学和哲学的基本原理。

另外,司法行政研究中心(SSR)是荷兰的司法机构培训所,为律师提供相应的培训课程,也为法官提供培训服务。[①] 可以看出,为完善和提高司法审判的质量,荷兰进行了非常细致的考虑,围绕司法鉴定可能出现的各种问题进行了周全的思考,从鉴定人的选任、鉴定报告的评估,到法官的职业素质,都有理论和实践的论证与思考,并用法律的形式确定了下来,值得我们反思和借鉴。

第七节　救济程序

司法鉴定人并非普通证人,也非司法公职人员。在荷兰,鉴定人从事司法活动不享有豁免权。荷兰的司法鉴定人多数为司法鉴定机构的工作人员,因此鉴定人因故意或重大过失而导致鉴定意见错误的,要承担法律责任,主要包括刑事责任、民事责任与行业纪律责任。

一、鉴定人的刑事责任

根据荷兰《刑法》第 221 条,鉴定人因虚假陈述而损害被告人利益的,以伪证罪处罚。鉴定人宣誓遵守《刑事诉讼法》第 44 条规定后,出具虚假鉴定报告的,根据《刑法》第 221 条规定的伪证罪处罚。但是,如果鉴定人仅宣誓作证,那么只能按照证人作假证的行为处罚。换句话说,《刑法》第 221 条以鉴定人

---

① Studiecentrum Rechtspleging, https://ssr.nl/over-ssr/. (accessed December 26, 2019)

根据《刑事诉讼法》第 44 条宣誓为前提,否则鉴定人不会轻易被判处伪证罪。另外,若鉴定人无故拒绝检察机关的聘请,则将受到罚款处罚。根据《刑事诉讼法》第 28 条第 5 款和第 57 条第 1 款,在刑事侦查中参与合作鉴定的人,具有保密义务。

二、鉴定人的民事责任

鉴定人的民事责任与鉴定人类别有密切的关系。根据任命的方式不同,荷兰法律区分了两种类型的鉴定人:第一种鉴定人由一方或多方当事人通过合同的方式聘请,也称为当事人聘请的鉴定人;第二种鉴定人由法院指定。《民事诉讼法》第 194 条第 1 款规定,允许法官依职权或根据当事人申请,任命鉴定人。法院与法院指定的鉴定人之间不具有合同关系,不受私法管辖,而是受公法管辖。其中,当事人聘请的鉴定人之法律责任,受荷兰《民法典》第 6 条第 74 款中的合同法管辖,而法院指定的鉴定人之法律责任则受侵权法管辖,特别是过失侵权责任(《民法典》第 6 条第 162 款)。在荷兰,侵权责任的构成要件包括:(1)过失(主要指鉴定人有无尽到注意义务);(2)损害结果;(3)前两者之间是否存在因果关系。

(一)过错:违反注意义务或违反合同

有关注意义务的规定,阿纳姆上诉法院采用了在所有专业过失案件中常见的标准,包括医生、律师、会计师及其他自由职业者应尽的注意义务标准。也就是说,在相同情况下,法官指定的鉴定人是否尽到一个审慎和称职的专业人员应尽的责任,如果没有,那么就违反了这一标准。因此,鉴定人只有在出现故意或重大过失的情况下,才负有责任。① 过失侵权责任适用于两种情况:第一,一方鉴定人被对方当事人起诉;第二,诉讼一方或双方当事人起诉法院指定的鉴定人。

---

① 民事法院任命的鉴定人无责任限制,因其不当行为造成的损害,由国家赔偿。Albert Verheij, Daniël Overgaauw, *Civil Liability of Expert Witnesses in the Netherlands: A Case Note to the UKSC Judgment in Jones v. Kaney*, *European Review of Private Law*, Issue 4,2013, pp. 1105 - 1116.

（二）因果关系和损害结果

这里主要有两方面的考虑，即鉴定人过失所造成的损害的类型和原告对损害的救济方式。鉴定人过失造成当事人诉讼利益损失的救济方式，包括以下几种：（1）由鉴定人承担上诉费用，包括律师费；（2）另一名鉴定人的费用；（3）当事人实际损失的金额差异。《民法典》第 6 条第 101 款(1)规定，如果损害由受害方所引起，那么赔偿责任将减轻，即受害方将与鉴定人承担共同过失责任。这意味着，原则上，当事人应时刻警惕鉴定人的鉴定意见。但是，正是因为其缺乏必要的专业知识，当事人才会与鉴定人订立合同，故理论上，当事人不会引起鉴定过失。

（三）纪律法庭

鉴定人的当事人可以向纪律法庭起诉，主张鉴定人的行为不符合标准。与民事责任和刑事责任不同，纪律审判的目的是维持鉴定人的业务水平，而非让鉴定人承担损害赔偿责任。因此，在民事诉讼中，向纪律法庭提起诉讼的费用，无法从鉴定人处得到补偿。但是，大多数情况下，民事法庭将遵循纪律法庭的决定。

第八节　荷兰司法鉴定人制度对我国的启示

一、我国司法鉴定制度的现状与问题

我国司法鉴定制度产生于 20 世纪 50 年代的刑事诉讼实践。2005 年 2 月 28 日，第十届全国人大常委会第十四次会议通过了《全国人民代表大会常务委员会关于司法鉴定问题的决定》(以下简称《决定》)，推动了我国司法鉴定体制的改革进程。自《决定》颁布以来，司法部为配合《决定》的实施，相继颁布了《司法鉴定机构登记管理办法》《司法鉴定人登记管理办法》《司法鉴定教育培训规定》《司法鉴定文书规范》《司法鉴定协议书(示范文本)》《司法鉴定机构基本仪器设备配置标准》等九十多项规章制度。2017 年 7 月 19 日，中央全面深化改革领导小组审议通过《关于健全统一司法鉴定管理体制的实施意见》(以下简称《实施意见》);同年 11 月,司法部出台《关于严格准入严格监管提高司法鉴定质量和公信力的意见》(以下简称《"两严格"意见》),针对多年来司法鉴定管理中存在的难以有效解决的顽疾,提出了具体的措施,一定程度上提高了司法鉴定的质量和公信力。

2017 年,我国司法鉴定机构有 4338 家,鉴定人共 49498 人。其中,从事法医、物证、声像资料和环境损害(简称"四大类")鉴定业务的机构为 2606 家。只有一项业务类别的机构占总数的 55.14%,有五项以上业务类别的机构仅占总数的 9.31%。在"四大类"中,法医类占 88.47%,其他类的机构占比很小。[①] 从以上数据可以看出,虽然近些年来,我国对"健全统一司法鉴定管理体制"进行了改革,鉴定机构"小、散"的状况有所改观,但是依然存在着很多问题需要解决。

(一)鉴定机构管理体制不健全

第一,管理主体不统一。鉴定机构管理问题可以具体地划分为国家对司法鉴定机构的组织管理、司法鉴定人的职业规范,以及对司法鉴定相关的社会资源进行的管理。[②] 在司法鉴定管理问题上,我国当前主要采用两种方式:一种是对侦查机关内设的鉴定机构实施"备案登记";另一种是对社会性质的司法鉴定机构实施"审核登记"。两种登记方式在设立过程中存在不同的标准、不同的程序和不同的名册。《决定》将过去由职能部门独立管理司法鉴定机构的模式,整合为由司法行政部门统一管理,在保留公安和检察机关内部设立的鉴定机构的基础上,撤销法院所属的鉴定机构,扩大社会性质的鉴定机构的受理范围。但是,自《决定》实施以来,统一的司法鉴定体制尚未完全形成。[③] 实践中,各主体仍然存在"各自为政"的局面。现有的规范性文件,仅仅从宏观上进行授权,缺乏具体明确且可行的细则,给各部门留下了较大的"自由裁量权"。

第二,司法鉴定规则不统一。目前,司法鉴定管理规则依然存在着突出的

---

① 党凌云、张效礼:《2017 年度全国司法鉴定情况统计分析》,载《中国司法鉴定》2018 年第 3 期。

② 霍宪丹主编:《司法鉴定学》,北京大学出版社 2014 年版,第 117 页。

③ 郭华:《司法鉴定制度改革的基本思路》,载《法学研究》2011 年第 1 期。

问题,如司法鉴定准入机制不完善、监管不严密、司法鉴定行业发展不理想等。司法部虽然先后制定并颁布了《司法鉴定机构登记管理办法》《司法鉴定人登记管理办法》《司法鉴定机构仪器设备配置标准》等规定,但是对鉴定机构的类别、鉴定人的专业分类、鉴定人的专业技能、鉴定方法等标准和尺度的把握,都参差不齐,缺乏统一的行业标准和质量检测准则,地方各省、市管理机构对鉴定人、鉴定机构的监管缺乏详细的制度规定。

第三,司法鉴定行业发展不景气。从 2017 年度的全国司法鉴定统计来看,全国经司法行政机关登记管理的鉴定机构数量比去年减少了 10.96%。机构最多的省份黑龙江共 309 家,而排名第四的广东只有 177 家,20 人以上的机构仅占 12.33%。① 从以上数据不难看出,我国各地区司法鉴定行业发展不均衡,规模小,机构内部发展不健全,"四大类"有重复设置的问题,业务种类过窄,鉴定人的专业技术和鉴定水平良莠不齐,等等。以上现象的存在,究其根本,主要在于司法鉴定管理体制不健全。长此以往,将严重影响公众对司法鉴定的信任及司法公正的实现。

第四,司法鉴定监管不严密。长期以来,司法实践素有"打官司就是打证据,打证据就是打鉴定"的说法,这在一定程度上反映出司法鉴定对诉讼成败的重要性。目前,我国的鉴定机构监管主要可以分为三个方面:一是对侦查部门内设的鉴定机构的监管,这一类监管目前由职能部门内部进行,处于内部化状态;二是司法行政机关对社会性质的鉴定机构的监管;三是鉴定行业协会对其他鉴定机构的监管。第一类监管存在"自侦自鉴""自设自监"等问题。例如,鉴定标准、鉴定质量、鉴定结论都由职能部门内部认定或形成,外部力量无法介入,很容易出现鉴定意见"一言堂",从而影响最终的客观性。另外,司法鉴定所涉及的领域常是非常专业的科学领域,司法行政机关工作人员往往不具备相关领域的专业知识,如此难免造成知识壁垒,使得监管难上加难。

(二) 鉴定启动机制不合理

在刑事诉讼中,司法鉴定的启动权和决定权,直接影响到案件判决的公正性。换言之,司法鉴定的启动权涉及由谁来申请、谁来决定,以及由谁来选任

---

① 党凌云、张效礼:《2017 年度全国司法鉴定情况统计分析》,载《中国司法鉴定》2018 年第 3 期。

鉴定人员和鉴定机构的问题。根据 2005 年颁布的《决定》和 2012 年修订的《刑事诉讼法》，我国目前有权利启动司法鉴定程序的主体有公安机关、检察机关和法院，唯独被告人不享有启动权。公安机关因其侦查职能，内部自设鉴定部门，在"侦检一体"的模式下享有完整的鉴定启动权。检察院内部也设有鉴定部门，对自侦案件与公安机关享有同等意义的司法鉴定启动权，并且在审查起诉时，有权监督公安机关出具的鉴定意见。法院亦可基于审判权，行使绝对的鉴定启动权。但是，在刑事诉讼中，被控方却不享有初次鉴定启动权，只能依据《刑事诉讼法》来申请重新鉴定和补充鉴定，且该申请必须由法官根据案情来决定是否同意，从而并不会当然导致鉴定程序的启动。

另外，由于当事人及辩护律师对鉴定专业知识不甚熟悉，因此其绝大多数情况下无法确认鉴定结论是否存在问题及存在何种问题，即在举证方面存在困难，毋宁说对鉴定意见提出异议。这些情况都会严重影响到当事人的启动权之实现。以上情况使控辩双方在诉讼地位上产生明显的不对等，难以满足程序正义对诉讼法的要求，这本身就是滋生不公正的根源。除此之外，在实践中，我国诉讼程序呈现为职权主义诉讼模式，尤其是刑事诉讼更体现了强职权主义色彩，如辩护律师调查取证权的困难性，以至于引发被控方无权在侦查程序中获取鉴定结论的相关信息，甚至被告自始至终不知有鉴定意见的存在等问题，这无疑导致辩方在司法鉴定过程中缺乏充分的知情权、参与权和表达意见的权利，严重影响了被告在诉讼程序中的对等地位。

（三）鉴定缺乏独立性

第一，鉴定机构不独立。目前，大多数国家将司法鉴定归类于认定案件事实的证据种类之一，由此我国《刑事诉讼法》也将鉴定意见列入八大证据之中。作为证据之一的鉴定意见，必然也应当具备诉讼法对证据所要求的客观性、关联性与合法性。然而，我国司法鉴定制度自 20 世纪 50 年代诞生以来，由于各种原因，直到今天依旧存在着因司法鉴定机构没有完全独立而带来的鉴定意见缺乏足够客观性的问题。前文提到，我国有一类司法鉴定机构隶属于侦查部门。无论公安机关还是检察机关，内部均设有专门的司法鉴定部门，这类司法鉴定部门由其设立并接受其领导和监督，难免在运行的过程中受到该机构的影响，导致"自侦自鉴""侦鉴不分"，引发鉴定迁就侦查甚至迎合侦查的问题,从而最终影响鉴定意见得出客观的结论。虽然 2005 年《决定》的出台,将部分监督管理权移交给司法行政机关,但是遗憾的是,缺乏具体实施细则,加上改革内容并未触动公安和检察机关对鉴定部门的管辖权限,从而使得刑事诉讼领域的司法鉴定独立性问题依然没有得到有效的解决。

另外,2005 年以后,虽然法律撤销了法院对司法鉴定机构的管辖权,但是 2007 年 9 月,最高人民法院发布的《对外委托、评估、拍卖等工作管理规定》授予了法院对外委托司法鉴定机构和编制鉴定人名册的权力。法院可以在自己编制的名册中委托鉴定机构和鉴定人,这表明鉴定机构仍然处于法院的管辖之下的本质并未改变。由此看来,鉴定机构本身并未独立于公、检、法,而被控方在我国强职权主义色彩的诉讼模式下,在鉴定环节更加处于弱势地位,犯罪嫌疑人、被告人针对控方提交的鉴定意见无力反驳,甚至根本不知有该鉴定意见的存在,从而严重违背了正当程序原则。

第二,司法鉴定人的法律性质不清晰。我国《司法鉴定人管理办法》第二条规定:"司法鉴定人是指取得司法鉴定人职业资格证书和执业证书,在司法鉴定机构中执业,运用专门知识或技能,对诉讼、仲裁等活动中涉及的专门性技术问题进行科学鉴别和判定的专业技术人员。"《刑事诉讼法》第一百零六条第四项将鉴定人与当事人、法定代理人、诉讼代理人、辩护人、证人和翻译人员一起,纳入了"诉讼参与人"的范畴。以上规定虽然明确解释了鉴定人的概念和法律地位,但是在具体的刑事诉讼程序中,并未能清楚地认定鉴定人的性质,鉴定人显然同以上其他诉讼参与人存在着明显的差别。尤其在鉴定程序启动的过程中,鉴定人受到司法机关的牵制更多一些。

另外,司法鉴定人与专家辅助人的作用容易混淆。新的《刑事诉讼法》首次规定了专家辅助人制度。专家辅助人制度更加类似于英美法系的专家证人制度。《刑事诉讼法》规定,专家辅助人受当事人委托,对鉴定意见提出自己的观点,因此专家辅助人并不具有中立性,而是服务于当事人,甚至提出有利于当事人的观点和建议。相反,我们把鉴定人看作是法官的助手,鉴定人要利用其专业知识和技能为法官提供定案的依据,因此在此意义上,我们更加强调鉴定人的中立性和独立性。就目前的司法实践状况来看,专家辅助人徘徊在鉴定人、证人、辩护人之间,这与立法上对鉴定人和专家辅助人的模糊定位不无关系。

二、荷兰经验对我国的启示

(一) 设立司法鉴定人登记委员会

目前,我国的司法鉴定标准不统一,从而导致鉴定意见冲突多有发生,同一案件因前后鉴定不一致乃是常有之事。同时,鉴定活动对检材的收集、送检、保管等流程的要求非常严格,我国当前在司法鉴定技术上存在很大的改进空间。例如,在念斌案中,终审中几乎所有的科学证据都没有被法庭采纳为定案的根据。这些问题使得刑事案件的当事人在法庭上因对鉴定结论不信任而要求重新鉴定的事情屡屡发生,甚至法官在面对前后矛盾的鉴定意见时,也不知所措。[①] 虽然国内建议设立全国司法鉴定标准化委员会的呼声从未间断,但是确立统一的司法鉴定标准仅是多种途径之一。鉴定领域划分为不同的专业,而每一种专业的鉴定标准都需要严格统一。另外,我国的鉴定人员资质参差不齐,而在认定合格鉴定人的过程中,没有统一而详细的参考标准和严格的程序,将严重影响鉴定意见的质量和价值。

"他山之石,可以攻玉",荷兰司法鉴定制度建立至今经历了许多的波折,中间也出现了我国司法鉴定中遇到的问题,其鉴定人注册登记制度对我国具有一定的借鉴意义。我国也可以设立由司法部管辖的鉴定人注册登记委员会,并在该委员会下设多个具体职能部门:鉴定标准制定部,负责制定相关专业的统一认定标准;鉴定人登记审查部负责审核申请登记的鉴定人的资质,筛选合格的鉴定人;异议复核部门对申请人提出的关于审查部门决定之主张进行复核,该部门作为申请人的最后救济渠道,可以为鉴定人的选拔提供严谨、公正、客观的环境。同时,鉴定人注册登记委员会还负责对鉴定人进行定期考核与培训,注重对鉴定人业务能力的提升和职业道德的培养,提升司法鉴定意见的质量,进而提升司法鉴定意见的采信度,为司法公正提供坚实稳定的后方支撑。

[①] 杜志淳、孙大明:《我国司法鉴定领域目前存在的主要问题及改革建议》,载《中国司法鉴定》2017 年第 3 期。

(二) 赋予当事人适当的鉴定启动权

从 1986 年的李化伟案到 1988 年的刘俊海案,再到众人皆知的佘祥林案和聂树斌案,在一系列案件中,鉴定意见错误已成为形成冤假错案的一大关键因素。鉴定意见频频出错,使公众乃至法庭对该证据类型的信任度逐渐降低。法国学者勒内·弗洛里奥曾说:"鉴定错了,裁判就会出错,这是确定无疑的。"[1]这一问题与我国当前的司法鉴定启动制度不合理有密切的关系。侦查机关、检察机关及法院,基于职权需要,均享有完整的鉴定启动权,但作为诉讼程序的重要参与者,即被告人,却仅享有申请补充鉴定和重新鉴定的权利。"这种'差别待遇'实质上是法律在鉴定方面对当事人的一种'歧视',既与现代正当程序理念相冲突,与现代诉讼强调被追诉人的主体地位也格格不入,其程序的正当性值得怀疑。"[2]

荷兰的诉讼模式与我国相类似,尤其在侦查阶段,具有浓厚的强职权主义色彩,但荷兰在促进程序公正,提升被告人诉讼地位方面所付出的努力,值得我们学习和反思。一方面,保留侦查机关和司法机关的鉴定启动权;另一方面,赋予当事人适当的鉴定启动权。也就是说,当事人有权要求对涉案相关事项进行鉴定,并可以向检察院申请在鉴定人登记册中选聘鉴定人,检察院只能以鉴定人资质问题与存在回避事由为由而拒绝申请。同时,赋予当事人适当的知情权。当事人有权获知开展鉴定活动的时间、地点及鉴定结论,以便律师及时掌握案件进展,并且在对鉴定结论有异议的情况下,可以要求进一步的鉴定,或者针对控方的鉴定意见来启动对抗性鉴定,即反鉴定。以上做法更类似于民事诉讼程序中的鉴定,即在不影响职权主义的诉讼框架之前提下,使控辩双方作为相对平等的主体来参与案件调查。

(三) 增强法官对鉴定意见的审查能力

鉴定意见是否作为定案依据,取决于法官是否采信。相比于物证,鉴定意见属于主观性较强的一类言词证据,故法官对鉴定意见的审查,更应当持慎重

---

[1] ［法］勒内·弗洛里奥:《错案》,赵淑美、张洪竹译,法律出版社 1984 年版,第 177 页。
[2] 郭华:《鉴定结论论》,中国人民公安大学出版社 2007 年版,第 302 页。

态度。目前,我国对鉴定意见采信标准并未有统一性规定,只能参考 2010 年《关于办理死刑案件审查判断证据若干问题的规定》中的针对死刑案件中鉴定意见审查的规定以及相关司法解释和最高法院的判例。理论上,法官对鉴定意见的审查,分为形式审查和实质审查。在刑事案件中,鉴定意见通常由控方提供,法官不参与鉴定意见形成的过程。同时,法官只具备法律专业知识,对法庭科学不甚了解,故法官对鉴定意见只能做简单的、流于表面的形式审查。对真正触及实质性的问题,如鉴定人使用的鉴定方法是否正确、采用该方法的原因、此种方法的可信度、目前该领域是否已经有更新的方法可用等问题,法官均无法判断。法官对鉴定意见的采信,属于自由裁量权的一部分。如果法官对鉴定意见没有一定的实质认知能力,那么就会导致鉴定意见的审查流于形式。荷兰的做法在一定程度上解决了法官与鉴定人之间的沟通问题,设立鉴定人注册委员会可以解决鉴定人员资质的问题。对鉴定报告的内容提出严格的要求,如报告需呈现详细的论证过程和方法等,有助于法官尽可能了解报告形成的每个环节,而要求鉴定人出庭接受法庭询问也具有非常重要的意义。同时,法官需定期接受鉴定培训,以掌握鉴定领域中的常识问题,从而提升对鉴定意见的审查能力。

总之,司法鉴定对案件的审理,尤其是刑事案件的审理,可谓至关重要。司法鉴定改革的出发点和落脚点,始终都是实现司法公正、维护社会正义,而鉴定报告的科学性、可靠性和中立性,则是实现该目标的重要基石之一。荷兰在司法鉴定人制度方面的改革,为刑事案件审理质量的提升作出了重大的贡献,尤其是以 NFI 为代表的司法鉴定机构及其管理体制,以及相关制度在刑事诉讼程序中的运用,为我国解决司法鉴定难题提供了有价值的参考。

荷兰司法鉴定制度改革的经验为我们提供了反思和借鉴,司法鉴定在维护程序正义、保障司法公正中所发挥的作用不可忽视。鉴定意见在发现事实真相,协助法官得出公正的判决结果,为控辩双方提供一个值得信服的、可靠的结论方面,具有重大的意义。在鉴定意见的形成过程中,只有对鉴定专家的选拔、事实真相的发现、鉴定结论的形成、法官对鉴定意见的认知程度等各个环节严格要求,才能为程序公正作出实质性的贡献。从某种程度上讲,鉴定意见对于司法公信力的维护而言举足轻重。大部分国家都非常重视司法鉴定制度的建设,并且为我们提供了珍贵的借鉴材料。荷兰从强职权主义色彩到吸收对抗式诉讼模式的转变，正是我国当前诉讼模式中遇到的关键问题的折射。事实证明，随着全球一体化趋势的发展，两大诉讼模式正在互相融合，而荷兰的司法鉴定制度及其改革或许可以作为一种重要的参考与借鉴。

第七章

日本鉴定意见证据评价机制

第一节　鉴定相关概念界定

一、鉴定、委托鉴定与私人鉴定

一般认为,日本法的鉴定概念来自德国法,旨在借用专家之力来弥补法官欠缺的学识经验,从而在法官的自由心证方面发挥一种辅助作用,其在刑事诉讼的犯罪嫌疑人确认和民事诉讼的医疗纠纷领域较为常见。如果法官对案件的审理,凭借普通取证难以形成心证,认为有鉴定必要,那么其可以通过职权来启动鉴定,选任专家进行鉴定,由此生成的意见,可能成为证据,进而作为审判依据。就鉴定的法律规定而言,最直接的体现是《刑事诉讼法》,其第 165 条规定,法院可以命令有学识经验的人进行鉴定。① 关于鉴定类型,日本法尚未作出明确区分,法院遵循不告不理原则,只有受理案件的法院才能启动鉴定;而在司法实务中,更为常见的鉴定类型,是侦查机关主导的委托鉴定和诉讼当事人采取的私人鉴定。

所谓委托鉴定,主要发生在刑事诉讼领域,是指在刑事案件的侦查或起诉阶段,由侦查机关委托政府内设的鉴定部门所实施的鉴定,常见的鉴定事项包括 DNA、声纹等。在这种委托鉴定中,鉴定人又被称为"受托鉴定人"。可见,委托鉴定在本质上是追诉方的委托调查行为,只要鉴定意见有利于发现或证

---

① 日本现行《刑事诉讼法》颁布于 1948 年,其间经过多次修改。本章所指《刑事诉讼法》,参照的是最近一次的修改版本,即 2017 年《刑事诉讼法》。

明嫌疑人的犯罪事实,追诉方就会将生成的鉴定意见作为一种证据提交法院。通过法庭的证据质询程序,鉴定意见就可能作为证据被采用,进而作为审判的一种依据,但其公正性和独立性向来受到学界与实务界的质疑,甚至有学者认为,这是导致日本司法冤假错案的主要原因之一。①

所谓私人鉴定,在刑事诉讼领域和民事诉讼领域均有,一般是指由诉讼当事人自行委托专家就案件事实进行鉴定。上述委托鉴定虽然也是侦查机关自行委托,但是其还需通过法院来启动法律程序,而私人鉴定则无须通过法院启动,由此所生成的鉴定意见又被称为"私人意见书"。因此,私人鉴定也被叫作"当事人鉴定"。

随着对诉讼效率的重视及陪审员制度的引入,私人鉴定在日本司法实务中的地位越来越重要。特别是在民事诉讼领域,当事人往往根据鉴定的结果,决定是否将鉴定意见作为自行搜集的一种证据提交法院;不过,根据常理,当事人也只是提交有利于己方的鉴定意见。可见,私人鉴定的鉴定意见属于书证的一种。在案件审理过程中,法官会根据一方或双方当事人提交的"私人意见书",提取必要内容作为认定案件事实的参考资料,以便继续展开证据调查,或者下令启动真正意义上的司法鉴定程序。②

在日本法中,与鉴定最相似的制度,大概就是根据令状的勘验。这里的勘验,是指侦查机关凭借五官来辨认物的状态。根据发现物证的情况,侦查机关可以实施扣押并在法庭出示,也可以通过笔录等方式,记录下物品状态,然后提交法院。侦查机关实施的勘验,又可以分为"依据令状"和"不依据令状"两种。勘验可以检查身体、解剖尸体、挖掘坟墓和破坏物品,如果实施对象是人身,那么需要提前取得法院的令状才能进行。可见,勘验有时会侵犯到他人或公共的权益,因此与扣押、侦查一样,原则上需要取得法院之许可(日本《宪法》第35条)。③ 而且,如果有必要实行采集体液等医学技术措施,那么还需要委托具备资格的专业人士前来实施,这同样需要提前向法院申请处分之许可令。

---

① 德永光:「刑事裁判における科学的証拠の利用——DNA鑑定に関する日本の状況をアメリカにおける議論と比較して」,『一橋研究』2000年7月第2号,第1页。
② 三木浩一等:『民事訴訟法(第二版)』,東京:有斐閣,2015年,第311页。
③ 日本《宪法》第35条为"不可侵入居所",第2项明确规定:"搜查与扣留,应依据主管司法官署单独签发的命令书施行之。"

由上可知，与"根据令状的勘验"相似的鉴定类型，准确地说，其实是侦查机关主导下的委托鉴定。实际上，两者均是侦查机关在案件侦查或起诉阶段可以利用的一种证据调查手段。在相关令状的取得方面，委托鉴定在实施过程中，如果需要采取身体检查、尸体解剖、挖掘坟墓、破坏物品等必要措施，那么同样需要提前取得法院颁布之令状，即所谓鉴定的必要处分与勘验适用同一前置条件（《刑事诉讼法》第 168 条）。[①] 而且，侦查机关的委托鉴定，以及根据令状实施的勘验，其生成结果均可以作为一种证据提交法院，且均可能被视作案件审理的证据并被法官采纳，进而成为法官审判案件的依据。

二、鉴定人、鉴定证人与证人

针对作为鉴定实施主体的鉴定人，日本法中与之相关的概念有两个，分别是鉴定证人和证人，这三者既有区别也有联系。首先，鉴定人和证人之间有许多共同点，经常在法律规定中并列出现，或者相互适用相关的规定等。证人是因为实际体验过案件有关事实而被要求作出陈述。虽然在理论上，证人也可以陈述推测出的事实，其自身具备的学识和经验在推测陈述中可能也发挥一定的作用，但是这并不影响证人的法律性质。然而，与证人不同的是，鉴定人是因为具备超越某一具体案件事实的专业性学识和经验而被法院选任实施相关鉴定，旨在于法官的审理活动中起到一种辅助作用。概言之，证人是基于案件具体的"事实体验"，而鉴定人是基于与案件相关的"学识经验"。

对此，有学者指出："鉴定人和证人同为人证，但相对于证人以自己亲身经历的具体事实进行汇报，鉴定人是根据自己的学识经验作出判断、提出意见，这是两者最大的差异之处。"[②]一般认为，证人有不可代替性，当法院认为有必要时，可以通过拘传的方式，强制使其出庭作证，但鉴定人具有可代替性，不可适用拘传方式来强迫实施鉴定或使其出庭。

---

① 《刑事诉讼法》第 168 条为"鉴定时的必要处分"，第 1 项到第 3 项规定："鉴定人就鉴定有必要的情形，受法院的许可，可以进入有人居住或者看守的住宅、建筑物或船舶内，并且可以检查身体、解剖尸体、挖掘坟墓或破坏物品；法院就前项之许可，应当签发记载被告人姓名、罪名，应当进入的场所、应当检查的身体、应该解剖的尸体、应当挖掘的坟墓或应当破坏的物品，以及鉴定人的姓名和其他法院规则所定事项的许可书；法院关于检查身体，需要附上认为适当的条件。"
② 三木浩一等：『民事訴訟法（第二版）』，東京：有斐閣，2015 年，第 307 頁。

另一方面,鉴定人和鉴定证人的关系有些微妙。所谓鉴定证人,是指基于特别的学识经验,因对案件相关事实有所了解而被请到法庭上作证的人。实务中常见的例子,是诊断过原告方的主治医生被要求到法庭上,陈述患者当时受伤的状况、手术经过等事实。而且,该出庭的医生需要接受法官和当事人询问,其言辞作为证据的评价,适用证人询问的程序、原则等。① 如果该医生还对患者产生后遗症的原因和发展作出某种预测,那么该医生可以转变为鉴定人的法律身份。

可见,鉴定证人不属于鉴定人,其是证人的一种类型。该类型证人的特殊性在于,除了对具体案件有过事实体验外,还具备与案件相关专业的学识经验。在一定条件下,鉴定证人可以转为鉴定人之身份。司法实务中,如果要在法庭上询问某些基于特殊学识才能获知的案件事实,一般的做法是,优先考虑主治医生作为鉴定证人的身份,即将其视为证人对待。②

通常情况下,证人作证只是有利于一方当事人,有所谓党派倾向性;但鉴定人自身具有的科学属性,则被要求处于中立和公正之地位,不允许呈现出党派倾向性。因此,在日本的司法实务中,关于环境公害诉讼等涉及集团利益的案件审理,当事人由于重复或多次申请实施鉴定而造成鉴定意见前后不一,甚至互相矛盾的情形并不少见;在这种情况下,鉴定人则体现出证人之特征,这在当事人采取私人鉴定的民事诉讼中较为常见。

三、鉴定事项

鉴定事项,是鉴定人实施鉴定的对象。日本法关于鉴定事项的概念,只是规定了法院认为有必要时,便可以命令实施鉴定,而在对象、范围等问题上,日本法尚未有明确规定。那么,关于法官认为"有鉴定实施必要"之依据,学界一般认为,法院知法是司法诉讼的基本原则。这里的"法",不仅包括法学知识,也包括公共所知的事实、一般性的经验规则、理论性的规律、显而易见的事实与常识等。如果法官认为这些知识无须被证明,那么就无鉴定之必要。但是,

---

① 日本《民事诉讼法》第 217 条关于鉴定证人的规定是,对于依据特别学识经验的人才可以知晓的事实询问,适用关于证人询问的规定。

② ［日］松尾浩也:《日本刑事诉讼法(上卷)》,丁相顺译,中国人民大学出版社 2005 年版,第 274 页。

也有学者认为,在经验规则中,除了一般性的经验规则外,还包括特殊性的经验规则,即使某位法官偶然具备这方面的专业知识,其实也应交由专家进行鉴定。①

前文已述,日本法中的鉴定,主要是为了补充法官的审判活动在某些学识和经验上的欠缺,司法实务的鉴定对象虽然以事实问题为主,但是却未局限于此,实际上还包括了作为判决大前提的法规、经验性规则等。由此,鉴定还可以分为一般性原则的鉴定、一定具体事实的鉴定、将一般性原则适用于具体事实的鉴定等。换言之,所谓鉴定事项,是指法官在日常生活中无法掌握或理解的经验规则,既有科学技术领域的事实认知,也有地方特有习俗之确认,甚至还有外国的法律制度等。

还值得注意的是,日本法的鉴定事项,不一定属于严格意义的科学技术领域。例如,DNA 和血型的鉴定,一般称得上严格意义上的科学鉴定;然而,与责任能力相关的精神病鉴定,目前通常还不被认为属于纯粹科学的领域。就鉴定事项类别而言,常见的鉴定对象,仍集中在医疗领域,主要是精神状态、酒精影响、死亡原因、医疗过失事项等。在当前的日本,鉴定事项的范围逐渐在扩大,不仅出现了许多与交通事故相关的鉴定事项,如汽车加速性能、制动状态、打滑原因、行驶里程、稳定性、对记速器分析、冲撞状况、驾驶席视野等,甚至还有土地面积、山崩原因、枪支弹药的性能、药物品质、火灾原因,以及不动产评估等方面的鉴定事项。②

第二节　鉴定制度嬗变历史

一、战后司法改革与鉴定制度

近代以来,日本的司法体系构造主要以德国法为参照对象。按照传统的两大法系划分标准,一般将日本视作大陆法系国家。二战结束以来,在美国

---

① 参见王云海:《日本司法鉴定制度的现状与改革》,载《法律科学》2003 年第 6 期。
② 〔日〕松尾浩也:《日本刑事诉讼法(上卷)》,丁相顺译,中国人民大学出版社 2005 年版,第 274 页。

的直接干预下，日本经历了大规模的司法改革，导入了以美国为主的英美法系的诸多因素，在很大程度上消解了原本职权主义的浓厚色彩，具有了当事人主义色彩。这样一种兼具大陆法系和英美法系的特征，同样体现在鉴定制度上。

另一方面，伴随着科学技术的发展进步，司法诉讼呈现出科学化的趋势。不论是诉讼的科学化还是民主化，也不论是控辩双方还是法庭审判，鉴定在司法诉讼中的作用在不断增强，客观上的法律市场需求在持续扩大，其地位越来越受到学界和实务界之重视。

与此同时，鉴定制度自身的一些问题也得到关注。例如，法院虽然可以依据职权来命令实施鉴定，但是选任的鉴定人也有权利不接受法院的鉴定实施命令。通常情况下，法院会事先征求鉴定人同意之后，再下达鉴定命令，然而在日本，愿意从事司法鉴定的专家人数并不多，以至于出现"鉴定人难觅"这一现象。

而且，在日本的现有法律体系中，尚未设立专门负责鉴定的组织机构。实际上，许多实施鉴定的鉴定人，没有接受过专门训练，也不具备统一的鉴定资格，这导致了鉴定人在鉴定能力方面的参差不齐，其生成的鉴定意见之"可靠性"也因人而异，从而在一定程度上对鉴定意见之证据评价造成了消极影响。

上述特点，尤其体现在刑事诉讼领域的鉴定上。由于侦查机关有权自行实施委托鉴定，因此鉴定的主导权完全归于侦查机关。众所周知，受托鉴定人通常依附于侦查机关的鉴定部门，而被告人或当事人可以采取的所谓私人鉴定是否采用及如何实施，则取决于自身能力的大小，这在一定意义上导致双方诉讼地位之不对等。因此，约从 20 世纪 70 年代起，日本的学界和实务界便有人开始呼吁，需要出台专门的鉴定法规，并主张设立鉴定的专门机构，以及采取鉴定人注册制度等。

进入新世纪以来，日本启动了新一轮大规模的司法改革，这次改革持续至今，仍未完结。简单概括，本次司法改革的目标为：一是强化现有的司法鉴定人注册制度，加强审判机关和各种专业组织的协作关系；二是设立诉讼专门委员会，在一些需要专门知识的诉讼案件中，允许有关专家在较早的诉讼阶段便可以参与到诉讼程序中，并以专门委员的身份，参与审判环节，以辅佐法官的审判活动，为此日本最高法院还特别设立了医事诉讼专门委员会和建筑诉讼专门委员会,以提高审判的效率;三是强化法官、律师等法律工作者的专门知识。

例如,日本于 2001 年 6 月公布的《司法改革审议会意见书》就指出了鉴定制度存在的一些问题。其中,"鉴定制度的改善"项目这样写道:"为了对需要专业知识、见识的诉讼进行充实,使其迅速化,对传统制度中鉴定的应用确实不可或缺,但在实践中,找到该案件合适的鉴定人,并请其接受鉴定则十分困难。即使同意接受进行鉴定,但鉴定耗费的时间很长,往往成为诉讼进展缓慢的原因。"①

与此相关的是,已有研究表明,在专业性较高的医疗诉讼领域,一审作出判决的平均周期长达 34.6 个月,而鉴定人难寻和鉴定实施的繁琐耗时,则被认为是拖累诉讼效率的两大原因。②

可见,日本涉及鉴定制度的新世纪司法改革,主要试图解决上述问题。就目前的改革成果来看,发生显著变化的领域,主要集中体现为 2003 年修订的《民事诉讼法》,新法就鉴定制度进行了较多修改。例如,关于鉴定意见的陈述方式,将以往的交互式询问,改为鉴定人依据鉴定意见书陈述即可,而且将询问鉴定人环节放在鉴定人的陈述之后,还将提问的顺序改为法官、申请鉴定的当事人和其他当事人(《民事诉讼法》第 215 条)。③ 一般认为,法庭上的鉴定人询问程序,重点在于诉讼各方倾听鉴定意见,提问顺序的修改则有利于鉴定人就鉴定过程及生成意见展开充分陈述;而关于鉴定人口头陈述的方式,以往只有鉴定人身处偏远地区时,才可以使用电视会议系统等影像传输设备,现在则允许非偏远地区也可以使用电视会议系统(《民事诉讼法》第

---

① 原文为:"専門的知見を要する訴訟の充実・迅速化を図るには、伝統的制度である鑑定の活用が不可欠であるが、実務上その事件に適切な鑑定人を見いだし、鑑定を引き受けてもらうことが困難であると言われる。また、鑑定を引き受けてもらえたとしても、鑑定に長期間を要し、それがしばしば訴訟の遅延の原因となっている。そこで、鑑定人名簿の整備、専門家団体との連携、最高裁判所において準備を進めている医事関係訴訟委員会、建築関係訴訟委員会の新設など、鑑定人選任プロセスを円滑化することを含め、鑑定制度を改善すべきである。"参见日本司法制度改革審議会:『司法制度改革審議会意見書』,2001 年,第 18 頁。(访问网址 http://www. kantei. go. jp/jp/sihouseido/report/ikensyo/pdfs/iken-2. pdf)

② [日]佐久间泰司等:《日本民事诉讼中的司法鉴定——以近年的制度改革为视角》,张英译,载《中国司法鉴定》2016 年第 6 期。

③ 《民事诉讼法》第 215 条为"鉴定人的陈述方式",其中第 2 项"鉴定人询问"规定:"法院使鉴定人口头陈述意见时,鉴定人陈述意见后,可以询问鉴定人;前项询问依下列顺序进行:审判长、申请鉴定的当事人、其他当事人;审判长认为适当时,可以在听取当事人意见的基础上变更上述顺序;当事人对前项变更有异议时,法院以决定的形式对该异议予以裁判。"

215 条第 3 项,《民事诉讼规则》第 132 条第 5 项)。[①]

　　另外,新《民事诉讼法》修改的相关规定还有禁止向鉴定人提出侮辱性问题、限制鉴定事项的无关提问等,这在很大程度上减轻了鉴定人的精神负担(《民事诉讼规则》第 132 条第 4 项)。[②] 在同时存在多位鉴定人的情形下,法院可以命令数位鉴定人共同或单独陈述意见(《民事诉讼规则》第 132 条第 1 项)。[③] 而且,在医疗诉讼领域,一些地方法院尝试采取的问卷鉴定和会诊鉴定等新鉴定方式,也值得关注。

　　所谓问卷鉴定,是采用问卷调查的方式,向多名鉴定人就鉴定事项寻求专业性回答,并以此生成鉴定意见。问卷鉴定主要用来梳理案件事实认定的问题,优势是法院选任的鉴定人可以直接进行回答,免去各种繁琐的鉴定程序,从而无疑减轻了鉴定人的鉴定实施负担。

　　所谓会诊鉴定,是在医疗现场就实际病例进行会诊,由多位选任的鉴定人就争议的问题展开探讨,并将探讨过程及其观点制成鉴定意见。显然,该方法的优势与上述问卷鉴定相似,也是简化了传统的鉴定程序,无须制作复杂的鉴定意见书,而且由多位专家从各自擅长的角度提出专业见解,被认为更有利于锁定案件争议的核心问题等。[④]

　　还值得注意的是,通过本轮司法改革,日本还出台了一种类似鉴定的制度,即"专业委员会制度"。尽管该制度和鉴定制度之间没有直接关联,但是其在程序上更加简单便利,因此在医疗、建筑、知识产权等诉讼领域日益获得法

①《民事诉讼法》第 215 条第 3 项为"利用影音传输系统予以陈述",其规定:"法院使鉴定人口头陈述意见时,如果鉴定人居住得较远及存在其他相当的情形,可以依据最高法院规则的规定,利用能相互识别并且通话的影音传输系统使其陈述意见。"《民事诉讼规则》第 132 条第 5 项规定:"利用《民事诉讼法》第 215 条第 3 项规定的方法使鉴定人陈述意见时,在听取当事人意见的基础上,可以使当事人在受诉法院出庭,使鉴定人在法院认为适当且配备有可以实施上述程序的必要设备的场所出庭;前项情形下,为了发送文书副本、提示文书等,可以利用传真方式;依据第 1 项规定的方法使鉴定人陈述意见时,应当将利用该方法陈述意见的方式以及出庭场所记载于笔录。"

②《民事诉讼规则》第 132 条第 4 项为"限制询问",其规定:"对于鉴定人的询问,应为明确鉴定意见的内容或为确认鉴定根据而对必要事项予以询问。询问事项应当尽可能具体化。当事人不得为下列询问,但是对于第 2 号或第 3 号所列询问,如果有正当事由,则不在此限,一是侮辱鉴定人或使其困惑的询问,二是诱导性询问,三是重复询问,四是与第 1 项规定的事项无关的询问。审判长认为询问违反前项规定时,可以依据申请或职权限制该询问。"

③《民事诉讼规则》第 132 条第 1 项规定:"审判长可以使鉴定人共同或分别陈述意见。审判长使鉴定人以鉴定意见书的方式陈述意见时,可以在听取鉴定人意见的基础上,确定该鉴定意见书的期间。"

④ 小田司:「鑑定制度の現状と課題」,『法律時報』2015 年 7 月第 8 号,第 28—33 頁。

院的青睐,在一定程度上发挥甚至代替了鉴定制度的部分功能。在这里,专业委员会的委员由日本最高法院任命,属于"非常勤公务员",其职责与鉴定人相似,也是在法官的审判活动中发挥一种辅助作用(《民事诉讼法》第 92 条第 5 项)。① 诉讼利益方就案件的争议或证据等必要事项进行协商时,法官在听取当事人意见之基础上,如果认为有听取专家意见的必要,那么担任专业委员会委员的专家便可以直接参与诉讼程序(《民事诉讼法》第 92 条第 2 项)。②

例如,在医疗、建筑等诉讼领域,有时案件的争议涉及专业性很强的问题,主审法官就专业问题无法辨析,从而导致梳理上的困难。如果利用职权来启动司法鉴定程序,那么法院必须选任愿意实施鉴定的鉴定人,并最好提供准确的鉴定事项,而鉴定实施的周期及其生成的意见本身之繁琐,将使鉴定人无法在早期参与诉讼程序。这时候,如果法官利用该专业委员会制度,那么便可以使专家在更早阶段参与诉讼程序,从而更有利于法官的审判活动。而且,在法官的许可下,作为委员的专家还可以向当事人进行提问(《民事诉讼法》第 92 条第 2 项),以帮助法官展开进一步的证据调查活动。③ 可见,法官和诉讼当事人可以更加方便地就案件争议点咨询相关的专家,从而使高度专业性的学识和经验能够更灵活地被利用。

据调查,在 2012 年的医疗诉讼中,关于案件争议问题的梳理,大约有九成利用了该专业委员会制度。可见,在证据调查方面,该制度几乎代替了鉴定制度的部分功能,但鉴定人就鉴定事项生成的鉴定意见在法官的审判活动中,有可能被视为证据采用,进而还有可能作为法官判决案件的依据。相反,专业委员会制度下的专家意见,更多的只是法官就案件争议事项获取的咨询说明,旨在填补法官欠缺的学识和经验,委员的咨询说明本身是无法被视为证据采纳,更无法成为案件判决的依据。

---

① 《民事诉讼法》第 92 条第 5 项为"专门委员的指定及任免",其规定:"专门委员作为非正式的裁判所人员,其任免的必要事项由最高裁判所制定规定。"据统计,仅 2015 年,就有 1700 位专家被任命为该委员会成员。参见[日]佐久间泰司等:《日本民事诉讼中的司法鉴定——以近年的制度改革为视角》,张英译,载《中国司法鉴定》2016 年第 6 期。

② 《民事诉讼法》第 92 条第 2 项为"专门委员的参与",其规定:"裁判所认为有明确诉讼关系或谋求诉讼程序顺序进行有必要时,在听取当事人意见的基础上,可以通过决定,使专门委员参与诉讼程序,听取其关于专门知识的说明。"

③ 《民事诉讼法》第 92 条第 2 项规定:"裁判长可以在取得当事人同意的基础上,允许专门委员针对可能使得诉讼关系或证据调查结果宗旨明确的必要事项,向当事人本人或鉴定人直接发问。"

因此,可以说,鉴定制度和专业委员会制度的区别,不在于能否直接引导出判断结论,而在于就案件争议本身而言,鉴定人提供给法院的是鉴定意见,专业委员会的委员提供给法院的则是咨询说明,两者的法律性质不同。①

当前,在日本,除了专业委员会制度外,某种意义上也具备与鉴定制度相似之功能的,还有民事诉讼中的"调停制度"。近年来,日本还专门设立了调停委员会,目的也是试图补充鉴定制度的部分功能。其中一个主要做法是,从市民中选出两名以上的调停委员,与法官一起组成所谓调停委员会,以听取双方当事人意见,并在此基础上解决调停纠纷,根据当事人的合意作成的调停书,与生效判决书具有同等效力(《民事调停法》第16条)。② 如果调解不成,那么法官可以直接转为普通诉讼程序,而参与调停的委员意见,照样还可以被法官作为参考。可见,该制度的优势,同样也是在程序上比普通诉讼更简便,法官可以先行中止普通诉讼程序,将案件转为调停程序,在借助专家委员之力,梳理好案件争议点之后,再将其转为普通诉讼程序进行处理。

二、鉴定制度的现状及特征

近年来,尽管实施鉴定的案件数量越来越多,但是目前为止,日本还未出台一部专门性的法规,也尚未成立全国统一的管理部门。也就是说,日本还未真正意义上建立起一套完备的鉴定法律制度体系。与鉴定相关的各种规定,其实散见在日本的各类法律条文中,主要有《刑事诉讼法》《民事诉讼法》《法官法》《医师法》《律师法》,以及一些相关判例、学说理论等。

不过,从作为鉴定实施主体的鉴定人之管理角度考察,其大致可以分为科学警察和学会行业这两大模式。科学警察,是附属于侦查机关内部的鉴定部门,该体系是参照德国模式建立起来的。科学警察体系总体上实行两级管理,总部是位于东京的科学警察研究所,分部是各地方警察系统内部设立的侦查

---

① 参见[日]佐久间泰司等:《日本民事诉讼中的司法鉴定——以近年的制度改革为视角》,张英译,载《中国司法鉴定》2016年第6期。

② 日本的《民事调停法》颁布于昭和26年,即1951年,后经过多次修改,最近一次修改是平成23年,即2011年。《民事调停法》第16条规定:"调解应根据当事人合意达成并制作调解书,调解书生成后,其记载内容与裁判上的和解具有同等法律效力。"

科学研究所,主要职责是对犯罪现场进行科学调查,并就犯罪侦查技术进行研究等。

科学警察体系的运作,主要依靠政府的投入,不对社会开放,即不接受普通民众的鉴定委托,一般也不介入民事诉讼领域的鉴定委托。虽然在名义上,科学警察独立于警察系统的其他职能机构,工作人员并不属于警察体系的序列,但是仍摆脱不了与侦查机关之密切关系,其所生成的鉴定意见之独立性和公正性,向来也受到公众的质疑。可见,由科学警察实施的鉴定,主要是在侦查机关的主导下,在刑事诉讼案件的侦查或起诉阶段之委托鉴定。

在司法实务中,更多的鉴定人是来自各专业领域学会行业的专家,这些人被法院选任为鉴定人来实施鉴定。虽然选任权掌握在法院手上,但是实际管理却是由专家所属的学会行业进行把关并负责。换言之,日本主要通过学会行业管理鉴定人这一方式来规范鉴定活动,学会行业在鉴定人的管理、鉴定技术的标准认定等方面起到了重要作用。新世纪以来的司法改革,进一步强化了学会行业在鉴定制度中的作用,以规范鉴定活动,提高鉴定意见之公信力。

具体来看,重要的学会包括日本法医学会、日本药学会、日本法中毒学会等,行业下设的鉴定委员会包括日本医师协会、日本不动产鉴定协会等。前文已述,"鉴定人难觅"是困扰日本鉴定制度的难题,而近年来的司法改革已在一定程度上缓解了该问题,其中采取的一个方法,是加快法院在鉴定人信息共享方面的速度。日本高等法院加快了整理专家信息的数据库之建设,地方法院既可以利用数据库来搜索适合担任鉴定人的专家信息,也可以通过彼此合作的方式来共享专家信息。此外,日本进一步加强了法院与学会行业之间的沟通,通过开展合作关系来设立有关专家信息的联络组织等。

通过此轮司法改革,学会在鉴定制度中起到的作用,不仅限于以往职业资质管理和技术标准之认定,其还可以间接参与到法院关于鉴定人的选任程序之中。例如,在医疗诉讼领域,日本在最高法院设立了有关医事关系诉讼的委员会,由医生、医学专家、律师、退休法官等担任委员。在实践中,首先由各地法院委托该委员会来选定鉴定候补人,然后委员会委托学会行业来推荐合适的专家人选,经过委员会的考察和评议后,将确定名单提交法院,最后法院根据这份确定名单来进行挑选和联系,任命相应候补人来担任正式的鉴定人。①

　　需要说明的是,如果专家接受法院的任命成为鉴定人,那么其就负有实施鉴定并遵循相应程序和规定的义务。许多专家之所以不愿意担任鉴定人,就是因为实施鉴定和生成鉴定意见书的过程繁琐耗时,还需要提供详尽的诉讼记录等各种资料,而且鉴定意见书本身无法被工作单位视为一项学术成果,与职位晋升和职称评价不挂钩。此外,鉴定人还需要在法庭上接受诉讼当事人的询问,以往一些不认同鉴定意见的当事人会当庭质疑鉴定人的专业水平、职业态度等,以至于出现尴尬的局面。有鉴于此,许多专家会以工作繁忙、水平有限等理由,拒绝法院的鉴定任命。可见,通过近年来的司法改革在各种措施的共同配合下,困扰鉴定制度的"鉴定人难觅"现象有所缓解。

　　综上所知,当下日本鉴定制度的主要特征大致有:

　　第一,侦查和鉴定的分离。虽然刑事诉讼领域的鉴定大多是侦查机关主导下的委托鉴定,而且所谓科学警察研究所也主要设在侦查机关内部,但是名义上,两者之间还是独立关系,并非行政系统内部的上下级隶属关系。而且,为了提高鉴定的公信力,侦查机关、法官和鉴定人在鉴定的启动、实施与意见书评价方面也采取了职权分离的做法。

　　第二,当事人鉴定的地位平等。二战结束以来的日本法,从英美法系中吸收导入了大量体现当事人主义的原则与规定,使控辩双方的地位日趋平等。该特征尤其体现在民事诉讼领域的鉴定上,即当事人有权采取私人鉴定的方式自行进行证据调查,并将有利于己方的私人鉴定意见提交法院。而且,这类私人鉴定意见在诉讼中起到的作用日益受到青睐。

　　第三,鉴定人地位的中立公正。一方面,体现为鉴定意见作为证据被采纳之评价。鉴定人签署生成的鉴定意见,必须经过法庭上类似证人质询之环节,即得到质证后,才有可能作为证据被法官采纳。另一方面,体现为法官审理案件与鉴定人实施鉴定之关系。鉴定的实施目的,是辅助法官的审判活动,其不能代替法官的审判,作为鉴定结果的鉴定意见对法官的审判活动没有必然的约束力。也就是说,处于中立地位的法官对案件作出之判决,本质上是通过自

---

① 参见[日]佐久间泰司等:《日本民事诉讼中的司法鉴定——以近年的制度改革为视角》,张英译,载《中国司法鉴定》2016 年第 6 期。

由心证原则得出,并非根据鉴定意见。在这里,其实存在事实证明和证据认定的一种分离主义,证明事实的鉴定意见有可能成为证据,而对证据阐释事实的判定,则属于法官的职权。

第四,学会行业主导的管理。对鉴定人的职业资质和技术标准之认定,主要交给各专业领域的学会或行业把关。而且,在鉴定人推荐方面,近年来,日本的司法机关与学会行业之间的合作日趋频繁,从而使这一学会行业所发挥的作用越来越大,其甚至可以间接参与到鉴定人的选任程序之中,以减轻法院在寻觅和挑选鉴定人方面的压力。

还值得注意的是,虽然日本法中的鉴定在刑事诉讼领域和民事诉讼领域所适用的法律规定并没有很大不同,但是两者还是有所区别,而制度设计的差异,恰好体现了相关的法律原则。其中,最突出的一个例证就是回避制度,该制度只适用于民事诉讼领域的鉴定(《民事诉讼法》第 214 条)。① 虽然从立法论或解释论角度出发,在刑事诉讼中也应适用回避制度,但是刑事诉讼中的鉴定人转为鉴定证人的概率较大,鉴定证人是证人的特殊类型,而证人不适用回避制度。

此外,刑事诉讼中由侦查机关主导的委托鉴定所选任的鉴定人可以不用履行宣誓义务,但鉴定意见还需要在法庭上受到质询才有可能被视为证据进行评价;相对而言,民事诉讼中由当事人自行采取的私人鉴定,以及通常情况下由法院启动的司法鉴定,其鉴定人均必须履行宣誓义务,但私人鉴定的鉴定意见由于本身无法成为证据,因此无须在法庭上接受质询(《民事诉讼法》第 218 条)。②

以往民事诉讼的鉴定人参加法庭陈述也是采取一问一答的方式,但近年来,日本的司法改革使鉴定意见的陈述方式更为灵活(《民事诉讼法》第 215 条

---

① 《民事诉讼法》第 214 条为"回避",其明确规定:"如果存在妨碍鉴定人诚实鉴定的情形,那么当事人可以在鉴定人关于鉴定事项进行陈述前申请其回避。即使鉴定人已经作出了陈述,其后产生回避原因时,或者当事人其后知道该原因时也一样。回避申请应当向受诉法院、受命法官或受托法官提出。对于回避申请有理由的决定,不可声明不服。对于回避申请无理由的决定,可以提出即时抗议。"

② 《民事诉讼法》第 218 条为"委托鉴定",其规定:"法院认为有必要时,可以委托政府机关或公共团体、外国政府机关或公共团体、有相当设备的法人进行鉴定。除了本节的宣誓规定外,其他规定准用于鉴定委托。前项情形法院认为有必要时,可以使政府机关、公共团体或法人指定的人对鉴定书进行说明。"

第 3 项)。① 在刑事诉讼中,不论证人还是鉴定人,询问的顺序没有得到修改,还是先由法官询问,再轮到提出证人申请的当事人及其他当事人(《刑事诉讼法》第 304 条第 1 项)。② 可见,在刑事诉讼中,鉴定人这一身份仍具有鲜明的证人特征,即倾向于将其视为鉴定证人,而民事诉讼中的鉴定人则更多地呈现出专家证人的特征,发挥了审判辅助人的作用。

可以认为,二战以来的司法改革,使日本现有法律体系混杂了大陆法系和英美法系之双重特征,职权主义和当事人主义上均有所展现。然而,实际上,民事诉讼和刑事诉讼的侧重不同,以美国为主的英美法系之当事人主义原则,更多地体现在民事诉讼领域,而主要参照德国的大陆法系之职权主义原则则在刑事诉讼体制内仍有许多保留。在鉴定制度方面,这一特征也不例外。比起民事诉讼中当事人鉴定地位平等的私人鉴定,在刑事诉讼中,依据职权进行证据调查的委托鉴定方式,即法院依据侦查机关的申请而启动或自行启动的委托鉴定,很好地诠释了鉴定人的证人性质及委托鉴定的职权主义色彩。

第三节　鉴定人资质及管理

一、鉴定人的资质与选任

关于鉴定人的法律地位,日本学界有两种观点:一是视为当事人的鉴定人,赋予其证人地位,参照英美法系国家的专家证人模式;二是视为法院的鉴定人,赋予其某种公共性地位,参照大陆法系国家的法官辅助人模式。经过二战以来的司法改革,当下日本包括鉴定制度在内的法律体系,已兼具英美法系和大陆法系之双重特征。

不过,总体上,一般还是认为日本属于大陆法系国家。从鉴定制度角度来

---

① 《民事诉讼法》第 215 条第 3 项为"利用影音传输系统予以陈述"。
② 《刑事诉讼法》第 304 条第 1 项为"人的证据之调查方式",其明确规定:"证人、鉴定人、翻译,先由审判长或陪席法官询问,检察官、被告或辩护人在前项询问结束后,经告知审判长才可以询问证人、鉴定人、翻译。在此情形下,对被告人、鉴定人、翻译的调查,依据检察官、被告人或辩护人的申请,由申请方先行询问。法院认为适当时,在听取检察官及被告人或辩护人的意见后,可以变更前两项的询问顺序。"

考察鉴定人的法律地位,日本更多地还是采取大陆法系国家的法官辅助人模式。需要说明的是,这种法官辅助人的定位,已不像过去那样,是帮助法官在案件的专业事项上作出判断,而是提供一种可能作为证据被采纳的意见,是否采纳及如何作为案件审理的依据,则完全取决于法官本人,即法官的审判活动,依据是所谓自由心证原则,并不受鉴定意见的必然约束。从这个意义出发,鉴定可以视作类似证人的一种证据方法,带有专家证人的色彩。因此,有学者认为,鉴定人在日本的法律地位,既优于传统的大陆法系,也优于传统的英美法系。[①]

当下,虽然日本的法院系统内部已在建设有关鉴定专家资料的数据库,并推动法院和行业协会在鉴定人推荐方面的合作关系,但是还没有真正实行所谓名册制度的管理制度。从法律上看,鉴定在日本是一种委托与被委托的关系,可以说在资质及选任的管理上仍较为松散,并未确立起一套严格的鉴定人职业资格制度。

法律规定,鉴定人应具备相关专业领域的学识经验(《刑事诉讼法》第165条、《民事诉讼法》第212条第1项)。[②] 这里涉及的专业领域范围很广,包括医学、工学、化学、生物学、心理学、社会学、法学等,在日常生活中无法掌握的学识和经验均可包含在内。鉴定人只要对鉴定事项具有充分的学识和经验即可,没有特别的资格准入条件。在司法实务中,当事人在鉴定启动后,均有权考察鉴定人是否称职并就此提出意见。如果鉴定人存在妨碍诚实鉴定的事由,那么当事人还可以向法院提出异议。[③] 大多数鉴定人是相关专业领域的专家,如针对医疗纠纷诉讼的鉴定事项,鉴定人一般会是医院的医生或大学医学部的教授。可以说,具有什么样资格的人可以实施鉴定,最终还是取决于法官的判断,所以在民事诉讼中,找不到合适的鉴定人,以及诉讼各方在鉴定人的选任上无法形成共识,是常年困扰日本鉴定制度的难题。

而且,鉴定人还被要求保持中立和公平。法律规定,因鉴定实施而被追诉

---

① 松尾浩也:「刑事手続における鑑定の問題」,『ジュリスト』1979年6月第15号,第30页。

② 《刑事诉讼法》第165条规定:"法院可以命令有学识经验的人进行鉴定。"《民事诉讼法》第212条第1项规定:"对于鉴定有必要的学识经验的人负有鉴定义务。"

③ 参见[日]松尾浩也:《日本刑事诉讼法(上卷)》,丁相顺译,中国人民大学出版社2005年版,第275—276页。

刑事责任或不能理解宣誓宗旨,以及无宣誓行为能力的人,不能成为鉴定人(《民事诉讼法》第 212 条第 2 项)。①针对法院启动的司法鉴定,鉴定人由法官选任。理论上,当事人对人选提出的异议,对法院不会发生必然的约束力,但实际上,如果当事人认为鉴定人具有妨碍诚实鉴定的情形,那么可以向法院提出鉴定人的回避申请。如果法官作出回避理由的决定,那么该鉴定人需要回避;如果法官没有作出回避理由的决定,那么当事人还可另行提出即时抗告,即向上级法院提出不服决定的申请等(《民事诉讼法》第 214 条)。②虽然这是《民事诉讼法》的规定,《刑事诉讼法》就鉴定人的回避没有规定,但是刑事司法实务也会遵循该原则。

　　需要说明的是,在日本,为了保持鉴定人的中立,与当事人毕业于同一所大学的人,通常难以被选任为鉴定人。例如,医疗纠纷案件的诉讼除了学术派别外,还需要考虑到所谓“医局”的因素。在日本的大学附属医院,主任教授的影响力不限于所属诊疗科室,其实际上还掌握了周边医院相同科室的人事权。这些医院相同科室的医生被视为同一组织,即“医局”。为此,相同“医局”的医生,尽管不是毕业于同一所大学,彼此之间也有密切的关系,也适用鉴定的回避制度。不过,据学者研究,近年来,主任教授的人事权已呈现削弱的趋势。③

　　在司法实务中,鉴定人选任还存在一个问题,即判断鉴定人的合适与否。随着科学技术的突飞猛进,专业领域的分工日益细化,相关学识和经验也在不断更新换代,找寻合适的鉴定人选越来越困难。如果当事人请求法院启动鉴定,那么通常情况下,当事人希望选任有利于己方的专家来担任鉴定人。虽然法院在理论上不受请求人申请推荐名单的约束,但是关于人选的判断和确定,限于自身的精力、诉讼效率等因素的考虑,法院还是会参考当事人或学会行会推荐的专家名单;另一方面,各方达成共识的鉴定人选未必就能成为鉴定人,因为还存在鉴定人由于工作忙碌而无法接受委托或不愿接受委托的风险。④

①《民事诉讼法》第 212 条第 2 项规定:“与第 196 条或第 201 条第 4 项规定的可以拒绝宣誓或作证的人具有同样地位的人,以及第 201 条第 2 项规定的人,不能作为鉴定人。”
②《民事诉讼法》第 214 条为“回避”,其中第 3 项与第 4 项规定:“对于回避申请有理由的决定,不可声明不服。对于回避申请无理由的决定,可以提出即时抗议。”
③ 参见[日]佐久间泰司等:《日本民事诉讼中的司法鉴定——以近年的制度改革为视角》,张英译,载《中国司法鉴定》2016 年第 6 期。
④ 三井诚:『刑事手続法 III』,東京:有斐閣,2004 年,第 356 頁。

此外,与鉴定人选任问题并列的,还有鉴定事项的确定。法院在选任鉴定人后,通常还要确定鉴定实施过程所需要使用的资料、方法、场所等事宜。如果法院没有对此作出相关规定,那么鉴定人可以自行收集资料并实施鉴定。单纯就鉴定而言,虽然对法官的审判活动起到重要作用的,是提交法院的鉴定意见而非鉴定实施,鉴定的资料、方法和场所本身无法成为庭审证据进行评价,但是鉴定意见的证明力主要取决于鉴定实施资料、方法和场所的科学性、信用度等。

二、鉴定人的义务与权利

在日本,鉴定人实施鉴定前应履行宣誓义务(《刑事诉讼法》第 166 条)。[①] 鉴定人应根据宣誓书进行宣誓,宣誓书应记载遵从良心施行诚实鉴定等内容。而且,鉴定人应采取书面宣誓的方式,即向法院提交一份宣誓书,然后法官将记载有鉴定宗旨及弄虚作假鉴定需承担法律后果的文书送达鉴定人,才视为宣誓义务履行完毕(《刑事诉讼规则》第 128 条、《民事诉讼规则》第 131 条)。[②]

鉴定人须中立、公正地实施鉴定,并将依法生成的鉴定意见提交法院。如果有证据可以证明鉴定意见为虚假,那么鉴定人可能构成虚假鉴定罪,并要承担法律责任;如果发现有造成他人权益损害的情形,那么当事人还可以请求获取国家赔偿,并有权向鉴定人提出不法行为损害赔偿的诉讼请求等。针对鉴定意见的相关问题,鉴定人有出庭接受询问的义务。鉴定人出庭所需的交通费、劳务津贴、住宿补贴等,由法院承担费用;在事先已经接受费用的情形下,如果无正当理由不出庭接受询问,那么鉴定人应当退还费用。[③]

---

① 《刑事诉讼法》第 166 条为"宣誓",其规定:"法院应使鉴定人宣誓。"
② 《刑事诉讼规则》第 128 条第 2 项与第 3 项规定:"宣誓,应该使用宣誓书。宣誓书应记载宣誓遵从良知,诚实鉴定的宗旨。"《民事诉讼规则》第 131 条为"宣誓方式",其规定:"宣誓书应记载依据良心诚实鉴定的内容。鉴定人的宣誓可以使用向法院提出宣誓书的方式。在该情形下,应当向鉴定人送达记载有宣誓目的及虚伪鉴定的处分措施的书面文件。"
③ 关于鉴定人的报酬费用,补贴每天不超过 7800 日元,鉴定费用则由法院根据实际情况来决定适当金额,通常在几十万日元不等;相较于医生或建筑师从事本职工作的报酬,可以说从事鉴定所获得的报酬很少。参见[日]佐久间泰司等:《日本民事诉讼中的司法鉴定——以近年的制度改革为视角》,张英译,载《中国司法鉴定》2016 年第 6 期,第 8 页。

　　鉴定的主要事项必须由鉴定人亲自实施,但其可以雇佣辅助人员;而且,在实施过程中,若鉴定人认为有必要,则可以申请法院的许可,进行检查身体、解剖尸体、挖掘坟墓、损坏物品等行为,这些措施的法院许可令适用勘验的相关法律规定。面对拒绝接受身体检查的人,不得适用强制规定,应申请由法院出面进行身体检查。

　　此外,在得到法院的许可后,鉴定人还有阅览、复制物品及文书的权利;在被告人和证人的质问程序中,鉴定人可以申请出庭参加。值得关注的是,当鉴定人就被告人的精神状态或身体情况实施鉴定时,法院有权对被告人采取留置措施,即所谓"鉴定留置"。"鉴定留置"的令状由法院发放,可以在一段时间内将被告人留置在医院等鉴定场所。可见,在限制人身方面,"鉴定留置"类似于侦查机关在逮捕嫌疑人后采取的羁押措施,准用有关逮捕的法律规定。不过,被逮捕在押的被告人需要停止计算逮捕羁押期限。针对被处以"鉴定留置"的被告人,鉴定人需要在合理范围内完成鉴定。[①]

第四节　鉴定的启动程序

一、侦查机关申请法院启动

　　在日本,侦查机关可以委托有学识和经验的人来实施鉴定,接受委托的鉴定人往往是设立在侦查机关内部的鉴定部门。在司法实务中,这类委托鉴定与法院自行启动的司法鉴定被同等对待,但在鉴定启动程序方面不太一致。

　　通常情形下,委托鉴定的启动是以侦查机关假设嫌疑人有罪为前提条件的,而法院自行启动的司法鉴定,在实施前需要就鉴定人的选任,鉴定的资料、方法、场所等问题,参考当事人或学会行会的推荐名单来进行判断,还需要催促鉴定人及时履行宣誓等义务。相对而言,侦查机关的委托鉴定无须经过上述程序,而且没有规定辩护人拥有与鉴定人的会见权,从而导致其公正性和中

---

① ［日］松尾浩也:《日本刑事诉讼法(上卷)》,丁相顺译,中国人民大学出版社 2005 年版,第 275 页。

立性向来受到学界与实务界的质疑。①

不过,在实施鉴定的过程中,如果委托鉴定的受托鉴定人有必要侵犯他人的权益,那么必须事先取得法院许可的令状;如果需要将作为鉴定对象的嫌疑人在一定期间内留置在专门的鉴定场所,那么还需事先取得法院开具的"鉴定留置状"。关于这一点,侦查机关申请法院启动的委托鉴定与法院自行启动的司法鉴定并无区别。

另外,通常情况下,这类鉴定由侦查机关内部的科学鉴定部门实施,但在司法实务中,医学类和精神病类的鉴定,大多还是委托给医院的医生或大学医学部的学者。如果由警察机关负责侦查,那么警察还要将鉴定结果以书面形式提交给检察机关,检察机关有权对鉴定意见进行补充鉴定,并作为调查证据提供给法院。这种被视为证据的鉴定意见,在日本属于特殊的传闻证据,也有将其当作审判证据的司法判例。对此,日本学界反对的声音认为,缺乏严格程序的委托鉴定所生成的鉴定意见,原则上不应当具备所谓证据能力;赞同的声音则认为,如果委托鉴定的过程符合科学规律,实施鉴定的鉴定人也具备相应的学识和经验,那么该鉴定意见可以被视为具有公正性和客观性。② 事实上,到庭审阶段,如果委托鉴定的鉴定人就鉴定意见采取口头陈述的方式,那么很大程度上就意味着丧失了鉴定人本身所具有的可替代性,更多的是被视为鉴定证人。

还值得注意的,是关于指定精神病患者辩护人与鉴定的关系。一般而言,在侦查阶段,如果嫌疑人请了辩护人,那么辩护人会帮助嫌疑人;如果嫌疑人没有请辩护人,但满足日本《刑事诉讼法》第 37 条的规定要件,即被告可能是心神丧失或精神疾病,那么在这种情形下,法院有义务依据职权为其选任法定辩护人。在司法实务中,被告人是否患有精神病,往往需要鉴定才能作出判断。在刑事诉讼中的嫌疑人已被侦查机关实施人身拘禁的前提下,侦查机关根据案情来决定是否启动委托鉴定,并不利于法院对法定辩护人的选任。③

---

① 浅田和茂:『科学捜査と刑事鑑定』,東京:有斐閣,1994 年,第 221 頁。

② 本庄武:「刑事手続における科学鑑定の現状と課題」,『一橋法学』2017 年 3 月第 1 号,第 13 頁。

③ 田岡直博:「裁判員裁判と鑑定」,『刑事法ジャーナル』2010 年第 20 巻第 20 号,第 48 頁。

二、当事人申请法院启动

由侦查机关主导的委托鉴定,其鉴定程序的启动在名义上还是法院的职权行使,但在司法实务中,刑事诉讼领域的鉴定由侦查机关在认为有必要的情况下,向法院申请启动,无须法院另外下达鉴定命令。可见,该类型的委托鉴定,仍体现了浓重的职权主义特征。相对而言,民事诉讼领域的鉴定主要由当事人在认为有必要的情况下,向法院申请启动。根据不告不理的原则,受理案件的法院在案件审理中,认为有必要鉴定时,会启动鉴定。

可见,民事诉讼中的鉴定,更多的是诉讼当事人申请法院启动,或者自行采取私人鉴定这一方式实施鉴定,并生成私人鉴定意见书,提交给法院参考。如果是前者,那么鉴定费用由申请鉴定的当事人预先缴纳。关于费用负担的比例,还可以在判决书中有所规定。另外,双方当事人也可以就鉴定人选、鉴定事项及其产生的费用等问题进行协商。

申请鉴定时,当事人需要向法院提交记载鉴定事项的申请书,同时需要将申请书送达对方当事人;如果对方当事人同意鉴定,那么应出具表示同意的文书。鉴定申请书可以推荐鉴定人的名单,法官根据申请书与双方当事人协商结果,确定拟选任的鉴定人、鉴定事项等,并将记载有鉴定事宜的文书送达鉴定人(《民事诉讼规则》第 129 条)。①

虽然法官掌握鉴定人的选任权,但是当事人也有权提出鉴定人回避申请,这一点与委托鉴定不同。法院确认好了鉴定方式及事项后,可以直接将申请书送交选任的鉴定人。鉴定人可以采取书面或口头的方式,或者两者结合的方式,向法院陈述鉴定意见。关于鉴定意见,当事人可以申请鉴定人出庭作出说明,并接受相关的询问。关于鉴定实施,如果涉及精神病的鉴定,有必要采取一定的留置措施,或者有必要采取进入他人住所、进行身体检查、解剖尸体、发掘坟墓、破坏物品等措施,那么鉴定人必须事先取得法院许可的令状。

---

① 《民事诉讼规则》第 129 条第 4 项规定:"法院基于第 1 项的鉴定事项书并在考虑前项意见的基础上,确定鉴定事项。该情形下,应向鉴定人交付记载有鉴定事项的鉴定事项书。"

还值得注意的是,针对有些民事诉讼案件,如大型环境污染的诉讼、医疗事故损害赔偿的诉讼等,一方面,双方当事人均可以申请由法院启动鉴定,并提出希望选任的鉴定人名单;另一方面,法院也可以多次启动鉴定,选任多名鉴定人来实施鉴定。

然而,多次鉴定所生成的鉴定意见有时会互相矛盾。在这种情形下,专业领域的现有科学技术,未必已达到准确无误或无可争议的程度,尤其是上述两个领域的诉讼纠纷之因果关系的证明有时会牵涉对立学说和亟待探讨的研究课题等,这也为当事人凭借有利于己方的鉴定意见进行对抗提供了条件。[①] 于是,在法庭审理阶段,就鉴定意见问题引发法庭对抗的现象时有发生,从而在一定程度上呈现出英美法系那种鉴定证人的特征。

第五节　鉴定意见的生成及程序

一、鉴定实施的过程

不论是侦查机关申请启动的鉴定、当事人申请启动的鉴定,还是法院在案件审理中就争议问题自行启动的鉴定,实施过程均需完成的步骤有鉴定人选任、鉴定命令书下达、鉴定所需令状的发放等。

关于鉴定人的选任,在民事诉讼领域,包括对鉴定人学历和经验的能力确认,以及鉴定人就宣誓义务的履行情况等;在民事诉讼中,鉴定的宣誓程序必不可少,而且要依照规定的宣誓书进行宣誓,需要配合标明"我宣誓忠于良心诚实鉴定"等宗旨的宣誓文书,但不一定要求口头宣誓,也可以采取提交宣誓书的方式(《民事诉讼规则》第 131 条)[②]。没有完成宣誓的鉴定不具备法律效力,在宣誓前实施的鉴定同样无效。

关于鉴定人的传唤和报到,原则上适用诉讼法有关证人的规定;由于鉴定人有可代替性,因此不能适用拘传等强制性措施。所以,在司法实务中,被推

① 王亚新:《对抗与判定:日本民事诉讼的基本结构》,清华大学出版社 2002 年版,第 172 页。
② 《民事诉讼规则》第 131 条为"宣誓方式",其规定:"鉴定人的宣誓可以使用向法院提出宣誓书的方式。在该情形下,应当向鉴定人送达记载有宣誓目的及虚伪鉴定的处分措施的书面文件。"

荐的鉴定人受到法院的传唤后，如果不愿意鉴定，那么可以拒绝法院的命令，但已接受法院传唤和鉴定委托的专家，便负有依法实施鉴定的义务，否则要被采取处以罚金、拘役、赔偿等措施。

关于法院下达的鉴定命令书，主要包括鉴定事项、鉴定期间、鉴定人的义务和权利、鉴定实施的注意事项等内容。而且，对于鉴定人，法院还有义务告知违反宣誓宗旨实施鉴定的法律后果，如可能构成虚假鉴定罪及其承担的责任等。

鉴定的实施必须遵循规定的法律程序。因实施鉴定而有必要采取留置措施的，需要事先取得法院签发的鉴定留置令状；因鉴定实施的需要而有必要进入他人住宅、检查他人身体、解剖尸体、发掘坟墓及毁坏物品的，同样需要法院签发许可令状。鉴定人必须严格遵循法院的令状要求来完成鉴定任务。

二、鉴定意见的生成

在鉴定结束后，鉴定人按规定生成鉴定意见并提交法院。鉴定意见可以采取书面形式，也可以选择口头陈述的方式。如果是书面形式，那么鉴定意见书应写上"在法庭审判阶段愿意接受质询"的内容。

由于日本的司法诉讼体制采取直接主义和口头主义原则，因此学界有观点认为，鉴定报告应当以口头为主，鉴定意见书是一种补充；但司法实务不要求鉴定意见必须口头陈述，鉴定人口头表示提交的意见书是诚实生成即可。这里的诚实，既是指鉴定意见书作者的真实性，也是指鉴定意见书内容的真实性。

按惯例，在日本，鉴定意见书所记载的内容，除了鉴定实施的经过和结果外，还包括启动鉴定的法院名称、主审法官姓名、被告人姓名、被告案件名称、鉴定起始日期，以及鉴定使用资料、方法和场所，助理人员的姓名及其发挥的作用等。其次，鉴定意见书还应当记载具体的鉴定事项，如被告人在犯罪时的精神状态，有无外伤，受伤的部位、种类、程度和数量，使用凶器及手段，收集的资料和检查记录等，有时还需要附上资料目录。另外，在文字表述上，鉴定意见书也应当做到通俗准确。

日本最高检察厅关于精神病的鉴定意见书范例①

1. 嫌疑人

　　2. 鉴定事项

　　3. 鉴定主文

　　4. 诊断解说

　　5. 综合评价

　　6. 鉴定日期　鉴定人署名

　　附页一　诊断根据等

　　　　　　犯罪时诊断

　　　　　　现在时诊断

　　　　　　支持上述诊断的主要意见等：

　　　　　　(1) 先行嫌疑犯承认的意见

　　　　　　(2) 目前为止嫌疑犯的症状

　　　　　　(3) DSM-IV-TR 诊断

　　　　　　关于谎称的可能性

　　　　　　病历

　　　　　　治疗的必要性及其他参考事项

　　　　　　鉴定经过等

　　　　　　(1) 鉴定日期

　　　　　　(2) 鉴定助手

　　附页二　犯罪行为前后的经纬等

　　附页三　犯罪行为时的善恶判断能力和行为制约能力相关的观点整理

　　　　　　(1) 了解动机的可能性/不能性

　　　　　　(2) 犯罪的计划性·突发性

　　　　　　(3) 行为的意义·性质，反道德性及违法性的认识

　　　　　　(4) 因精神障碍而免责的可能性认识

① 中谷陽二：「最高検察庁による精神鑑定書例に関する私見」，『精神神経学雑誌』2009 年第 111 卷第
　　11 号，第 1365 頁。

（5）犯罪行为的人格异质性

（6）犯罪行为的一贯性及合目的性

（7）犯罪行为的自我防御·危险回避行动

鉴定意见的陈述方式是口头还是书面,取决于主审法官的意见。如果鉴定人不止一人,那么可以采取数名鉴定人共同陈述的方式,也可以采取每个鉴定人轮流单独陈述的方式。值得注意的是,在司法实务中,即使鉴定人向法院提交了鉴定意见书,只要法官或诉讼当事人认为就鉴定意见有询问的必要,鉴定人在通常情况下也还是要出庭接受询问。

关于鉴定人询问,一般适用证人询问的规定,即由当事人主导进行;但是,这种做法的弊端是,鉴定人难以充分陈述意见,而且纠问式的询问容易形成死缠烂打的局面。

因此,经过本世纪初的日本司法改革,《民事诉讼法》在鉴定人的法庭询问方面进行了大幅修改,即原则上采用"首先审判长,然后提出鉴定申请的当事人,最后对方当事人"的顺序。不过,如果主审法官认为合理,那么在听取诉讼当事人意见的基础上,可以变更上述顺序;如果当事人对顺序的变更提出异议,那么法官还应当以决定方式作出裁判。

近年来,鉴定人通过视频方式陈述的适用范围在日本有所扩大。以往只有鉴定人身处偏远地区或有其他合理事由之时,法院才可以允许鉴定人通过视频传输方式来接受法庭询问。如果法院采取这种方式,那么鉴定人需要到法院认可的配备专门设备之场所进行陈述。不论鉴定人采取何种方式来陈述鉴定意见,法院的书记官均应制作笔录。

不过,当法院认为鉴定人有出庭接受询问的必要时,可以先令当事人提出希望询问事项的文书。诉讼当事人可以就询问事项进行前期沟通,法官也会作出相应的判断,以确定鉴定人的询问事项,并将与询问相关的文书送达鉴定人,从而令其提前参考及做好准备。

第六节　鉴定意见的询问与认证

一、鉴定意见的询问

在日本的证据法中，鉴定意见归于言词证据的范畴。作为证据方法，鉴定人适用直接言词审理的原则，认证程序也应当遵循言词证据的相关规定。从形式上看，鉴定意见不仅能够以书面形式存在，而且与实物证据也有密切联系。大多数的鉴定还是以客观存在的实物作为鉴定对象，但在性质上有别于一般的言词证据。

前文已述，鉴定意见能否作为一种证据被法官采纳，首先需要经过法庭质证的程序，采信权掌握在法官手上。当鉴定程序启动后，鉴定人便有义务依据规定向法院提交鉴定意见，而鉴定意见的提交方式则由法官决定，可以提交书面意见或口头陈述；在司法实务中，还是生成书面意见的情况居多。如果法官认为鉴定人提交的意见书内容不够明确清晰，那么还可以下令进行补充鉴定甚至重新鉴定。补充鉴定的提交也可以采取书面或口头的方式，而且实施补充鉴定的鉴定人，在法官或诉讼当事人认为有必要时，也需要出庭接受询问，并且同样适用证人询问的法律规定（《民事诉讼法》第 215 条第 1 项）。①

由于鉴定人可以成为一种人证，因此其调查方式也须接受法庭询问。法院应告知鉴定人，在鉴定实施结束后，还需要在法庭上就鉴定的过程及生成的意见接受诉讼当事人的询问。实际上，鉴定人询问也是关于鉴定意见评价的法定质证程序，遵循的是诉讼法的传闻证据原则，直接决定提交法院的鉴定意见能否作为一种证据被采纳，并且进一步作为法官进行案件审理和判决的依据。如果经双方当事人同意及法官与检察官决定，那么鉴定人也可以不必出庭接受询问；如果鉴定意见需要作为一种证据被法官采纳，那么法庭的质询环

---

① 《民事诉讼法》第 215 条第 1 项规定："法院使鉴定人陈述意见时，为了使该意见的内容明确或确认其根据，认为有必要使鉴定人再次陈述意见时，可以依据申请或职权，使鉴定人再次陈述意见。"

节必不可少,否则鉴定意见无法作为证据被采信(《刑事诉讼法》第 321 条第 4
项)。①

由于机关负有举证责任并承担举证不利的后果,因此检察官将案件交付
法院审理前,一般也会提交给法院记载鉴定需求的文件,同时会将材料送达被
告人或辩护人。检察官应当将委托鉴定的情况及其生成的鉴定意见提供给被
告人,并告知其有权就相关问题在法庭上询问鉴定人。

另一方面,鉴定人出庭接受询问,不是单纯陈述鉴定意见书的真实性,而
是就针对鉴定意见书相关内容的询问进行回答。由于鉴定工作本身具有高度
专业性,因此鉴定意见可能成为判断案件争议点的关键所在。如果存在针对
同一鉴定事项的多次鉴定,且提交给法院的鉴定意见关于争议问题的观点不
一致,那么法院和诉讼当事人就需要付出更多的努力,以梳理和甄别互相矛盾
的鉴定意见,不过最终还是取决于主审法官的判断。

针对鉴定意见所涉及的案件争议,与一般证人不同的是,鉴定人更擅长专
业事项的解释说明。经过此轮司法改革,日本在民事诉讼领域的鉴定方面所
规定的鉴定人在庭审上先行作出陈述的顺序安排,得到学界的普遍认可。② 而
且,现在的法律规定,庭审禁止对鉴定人发出威胁性或侮辱性的询问,也禁止
出现反复性的询问。如果一方当事人违反规定,那么另一方可以当即提出异
议,并且法官视情况,有权中止法庭询问程序。

在接受法庭质询前,鉴定人一般就鉴定意见进行总体上的陈述。由于鉴
定本身具备高度专业性,因此不论是提交的书面意见书还是鉴定人的现场陈
述,都不免存在一些常人难以理解的专业术语及原理。于是,在司法实务中,
法院经常采取庭前会议这种方式,使诉讼当事人和鉴定人在庭审开始前,就与
案件争议相关的鉴定事宜进行沟通。③

---

① 《刑事诉讼法》第 321 条为"被告以外的人供述书面的证据能力",其第 3 项规定:"记载被告以外的人
　在审判准备或审判期日供述的文书,或者记载法院、法官勘验结果的文书,不受前项规定之限制,应
　作为证据。记载检察官、检查事务官或司法警察职员勘验结果的文书,该供述人在审判期日作为证
　人受询问所作供述该文书之作成为真实时,不受第 1 项规定的限制,应作为证据。关于鉴定人所作
　记载鉴定过程及结果的文书,也与前项相同。"
② ［日］松尾浩也:《日本刑事诉讼法(下卷)》,张凌译,中国人民大学出版社 2005 年版,第 96 页。
③ 日本最高裁判所事务総局「裁判員裁判实施状况の检证报告书」,2012 年 12 月第 27 页,http://
　www. saibanin. courts. go. jp/vcms_lf/hyousi_honbun. pdf。

值得注意的是,近年来,日本导入的陪审员制度,对鉴定制度和鉴定人的询问程序产生了一定影响。由于普通的陪审员不参与上述庭前会议,因此在对鉴定意见的理解方面,其与法官存在信息不对等的落差。到了鉴定人的庭审询问阶段,当下程序的趋势是,鉴定人就鉴定意见的陈述日益通俗化,而且使用幻灯片等图表来配合的模式越来越流行。显然,该特征旨在使陪审员能在短时间内充分理解鉴定实施过程及其生成的意见,尤其是在精神病等领域的鉴定中,这种做法较为普遍。①

当鉴定人询问程序结束后,如果双方当事人就鉴定意见没有异议,也没有发现鉴定实施存在瑕疵,那么原则上应尊重鉴定意见,并将其视为证据采纳。不过,在鉴定结束后,也存在这样的情况,那就是结合鉴定意见与其他证据出现了新的疑点,从而需要选任其他鉴定人来启动新的鉴定。如果双方当事人就鉴定意见持有异议,那么可以向法院提出重新鉴定的申请,而是否启动重新鉴定则由法官决定。通常情况下,申请重新鉴定的一方当事人需要提交重新鉴定的申请理由,法官在综合各方意见的基础上作出决定。在裁定结果为否定的情况下,持有异议的鉴定意见仍无法作为证据被采纳;在裁定结果为肯定的情况下,法院会对鉴定人的信息、鉴定实施的过程及其生成的意见书进行调查,判断是否存在违反鉴定规定的事宜。

最后,日本的民事诉讼采取辩论主义原则,案件审判中关于事实认定的材料收集,主要是当事人的权利。就案件争议问题,法官通常会在参考当事人提交证据的基础上,再展开证据调查;此外,法律也不允许来经当事人申请便利用职权展开的证据调查,即禁止职权证据调查的原则,没有经过法庭询问程序的言辞证据,将被排除作为传闻证据的证据能力,该规则同样适用于鉴定意见的质证。对此,为促使鉴定意见的证据评价,在法庭询问环节,鉴定人也可以向法官提出请求,针对与鉴定相关的案件事实,询问证人或当事人(《民事诉讼法规则》第133条)。②

---

① 日本最高裁判所事务总局:「裁判员裁判实施状况の检证报告书》,2012年12月第8页及第17页,http://www.saibanin.courts.go.jp/vcms_lf/hyousi_honbun.pdf。
② 《民事诉讼规则》第133条为"鉴定人的发问等",其第1项规定:"鉴定人为了鉴定,在认为有必要时,可以出席审理,并可以请求审判长询问证人或当事人本人,也可以在审判长许可的基础上,对这些人直接发问。"

二、鉴定意见的认证

上文提及，如果鉴定意见需要作为证据被采纳，法庭询问程序必不可少，那么在日本的实体法中，经过法庭询问的鉴定意见是如何被认证为具有证据能力及证明力的呢？这里主要涉及的是鉴定意见的认证问题，也就是鉴定意见能否作为证据被采用的问题。

然而，现状是，只要完成了鉴定意见的法庭询问程序，即使检察方或辩护方不同意将鉴定意见作为证据采用，在法官认为有必要时，鉴定意见也仍然可以作为证据被法庭采用，但必须将鉴定人请上法庭进行质询，法官通过鉴定人的质询这一环节来自行判断是否可以将其作为证据采用。如果鉴定意见被作为证据采纳，那么作为证据的鉴定意见在法官的案件审理和判决中的作用，就涉及鉴定意见的认证评价。

前文已述，日本于 2009 年导入的陪审员制度，对鉴定意见的法庭询问程序产生了影响，一方面，陪审员就案件事实问题作出判断的时间有限；另一方面，鉴定本身具有高度科学性和专业性，其中的学识和经验难以理解。于是，在鉴定意见的认证方面，首先需要探讨的，是该意见能否作为证据被采用；其次，如果鉴定意见作为证据被采用，那么相应的信用评价体系又该如何建立。

目前为止，日本还未真正形成这套完备的法律体系。司法实务的通常做法是，如果法官认为鉴定意见没有异议，且该意见不影响案件的审理，那么也就没有必要作为判决依据。如果除了被告人自白外，尚未发现可以证明犯罪事实的有力证据，那么在这种情形下，无异议的鉴定意见可以作为补强证据使用。以下分别就鉴定意见的认定规则，以及法官就鉴定意见认定的自由心证原则，展开阐释。

（一）证据认定评价

针对刑事诉讼领域的鉴定，侦查机关尤其是作为公诉方的检察机关，对鉴定意见作为定案证据需要承担举证责任；如果举证不力或鉴定意见真伪不明，那么可能要承担败诉后果。如前所述，如果鉴定意见需要成为证据被采纳，那么鉴定人必须接受庭审询问。一般认为，法庭的询问程序有利于发现鉴定意见可能存在的错误或漏洞，相关的评价标准并非形式上的文字表述，而是鉴定意见的实质内容。

针对委托鉴定所生成的鉴定意见，在法庭上就鉴定意见进行陈述的鉴定人，通常被视为鉴定证人，即证人的一种类型。然而，由于委托鉴定本身在鉴定程序上存在不足，因此生成意见作为证据进行评价是否必然适用《刑事诉讼法》第 321 条第 4 项，在学界还存有一定争议。

另外，针对鉴定笔录与鉴定意见的关系，司法判例往往倾向于将前者视作鉴定人生成的鉴定意见书，而并不拘泥于鉴定意见本身的名称。这里需要注意的是，针对接受侦查机关委托所实施的所谓委托鉴定，其中就鉴定过程及其结果向侦查机关所出具的口头报告与生成笔录，一般不能被视为鉴定意见书。①

准确地说，日本关于鉴定意见的信赖性认证尚未形成确定标准，通常取决于主审法官就鉴定意见及其他案件材料的自由心证。不过，针对相对成熟且专业领域的鉴定，鉴定的对象、方法、场所等已具备高度的科学性，并且已得到社会的普遍认可，譬如有关基因 DNA、血型、毒品成分等的鉴定。值得一提的是，基因 DNA 鉴定在日本被认为是一种具有极高证明力的鉴定种类，主要采取的方法是将犯罪现场遗留的唾液、精液等，与被告人或嫌疑犯的基因类型进行比对，通过基因 DNA 排序等方法来确认同一性。这种鉴定所生成的意见一般具有证据能力，甚至近年来的司法判例还有将基因 DNA 的鉴定意见作为唯一判决证据，从而认定犯罪事实的情况发生。②

需要承认的是，如今伴随科技的快速发展，基因 DNA 鉴定本身的科技含量也在提升。据日本学者的研究表明，嫌疑人与罪犯的基因 DNA，在偶然状态下相同的概率微乎其微，所以在侦查阶段实施 DNA 鉴定的案件数量增速较快，2007 年有七万七千件，到了 2014 年已达到三十万九千件之多。③

此外，还有一些领域的鉴定也被认为具有较高的证明力，突出体现为侦查机关经常利用的委托鉴定之事项，即声音指纹和笔迹方面的鉴定。声音指纹鉴定，又叫声纹鉴定，即在利用电话进行威胁或恐吓的犯罪案件中，可以收录

① ［日］松尾浩也：《日本刑事诉讼法（下卷）》，张凌译，中国人民大学出版社 2005 年版，第 98—99 页。
② 本庄武：「刑事手続における科学鑑定の現状と課題」，『一橋法学』2017 年 3 月第 1 号，第 2 页。
③ 日本国家公安委员会・警察厅编：『平成 27 年版警察白書』，東京：日経印刷，2015 年，第 92 页。

犯罪现场的声音,以比对收录声音和被告人、嫌疑犯声音的同一性。

在司法判例中,关于声纹鉴定案例的判决认为,这是使用高频解析装置把声音纹样化、图像化的一种识别方法,其结果的可靠性还未得到科学界的完全证实,希望法官在证据能力的判断方面需要格外谨慎,不仅需要认真考察鉴定人是否具备合格的学识经验,还需要确认鉴定实施所需材料的性能及运作是否正常,以及鉴定结果的记录是否诚实,等等。

另外,关于笔迹鉴定,一般认为其属于专家的经验判断范畴,虽然适用询问证人的规定,但是作为证据的证明力其实有限,法官在判断时同样需要慎重,通常情况下应配合其他补强证据。总之,日本有关鉴定意见的证据评价,除了鉴定人询问程序外,与鉴定所涉及的专业领域、鉴定种类等也有密切关系,但最重要的因素还是法官自身的判断。

(二) 法官自由心证

前文已述,法官对案件的审理和判决不受鉴定意见的必然约束。在鉴定意见的证据认证方面,法官有权依据鉴定本身的科学性及其生成意见的信用度等要素进行评价。法官的评价活动一般是根据自身的经验、常识和逻辑进行推理,也就是围绕鉴定意见进行自由心证,从而决定是否将其采纳为证据,进而审理案件。

在司法实务中,法官必须从程序和实体两方面入手来审查鉴定意见,并且在保证法定程序完备的情况下,才可以进行自由心证。特别是控辩双方需要按照规定,履行有关鉴定意见的法庭询问程序,法官应当在听取双方当事人意见的基础上进行判断。如果当事人就鉴定意见持有异议,那么法官要进一步调查鉴定实施的过程、方法,以及鉴定人的资格等要素。如果发生法官穷尽合理方法仍难以获得自由心证的情形,那么应当按照疑罪从无的原则,作出有利于被告人的判断,并在判决书中写上有关鉴定意见的心证过程等内容。

诉讼制度中的证明,不仅明确属于法官的认识活动,而且意味着法官可以就证据材料的价值和要证事实自行作出判断,这就是所谓证据评价的自由心证主义。一般认为,该法律原则来自 18 世纪的大陆法系国家,由法定证据原则制度转换而来;相对于法定证据原则,自由心证原则被认为在更大程度上趋于真实。不过,在司法实务中,如何确保法官的这种认识作用也是一大难题。

　　针对日本法,可以从诉讼外的制度因素和诉讼内的结构因素这两方面入手,就法官自由心证的制约情况进行考察。诉讼外的制度因素,主要是防止外部干扰的司法独立,以及确保法官素质水平的资格限制、身份保障等;诉讼内的结构因素,主要是实体法的规定,以保障程序的透明性,以及当事人对法官作用的限制等。

　　就内容和范围而言,法官心证是通过法律逻辑进行推理,其是对证据价值的一种评价,以及对要证事实是否成立的一种判断。证据价值大致包括两个方面:一是关系到证据本身是否真实可靠的信用度;二是从证据资料推导要证事实的证明力和证据能力。实际上,证据价值的评价也是关于证据性质的判断。

　　据相关学者研究,从证据推导出要证事实的推理方式,可以分为直接证据的直接推理和间接证据的间接推理。后者又可以分为锁链型和放射型两种类型,这种分类来自德国法学家德尔(Bender Nack)的间接证明理论。所谓锁链型,是指把数个间接证据表示的事实,用一条直线连接起来推导要证事实的推理,如从间接事实 A 推导出间接事实 B,再根据间接事实 B,认定要证的事实;所谓放射型,是指在互不联系的数个间接证据均可推导要证事实的情形下适用的推理。可见,锁链型的间接证据越多,要证事实为真的概率便越低;在放射型推理方式中,证据数量与概率关系相反。①

　　至于法官的自由心证是否应当开示,在学界向来有积极和消极的观点。积极的观点认为,心证的开示,不仅可以为当事人检验与控制法官心证提供机会,还可以起到一种促进司法和解的作用。

　　相对而言,消极的观点认为,这种做法或许将压迫当事人,从而发展出一种变相的强制性调解方式;与其开示法官的心证过程,还不如在判决书中写明证据评价和事实认定的具体内容;诉讼当事人可以利用上诉的方式来检验法官心证之合理性,上级法院也可以检验下级法院的心证,如果认为其中存在一些问题,那么可以通过改变或发回重审的方式来启动相关的法律救济。

　　另外,判决一般建立在对要件事实适用法律的基础上,法官形成心证的阶段,对当事人指出可能适用的法律规定等,其实也起到了某种间接开示的作

①　王亚新:《对抗与判定:日本民事诉讼的基本结构》,清华大学出版社 2002 年版,第 202 页。

用。这种法律问题的指明，属于法官就案件审理问题阐释法理的规定义务，从而当事人应当知晓法官就鉴定意见进行证据评价的过程。

可见，从法律性质上看，与证人证言不同，鉴定意见是为了补充法官欠缺的专业性学识经验，具备超越证人证言的意义。学界有观点认为，鉴定意见对法官的自由心证能够进行一定程度的合理控制，法官应当以鉴定意见为基础进行事实认定并作出判断。如果否定鉴定意见，那么法官应当明确阐释相应的理由；如果对鉴定意见的信用度产生怀疑，那么法官就应下令进行重新鉴定；如果同时存在若干矛盾的鉴定意见，难以形成心证，那么法官应当依据无罪推定的原则，作出有利于被告人的判决。

总之，鉴定意见的法律性质之所以复杂，主要是源于鉴定意见和法官判断之间的关系，实际上也就是鉴定意见和法官自由心证的关系。虽然鉴定意见的证据评价属于法官裁量权的范畴，但是法官也不能违背客观规律，肆意形成心证。如果发现不合理的认定结果，那么相关主体也可以通过其他法律途径进行救济。

第七节　鉴定意见的救济方式

关于鉴定意见的救济，日本主要有两种方式：一是由法院下令来启动重新鉴定，二是由诉讼当事人通过提起上诉的方式来请求上级进行重审。针对法院就相同鉴定事项启动重新鉴定，前文已有阐释，一般是在法庭审判阶段，尤其是围绕鉴定意见的询问程序，如果诉讼当事人就鉴定意见持有异议，那么可以向法官提出重新鉴定申请，而是否启动重新鉴定的决定权还是归法官所有。

另外，根据所提交的鉴定意见及法庭的询问情况，法官可以自行作出是否启动重新鉴定之判断。在起诉阶段，如果检察机关对被告人提交的私人鉴定意见书持有异议，那么也可以向法院提交重新鉴定的申请。虽然在严格意义上，这属于法院下令的正式鉴定，但是在司法实务中，一般也将其认定为是广义上的重新鉴定。

曾经的法律规定是，如果法院不能充分鉴定，那么可以增加鉴定人或命令其他鉴定人实施鉴定。现行法律没有继承上述规定,也没有限制重新鉴定的范围和条件。据学者研究,这主要是考虑到鉴定资料的客观性因素问题。简单地说,就是鉴定所需的材料存在变化的风险,难以保证重新鉴定的客观条件,以至于通过重新鉴定可以得出更高科学含量的结果比较困难。另外,考虑到将来可能再次进行鉴定,在鉴定时最好留存一部分资料和鉴定状况的照片或视频。①

实际上,鉴定意见作为证据的证据能力标准,日本主要参考了美国法的做法,即尽量保证在必要情形下,进行重新鉴定的条件。可以说,鉴定资料的妥善保留,对于重新鉴定而言有重要的意义,况且鉴定记录的开示有必要更加透明化。

由诉讼当事人启动上诉程序,通过上级法院重审的方式,使自身就鉴定意见持有的异议得到法律救济,这种方式在司法实务中更为常见。在司法判例中,有一著名相关案例,很好地说明了鉴定意见救济与上诉之间的关系,即东京大学附属医院腰椎穿刺案,具体案情如下②:

1955 年 9 月 5 日,一名 3 岁男孩 X 被诊断为化脓性髓膜炎,住进东京大学附属医院。尽管入院时 X 病得相当严重,但是入院后逐渐脱离危险状态,病情开始好转。1955 年 9 月 17 日中午 12 时 30 分到 1 时之间,负责治疗的医生 A 在 X 吃过午饭后为其做腰椎穿刺手术,以采取脊髓液并注入盘尼西林。当时患者不愿意穿刺,哭喊着挣扎,A 按住他强行实施,几次都没有刺中位置,好不容易才穿刺成功。穿刺结束后约 15 分钟,X 突然呕吐和痉挛,医院诊断为脑出血引起并做了治疗。但是,X 随后出现了右半身麻痹、智能低下、运动障碍等后遗症,最终在残废状态下出院。

1958 年 8 月,家属代理 X 在东京地方法院向医院提起了民事诉讼,以 A 医生的腰椎穿刺存在治疗过失导致 X 残废为由,要求医院承担法律责任,应当给予损害赔偿。作为被告的医院方认为,X 的发作和后遗症的造成,是化脓性髓膜炎复发导致,不是因腰椎穿刺造成,并认为医院治疗不存在过失。

---

① 参见[日]松尾浩也:《日本刑事诉讼法(下卷)》,张凌译,中国人民大学出版社 2005 年版,第 97—98 页。

② 参见王亚新:《对抗与判定:日本民事诉讼的基本结构》,清华大学出版社 2002 年版,第 210—212 页。

该案一审的争议点可以归结为,腰椎穿刺和患者 X 的发作及后遗症是否存在因果关系。如果存在,那么医院方是否存在治疗过失。一审中,有 4 位医学专家被指定为鉴定人,其中 3 人提交给法院的鉴定意见认为,导致原告 X 突然发作和留下后遗症最大可能的原因,是髓膜炎的复发;另外 1 人提交的鉴定意见认为,虽然主张脑出血导致的可能性最大,但是认为这与腰椎穿刺之间不存在因果关系。

尽管案件的一审判决认定 X 的残废与腰椎穿刺存在关系,但是又以医生和医院不存在治疗过失为由,判定原告败诉并驳回损害赔偿的请求。对此,原告不服一审判决,通过提起上诉的方式进行法律救济。于是,案件进入二审。东京高等法院作出的二审判决认为,X 突然发作的原因是脑出血还是化脓性髓膜炎难以断定,因此否定了与腰椎穿刺的因果关系,支持一审的判决,并驳回原告方的上诉请求。原告方还是不服二审的判决,以判决理由有误为由,继续上告到日本最高法院。

针对该案,日本最高法院作出了判决,认为 X 的发作和后遗症的形成,与腰椎穿刺存在因果关系,而原审判决对因果关系法则的适用解释有误,存在违反经验规则且判决理由不备,发回原审法院重审。日本最高法院的主要理由是,原判决列举的证据表明,从 X 突然发作到出院,医院均是以脑出血为前提进行的治疗,而且鉴定人 B 指出,X 的发作是突然出现痉挛和意识混沌,然后出现失语症、右半身麻痹等临床症状,导致这些症状最有可能的原因是脑出血。鉴定人 C 作为研究脑波的专家,尽管避免作出断定,但是也就 X 的脑波记录指出,可以看到有脑功能不全等迹象。再者,按原审确定的事实,X 上述症状的发作是在病情逐渐处于好转的阶段,实施腰椎穿刺 15 分钟后突然发作。而且,医学上认为,化脓性髓膜炎复发的盖然性很低,应当考虑到当时不存在什么可能导致这种病复发的特殊情况。综合上述事实和鉴定意见,在不能确定有其他特别因素造成影响的前提下,根据日常生活的经验规则应当认定,X 发作和病变原因在于脑出血,并是是由于 A 的腰椎穿刺引起,因此 X 的后遗症和腰椎穿刺之间存在因果关系。

本案发回重审后,由于在因果关系的判断上受到上级法院判决的拘束,因此原审法院只是就医院是否存在医疗过失作出了审理。原审法院的重审判决认为,实施腰椎穿刺的医生存在医疗过失,并承认原告要求赔偿的诉讼请求。

关于上述判例，尽管学界有声音认为，过度深入证据的评价超越上告审的功能范围，最高法院应当将因果关系的存在问题发回重审，而不是直接作出判断，但是多数学者还是支持该判决的态度，理由主要如下：

第一，尽管大多数鉴定人对腰椎穿刺和患者发作之间的因果关系持怀疑态度，但是诉讼的证明不同于科学证明，法官拥有对鉴定意见进行取舍判断的权力，而且这里还存在法律上的价值判断问题，即法律上的因果关系不能违背科学上的因果关系，两者不一定等同。

第二，从价值判断出发，本案到实施穿刺为止，X 的病情始终处于好转状态，而且化脓性髓膜炎的复发，在没有其他特别因素影响的情形下，可能性很低。明知 X 是容易出血的体质，并且本应饭后避免马上穿刺，但医生 A 因急于出席学会等私人原因，强行按住挣扎的 X 实施了穿刺，使其随即出现了急性发作症状。从发作后到患者出院，医院方以脑出血为由进行治疗，并向患者家属作了同样说明，应当视为诉讼外的自白。

通俗地说，认定因穿刺而导致脑出血的发生，更符合日常生活的经验规则。从作为鉴定人的专家角度出发，这种情况的发生就肯定因果关系来说，也许算不上决定性的事实，其中的重要原因在于，临床实验中尚未明确观察到因穿刺而引起类似的急性发作症状。但是，考虑到本案的事实和医学专业领域还没发展到令人确信的程度，认定因果关系的存在应符合日常生活的经验规则。

总之，日本有关医疗纠纷诉讼领域的鉴定，以往是法院选任鉴定人形式的司法鉴定居于主流。就法院下令启动的鉴定而言，诉讼相关方的态度和评价是，多数法官在案件的审理过程中相当重视鉴定意见，以至于在某种程度上，实际主宰案件判决的是鉴定人，日本民间甚至将鉴定人称为"白衣法官"。同时，如果法院启动鉴定，那么也将大幅延长诉讼的审理周期。有调查表明，医疗诉讼的平均审理周期为 26 个月，实施鉴定的医疗诉讼的平均审理周期为 52 个月，可见鉴定的启动将延长诉讼周期两年左右。①

为了维持司法的公正和独立，并配合日本于 2003 年出台的《裁判迅速化

---

① 日本最高裁判所：「第一審における専門訴訟事件の統計について」，『裁判の迅速化に係る検証に関する報告書』，東京：最高裁判所事務総局，2007 年版，第 38—53 頁。

法》关于一审诉讼两年完结的规定,近年来,法院只好减少此类诉讼案件的鉴定,改为利用前文介绍的专业委员会等制度。

通常情况下,原告的代理人也不愿参与法院启动的司法鉴定,不仅是费用支出的问题,还有鉴定人的选任和实施过程的时间消耗问题,而且最大的风险在于无法预见会得出什么鉴定意见。所以,一些代理人宁愿通过查阅医学文献或直接询问主治医生的方式,希望法官依据自由心证原则进行调解。①

另外,医学界对鉴定意见书的看法不一,有的认为鉴定意见书本身存在专业上的问题,有的认为法官没能充分理解甚至曲解了鉴定意见书的观点,而作为被鉴定对象的医生,也会因实施的治疗被采取司法鉴定而公开受到质疑并感到羞耻。

不过,近年来,由诉讼当事人自行采取的私人鉴定方式逐渐受到青睐。学界也有更多的观点认为,法院下令启动的司法鉴定仍带有浓厚的职权主义色彩,司法体制目前还难以保障鉴定意见的公平和中立,并且鉴定实施本身耗费的时间长,相当影响诉讼的效率。

相对而言,不通过法院程序的私人鉴定模式,更为贴近民事诉讼司法体制构造中的当事人主义法律特征。如果双方当事人均向法院提交私人鉴定意见书,那么也有利于法官兼听则明,更充分地根据自由心证主义原则来展开证据调查或启动诉讼的和解程序等,这反过来又进一步凸显了当事人主义特征。②

最后需要补充说明的是,日本在本世纪初启动了新一轮的司法改革,并且于 2001 年出台了《司法制度改革审议会意见书》,其中针对鉴定制度的改革方向这样写道:"为了对需要专业知识、见识的诉讼进行充实,使其迅速化,传统制度的鉴定应用不可或缺,但在实践中,找到该案件合适的鉴定人,并请其接受鉴定十分困难。即使同意接受进行鉴定,但鉴定耗费的时间很长,往往成为诉讼进展缓慢的原因。"③实际上,近年来,日本就鉴定采取的措施及其呈现的特征,主要就是为了实现该意见书提出的目标,即尽量缓和诉讼效率低下和鉴

---

① 小海正勝等:「医療訴訟と専門情報 2」,『判例タイムズ』,2003 年 8 月第 17 号,第 21—49 頁。

② 平沼直人等:「裁判上の鑑定から当事者鑑定へ」,『昭和医学会雑誌』2012 年 12 月第 6 号,第 628—636 頁。

③ 司法制度改革審議会:『2001 年司法制度改革審議会意見書』,来源:http://www.kantei.go.jp/jp/sihouseido/report/ikensyo/pdfs/iken-2.pdf。(访问日期:2019 年 11 月 1 日)

定人难觅的问题。为了维持司法的公正性和独立地位，以及为了配合于2003年出台的《裁判迅速化法》关于一审诉讼两年完结的规定，日本的法院目前正在有意识地减少诉讼案件的鉴定启动，转而更多地利用专业委员会等制度，以试图代替鉴定制度的征求专家意见之功能。特别是在民事诉讼领域，通常情况下，原被告也不愿法院启动司法鉴定，不仅是因为实施过程的繁琐耗时，更是因为无法预见可以生成有利于哪一方的意见。因此，由当事人自行采取的私人鉴定，在司法实践中得到更多青睐。

日本现有的司法体系混杂了大陆法系和英美法系的双重特征，但职权主义和当事人主义的侧重不同。英美法系的当事人主义更多体现在民事诉讼领域，大陆法系的职权主义在刑事诉讼中则有更多保留，该特征也明显反映在鉴定制度上。比起民事诉讼中的当事人地位平等之私人鉴定方式，刑事诉讼中的依据职权之委托鉴定，则倾向于将专家视为鉴定证人，凸显了鉴定人的证人特征及职权主义的色彩。日本广义上的鉴定，包括司法鉴定、委托鉴定、私人鉴定等模式，其实主要是鉴定启动权的区别，这一点对修改和完善我国的鉴定制度具有借鉴参考的价值。同时，鉴定人地位的中立公正也是日本鉴定制度的一大特征，鉴定意见须经过类似证人的质询程序才有可能作为证据被采纳，而且鉴定实施本身就是为了辅助法官的审判活动，而非代替法官判断案件的是非争议。鉴定意见对法官没有必然的约束力，即法官的案件判决是通过自由心证而非鉴定意见得出。实际上，这里存在事实证明和证据认定的分离，即证明事实的鉴定意见有可能成为证据，而证据阐释事实的判定则属于法官的职权范围。

此外，针对鉴定人的管理，委托鉴定由所属行业学会进行把关。日本的做法促进了司法机关与行业学会之间的合作，增强了学会在其中可以发挥的作用，从而有效减轻了法院在寻觅鉴定人方面的工作量。这种简政放权式的鉴定人管理模式，或许也可以为我们提供一种经验参考。

第八章

中国台湾地区刑事诉讼鉴定制度

刑事诉讼的目的在于"发现实体真实，俾刑罚权得以正确行使"[1]，法院的司法裁判活动是在犯罪发生以后，就犯罪所存在的各种迹证进行检视，以拼凑还原犯罪事实真相[2]，进而追诉、处罚犯罪（《刑事诉讼法》第1条，以下涉及《刑事诉讼法》条文，仅标出序号）。实体真实的发现（或认定）有赖于证据资料，即证明犯罪是否成立的种种资料。证据资料必须通过一定的方法取得，且必须符合正当法律程序。一般认为，无论是证明犯罪抑或证明无罪，皆有赖于证据提出，因此在认定事实时可以利用的物件均可视为证据；为发现某一事实，供推理的各种有体物，均属于证据方法。其中，人证、文书、鉴定、勘验、被告（自白）是五种调查证据资料并证明犯罪事实的法定证据方法。[3] 进一步言之，刑事诉讼中的鉴定，是一种取得证据资料的方法，由受指定的具有特别知识经验的第三人，就特定事项报告其判断意见，并借此补充司法官法律以外专业知识之不足。[4]

由此观之，中国台湾地区刑事诉讼中的鉴定，是由"专家"对特定事项提供判断意见。但是，与英美法系国家中的"专家证人制度"并不相同，中国台湾地

---

[1] "释字第178号"解释。

[2] 参见"监察院"调查报告"103司调0001"，https://www.cy.gov.tw/sp.asp? xdURL=./di/RSS/detail.asp&ctNode=871&mp=31&no=2481。（访问日期：2018年12月20日）

[3] 参见张丽卿：《刑事诉讼法理论与运用》（第十三版），五南图书出版股份有限公司2016年版，第337页。

[4] "79年台上字第540号"裁判要旨有言："倘法院不问鉴定意见所由生之理由如何，遽采为裁判之依据，不啻将法院采证认事之职权委诸鉴定人，与鉴定仅为一种调查证据之方法之趣旨，殊有违背。"参见朱石炎：《刑事诉讼法论》（修订第六版），三民书局股份有限公司2016年版，第269页；张丽卿：《刑事诉讼法理论与运用》（第十三版），五南图书出版有限公司2016年版，第385页。

区的鉴定制度根源于大陆法系国家,尤其是德国、日本的相关刑事诉讼制度,承袭 1928 年颁行的《中华民国刑事诉讼法》所确定的鉴定制度。中国台湾地区从 1967 年以后适用新的《刑事诉讼法》①,但是在 1967 年至 1999 年之间,《刑事诉讼法》经过多次修改、调整,1999 年开始的司法改革亦对刑事诉讼鉴定制度具有一定影响②,2003 年的《刑事诉讼法》关于鉴定制度的修改亦颇多。然而,以上变化并未改变鉴定意见只是法官的参考,证明力仍由法官评价的既有模式。从整体上看,中国台湾地区刑事诉讼中的鉴定制度,遵循大陆法系传统的职权主义模式,法官在刑事审判中居于主导地位,具有专门知识的鉴定人出具的鉴定意见仅供其参考,证明力由法官评价。③

梳理中国台湾地区现行刑事诉讼法律规范及相关实务,就鉴定制度而言,大体关涉以下具体问题:鉴定人的资格及其选任;鉴定人在鉴定中的权利、义务及鉴定的必要处分;鉴定人的据却;鉴定人可以庭外鉴定;鉴定中得对被告鉴定留置;鉴定报告的证明力与拘束力。④ 本章亦围绕以上问题展开。又,刑事诉讼中的鉴定有广义与狭义之分,广义的鉴定为所有运用鉴定进行的行为或程序,狭义的鉴定指依据《刑事诉讼法》所规定之程序而进行的刑事鉴定。本章所述论者,为狭义的刑事诉讼鉴定。

第一节　中国台湾地区刑事诉讼鉴定制度的历史概况

中国台湾地区现行刑事诉讼制度的骨架,可溯源至晚清修律过程中建立

---

① 1967 年的《刑事诉讼法》与之前的《刑事诉讼法》在内容上并无显著差别。所谓新者,一是以公报形式重新公布,二是名称由《中华民国刑事诉讼法》更名为《刑事诉讼法》,三是设第十二章"证据"专章并有通则与人证等各节。

② 如 2000 年"司法院"颁布《专家参与审判谘询试行要点》(2001 年修订为《专家谘询要点》)明确,法官就一些特别类型的刑事诉讼案件,"在审判时依职权选任有特别知识、技能或工作经验,适于为谘询之专家,提出专家意见供法院参考"。参见翁岳生:《司法改革十周年的回顾与展望》,来源:http://publication. iias. tw/books/books02/books02ch01-00. pdf.(访问日期:2018 年 12 月 20 日)

③ 参见张丽卿:《鉴定人鉴定或专家参审》,载氏著:《验证刑诉改革脉动》,五南图书出版股份有限公司 2008 年,第 162—163 页。

④ 参见"监察院"调查报告"103 司调 0001",来源:https://www. cy. gov. tw/sp. asp? xdURL = . /di/RSS/detail. asp&ctNode = 871&mp = 31&no = 2481。(访问日期:2018 年 12 月 20 日)

的大陆法系模式的刑事诉讼制度①;但是,就法律本身的承继关系而言,其前身为 1922 年施行于北京民国政府治下区域的《刑事诉讼条例》②;其后,《刑事诉讼条例》为 1928 年 9 月 1 日颁行的《刑事诉讼法》所替代,唯该法与前条例相较,存在些微差异,包括删除预审一节,以及第五、七、九编略有不同③。20 世纪 30 年代,《法院组织法》颁行,采取三级三审制,同时《刑法》亦修订;由此,从 1931 年着手《刑事诉讼法》的修改,至 1934 年 9 月修改完成,并于 1935 年 1 月 1 日公布、7 月 1 日施行,共九编,五百一十六条。④ 1949 年之后至 1967 年之间,中国台湾地区一直适用 1935 年的《刑事诉讼法》。1967 年 1 月 28 日,中国台湾地区公布修正的《刑事诉讼法》,共九编,五百一十二条,其中最大的变化是设置"证据"专章,将之前《刑事诉讼法》中的人证、鉴定等内容纳入。自 1967 年以后,《刑事诉讼法》经过多次修订,至 2018 年止,其条文数已不止五百一十二条,实际编数亦可以十一编对待之。同时,需要注意,《刑事诉讼法》本身的制定或修正,以全文公布于公报者仅三次,即 1928 年、1935 年、1967 年。⑤

中国台湾地区现行《刑事诉讼法》于 1967 年公布施行,共九编,五百一十二条。从 1968 年第一次修改至今,法律本身经过大幅调整。通过采取"X 条之 1""X 条之 2""X 编之一"的形式修改的《刑事诉讼法》,虽然整体上仍保持九编五百一十二条的框架,但是实际编数与条数已远远超过前面的数字。如果仅仅考虑法条中直接对鉴定制度的规定而不涉及准用条款的相关内容,那么关于鉴定制度的条文数,随着法律的修改而不断增加,从最初(即 1928 年的《刑事诉讼法》)的 26 个条文增加到 54 个,增加一倍有余(参见表 1)。仅从条文数变化观察,在 2003 年之前,中国台湾地区的鉴定制度变化无多;2003 年之后,鉴定制度的内容骤增。这些新生的内容,源于 1999 年开始的以"'实现司法为民的理念''营造合理的审判环境''推动公平正义的诉讼制度''改造跨世纪的现代司法制度'"为目标的司法改革。该改革主要目的在于,通过《刑事诉

---

① 参见张丽卿:《刑事诉讼法百年回顾与前瞻》,载氏著:《验证刑诉改革脉动》,五南图书出版股份有限公司 2008 年第 3 版,第 1—2 页。

② 参见谢振民:《中华民国立法史》(下册),中国政法大学出版社 2000 年版,第 1014—1015 页。

③ 参见谢振民:《中华民国立法史》(下册),中国政法大学出版社 2000 年版,第 1019 页。

④ 参见谢振民:《中华民国立法史》(下册),中国政法大学出版社 2000 年版,第 1021—1030 页。

⑤ 参见朱石炎:《刑事诉讼法论》(修订第六版),三民书局股份有限公司 2016 年版,第 673—676 页。

讼法》的大幅修改,以改造既有的刑事诉讼制度,实现"以当事人调查证据为主,法院依职权调查证据为辅的'改良式当事人进行主义'"①。

表 1　鉴定制度条文变化表②

	1928 年	1935 年	1967 年	2018 年	备注
总则部分					
法官回避	1 条	1 条	1 条	1 条	
文书	(无此章)	1 条	1 条	2 条	2003 年增订第 44 条之 1
被告之羁押				1 条	2000 年增订第 116 条之 2
证据通则	(无此章)	(无此章)	7 条	17 条	2003 年增订第 158 条之 3;第 163 条之 1;第 166 条之 1、之 2、之 6、之 7;第 167 条之 1、之 2;第 168 条之 1;修改第 171 条
鉴定	9 条	14 条	14 条	24 条	2003 年增订第 203 条之 1 至第 203 条之 4;第 204 条之 1 至第 204 条之 3;第 205 条之 1、之 2;第 206 条之 1
勘验	1 条	1 条	1 条	1 条	
程序部分					
侦查	2 条	1 条	1 条	1 条	
一审	8 条	8 条	2 条	2 条	
抗诉	4 条	4 条	4 条	4 条	
再审	1 条	1 条	1 条	1 条	

① 参见翁岳生:《司法改革十周年的回顾与展望》,来源：http://publication. iias. tw/books/books02/books02ch01-00. pdf. (访问日期：2018 年 12 月 20 日)

② 本表统计《刑事诉讼法》1928 年、1935 年、1967 年及 2018 年最新文本中直接有"鉴定"字样的条款,未将依据"鉴定,除本节有特别规定外,准用前节关于认证之规定"(《刑事诉讼法(1967)》第 197 条)等准用条款的条文计入。又,现行《刑事诉讼法》第十二章"证据"第三节"鉴定与通译"中第 205 条之 2 及第 210 条虽未有"鉴定"字样,但仍计入。

　　所谓"改良式当事人进行主义"，依"司法院"的理解，重点在于"贯彻无罪推定原则，检察官应就被告犯罪事实，负实质的举证责任，法庭的证据调查活动，是由当事人来主导，法院只在事实真相有待澄清，或者是为了维护公平正义以及被告重大利益时，才发动职权调查证据"①。《刑事诉讼法》在 2003 年的修改，大量内容与之相匹配；与鉴定相关内容的变化，亦与之有关。但是，"改良式当事人进行主义"的司法改革，并不是彻底推翻大陆法系职权主义模式的刑事诉讼，而是在考量中国台湾地区的实际情况及其历史文化背景，以及在符合根本法关于实质正当法律程序的前提下，参考一些其他国家可行的具体制度设计，保留原刑事诉讼一些优长的"改良"。② 对此，2003 年后的一些刑事判决，亦体现出"改良"重在具体程序细节的变动。"调查证据乃刑事审判程序之核心，改良式当事人进行主义之精神所在；关于证人、鉴定人之调查、诘问，尤为当事人间攻击、防御最重要之法庭活动，亦为法院形成心证之所系。"③

　　"97 年台上字第 2741 号"判决书明言："现行刑事诉讼法系由大陆法制转型倾向英美法制，修法时，谓之为'修正或改良式'当事人进行主义，与英美法当事人进行之对立诉讼制，仍有差异。刑事诉讼法证据章关于'鉴定'之证据方法，仍保留原有体制。"④因此，2003 年大幅增加的鉴定相关内容，均是具体的程序细节，如鉴定留置等，而非改变自 1928 年以来，《刑事诉讼法》所确定的鉴定制度核心主旨：(1)鉴定是否需要，由审判长、受命法官或检察官判断；(2)鉴定人的选任由其选择；(3)鉴定结果的取舍亦由其衡量。

第二节　刑事诉讼鉴定的常见类型

　　虽然针对刑事诉讼中的鉴定，学者可能基于不同的视角有不同理解，如有

---

① "改良式当事人进行主义"，来源：https://www.judicial.gov.tw/work/work02/work02-01.asp。（访问日期：2018 年 12 月 26 日）

② 同上。

③ "93 年台上字第 2033 号"刑事判决书要旨。

④ "97 年台上字第 2741 号"刑事判决书。

学者从鉴识科学出发来解释鉴定,亦有学者从运用范围入手对鉴定进行区分。① 但是,依据《刑事诉讼法》及相关判例,理论界与实务界均认为,刑事诉讼中的鉴定是指"刑事诉讼程序中为取得证据资料而由检察官或法官指定具有特别知识经验之鉴定人、学校、机关或团体,就特定之事物,以其专业知识加以分析、实验而作判断,以为侦查或审判之参考"②。

中国台湾地区现行《刑事诉讼法》第十二章第三节,对鉴定的具体内容作了明确规定。根据该节的规定,可以对鉴定进行以下简单的区分,即依据第198条的规定,可以将鉴定分为检察官任命的鉴定与法院任命的鉴定。刑事诉讼鉴定可能会对人身自由形成重大干预,因此《刑事诉讼法》对此类问题作出细致的规定,有学者据此将鉴定分为鉴定留置与检查身体的鉴定处分。同时,也可以将检查身体的鉴定处分进一步分类为对第三人检查身体的鉴定处分、对嫌疑犯检查身体的鉴定处分,以及对拘捕的嫌犯或被告所为的强制采样处分。③《刑事诉讼法》没有对鉴定事项进行限制,而是规定由法官、检察官进行自由裁量;在鉴定的相关规定中,若干可能鉴定的事项被提及,如心神、身体(第203条)、尸体(第204条)、指纹、掌纹、脚印、毛发、唾液、尿液、声调、吐气(第205条之1)等。因此,根据鉴定事项的不同,可以将鉴定分为死因鉴定、伤害鉴定、精神鉴定、麻醉药品毒品分析鉴定、枪械鉴定、文书鉴定、指纹足迹鉴定、血液鉴定、尿液鉴定、交通事故原因鉴定等。④ 这些类型的鉴定,在实务中较为常见,多有相关判例。

例如,关于死因鉴定,作出"64年台上字第1306号"刑事判决的一个重要根据,就是采信司法行政部调查局所作死因鉴定报告书。⑤ 再如,关于伤害鉴定,在"20年上字第547号"刑事判决的要旨中,中国台湾地区"最高法院"认为,"能否认为已达重伤程度,自非专门学识之人详予鉴定,不足以资核断"⑥。

---

① 参见"监察院"调查报告"103司调0001",来源:https://www.cy.gov.tw/sp.asp?xdURL=./di/RSS/detail.asp&ctNode=871&mp=31&no=2481。(访问日期:2018年12月26日)

② "95年台上字第6648号"刑事判决书。

③ 参见张丽卿:《刑事诉讼法理论与运用》(第十三版),五南图书出版有限公司2016年版,第387—393页。

④ 参见蔡墩铭:《鉴定之证据能力与证明力》,载《台大法学论丛》第26卷第4期。

⑤ 参见"64年台上字第1306号"刑事判决书。

⑥ 参见"20年上字第547号"刑事判决书要旨。

又如,关于精神鉴定,"47 年台上字第 1253 号"刑事判决明确指出:"精神是否耗弱,乃属医学上精神病科之专门学问,非有专门精神病医学研究之人予以诊察鉴定,不足以资断定。"①还如,关于麻醉药物毒品分析鉴定,在"94 年台上 4153 号"刑事判决书中,法官指出,"本件扣案之证物是否确为第一级毒品海洛因,应经鉴定始能分辨,上开鉴定通知书为证明该物品确为海洛因之证据资料"②。此外,关于指纹足迹鉴定,在"32 年上字第 2136 号"刑事判决的要旨中,中国台湾地区"最高法院"指出,"指纹之同异,非经指纹学专家精密鉴定,不足以资识别",虽然案件所涉指纹经审判者比对,大致相同,但是"难专凭职司审判者之自由比对,可资认定"。③

随着社会发展与科技进步,现实生活中发生的刑事案件类型亦变幻不穷,可能或可以鉴定的事项亦不断增多。但是,无论如何变化,由于法律未对鉴定事项作出明确规定或限制,因此鉴定是任意性的而非强行的,由法官或检察官进行自由裁量。1983 年,在一起涉及伪造有价证券的刑事判决中,法官即认为,"原审依据有关证人之证言及其他证据,已足证明本件本票非出于伪造,因而未付鉴定,与证据法则并无违背,自不能指为违法"④。

第三节　刑事诉讼中的鉴定人

一、鉴定人的特性

依据《刑事诉讼法》的规定,鉴定人是指,由审判长、受命法官或检察官为了取得证据资料,指定有专业知识就特定事项陈述其判断的第三人(第 198 条)。由于法律未对鉴定事项作出规定,因此鉴定采取任意鉴定制度。在刑事诉讼中,一旦确认某事项需鉴定,就选择一人或数人充任鉴定人。鉴定人不以自然人为限,机关亦可以为鉴定人(第 208 条)。鉴定人具有以下特征:

---

① "47 年台上字第 1253 号"刑事判决书要旨。
② "94 年台上第 4153 号"刑事判决书。
③ 参见"32 年上字第 2136 号"刑事判决书要旨。
④ 参见"72 年台上字第 5529 号"刑事判决书。

首先，鉴定人资格的限制性。鉴定人资格的限制，仅针对其专业能力，而非主体属性。也就是说，无论是自然人还是机关，只要具备专业能力的资格，就可以为鉴定人，亦即《刑事诉讼法》明确规定的，对待鉴定事项具有"特别知识经验者"或"经政府机关委任有鉴定职务者"（第 198 条）。刑事诉讼案件经常涉及死因、伤害、精神、麻醉药品分析、枪械、文书、指纹足迹、血液、尿液、精液等专业问题，因此必须由具有该类知识经验者或特定机关对相关问题进行鉴定。虽然法律要求鉴定人应具有资格，但是此类资格依据何种标准确认，法律并无明文规定。一般认为，鉴定人是否具备资格，由法官或检察官判断；一经确认，即认定是"本与其专业之知识，辅助法院判断特定证据问题的人"①。如果当事人自行选任鉴定人，那么就为私选鉴定。即使当事人的私选鉴定人提出书面报告，并且其内容系由专家依据特别知识经验而作出，但是因为非法官或检察官所选任的鉴定人，所以亦欠缺"资格"。

2008 年的一起杀人未遂案件的判决书指出，"关于适格之鉴定人，法律委由审判长、受命法官或检察官选任，即由审判长、受命法官或检察官选任之鉴定人，一经选任，当然具备鉴定人适格，非如英美法制由当事人自行委托鉴定人鉴定者，尤须于诉讼程序中审究鉴定人之适格与否"。该判决书进一步指出，无论何种医院，法院依法选定为鉴定人者，"当然具备鉴定人适格"。上诉人认为，该鉴定人"非如台湾大学医学院附设医院或财团法人长庚纪念医院，不适格鉴定云云，有所误解"②。

其次，鉴定人具有可替代性。所谓可替代性，是指在刑事诉讼中，甲、乙均具有担任鉴定人的资格时，乙可替代甲而为案件鉴定人。之所以如此，主要原因在于，鉴定事项是鉴定人依据其专业知识而提供意见，基于专业知识而提供的意见只是一种判断，不具有唯一性。理解鉴定人的可替代性，往往需要与证人的不可替代性相比较。《刑事诉讼法》规定："鉴定，除本节有特别规定外，准用前节关于人证之规定。"（第 197 条）两者具有一定的相似性，但亦存在差别，其中最为显著者就是是否可替代。由于鉴定人是凭借以专业知识提供意见而进入刑事诉讼中，因此不具有唯一性，可以替代；证人则是对待证事项陈述自

---

① "96 年台上字第 464 号"刑事判决书。
② 参见"97 年台上字第 2741 号"刑事判决书。

己的见闻,其所陈述者为"事实"而非意见,具有唯一性,不可替代。因此,在刑事诉讼中,鉴定人虽经传唤而不到者,可处以罚锾但不可采用拘提(第178条第1款;第197条及第199条);证人经合法传唤,无正当理由而不到者,得科以罚锾,并得以拘提(第178条)。

2008年的一起涉及"违反证券交易法"案件的刑事判决书明确指出:"鉴定,系由选任之鉴定人或嘱托之鉴定机构,除凭借其特别知识经验,就特定物(书)证加以鉴(检)验外,并得就无关亲身经历之待鉴事项,仅依凭其特别知识经验(包括技术、训练、教育、能力等专业资格)而陈述或报告其专业意见;人证,则由证人凭据其感官知觉之亲身经历,陈述其所见所闻之过往事实。前者,系就某特定事物依法陈述其专业意见,以供法院审判之参酌依据,具有可替代性;后者,因系陈述自己亲身见闻之过往事实,故无替代性。"①

最后,鉴定人可以被据却。据却即拒绝,在刑事诉讼中,当事人得依申请法官回避的原因,拒绝鉴定人并请求另行指定(第201条)。进一步言之,刑事诉讼中的当事人,可以建议鉴定人的名单,但是审判长、受命法官或检察官并不受其拘束,鉴定人的选任由他们抉择。鉴定人一经选任后,当事人认为鉴定人有法定据却事由时,可以申请据却。② 可以据却的法定事由,在《刑事诉讼法》关于申请法官回避的事由中已经明确规定(第17条及第18条);概括说来,即鉴定人可能因为利害关系的存在而影响鉴定的公正;但是,"不能以鉴定人于该案件曾为证人或鉴定人为据却之原因"(第200条)。

在实践中,法院对此限制性规定多有确认。例如,在2016年的一起上诉案件中,中国台湾地区"最高法院"认为:"武永生仅就本案相关鉴定事项曾为上开书面意见之陈述,亦非可据以认定其作为鉴定人必有何偏颇之虞,而可执为据却其为鉴定人之原因。"③除上述据却事由的限制外,据却申请在时间与形式上亦有一些限制。《刑事诉讼法》规定,当事人可以申请据却鉴定人,但在时间上,必须是鉴定人就鉴定事项陈述或报告之前;若鉴定人已经完成鉴定工作,则不得据却,除非据却之原因发生在后或知悉在后;在形式上,必须在申请书中释明据却原因(第200条及第201条)。鉴定人的有得据却性,通过当事

---

① "97年台上字第5723号"刑事判决书。
② 参见"105年台上字3386号"刑事判决书。
③ "105年台上字第2144号"刑事判决书。

人的申请行为得以实现,申请所据法定事由参照法官回避的事由;但是,法官可自行申请回避(第17条);至于鉴定人是否可依此自行回避,现行法律规范没有规定,仅规定鉴定由审判长、受命法官、检察官进行自由裁量(第198条)。大量的司法判决对此亦一再重申,如前引"97年台上字第2741号"刑事判决即明言:"适格之鉴定人,法律委由审判长、受命法官或检察官选任。"同时,该判决书进一步声称,鉴定制度仍保有原大陆法系刑事诉讼职权主义的特征。[①] 由此判断,似不允许鉴定人自行申请回避。

二、鉴定人的权利与义务

(一) 鉴定人的权利

依据《刑事诉讼法》的规定,鉴定人有请求费用的权利,包括日费、旅费,以及请求相当之报酬及预行酌给或偿还因鉴定所支出费用的权利(第209条)。鉴定人享有的请求费用权由两部分组成:一是日费、旅费请求权;二是报酬与鉴定支出费用请求权。日费的额度,依据规定为每次新台币五百元;旅费包括两部分,即交通费与住宿费。交通费是鉴定人往返时搭乘交通工具所支出的费用,采取实报实销制度。针对必须住宿的鉴定人,支付住宿费,住宿费为定额,以每日新台币一千四百元为准。针对相关费用,如果鉴定人有异议,那么可以申请,但必须将原领取金额及相关领据缴回之后,重新核算。就鉴定人的报酬而言,原则上有两个先决条件:一是鉴定人请求;二是以必需支给为前提。同时,在时间上,鉴定人亦需于鉴定前,向承办单位索取鉴定案件申请报酬报告表一式两份并填妥签章,送交相关部门。针对鉴定支出费用,虽无前述先决条件,但在时间上有要求,即由承办单位在鉴定前,请鉴定人就相关支出费用等事项填写报告表一式两份并签章,送交相关部门。同时,针对相关费用,若支出在新台币一千元以下的,则可以由鉴定人先行垫付,而后补办申请手续。[②] 以上是一般刑事案件中,鉴定人费用请求权的相关规定。

在一些特别复杂的案件中,如"犯贪污治罪条例"之罪的案件、侵害"智慧

---

① 参见"97年台上字第2741号"刑事判决书。
② 参见《各级法院办理刑事案件证人鉴定人日费旅费及鉴定费支给要点》和《检察机关办理刑事案件证人鉴定人日费旅费及鉴定费支给要点》。

财产权"犯罪、电脑犯罪的案件等六类刑事案件,有必要进行鉴定且所需支出费用高昂时,须经特别申请手续。根据规定,此类鉴定包括重大工程结构安全的鉴定、重大工程违反建筑法令或成规等的鉴定、被告及案件关系人的医学鉴定、会计账册的鉴定等共十项。①

(二) 鉴定人的义务

鉴定人因其具有专业知识而被选任,并就刑事诉讼中的专门问题提供意见,以辅助司法机关。② 申言之,鉴定是依赖鉴定人的专业知识而为之者;因此,刑事诉讼的鉴定人必须亲自鉴定或亲自主持鉴定。设若鉴定人只是具名,而非由其亲自所为或亲自主持所为,则有失鉴定的意义。又,鉴定人的鉴定为辅助司法机关者,因此为保障司法裁判的中立性,鉴定人亦需公正诚实(第202条)。由是,依据《刑事诉讼法》的规定,鉴定人负有具结义务,以及提出报告说明义务。

依据《刑事诉讼法》的规定,鉴定人负有具结义务。在鉴定前,鉴定人应具结,其结文内应记载"必为公正诚实之鉴定"等语(第202条)。同时,法律亦规定,证人必须具结,结文内亦有结语,当(或系)据实陈述,决无匿、饰、增、减等语(第189条)。两者的不同在于,鉴定人是根据其专业知识,对专门问题作出意见,辅助司法机关作出判断,主要是证明关联性;证人是根据自己的感知,对所见所闻进行陈述,涉及事实本身的真伪性。因此,鉴定人的具结文要求鉴定人为公正诚实的鉴定,证人的陈述则要求其对所见所闻的事实不可"匿、饰、增、减"。由于鉴定人与证人在刑事诉讼中的作用不同,因此两者虽承担同样的具文义务,但所结具文不得混淆。据"69年台上字第2710号"刑事判决,"鉴定人应于鉴定前具结,其结文内应记载必为公正诚实之鉴定等语,……卷查会计师俞某……所结之结文,亦为证人结文",因此该项鉴定是"在程序上既欠缺法定条件,即难认为合法之证据资料,原判决竟以该会计师之查账报告据为被告无罪之判决基础,自属于法有违"。③《刑事诉讼法》规定,鉴定人依法应具结而未具结者,鉴定意见不得作为证据(第158条之3),即提出鉴定报告的鉴定

---

① 参见《重大刑事案件鉴定费及执行费支用作业要点》。
② 参见"96年台上字第464号"刑事判决书。
③ "69年台上字第2710号"刑事判决书。

人必须在鉴定进行前履行具结程序,否则其鉴定报告不得采信。

据"97 年台上字 5723 号"判决,鉴定前具结,且结文符合法定要求的,其鉴定"始得采为证据"。"但蔡金抛在第一审实施鉴定之前,并未依照刑事诉讼法第二百零二条规定履行鉴定之具结程序,则无论该鉴定书之内容如何,而在程序上欠缺法定条件,即难以认为合法之证据资料。"①《刑事诉讼法》之所以要求鉴定人在鉴定前具结,其旨趣是确保鉴定意见为证据资料的公正性、正确性服务。② 针对鉴定人违反具结义务之情形,除去否认鉴定报告的合法性外,鉴定人无正当理由拒绝具结者,处新台币三万元以下罚款(第 193 条及第 197 条)。

又,鉴定人的具结义务仅针对自然人为鉴定人的情况。若鉴定人为受嘱托的机关,则法律在 2003 年修改之前,仅规定"法院或检察官得嘱托医院、学校或其他相当之机关、团体为鉴定"(第 208 条),"嘱托机关鉴定,并无必须命实际为鉴定之人为具结之明文"③。但是,在 2003 年修改之后,法律针对受嘱托的机关鉴定有新的内容,即当机关鉴定发生时,实际实施鉴定或审查鉴定之人,以言词报告或说明其鉴定经过或者结果时,应当具结。④

《刑事诉讼法》规定,受命鉴定人有报告的义务。鉴定完成后,鉴定经过及其结果由鉴定人以言词或书面形式报告;当鉴定人有多人时,可以共同报告,但不同意见者可以分别报告;同时,要求以书面报告的,在必要时得以言词说明(第 206 条)。由于刑事诉讼采取职权调查主义,因此鉴定意见只是形成法院心证的资料。虽然案件经过鉴定,但是法院仍应本于职权予以调查,以期发现事实真相,不得将鉴定作为判决的唯一依据。⑤ 因此,鉴定人承担报告义务,其报告内容不仅仅是鉴定结果,亦须有鉴定的过程,以辅助法官发现事实真相。例如,鉴定意见中"未载明鉴定经过,自无证据能力可言"⑥。

由于鉴定事项可能涉及不同专业领域,因此审判长、受命法官或检察官得选任数人共同鉴定,即"辅助鉴定";或为"对立鉴定",即为供法院参考,对同一鉴定事项进行数个对立的鉴定;或为"共同鉴定",即数个鉴定结果相同或目标

① 参见"97 年台上字第 5723 号"刑事判决书。
② 参见"106 年台上字第 2919 号"刑事判决书。
③ "75 年台上字第 5555 号"刑事判决书要旨。
④ 参见 2003 年《刑事诉讼法》第 208 条立法理由。
⑤ 参见"57 年台上字第 3399 号"刑事判决书。
⑥ "96 年台上字第 4177 号"刑事判决书。

相同,以增加鉴定的可信度。但是,无论如何,数人共同鉴定的目的,是辅助发现事实真相。有学者认为,依《刑事诉讼法》的但书规定,多人共同鉴定有不同意见时,可以分别报告。中国台湾地区刑事诉讼中的多人共同鉴定,倾向于"共同鉴定"或"对立鉴定"意旨。[①] 另需注意,若认为鉴定不完备,则可以增加鉴定人数,或者命令他人继续或另行鉴定(第 207 条)。据此,虽然鉴定有欠完备,但是法律并未强行要求另行鉴定。据相关刑事判决,鉴定有欠完备的,"固不妨另行鉴定,……其应否另行鉴定,在审理事实之法院,自属有权酌定"。[②]

三、鉴定人的必要鉴定处分

刑事诉讼中的待证事项认定,需运用在该领域受特别教育、训练,或者长时间从事该业务所得之经验始可得知,法官无从依其法律专业素养、一般教育学习或日常生活经验得知,此时就有运用鉴定来补充判断时所需要特定专业知识之必要。因此,《刑事诉讼法》规定,审判长、受命法官或检察官可以选任鉴定人或经政府机关委任有鉴定职务者(第 198 条)。鉴定人对鉴定事项予以鉴识、测验、分析及判定,以辅助司法机关作出正确判断。在鉴定过程中,鉴定人基于其本身之特别知识经验,为鉴定事项之独立判定,如过程未获充实之数据,对鉴定应有之证明力,不无影响。由是,《刑事诉讼法》明确规定,鉴定人得以必要鉴定处分,其旨在于鉴定之范围内,能搜集广泛数据,以利鉴定作业之实施,俾利鉴定人提出正当之鉴定报告。[③]

依据《刑事诉讼法》的规定,鉴定人必要的鉴定处分包括:检阅卷宗及物证,并得请求收集或调取(第 205 条);检查身体、解剖尸体、毁坏物体,或者进入有人住居或看守之住宅或其他处所(第 204 条);采取分泌物、排泄物、血液、毛发,或者其他出自或附着身体之物,并得采取指纹、脚印、声调、笔迹、照相或其他相类之行为(第 205 条之 1);以及针对经拘提或逮捕到案之犯罪嫌疑人或者被告,得违反犯罪嫌疑人或被告之意思,采取其指纹、掌纹、脚印,予以

---

① 参见董武全:《论刑事证据之鉴定制度——以裁判为中心》,台湾中正大学法律学研究所博士论文,
2012 年,第 201—202 页。
② "85 年台上字第 4671 号"刑事判决书,亦可参见"26 年沪上字第 1 号"刑事判决书要旨。
③ 参见"106 年台上字第 1373 号"刑事判决书。

照相、测量身高或类似之行为,亦可得采取毛发、唾液、尿液、声调或吐气(第205条之2)。

鉴定人的必要鉴定处分,是为了鉴定目的而进行之准备。易言之,为了发现犯罪真实,澄清事实真相,鉴定人因为鉴定之必要,采取以上可能的必要鉴定处分。鉴定人进行必要鉴定处分,必须符合必要原则,实施的具体措施具有必要性。换言之,"当事人之个人关系及调查的种类及结果必须注意,破案的利益与关系人的人格间必须相互权衡"。① 鉴定人的必要鉴定处分,在作出时亦需要具备形式要件,即鉴定许可书。这是因为,此类必要鉴定处分往往与人权相关,"为保障人权,因而采令状主义"②。鉴定许可书应记载下列事项:案由;应必要鉴定处分的对象,如检查之身体、解剖之尸体、毁坏之物体等;应鉴定的事项;鉴定人的姓名;执行期间。同时,鉴定许可书必须由侦查中的检察官或者审判中的审判长或受命法官签名;若前述有权签名者在场,则可以不用许可书(第204条之1、第205条之1第2款)。

鉴定人在进行不同类的必要鉴定处分时,亦有不同的具体要求。比如,检查妇女身体,应当由医师或妇女为之(第204条、第215条第3款)。当鉴定人对住居、看守之住宅或其他处所进行必要鉴定处分时,应出具鉴定许可书及证明其身份的文件材料,且应在鉴定许可书所记载的时间期限内执行;一旦执行期间届满,无论鉴定是否完成,均不得继续进行(第204条之2)。如果鉴定人进行与DNA相关的必要鉴定处分,除必须遵守《刑事诉讼法》的相关规定外,更应注意《去氧核糖核酸采样条例》中以列举方式确定的应接受强制采样对象的范围规定。③

在鉴定人必要鉴定处分中,涉及检查身体的必要鉴定处分有三种类型,尤须特别指出。首先是检查第三人身体的必要鉴定处分。此类必要鉴定处分,"主要是基于司法权之健全运作,须赖人民之配合,故对于鉴定人之鉴定处分无正当理由拒绝者,宜赋予强制力,俾使司法权得以适当行使,而实现正义"。④ 由于第三人非案件当事人,因此对其进行身体检查时,检查的理由必须

---

① 张丽卿:《刑事诉讼法理论与运用》(第十三版),五南图书出版股份有限公司2016年版,第390页。
② "95年台非字第102号"刑事判决书要旨。
③ 参见《去氧核糖核酸采样条例》第5条。
④ 张丽卿:《刑事诉讼法理论与运用》(第十三版),五南图书出版股份有限公司2016年版,第391页。

充分且必要。一旦此种鉴定处分获得许可，第三人便不得拒绝，否则得处以罚款（第 197 条、第 178 条）。其次是检查犯罪嫌疑人身体的必要鉴定处分。鉴定人基于鉴定的必要，可以对犯罪嫌疑人进行必要的鉴定处分，涉及分泌物、排泄物，或者其他出自或附着身体之物，并采取指纹、脚印等。此类对犯罪嫌疑人进行的必要鉴定处分，须无害于犯罪嫌疑人的身体健康及精神状态。由于这类鉴定的目的是确认诉讼方面的重要事实，这些事实对诉讼有重要关系，因此鉴定措施得被允许。[①]

鉴定人对犯罪嫌疑人进行的必要鉴定处分，须依申请并得许可方得行之；对于检察官而言，其不待鉴定人的申请，依据职权主动为相关必要鉴定处分的许可，为法理所当然，由刑事判决所确认。[②] 三者为对拘捕的犯罪嫌疑人或被告所进行的强制采样处分。依据《刑事诉讼法》的规定，针对经拘提或被逮捕到案的犯罪嫌疑人、被告，可以为强制采样的必要鉴定处分（第 205 条之 2）。此类行为是为便利执行鉴定，以判别、推论犯罪相关事实而为之，是鉴定的前置准备。因此，亦许可鉴定人为此类必要鉴定处分。[③]

四、鉴定人的角色

《刑事诉讼法》明确规定，鉴定人是由审判长、受命法官或检察官选任的（第 198 条），鉴定人必须具有相关的专业知识或为特定机关，因具备专业知识而进入刑事诉讼；在刑事诉讼过程中，鉴定人以其专业知识，提供判断意见，而非对案件事实及所见所闻予以表述，因而鉴定人可以被替代，亦得据却。《刑事诉讼法》虽未明言鉴定人是"辅助者"，但明确规定，"证据之证明力，由法院本于确信自有判断"（第 155 条第 1 款），大量的刑事判决亦一再明示鉴定人的"辅助者"角色。[④] 虽然从 1999 年开始的"改良式当事人进行主义"司法改革亦基于此对《刑事诉讼法》进行大幅修改，但是"现行刑事诉讼法系由大陆法制转

---

① 参见张丽卿：《刑事诉讼法理论与运用》（第十三版），五南图书出版股份有限公司 2016 年版，第 392—393 页。

② 参见"95 年台非字第 102 号"刑事判决书要旨。

③ 参见"95 年台非字第 102 号"刑事判决书要旨。

④ 参见"57 年台上字第 3399 号"刑事判决书、"96 年台上字第 464 号"刑事判决书、"106 年台上字第 1373 号"刑事判决书、"106 年台上字第 2919 号"刑事判决书等。

型倾向英美法制,修法时,谓之为'修正或改良式'当事人进行主义,与英美法当事人进行之对立诉讼制,仍有差异。刑事诉讼法证据章关于'鉴定'之证据方法,仍保留原有体制"①。由是观之,鉴定人的角色仍然是"辅助者"。

但是,1999 年,中国台湾地区举行司法改革会议,讨论专家参与审判制度,并决定以"专家谘询""专家参审"两阶段实施专家参审制度。在第一阶段,即"专家谘询"阶段,公布《专家参与审判谘询试行要点草案》,并试行之。该草案表明,法官对专门领域的事务欠缺特别知识经验,难以发现真实,因而延宕诉讼,为了辅助法官突破专业判断的障碍,由专家在法庭上担任谘询角色,弥补法官法律以外专业知识的不足,进而迅速发现真实,迅速审判,提高人民对裁判的信赖。② 由此可知,在此一阶段,与鉴定人类似的专家依然扮演"辅助者"角色,只是以其专业知识来辅助法官。第二阶段究竟何时进入,尚未有相关时间表。中国台湾地区"司法院"正在研拟根本法的增修文,拟将根本法增修文第 5 条增加一项为第 7 项,即"法院为审理专业性案件,得遴选具有该项专业知识之国民参与审判,其实施以法律定之"。待此项修改完成后,即施行第二阶段专家参审。③ 所谓专家参审,一改具备专业知识者在刑事诉讼中的"辅助者"角色,使其转而成为对裁判具有控制权的中立裁判者。

第四节　刑事诉讼鉴定程序中的例外与措施

一、鉴定程序中的例外

刑事诉讼中的鉴定一旦展开,就按照既定程序进行。一般而言,刑事诉讼的鉴定,原则上在院内为之,这主要是出于保存证物及保障鉴定公正性的考量。但是,当特定情形出现时,依据《刑事诉讼法》的规定,审判长、受命法官或

---

① "97 年台上字第 2741 号"刑事判决书。

② 参见《专家参与审判谘询试行要点草案条文及其说明表》,来源:http://jirs. judicial. gov. tw/GNNWS/NNWSS002. asp? id=483&flag=1&regi=1&key=&MuchInfo=&courtid=#。(访问日期:2018 年 12 月 20 日)

③ 参见张丽卿:《鉴定人鉴定或专家参审》,载氏著:《验证刑诉改革脉动》,五南图书出版股份有限公司 2008 年第 3 版,第 174 页。

检察官于必要情形下,得使鉴定人于法院外为鉴定;此时,得将关于鉴定之物,交付鉴定人(第 203 条第 1 款、第 2 款)。此种于法庭外而为之的鉴定,多见于血液中的检测、DNA 鉴定等需要特殊仪器设备为之者。此时,应将必要之待鉴定物交由鉴定人。

在 2003 年《刑事诉讼法》大幅修改之前,法律并未明文规定鉴定时当事人到场的权利。当事人在鉴定时到场,是对当事人权利的保障。因为法院或检察官选任鉴定人为鉴定时,鉴定结果可能对事实的认定产生重大影响,所以为保障当事人权益起见,在 2003 年的大修中增加此项内容,即"行鉴定时,如有必要,法院或检察官得通知当事人、代理人或辩护人到场"(第 206 条之 1)。由此,可保证鉴定过程的透明,亦可使得当事人作出适当的表达,以保证鉴定的公正。此种权利,在诉讼法理中,为在场权,法院对此亦持肯定态度,在为刑事判决时亦加以确认。对在场权的保护,"为事实审法院所应践行之方法及程序,以方便当事人及其辩护人出席在场,使其等对上开证据方法之展示、取得,得以知悉、见证,及为必要之陈述、辩明",使得鉴定结果"所可能受主观判断之影响减至最低,用昭公信,并使当事人、辩护人于审判程序能切行使其攻击、防御权"。① 同时,为使得当事人的此项权利得以实现,在行鉴定之前,应将鉴定的时间、地点等通知当事人、代理人或辩护人(第 168 条之 1 第 1 款)。但是,当事人可放弃此项权利,只需在事先声明不到(第 168 条之 1 第 2 款)。

二、鉴定程序中的措施——鉴定留置

2003 年,中国台湾地区《刑事诉讼法》关于鉴定制度的增修有十处,其中有四处直接涉及鉴定程序中的措施——鉴定留置,即第 203 条之 1 至之 4。鉴定留置是指,因鉴定被告心神或身体之必要,得预定七日以下之期间,将被告送入医院或其他适当之处所(第 203 条第 3 款)。依据法律,鉴定留置得以引发,在于鉴定被告的心神、身体有必要。据此条款增修时的立法理由书,该条款的增修,将鉴定留置期间定为期日,系由参考《精神卫生法》第 21 条第 3 款之规

① 参见"95 年台上字第 5148 号"刑事判决书。

定而来。① 鉴定留置是针对被告人身自由的重大干预措施,因此在增修相关内容时,规定尤为详细,包括形式条件、实质要件、期限、具体执行等各个方面。

(一) 鉴定留置的要件

留置是为鉴定做准备,即为了确认被告是否符合《刑法》第 19 条规定的精神障碍或其他心智缺陷,亦即主要在于判断被告刑事责任能力的有无或诉讼能力是否具备。中国台湾地区"最高法院"认为,被告行为时之心神状态如何,有无因精神障碍或其他心智缺陷而足以影响其责任能力之情形,关乎行为是否受罚或是否得以减轻,而被告于审判时有无心神丧失的情状,亦关涉法院应否依法停止审判,因此法律赋予审判长、受命法官得以鉴定留置方式鉴定被告心神状态的强制处分权。②

留置的被告须是犯罪嫌疑重大者。《刑事诉讼法》规定,鉴定留置期间之日数视为羁押日数(第 203 条之 4)。同时,该法亦规定被告得羁押的条件,首要之点在于,有"认为犯罪嫌疑重大"(第 101 条及第 101 条之 1)。由此可知,法律虽无明文规定,但根据相关条文可以判断,非有犯罪嫌疑重大者不得实施鉴定留置。虽然鉴定留置的被告为犯罪嫌疑重大者,但是鉴定留置对被告的人身自由有重大干预,因此其实施必须以必要为原则(第 203 条第 3 款)。至于何种情况属于必要,则由审判长或受命法官判断。

留置的实施,必须有鉴定留置票。鉴定留置的实施,除经拘提、逮捕到场且期间未经 24 小时的外,必须用鉴定留置票。鉴定留置票,应当有以下事项的记载:被告人具体信息,包括姓名、性别、年龄、出生地及住所或居所;案由;应鉴定事项;应留置之处所及预订之期间;如不服鉴定留置的救济办法。并且,以上内容,必须以书面形式记载。③ 该鉴定留置票由法官签名,法院是鉴定留置的决定机关;检察官认为有鉴定留置的必要时,无论被告是否同意,均应向法院申请签发鉴定留置票,同时应就其必要性,于申请书内释明,不得自行

---

① 《精神卫生法》(2000 年)第 21 条第 3 款规定:"前项鉴定,以全日住院方式为之者,其住院鉴定期间,以七日为限制。"又,参见张丽卿:《鉴定制度之改革》,载氏著:《验证刑诉改革脉动》,五南图书出版股份有限公司 2008 年第 3 版,第 190 页。

② 参见"104 年台上字第 2268 号"刑事判决书。

③ 参见《法院办理刑事诉讼案件应行注意事项》第 119 条。

为之。① 由于鉴定留置对被告的人身自由有重大干预,因此在鉴定留置票中应载明救济办法。依据法律规定,对鉴定留置不服者,可依法而为抗告(第 403 条)、准抗告(第 416 条)。

(二) 鉴定留置的执行

执行鉴定留置时,由司法警察将被告送入留置处所,该留置处所管理人员查验鉴定人别无误后,应在留置票后附上记入之年、月、日、时并签名(第 203 条之 2 第 1 款)。依据《刑事诉讼法》的规定,鉴定留置期间以七日为限,且鉴定留置期间的日数,可以准用被告人羁押的规定来折抵正式执行时的日数;出于保障被告人权利之考量,此一时间要求,不得违背。在鉴定留置执行时,鉴定留置票除交验管理人员外,亦须将其分别交送检察官、鉴定人、辩护人、被告及其指定亲友。

鉴定留置执行于鉴定留置票所载留置处所,但在具体的执行过程中,因为安全或其他正当事由,法院得于审判中依据职权或侦查中依据检察官的申请,裁定变更留置处所。此项变更以必要为先决条件,由法官判断。变更处所,亦当通知检察官、鉴定人、辩护人、被告及其指定亲友。鉴定留置的执行以七日为限,但是必要时,法院得于审判中依据职权或侦查中依据检察官的申请,裁定缩短或延长;但是,延长期间的,不得超过两个月。法律规定,鉴定留置的期间最长为两个月,但是当增加鉴定人数,或者改命他人重新鉴定或另行鉴定时,会发生再次执行鉴定留置的情况。此时,鉴定留置期间是否前后合并计算抑或重新计算,法律没有明文规定。依据中国台湾地区各法院的研讨意见,另行鉴定者为重新计算,而增加鉴定人或补充鉴定者为前后合并计算,并不得超过两个月。②

由于鉴定留置的被告是犯罪嫌疑重大者,因此在执行过程中,可能会遇到被告逃逸或存在其他安全的隐患,法院可以在审判中依据职权或侦查中依据检察官的申请,裁定变更(第 203 之 2、之 3、之 4)。为保障鉴定留置被告的合法权益,法律特别规定,在执行鉴定留置的过程中,需注意被告的身体及名誉,

---

① 参见《检察机关办理刑事诉讼案件应行注意事项》第 79 条。
② 参见 2003 年"刑事诉讼新制法律问题研讨会提案"第 11 号。

免受不必要损害，在司法警察使用强制力落实鉴定留置时，以必要的程度为限（第 203 条之 2，以及第 89 条与第 90 条）。

第五节　刑事诉讼鉴定报告的证据能力、证明力与拘束力

在刑事诉讼的过程中，某些事项具有专业性，非具有专业知识者难以解决。因此，《刑事诉讼法》规定，审判长、受命法官或检察官可以任命具备专业知识者或"特别"机关为鉴定人，解释这些具有专业性的事项（第 198 条）。法律同时规定，鉴定人有报告义务，以言词或书面形式报告鉴定结果和说明过程；以书面报告的，必要时用言词说明（第 206 条）。虽然在司法实践中，越来越多的案件依赖于通过鉴定去查找证据，证明案件真实，但是刑事司法裁判"不能使用鉴定结果，作为证明犯罪事实存在与否之唯一证据"[1]，不能仅依据鉴定报告来作出最后判决。诸多刑事判决，一再申明此项宗旨。[2]

中国台湾地区的"最高"司法机关认为，刑事审判基于正当法律程序原则，对犯罪事实之认定，采证据裁判及自白任意性等原则。《刑事诉讼法》据以规定了严格证明法则，必须具备证据能力的证据，经合法调查，使法院形成该等证据足以证明被告犯罪之确信心证，始能判决被告有罪。[3] 由是，在刑事裁判中，鉴定报告必须先证明其是否具备证据能力。因为，"法院得于第一次审判期日前，传唤被告或其代理人，并通知检察官、辩护人、辅佐人到庭，行准备程序，为下列各款事项之处理：……四、有关证据能力之意见……于前项第四款之情形，法院依本法之规定确定无证据能力者，该证据不得于审判期日主张之"（第 273 条第 1 款、第 2 款）。也就是说，无证据能力的鉴定报告，于审判中不得主张。此后，应考察鉴定报告的证明力。最后，由法官基于心证而加以取舍。

---

[1] "98 年度台上字第 2345 号"刑事判决书要旨。

[2] 参见"40 年台上字第 71 号"刑事判决书、"70 年台上字第 4244 号"刑事判决书、"83 年台上字 5833 号"刑事判决书、"98 年度台上字第 2345 号"刑事判决书等。

[3] 参见"释字第 582 号"解释。

一、鉴定报告的证据能力

《刑事诉讼法》明确规定:"无证据能力、未经合法调查之证据不得作为判断之依据。"(第 155 条第 2 款)中国台湾地区"最高"司法机关又进一步解释,证据能力"系指证据得提出于法庭调查,以供作认定犯罪事实之用,所应具备之资格;此项资格必须证据与待证事实具有自然关联性,符合法定程式,且未受法律之禁止或排除,始能具备"①。前文在考察鉴定制度的历史概况时提及,《刑事诉讼法》于 2003 年经过一次重大修改,于鉴定制度方面增幅颇大。就鉴定报告的证据能力而言,以 2003 年为界,之前与之后略有变化。一般而言,"在 2003 年之前,鉴定报告的证据能力在实务上通常并不是一个需要特别处理的问题。法院经常直接引用鉴定报告的结论作为裁判的依据"②。例如,1998 年,在一起关于过失致人死亡案件的刑事诉讼过程中,虽案涉多个鉴定报告,但终审法院就鉴定报告是否具备证据能力未有提及,只言"惟取舍证据乃事实审法院职权之行使,其对证据证明力之判断,倘不违反证据法则,又已叙述其何以为此一判断之理由者,即不容任意指为违法"③。

2003 年之后,"立法者将传闻法则与证据排除法则引入之后,迫使实务开始正视证据能力的议题。在此背景下,鉴定报告的证据能力也成为法院必须处理的程序议题之一,法院在引用鉴定报告结论之前,有义务说明鉴定报告基于何等因素具有证据能力"④。但是,在具体实务层面,鉴定报告的证据能力似仍未引起太多注意。⑤ 其主要原因在于,修改相关条文时,《刑事诉讼法》对鉴定报告设置了"除法律有规定者外"的例外规定(第 159 条第 2 款)。依立法理由,"由于传闻证据,有悖直接审理主义及言词审理主义诸原则,影响程序正义之实现,应予排斥……采大陆法系职权进行主义者,则重视法院与证据之关系,其排

---

① "释字第 582 号"解释。
② 李佳玟:《鉴定报告与传闻例外——最高法院近年相关判例之评释》,载《政大法学评论》2008 年第 101 期。
③ "87 年台上字第 1887 号"刑事判决书。
④ 李佳玟:《鉴定报告与传闻例外——最高法院近年相关判例之评释》,载《政大法学评论》2008 年第 101 期。
⑤ 同上。

斥传闻证据,乃因该证据非在法院直接调查之故。……又本条所谓'法律有规定者',系指本法第一百五十九条之一至第一百五十九条之五及第二百零六条等规定"①。

因此,在具体实务中,针对鉴定报告是否具有证据能力,一般仅从程序上进行考察,即鉴定报告一旦符合程序方面的规定,就认定为具有证据能力。《刑事诉讼法》就鉴定报告在程序方面的要求主要体现在三个方面:

一是鉴定报告的鉴定人是否具备资格,这里的资格仅就程序方面而言,并非指其实体上是否具备专业知识。易言之,鉴定人是否由审判长、受命法官或检察官选任(第198条)。在有的刑事判决中,法官直言,"(以上鉴定报告)均系检察官、法院嘱托鉴定;及历审审理中,或请法医研究所补充鉴定说明,或将被告送精神鉴定,均系由审判长、受命法官依法送鉴定,各鉴定报告或函文……自均具有证据能力"②。更为常见的,是从反面来说明鉴定报告的证据能力问题。例如,"按鉴定人由审判长、受命法官或检察官选任之;法院或检察官亦得嘱托医院、学校或其他相当之机关、团体为鉴定,刑事诉讼法……分别定有明文。原判决采用告诉人……所分别提出之'鉴定报告书'各一份,作为上诉人等犯罪之证据之一。惟查美商辉瑞产品公司及美商默克大药厂公司均系本案之告诉人,并非审判长、受命法官或检察官依法选任之鉴定人,亦非法院或检察官所嘱托为鉴定之机关或团体,其等所提出之鉴定报告书,即属审判外之书面陈述",不具有证据能力。③

此类反面强调鉴定报告证据能力的刑事判决甚多④,其主旨在于否认私选鉴定的证据能力。值得注意的是,2005年"94年度台非字第283号"涉及专利的刑事判认定了当事人私选鉴定的鉴定报告之证据能力,但此为特例,即适用未修订前的法律规范。依该判决书,"惟参照贵院二十四年七月民刑事庭总会决议:'对于适用旧法之确定判决提起非常上诉,"最高法院"改判时应仍引用旧法意旨,自不因上开专利法第一百二十五条废止刑罚规定而受影响,并予叙

① 2003年《刑事诉讼法》第159条立法理由。
② "96台上字第5808号"刑事判决书。
③ 参见"95台上字第6487号"刑事判决书。
④ 参见"95年台上字第7038号"刑事判决书、"95年台上字2187号"刑事判决书、"96年台上字第430号"刑事判决书等。

明'等语。……且修正专利法公布实施前,该法第一百三十一条第二项明定:专利权人就(同法)第一百二十三条至第一百二十六条提出告诉,应检附'侵害鉴定报告'与侵害人经专利权人请求排除侵害之书面通知。倘认专利权人提出告诉时依法检附之'侵害鉴定报告'无证据能力,则上开规定且非成为具文?其不合理甚明"①。由是,在具体的刑事判决中,判断鉴定报告是否有证据能力,法官应首先确认鉴定人是否有"资格"。②

二是鉴定报告的鉴定人在鉴定前具结,具体包括两方面要求,即时间上发生于鉴定进行前,且结文中必须载有"必为公正诚实之鉴定"。刑事诉讼过程中,法官除确认鉴定人是否具备"资格"外,亦审查鉴定报告的具结形式。若鉴定人在鉴定前未履行具结要求,"则无论该鉴定书之内容有无瑕疵,而在程序上欠缺法定条件,即难认为合法之证据资料"③。针对未能在鉴定前履行具结的鉴定报告,"显难认为合法之证据,原确定判决竟采为认定事实之基础,其采证之诉讼程序,不得谓非违背法令,应由本院将该诉讼程序违法部分,予以撤销"④。法官除审查是否具结外,亦须审查结文是否符合法律规定。依据《刑事诉讼法》的规定,证人、鉴定人、通译应具结,但由于他们在刑事诉讼中的角色不同,因此法定结文内容有差别。对于证人,其结文为"当(系)据实陈述,绝无(并无)匿、饰、增、减"(第189条);对于鉴定人与通译,其结文相同,为"必为公正诚实之鉴定"(第202条、第211条)。

在刑事诉讼中,法官需审查鉴定人作成的结文。若结文不符合法律规定,则鉴定报告不具有证据能力。此时需注意,结文不符有两种情况,一是结文错用,即结文内容为证人作成之结文,此时"专家"所作的报告,不具有鉴定报告在刑事诉讼中所具有的证据能力,但可能具有证人证言的证据能力⑤;二是结文错误,即结文内容完全不符合法律规定,不具有证据能力。又,鉴定人与通译

① "94年台非字第283号"刑事判决书。
② 参见"台湾高等法院暨所属法院95年法律座谈会刑事类提案第36号"。
③ "30年上字第506号"刑事判决要旨。
④ "28年非字第41号"裁判要旨。
⑤ 据"69年台上字第2710号"刑事判决书,"卷查会计师俞某原审系以证人之身份传唤其到庭陈述其查账情形,而所具之结文,亦为证人结文,该会计师提出查账报告,原审未命履行鉴定人具结程序,其在程序上既欠缺法定条件,即难认为合法之证据资料"。由此看来,如果"专家"以证人角色出现,那么其所作可能为证人证言,若符合证人证言的法定要件,则具有证据能力;至于其证明力,则另当别论。

均是利用其专业知识服务于刑事诉讼,二者均应具结,且作成结文内容相同。但是,两者在刑事诉讼中的功用不同,鉴定报告可以作为证据资料使用,而通译只是"译述文字,传达意思而设,其传译之内容本身并非证据"①。因此,鉴定人未具结或具结不符的,鉴定报告不具有证据能力。"通译之传译内容并非证据,性质上仅为辅助法院或非通晓国语之当事人、证人或其他关系之人理解讯答或诉讼程序之手段,是通译未具结者,是否影响其传译对象陈述之证据适格,仍应以作为证据方法之证人、被告等实际上已否通过传译正确理解讯问内容而据实陈述为断,如事实上证人、被告人等已经由翻译正确理解语意而为陈述,即应认该证人已具结之证据或被告陈述得为证据,无关乎刑事诉讼法第 158 条之 3 之适用(即'证人、鉴定人依法应具结而未具结者,其证言或鉴定意见,不得作为证据')。"②

三是鉴定报告包括鉴定过程与鉴定结果,鉴定报告若缺少鉴定过程的内容,则法官难以心证;若缺少鉴定结果的内容,则无鉴定可言。由是,鉴定报告欠缺其中一项,即无证据能力可言。《刑事诉讼法》明定:"鉴定之经过及其结果,应命鉴定人以言词或书面报告。"(第 206 条第 1 款)刑事诉讼判决亦一再强调,"鉴定报告书之内容应包括鉴定经过及其结果,法院嘱托鉴定机关为鉴定时,受嘱托之鉴定机关不应仅将鉴定结果函复,并应将鉴定经过一并载明鉴定报告书中,若鉴定报告书仅简略记载鉴定结果而未载明鉴定经过,既与法定记载要件不符,法院自应命受嘱托机关补正,必要时并得通知实施鉴定之人以言词报告或说明,否则,此种欠缺法定要件之鉴定报告不具备证据资格,自无证据能力可言"③。但是,需要注意的是,实务中,针对欠缺经过内容或结果内容的鉴定报告书,法院可能不会径直否定其证据能力,而是采取另外两种方式,即或是要求补正,或是要求以言词形式报告或说明。

一般情况下,针对鉴定报告的证据能力是否具备,法官必须从"资格"与具结两方面进行审查。但是,在实务中,有两类"特殊"鉴定,除非必要,否则可以直接认定其鉴定报告具有证据能力:一是受嘱托机关的鉴定(第 208 条);二是有关毒品、枪炮弹药刀械、野生动物等司法警察调查案件的鉴定。首先是受嘱

---

① "106 年台上字第 2919 号"刑事判决书要旨。
② "106 年台上字第 2919 号"刑事判决书要旨。
③ "93 年台上字第 4834 号"刑事判决书;亦可参见"97 年台非字 373 号"刑事判决书。

托机关的鉴定,其鉴定报告在 2003 年法律修改之前,并无具结的要求,即"嘱托机关鉴定,并无必须命实际为鉴定之人为具结之明文"①。之所以如此,原因在于法律规定的具结义务,"系指在选任自然人为鉴定人者而言。若系依照同法第二百零八条第一项嘱托相当之机关为鉴定者,依同条第二项之规定,即不在准用具结义务之列。盖非自然人不适于为处罚伪证罪之客体,纵令命其具结,亦无法律上效果之可言"②。此时,受嘱托机关的鉴定无论是否具结,都当然具备证据能力。

　　法律于 2003 年修改之后,受嘱托机关的鉴定报告在特定情形下,必须有具结的程序要件,即"前项实际实施鉴定或审查之人以言词报告或说明其鉴定经过或结果时"。③ 实务中,有具体的判决对此点作出进一步阐释:"嗣刑事诉讼法修正后,第二百零八条第二项虽增列第二百零二条之规定,于前项(即嘱托机关鉴定)由实施鉴定或审查之人报告或说明之情形准用之;但法院或检察官依第一项嘱托机关鉴定时,仍仅准用第二百零三至第二百零六条之一之规定,至于第二百零二条同在排除之列。亦即嘱托机关鉴定,仅在命实施鉴定之人报告或说明时,始准用第二百零二条具结之规定;在鉴定前,并无命具文之明文。原审嘱托学校鉴定笔迹,属于嘱托机关鉴定,因内容已臻明了,并未命实施鉴定之人报告或说明,即不发生准用第二百零二条规定,应于鉴定前具结之问题,原判决采用该鉴定结果,自不能任意指为采证违背法则。"④

　　法律于 2003 年修改以后,中国台湾地区法院组织研讨会讨论与刑事诉讼新制相关的法律问题,曾涉及"地方法院检察署检察长为方便侦查程序之鉴定作业,乃发函指示司法警察(官)等侦查辅助人员,于案件未移送检察官侦办前之调查犯罪阶段,得依概括授权自行将尿液、血液、毒品、枪炮、弹药、刀械等物证,送请该检察机关预先核定之专责鉴定人或鉴定机关(团体)实施鉴定,此时该鉴定人或机关(团体)所出具之书面鉴定报告,是否具有证据能力"⑤的问题。针对该问题,主要有两种意见:一是认为该鉴定报告无证据能力,不得作为证

① "75 年台上字第 5555 号"刑事判决书要旨。

② "司法院〔83〕厅刑字第 07568 号"。

③ 参见 2003 年《刑事诉讼法》第 208 条立法理由。

④ "93 年台上字第 761 号"刑事判决书。

⑤ "刑事诉讼新制法律问题研讨会提案第 3 号"。

据,此观点为少数;二是认为基于"检察一体原则,该鉴定人或鉴定机关(团体)亦应视同受承办检察官所选任或嘱托而执行鉴定业务,其等出具之书面鉴定报告应属刑事诉讼法第二百零六条所规定之传闻例外,当然具有证据能力",此观点为多数。① 此后,"法务部"专门于 2003 年 9 月依据此多数意见,发布"法检字第 0920035083 号"文,其主旨是规范有关陈报涉及毒品、枪炮弹药刀械、野生动物等必要案件概括指定鉴定人或鉴定机关。②

在 2003 年以后的刑事诉讼中,涉及关于毒品、枪炮弹药刀械、野生动物等必要案件时,多数刑事判决依据检察一体原则、上述多数意见、"法务部"的"法检字第 0920035083 号"文,处理相关鉴定报告的证据能力。例如,在"99 年台上字第 84 号"涉及走私的判决书中,法官认为:"然于司法警察机关调查之案件,为因应实务,或因量大、或有急迫之现实需求,且有鉴定之必要者,基于检察一体原则,得由该管检察长对于辖区内之案件,以事前概括嘱托鉴定机关、团体之方式,俾便辖区内之司法警察官、司法警察对于调查中之此类案件,得即时送请先前已制定之鉴定机关、团体实施鉴定,以求时效。此种由司法警察官、司法警察依检察官概括嘱托鉴定机关、团体所为之鉴定结果,与检察官嘱托为鉴定者,性质上并无差异,同具有证据能力。"③

此类刑事判决,在实务中较多。④ 但是,亦有刑事判决不采以上处理方式,如"高等法院台中分院"的法官认为:"查卷附之内政部警政署刑事警察局枪弹鉴定书,本质上虽系属鉴识人员于审判外之书面陈述,然该局之鉴识人员均系依法令从事于公务之人员,具有专门知识,且专责枪弹之鉴识事宜,其所为之鉴识结果攸关该局之信誉,若有虚伪,该公务员可能因此负担刑事及行政责任,故该鉴识结果正确性甚高,是内政部警政署刑事警察局负责鉴识之公务员所出具之枪弹鉴定书,应属公务员职务上制作之证明文书,用以证明该鉴定书所载之事项为真实,是依刑事诉讼法第一百五十九条之四第一款之规定,该枪

---

① 参见"刑事诉讼新制法律问题研讨会提案第 3 号"。
② 参见"法检字第 0920035083 号"。
③ "99 年台上字第 84 号"刑事判决书要旨。
④ 参见"94 年上诉字第 362 号"刑事判决书、"95 年上诉字第 4785 号"刑事判决书、"96 年上诉字第 1131 号"刑事判决书;"95 年台上字 6648 号"刑事判决书、"95 年台上字 7297 号"刑事判决书、"100 年台上字第 3292 号"刑事判决书。

弹鉴定书即属传闻法则之例外,应有证据能力。"①

二、鉴定报告的证明力

所谓证明力,即证据对待证事实的认定所具有的实质价值。② 是否具备证据能力,决定了鉴定报告可否成为证据资料。至于鉴定报告对待证事实认定的价值大小,即证明力强弱,则由法院自由判断(第155条第1款)。《刑事诉讼法》在2003年修改之前,仅规定"证据之证明力,由法院自由判断"(第155条第1款),但"自由判断"非法院可肆意妄为,"证据之证明力,虽由法院自由判断之,要必先有相当之调查,始有自由判断之可言"③,"其所为判断,仍应受经验法则与论理法则之支配"④。同时,"证据之证明力虽由法院自由判断,然证据之本身如对于待证事实不足为供证明之资料,而事实审仍采为判决基础,则自由判断之职权行使,自与采证法则有违"⑤。虽然在实务中,"自由判断"并非恣意,但是法律条文甚简约,"惟一般社会大众对于所谓'自由'二字每多曲解,误以为法官判断证据之证明力,无须凭据,仅存乎一己,不受任何限制,故经常质疑判决结果,有损司法威信"⑥。

因此,2003年的《刑事诉讼法》大修,参考德国《刑事诉讼法》第261条及中国台湾地区"最高法院"作出的刑事判决⑦,将该条修正为"证据之证明力,由法院本于确信自由判断。但不得违背经验法则及论理法则"(第155条第1款)。由是,鉴定报告的证明力,由法官基于经验法则及论理法则进行自由心证。但是,"要必先有相当之调查,始有自由判断之可言,故审理事实之法院,对于案内一切证据,如未践行调查程序,即不得遽为被告有利或不利之认定"⑧。如果证据已经过调查,但是内容并不明了,"即与未经调查无异"。⑨

---

① "高等法院台中分院""94年上诉字第399号"刑事判决书。
② 参见张丽卿:《刑事诉讼法理论与运用》(第十三版),五南图书出版有限公司2016年版,第341页。
③ "54年台上字第1944号"刑事判决书。
④ "53年台上字第2067号"刑事判决书要旨;亦可参见"44年台上字第702号"刑事判决书。
⑤ "71年台上字第4022号"刑事判决书要旨。
⑥ 2003年《刑事诉讼法》第155条立法理由。
⑦ 参见2003年《刑事诉讼法》第155条立法理由。
⑧ "54年台上字第1944号"刑事判决书要旨。
⑨ 参见"31年上字第87号"刑事判决书要旨。

  "司法院"在《刑事诉讼法》修改以后,曾就诉讼过程中发生的与证据相关的一些问题作出解释,强调证据裁判原则是以严格证明法则为核心,认定犯罪事实的证据,须具备证据能力,并经过合法调查,否则不得作为判断依据。所谓合法调查,"系指事实审法院依刑事诉讼相关法律所规定之审理原则(如直接审理、言词辩论、公开审判等原则)及法律所定各种证据之调查方式,践行调查之程序"①。对于法官而言,可能作为证据的鉴定报告如已具证据能力,但非经合法调查,则亦不得作为证据使用。

  随着"改良式当事人进行主义"的司法改革之进行,《刑事诉讼法》中关于诘问的内容得到增强,作为合法调查重要组成部分的诘问在实务中亦会对鉴定报告的证明力产生影响,不容忽视。对中国台湾地区司法具有重大影响的"苏建和案"②于 2003 年初在新修法律未正式颁行前的再审,即采交互诘问制度,对报告鉴定报告在内的若干证据资料进行充分辩论,"过去实务罕有得对鉴定机关为诘问,此次苏案允许检辩双方针对鉴定报告之作成是否符合科学方法,其报告内容是否可供判断被告犯罪事实等作相当深入之探究,对于欠缺科学专业背景的法院言,正足以帮助其判断该鉴定报告之证据价值。这次苏案可以获得平反,交互诘问制度之采行实发挥不容抹灭之功能"③。

  诘问一般分为刑事侦查中的诘问(第 248 条及第 248 条之 1)和刑事审判中的诘问,审判中的诘问与鉴定报告的证明力具有直接关系。审判中的诘问,最大的变化在于新的交互诘问内容。依据法律规定,鉴定人亦成为交互诘问的对象。

---

① 参见"释字 582 号"解释。

② 苏建和等三人因涉嫌 1991 年 3 月发生于台北县汐止镇(今新北市汐止区)吴铭汉、叶盈兰夫妻命案而于 1991 年 8 月被捕,于 1992 年 1 月首次被判处死刑;至 2012 年 12 月再更三审被判处无罪,历经二十余年共十四次判决。本文所述此次无罪判决发回更审后,著名刑事鉴定专家李昌钰以证人身份于 2007 年前往作证,推翻前法医鉴定报告并作出新的证人证言,然苏建和等三人于瞩再更一审再次被判处死刑;此后,李昌钰受法院选定而为鉴定人,其所作鉴定报告最终为 2010 年更二审采纳,苏等三人或判无罪。参见"台湾高等法院 92 年瞩再更(一)字第 1 号"刑事判决书、"台湾高等法院 96 年度瞩再更(二)字第 1 号"刑事判决书、"台湾高等法院 100 年度瞩再更(三)字第 1 号"刑事判决书;"苏建和案",来源:https://zh. wikipedia. org/wiki/%E8%98%87%E5%BB%BA%E5%92%8C%E6%A1%88。(访问日期:2018 年 12 月 26 日)"李昌钰博士为苏案佐证大事记及鉴定报告要点,来源:https://www. jrf. org. tw/newjrf/index_new2014. asp? id = 2681。(访问时间:2018 年 12 月 28 日)

③ 顾立雄:《苏建和案与新修正的刑事诉讼法》,来源:https://www. jrf. org. tw/newjrf/index_new2014. asp? id = 934。(访问日期:2018 年 12 月 28 日)

(一) 交互诘问鉴定人与鉴定报告的证明力

虽然旧的法律有关于交互诘问的规定,但是因为"法条过于简略,且已往诉讼架构具有浓厚之职权进行色彩,证人、鉴定人先经审判长将应行查明事项讯问完毕后,当事人及辩护人几已无话可问,而检察官及律师界对于研习诘问技巧又未曾重视,以致效果不彰"①。在"改良式当事人进行主义"的司法改革中,加重当事人进行主义色彩,淡化职权进行主义的刑事诉讼制度,是《刑事诉讼法》修改的重要方面。证据调查是审判程序的核心,其中,当事人之间互为攻击、防御更是法庭活动中的调查证据程序之重点。② 为此,"审判程序之进行应当由当事人扮演积极主动之角色,而以当事人间之攻击、防御为主轴,因此有关证人、鉴定人诘问之次序、方法、限制、内容,即为审判程序进行之最核心部分",进而调整原先审判程序中的诘问制度,形成新的交互诘问制度。该制度设计的主要目的,"在辨明供述证据之真伪,以发现实体之真实"。③

依据《刑事诉讼法》的规定,当事人、代理人、辩护人及辅佐人申请传唤鉴定人,于审判长为人别讯问以后,由当事人、代理人或辩护人直接诘问之,诘问鉴定人的次序是:先由申请传唤到当事人、代理人或辩护人(以下简称为"本造")为主诘问,次由他造之当事人、代理人或辩护人(以下简称为"他造")为反诘问,再由本造为覆主诘问,再次由他造为覆反诘问(第 166 条)。虽然主诘问可能由控方开端,但是本造并非专指控方。以申请时间为断,辩方申请在先时,得为本造;同时申请时,根据法律,则由双方合意确定,若合意不能解决,则由审判长定之(第 166 条第 6 款)。④

本造对鉴定人进行主诘问,应就待证事项及相关事项进行,且为鉴定人鉴定报告的证明力,可就必要事项进行。在本造进行主诘问时,不得进行诱导诘问,但是以下事项可以排除出禁止之列:在未为实体事项诘问前,关于鉴定人的身份、学历、经历、与其交游所关的必要准备事项;当事人之间显无争执的事

---

① 朱石炎:《刑事诉讼法论》(修订第六版),三民书局股份有限公司 2016 年版,第 239 页。
② 参见 2003 年《刑事诉讼法》第 163 条之 1 立法理由。
③ 2003 年《刑事诉讼法》第 166 条立法理由。
④ 参见 2003 年《刑事诉讼法》第 166 条立法理由;朱石炎:《刑事诉讼法论》(修订第六版),三民书局股份有限公司 2016 年版,第 244 页。

项;关于鉴定人记忆不清且为唤起记忆的必要事项;鉴定人对诘问者显示敌意或反感的;鉴定人故意规避的事项;鉴定人为与先前不符陈述时的先前之陈述;其他认为有必要进行诱导诘问的特别事项(第166条之1)。在主诘问中的待证事项,"不以重要关系之事项为限,而系以英美法所谓'关联性法则'定之"①。一般而言,首轮主诘问系由控方起始,若鉴定人的陈述有破绽,则遭受他造于反诘问时的质疑或责难,进而影响鉴定报告的证明力。同时,为增强鉴定报告的证明力,在主诘问中,可能就鉴定人从事某项工作若干年以上且于专业领域内夙有声誉等进行相关询答。② 除法律规定的必要情形外,禁止诱导诘问,即"诘问者对供述者暗示其希望之供述内容,而于'问话中含有答话'之诘问方式"。此方式之所以禁止,是因为受诘问之鉴定人可能会迎合主诘问者之意思,而作非真实表达。因此,除法定必要情形外,禁止诱导诘问。③

主诘问完成后,由他造对鉴定人进行反诘问。反诘问应就主诘问所显现的事项及相关事项或为辨明鉴定人陈述证明力所必要事项进行;反诘问于必要时,可以进行诱导诘问(第166条之2)。反诘问旨在弹劾鉴定人供述的凭信性,以及引出在主诘问时未得揭露的或被隐瞒的事实,从而达到发现真实的目的。④ 反诘问的积极意义在于,使得鉴定人与主诘问的陈述内容经过此程序而更加完整、正确,但在实际运用上,通常是运用盘问技巧来发现并揭露原先陈述的瑕疵、破绽或隐情,从而实现削弱或推翻鉴定人陈述可信度之目的,进而影响鉴定报告的证明力。⑤ 在反诘问阶段,于必要时得为诱导诘问,与主诘问时相反。原因在于,行反诘问时,鉴定人通常非属行反诘问一造,较不容易发生鉴定人附和诘问者而为非真实供述的情形;另外,经由反诘问可以发现鉴定人于主诘问时的供述是否真实,通过诱导诘问,更能发挥推敲真实的作用。但是,反诘问时,鉴定人有可能迎合或屈服反诘问者的意思,或者存在遭受羞辱的危险,因此在反诘问阶段,于必要时得为诱导诘问。至于何为"必要",则由审判长进行裁量。⑥

---

① 2003年《刑事诉讼法》第166条之1立法理由。
② 参见朱石炎:《刑事诉讼法论》(修订第六版),三民书局股份有限公司2016年版,第242页。
③ 参见2003年《刑事诉讼法》第166条之1立法理由。
④ 参见2003年《刑事诉讼法》第166条之2立法理由。
⑤ 参见朱石炎:《刑事诉讼法论》(修订第六版),三民书局股份有限公司2016年版,第244页。
⑥ 参见2003年《刑事诉讼法》第166条之2立法理由。

反诘问完成后,其中显现出的事项及相关事项,或者在反诘问阶段出现的支持自己主张的新事项,得就鉴定人而为覆主诘问,其方式依据主诘问的方式由本造为之,并遵循主诘问时针对诱导诘问的规定(第 166 条之 3、之 4)。覆主诘问的目的在于,针对他造于反诘问中质疑、贬损证明力的内容,于此阶段予以厘清、修补,并就新事项予以质疑、究诘。① 本造完成覆主诘问后,他造继而为覆反诘问,应就辨明覆主诘问所显现鉴定报告证明力必要之事项为之,其方式遵循反诘问的规定(第 166 条之 5)。为避免诘问事项不当扩张,浪费法庭时间,在覆反诘问阶段,必须针对"覆主诘问所显现证据证明力必要之事项"②为之。

对鉴定人的交互诘问,依以上次序进行,其诘问范围依次序得以限缩。交互诘问完成后,基于申请且经审判长许可,可得更行诘问(第 166 条第 3 款)。"在加强当事人进行主义色彩之刑事诉讼架构下,法院依职权调查证据系居于补充性、辅佐性之地位",因此审判长在交互诘问、更行诘问后,可以补充性地讯问鉴定人(第 166 条第 4 款)。③ 当然,法院依据职权,亦可传唤鉴定人,被传唤到庭的鉴定人,应由审判长先行讯问,之后可依审判长指定顺序而为交互诘问(第 166 条之 6)。

在交互诘问鉴定人的过程中,法律明定了禁止诘问事项,即与本案及因诘问所显现之事项无关者;以恫吓、侮辱、利诱、诈欺或其他不正之方法者;抽象不明确之诘问;为不合法之利诱导者;对于鉴定人未行鉴定事项为之者;其他为法令禁止者。同时,法律规定了禁止但在有正当理由时可以为之者,即对假设性事项或无证据支持之事实为之者、重复之诘问(第 166 条之 7)。又,交互诘问鉴定人以何种方式进行,法律没有明确规定,只是笼统地规定"应就个别问题具体为之"(第 166 条之 7)。主要理由在于,无论是一问一答式还是陈述式,皆各有利弊,因此以概括的方式规定,赋予诘问弹性空间,委诸实务。④

交互诘问鉴定人,与鉴定人之鉴定报告的证明力有无、强弱密切相关。然而,需要注意的是,在行交互诘问前,需得事先请教相关专家,得以在专业知识

---

① 参见朱石炎:《刑事诉讼法论》(修订第六版),三民书局股份有限公司 2016 年版,第 246 页。
② 2003 年《刑事诉讼法》第 166 条之 5 立法理由。
③ 参见 2003 年《刑事诉讼法》第 166 条立法理由。
④ 参见 2003 年《刑事诉讼法》第 166 条之 7 立法理由。

上做充分准备,方可取得理想之效果。① 盖因交互诘问的对象存在不同,证人为亲身体验陈述五官感觉之人,可能与当事人有关系,而鉴定人为无利害关系且具备专业知识的专家,诘问鉴定人虽有种种言辞技巧,但不从实质专业内容上诘问鉴定人,实难取得肯定或否定鉴定报告证明力的效果。②

(二) 法官自由心证与鉴定报告的证明力

2003 年,《刑事诉讼法》进行修改,为避免社会大众的误解,规定"证据之证明力,由法院本于确信自有判断",但强调"不得违背经验法则及论理法则"(第155 条)。③ 申言之,作为证据资料之鉴定报告的证明力,由法官在遵循经验法则与论理法则的前提下来自由判断。一般而言,在刑事诉讼过程中,"证据在何种条件下方能供为判断之基础,固可由法律予以规定,不许自由裁量,而证据之证明力,则唯赖裁判者自有判断,实非法律所能设限"④。易言之,资格条件可以设置法律限制,以确定是否有证据能力,但是证明待证事实的能力大小,不可能通过事先的法律规定予以确认,只能根据具体情况,由裁判者判断。

经验法则与论理法则虽有一定的判断标准,但亦为抽象。"所谓经验法则,系指社会上一般人基于日常生活经验认为当然之一定规则,而非少数人特殊行为之准则或个人主观上之推测。"⑤遵循经验法则,实务中一般认为,"苟其判断之论据,按诸通常经验,并非事理之所无,即不能指为违背经验法则"⑥。针对违背经验法则的处置,依实务做法,"证据之证明力,固属于法院判断之自由,但不得违背经验法则,如证据之本身依照吾人日常生活经验所得之定则观察,尚非无疑窦时,则邃难采为判决之基础"⑦。以上实务中对经验法则的理解,发生于 2003 年《刑事诉讼法》修改之前。

---

① 参见蔡墩铭:《鉴定之证据能力与证明力》,载《台大法学论丛》第 26 卷第 4 期。
② 参见施俊尧:《医疗鉴定证据证明力及医疗鉴定人诘问》(下),载《台湾法医学志》第 1 卷第 2 期。
③ 参见 2003 年《刑事诉讼法》第 155 条立法理由。
④ 朱石炎:《刑事诉讼法论》(修订第六版),三民书局股份有限公司 2016 年版,第 176 页。
⑤ "86 年台上字第 6213 号"刑事判决书。
⑥ "28 年上字第 2595 号"刑事判决要旨。亦可参见"30 年上字第 597 号"刑事判决书及"31 年上字第 1312 号"刑事判决要旨。
⑦ "48 年台上字第 475 号"刑事判决要旨。

2006 年,中国台湾地区"最高法院"第 17 次刑事庭会议,对经验法则亦有表述:"所谓经验法则,即在普通一般人基于日常生活所得之经验,从客观上应认为确实之定则。例如认定掷石块击伤里以外之人,某人日食一石之米,及其他显有不近事理之处,均为与经验法则不合。他如下列情形亦当然违背经验法则,其采证均属违法:(1)所凭证据之内容显不明确者;(2)比附某种证据而为不合理之推定者;(3)所凭证据与所认定事实无联络关系者。"①至于论理法则,在 2003 年修法之前,实务中一般认为其是理则上当然存在,具有合理性而与事理无任何违背的原则,与经验法则一样属于客观存在的法则,非为当事人主观的推测。②

《刑事诉讼法》修改以后,实务中对论理法则的理解亦无变化,如"所谓论理法则,乃指理则上当然之法则,一般人均不致有所怀疑之理论上定律,具有客观性,非许由当事人依其主观自作主张"③。在一些案件中,法院亦指出有违论理法则之处,如"原审……乃迳以上诉人直言在下车之后,自行走三十分钟之路程回家,且'对于案情避重就轻之态度',认定上诉人当时未达上揭'精神耗弱'之程度。实则,能够走路回家,仅足证明未至'心神丧失(刑法已修正用语为精神障碍、心智缺陷,致不能辨识)'地步;知所避重就轻,无非审判之时,心智正常,要与案发之际精神状况无关。上揭论断,显违论理法则"④。概言之,法律规定甚为简约,仅要求法官就鉴定报告等证据资料的证明力,依据经验法则与论理法则加以判断。

依据以上具有抽象性的原则,判断具有专业性的鉴定报告,有时会有诸多的困难。例如,在一起涉及医疗鉴定的刑事判决中,中国台湾地区"最高法院"就指出:"行政院卫生署医事审议委员会鉴定意见所谓:'是否有造成死者脑部二度受伤之可能',所指为何? 系指被害人需脑部有'二度受伤',始会造成死亡,抑系'二度受伤'仅系加速死亡,虽无'二度受伤',仍会造成死亡结果之发生? 再被害人第一次系脑部左侧因撞击硬质桌或沙发椅角,而'二度受伤'是

---

① "'最高'法院 95 年度第 17 次刑事庭会议记录(节本)"。
② 参见"89 年台上字第 5809 号"刑事判决书、"90 年台上字第 1784 号"刑事判决书。
③ "95 年台上字第 7238 号"刑事判决书,亦可参见"97 年台上字第 5949 号"刑事判决书。
④ "96 年台上字第 785 号"刑事判决书。

否指同一部位再以相同或类似方式受伤?"①因此,针对鉴定报告的证明力,虽由法官基于上述原则而自由判断,但鉴定报告系鉴定人依据特别经验而作出,就此项鉴定人凭借特别知识经验而为之的评价,法官基于专业能力方面的欠缺,不得不力求谨慎,尤其是在鉴定报告已经确认证据能力,且经过合法调查、交互诘问的考验之后。一般而言,除非同一鉴定事项出现两份结果相反的鉴定报告,否则鉴定报告被法官采用的可能性极大,此即意味着,对于大多数鉴定报告而言,通常能够具有证明力。②

三、鉴定报告的拘束力

在《刑事诉讼法》于 2003 年修改之前,中国台湾地区的刑事诉讼实务多认为,鉴定报告只是形成法院心证的资料,对法院无拘束力。③ 例如,1990 年代发生的"何美能北一女泼硫酸案",一度引发巨大争议。该案经历过四次审判,每次审判,法官对鉴定报告所采态度均不一致。一审法官据鉴定报告鉴定被告罹患妄想症,认为其犯罪行为时之精神状态已达到心神丧失程度,从而判决无罪且令入相当处所监护处分三年;二审法官认为,鉴定报告非唯一依据,被告有重伤故意,虽有精神耗弱,但仍判处七年有期徒刑;更一审法官采鉴定报告,认可心神丧失,判决同一审;更二审法官认为,"鉴定报告只为形成法院心证之资料,对于法院之审判并无拘束力,故待证事项虽经鉴定,法院仍应本于实权予以调查,以期发现事实之真相,不得仅以鉴定报告为判决之唯一证据",从而判处有期徒刑六年,令入相当处所监护三年。④ 由此可知,鉴定报告对于法官而言,并无必然拘束力,关键在于法官的自由心证。

中国台湾地区"最高法院"于 1968 年所作出的"57 年台上字第 3399 号"刑事判决,在实践亦多被援引,旨趣在于"刑事诉讼采职权调查主义,鉴定书只为形成法院心证之资料,对于法院之审判并无拘束力,故案件虽经鉴定,法院仍

---

① "96 年台上字第 308 号"刑事判决书。

② 参见蔡墩铭:《鉴定之证据能力与证明力》,载《台大法学论丛》第 26 卷第 4 期。

③ 参见"83 年台上字第 5811 号"刑事判决要旨。

④ 参见"91 年上更(二)第 778 号"刑事判决书;张丽卿:《精神鉴定的问题与挑战》,载氏著:《验证刑诉改革脉动》,五南图书出版股份有限公司 2008 年第 3 版。

应本于职权予以调查,以期发现事实真相,不得仅以鉴定书作为判决之唯一证据,否则一经鉴定,无异已得法院判决之结果,而法院之审判,势将流于形式,自与职权调查发现真实之本旨相违"①。申言之,审判由法官主导,鉴定只是证据的一种形式,鉴定报告只是证据资料的一种。针对证据资料,由法官基于自由心证来取舍。

虽然《刑事诉讼法》于 2003 年经过了修改,且前述"57 年台上字第 3399 号"判决已于 2003 年 3 月 25 日的"'最高法院'92 年度第 5 次刑事庭会议"上议决不再援引②,但是实务中针对鉴定报告的拘束力问题,法院仍多采无拘束力的立场。例如,有法官在刑事判决中指出,"鉴定报告只为形成法院心证之资料,对于法院之审判并无拘束力,故待证事项虽经鉴定,法院仍应本于职权予以调查,以期发现事实之真相"③。在"94 年台上字第 2074 号"刑事判决中,中国台湾地区"最高"法院进一步认为:"刑事诉讼法之鉴定,乃使有特别知识或经验者,在诉讼程序上,就某事项陈述或报告其判断之意见,借以补充法院之知识,协助法院判断事实之真伪,属证据资料之一种。因鉴定仅具补充法院认识能力之机能,鉴定意见能否采取,属证据证明力问题,赋予法院自由判断之权。故鉴定结果,对法院而言,并无必须接受之拘束力,对于涉及专业事项之鉴定意见,法院除须经直接言词的调查证据程序,调查鉴定意见之适格性及可信度外,仍应综合卷内全部资料予以判断,且应于判决理由说明得心证之理由,否则自有理由不备之违法。……因此,法院不得专凭医学鉴定报告,作为判决之唯一证据,而应就全部卷证数据,践行调查程序及参酌被告之犯案过程,资以判断行为人于行为时之精神状态,以定其责任能力。"④

概言之,在中国台湾地区的刑事诉讼过程中,鉴定报告对法官无拘束力。但是,在实务中,一些动向值得关注,如关于测谎鉴定报告的拘束力问题。中国台湾地区"最高"法院认为:"事实审审判,为追求真实发现之目的,除容许一般证据外,亦须与人类科学技术发展同步,广纳科学证据,除法律有明文限制或未依法调查者外,不得摒弃依科学证据方法取得之证据,任意视科学证据

---

① "57 年台上字第 3399 号"刑事判决书。
② 参见"'最高'法院 92 年度第 5 次刑事庭会议"。
③ 参见"92 年台上字第 5019 号"刑事判决书。
④ "94 年台上字第 2074 号"刑事判决书。

为无证据能力。"①

实务中,对测谎的鉴定报告已经形成基本一致的见解,即"该测谎检查结果之书面报告,即系受嘱托机关之鉴定报告,该机关之鉴定报告,形式上若符合测谎基本程式要件,包括:(一)经受测人同意配合,并已告知得拒绝受测,以减轻受测者不必要之压力。(二)测谎员须经良好之专业训练与相当之经验。(三)测谎仪器品质良好且运作正常。(四)受测人身心及意识状态正常。(五)测谎环境良好,无不当之外力干扰等要件,即赋予证据能力"。据此,虽然"证据之证明力,采自由心证主义……亦非漫无限制,仍不得违背经验法则及论理法则;……一般而言,受测者否认犯罪之供述呈现不实之情绪波动反应,不得采为有罪判决之唯一证据,若受测者否认犯罪之供述并无不实之情绪波动反应,又无其他积极证据证明其被诉之犯罪事实,自得采为有利于受测者之认定"②。

由此观之,针对涉及测谎的鉴定报告,当鉴定报告经过形式上审查且符合一定条件时,对法官可能形成一定的拘束。但是,必须在测谎鉴定报告有利于被告的条件下,此种拘束力才可能产生。

结语

中国台湾地区的《刑事诉讼法》于 2003 年经过大幅修改,逐渐强化了刑事诉讼中的"改良式当事人进行主义",弱化了大陆法系的职权主义特征。实务中,法官亦于刑事判决书中一再强调,"刑事诉讼调整为改良式当事人进行主义,加强当事人诉讼地位,审判程序之进行,以当事人间之攻击、防御为主,法院依据职权调查证据,仅具辅助性质"③。虽是如此,但"犯罪事实之认定、证据之取舍以及证明力之判断,俱属事实审法院之职权,此项职权之行使,倘不违背客观存在之经验法则或论理法则,即不违法"④。法律规定,鉴定报告必须包

① "97 年台上字第 6293 号"刑事判决书。
② "92 年台上字第 2282 号"刑事判决书。
③ "107 年台上字第 2958 号"刑事判决要旨。
④ "107 年台上字第 1109 号"刑事判决书。

括过程与结果，以此辅助法官基于经验法则与论理法则而为自由心证，对鉴定报告的证明力作出判断。但是，现代科学技术发展迅速，鉴定的手段方式亦呈多样性、专业性，"刑事诉讼审判实务之各类案件所需之鉴定各有该领域之专业，且多属于自然科学，原则上可分为生物、物理、化学类"，法官一般仅具备人文科学背景，原则上不具备该项专业，如何仅仅依据经验法则与论理法则，对鉴定报告的证明力作出判断？ 在前述"何美能案"中，法官对鉴定报告的心证结果各不相同，作出四种不同的判决，在一定程度上说明，法官专业知识的局限不利于对鉴定报告的证明力形成妥适的判断。

　　进入 21 世纪以后，中国台湾地区具有重大影响的"苏建和案""徐自强案"①"江国庆"②，皆与刑事诉讼鉴定有密切关系。虽然涉案当事人均得平反，但是具有职权主义色彩的刑事诉讼鉴定受到猛烈抨击。"监察院"的调查报告显示，现行鉴定制度主要存在以下问题：一是检察机关预先嘱托机关鉴定，使司法警察于犯罪调查阶段委请机关出具之鉴定报告书，得因此于审判中具有证据能力，理论上容非无疑。二是鉴定原应由自然人为之，但目前鉴定多以嘱托机关鉴定方式进行，然而实务见解认为，嘱托机关鉴定所提出报告不需具结，亦多未传唤实际实施鉴定之人到庭接受诘问，有架空传闻法则及侵害被告人对质诘问之虞。三是目前司法实务并未建立对鉴定意见之审查标准，使法院在审判鉴定意见时存在困难，不易于判决理由作出充分说明，有碍司法公信力之提升。四是鉴定机构之独立性有待强化，层级有待提高。五是物证经由采样、运送、保存、鉴定等过程，可能会出现瑕疵，不利于形成可靠的鉴定

---

① 徐自强为 1995 年黄春树命案的被告之一，从其 1996 年 6 月投案到 2012 年 8 月，共经历 8 次死刑判决、2 次无期徒刑判决，8 次更审，5 次非常上诉。2016 年 10 月，中国台湾地区"最高法院"驳回"高检署上诉"，宣判徐自强无罪。2003 年 10 月，徐自强律师向"司法院"申请"释宪"，2004 年 7 月，对中国台湾地区刑事诉讼有重大影响的"释字 582 号"作出。参见"释字 582 号"；"徐自强案"，https://zh. wikipedia. org/wiki/%E5%BE%90%E8%87%AA%E5%BC%B7%E6%A1%88。（访问日期：2019 年 1 月 20 日）

② 江国庆为 1996 年 9 月发生于台北市大安区空军作战司令部营区一起女童奸杀案的嫌疑犯，后判处死刑于 1997 年执行枪决。2011 年初，经过 10 年的陈情，江国庆得以平反，家属依法获得赔偿。来源：https://zh. wikipedia. org/wiki/%E6%B1%9F%E5%9C%8B%E6%85%B6%E6%A1%88#%E6%B1%9F%E5%9C%8B%E6%85%B6%E7%94%9F%E5%B9%B3。（访问日期：2019 年 1 月 18 日）

报告。①

2016 年 11 月,中国台湾地区进行新一轮的司法改革,就刑事诉讼鉴定制度而言,主要是在以下方面进行改革:一是设立一个独立行使职权的机构——司法科学委员会,成员包括人权、心理、法律、医学、脑科学、刑事鉴识科学等相关领域的专家,专责制定并推动司法科学政策,整合并推广各级司法科学教育,制定并执行相关实验室与专家认证。截至 2019 年 2 月,法医研究所成立。② 二是研究制定适用于刑事、民事、行政诉讼的证据法专门法,完善证据法则。但是,此项改革似难实现,因为三类诉讼之基本法则本不相同,实难为一部统一的法典。③ 三是专家证人制度的建立。④ 专家证人制度的讨论,早在参审制度纳入改革议题时,就已于 2000 年由"司法院"颁布过《专家参与审判谘询试行要点》(2001 年修订为《专家谘询要点》)。此前一年,中国台湾地区进行司法改革会议,讨论专家参与审判制度,并决定以"专家谘询"与"专家参审"两阶段来实施专家参审制度。在第一阶段,即"专家谘询"阶段,公布《专家参与审判谘询试行要点草案》,并试行之。第二阶段尚需在中国台湾地区相关法律得以修改后,方得实现。所谓专家参审,一改具备专业知识者在刑事诉讼中的"辅助者"角色,使其转而成为对裁判具有控制权的中立裁判者。四是关于建立证据监管及判决确定后物证保管制度,规范证据监管的方法及保管期限,明确规定违法的法律后果。⑤

目前,中国台湾地区"司法院"亦在准备《刑事诉讼法》修改草案,其中针对鉴定制度,主要涉及以下方面:一是可能会对测谎鉴定报告的证据能力作出规范,以立法形式明确排除测谎鉴定报告的证据能力;二是最大的变化,即可能会以立法方式明确规定私选鉴定;三是鉴定人利益揭露,以维持鉴定人之中

---

① 参见"监察院"调查报告"103 司调 0001",来源:https://www.cy.gov.tw/sp.asp?xdURL=./di/RSS/detail.asp&ctNode=871&mp=31&no=2481。(访问日期:2019 年 1 月 10 日)

② 参见 https://judicialreform.gov.tw/Resolutions/Form/?fn=12&sn=0&oid=11。(访问日期:2018 年 12 月 29 日)

③ 参见 https://judicialreform.gov.tw/Resolutions/Form/?fn=13&sn=1&oid=6。(访问日期:2018 年 12 月 30 日)

④ 参见 https://judicialreform.gov.tw/Resolutions/Form/?fn=13&sn=2&oid=6。(访问日期:2018 年 12 月 30 日)

⑤ 参见 https://judicialreform.gov.tw/Resolutions/Form/?fn=13&sn=4&oid=11。(访问日期:2018 年 12 月 20 日)

立性,就分工或合作关系之范围、违反利益揭露之法律效果,以及与鉴定人拒却之关系加以规范;四是关于审判外之鉴定报告,应使实际实施鉴定之人到庭以言词说明;五是关于法律问题的意见,由法律规范之。[①] 上述内容的修改和真正实施,都将会促使中国台湾地区的司法鉴定机制发生较大的调整和变化。

[①] 参见 http://jirs. judicial. gov. tw/GNNWS/NNWSS002. asp? id = 422956。(访问日期:2018 年 12 月 21 日)

第九章

中国香港特别行政区民事诉讼专家证人制度

第一节　中国香港特别行政区民事司法制度改革
及其对专家证人制度的影响

一、民事司法制度改革的背景及目的

中国香港特别行政区的民事司法制度起源于英国,采用了英美法系的普通法和衡平法体系;同时,基于一些地缘因素及历史原因,其又受到了中国传统法律制度的诸多影响。因此,中国香港特别行政区民事诉讼制度是判例法和成文法的结合,也是英国普通法、衡平法和香港法规的结合,并且包含了一些清朝的法律和习惯。① 回归以后,中国香港特别行政区仍然保留了大部分原有的司法体制和法律制度,并根据“一国两制”的方针政策,对部分法律进行了调整。根据《中华人民共和国香港特别行政区基本法》(以下简称《香港基本法》)第 8 条的规定:“香港原有法律,即普通法、衡平法、条例、附属立法和习惯法,除同基本法相抵触或者经香港特别行政区的立法机关作出修改外,予以保留。”由此可见,中国香港特别行政区法律的渊源包括普通法、衡平法、成文法、习惯法等内容,但是鉴于回归后的香港不再隶属英国管辖,原英国政府本身的立法文件将不在中国香港特别行政区生效,如英国议会的立法、英国枢密院令、《英皇制诰》等法律文件将不再作为香港法的渊源。同时,回归后的香港拥有了独立的

---

① 参见黄双全:《民事诉讼法比较研究》,澳门基金会出版。转引自齐树洁:《香港地区民事司法改革及其启示》,载《河南省政法管理干部学院学报》2010 年第 4 期。

司法终审权,形成了由专门法庭、裁判法院、区域法院、高等法院和终审法院组成的审理体系。[①]

早期中国香港特别行政区的司法制度对经济的稳定发展起到了保驾护航的作用,为经济的快速发展提供了制度保障。但是,法律制度相对于经济发展存在一定的滞后性,中国香港特别行政区的法律制度出现了与社会经济发展不协调的一面,并且愈演愈烈。特别是长期以来,中国香港特别行政区的诉讼程序和证据规则一直饱受争议,导致一些新经济形势下出现的问题难以用原有的法律规则来进行公平合理的解决。另一方面,受到英国在20世纪90年代开始进行的民事司法改革的影响,为满足诉讼程序对于公平正义之核心价值的追求,中国香港特别行政区也开始反思其司法制度中存在的问题。经过长时间的系统调研,中国香港特别行政区成立了民事司法改革工作小组(以下简称工作小组),并于2001年发布了《民事司法制度改革中期报告》(以下简称《中期报告》),报告如实反映了中国香港特别行政区司法制度存在的诸多弊端:

第一,诉讼成本高昂,且不可预期。对中国香港特别行政区高等法院近些年的诉讼费用的调查发现,特别是在一些小额案件中,当事人花费的诉讼成本与案件获赔金额出现了严重的不匹配,很多胜诉的当事人要支付比其获赔金额更多的诉讼成本。[②] 这就导致了诉讼不能完全发挥其保护当事人利益的核心价值。第二,诉讼时间冗长,程序拖沓。司法程序的复杂性导致了各类案件的审理时间过长及无法预期,影响了案件的正常进行。第三,诉讼制度繁杂,相关规定散落在各个法规中,缺乏一套完整的体系和主管部门对整个诉讼制度进行统一管理。第四,诉讼程序的进展太过依赖于各方当事人的博弈,法院缺乏对整个诉讼过程的掌控,导致了一些既定的诉讼规则被各方当事人忽略或回避,从而使得该规则无法得到有效的落实。[③] 总体来看,受限于上述弊端,

① 《香港基本法》第81条规定:"香港特别行政区设立终审法院、高等法院、区域法院、裁判署法庭和其他专门法庭。原在香港实行的司法体制,除因设立香港特别行政区终审法院而产生变化外,予以保留。"《香港基本法》第82条规定:"香港特别行政区的终审权属于香港特别行政区终审法院。"

② 《民事司法制度改革中期报告》(*Interim Report and Conclusive Paper on Civil Justice Reform*),https://www.civiljustice.hk。(访问日期:2019年1月13日)

③ 《民事司法制度改革中期报告》(*Interim Report and Conclusive Paper on Civil Justice Reform*),https://www.civiljustice.hk。(访问日期:2019年1月13日)

改革之前的中国香港特别行政区民事司法制度之主要问题在于费用高昂、诉讼程序复杂、庭审拖延等。[①]

《中期报告》也特别分析了中国香港特别行政区专家证人制度存在的一些问题。基于实践中专家证人制度存在的弊端,工作小组认为,专家证人的过度使用导致诉讼时间拖延、程序复杂。同时,就目前一些案件中的专家证据使用情况看,专家证人缺乏独立性,背离了该制度设立的原则。[②] 究其根本,是由于专家证据具有知识专业性等特点,而法官本身缺乏对该领域知识的有效判断力,也更容易相信专家证人的意见,因此专家证据具有天然的说服力和较高的证明能力。这就导致大量的案件中,当事人过度要求引入专家证人进行作证,并且通过利益交换的方式,要求专家出具倾向于聘请一方的意见,而法院缺乏对此意见的独立识别能力,从而使专家意见主导了法官思路和法院裁决,这一弊端最终反过来也会使得专家证人在法官心中的可信性降低。诚如沃尔夫勋爵在《接近正义》(*Access to Justice*)的最终报告中指出的:"民事案件对专家证据的可采性的放任是一种严重的弊病,它造就了一批获取高额报酬的专家,他们根据聘请他们的当事人的需要出具专家意见,这种做法的代价就是阻碍了司法公正的实现。"[③]另一方面,当事人在诉讼过程中花费大量时间来选聘专家证人和讨论专家意见,不合理地使用专家意见也导致诉讼程序冗长,诉讼成本极高,不利于案件的快速合理解决。

二、改革的具体措施和效果

为了适应社会经济的发展及回应民众对司法公正的诉求,通过大量的研究和调研,同时参考英国民事司法改革成果中的若干重大报告,以及同一法系国家澳大利亚民事司法改革成果《管理型司法:联邦民事司法制度之反思》[④],

---

① 《民事司法制度改革最终报告》(*Final Report of the Working on Justice Reform*),https://www.civiljustice.hk。(访问日期:2019 年 1 月 13 日)

② 参见《民事司法制度改革最终报告》(*Final Report of the Working on Justice Reform*),https://www.civiljustice.hk。(访问日期:2019 年 1 月 13 日)

③ 齐树洁、洪秀娟:《英国专家证人制度改革的启示与借鉴》,载《中国司法》2006 年 5 期。

④ 参见齐树洁:《香港地区民事司法改革及其启示》,载《河南省政法管理干部学院学报》2010 年第 4 期。

力求通过此次司法改革来重新构建公平、高效、合理的民事司法制度,工作小组于 2004 年 3 月 3 日发表了 500 多页的《民事司法制度改革最终报告》(以下简称《最终报告》)。在最终发布的调查报告中,工作小组列举了诸多与改革有关的建议和措施,涉及案件管理、证据制度改革、诉讼程序简化等各方面的事项,共计 150 余项。①

根据《最终报告》的建议,中国香港特别行政区立法会于 2009 年 4 月 2 日正式实施修订后的《2008 年民事诉讼司法制度(杂项修订)条例》《高等法院规则》《区域法院规则》《土地审裁处规则》等法律法规,以落实报告的相关建议。纵观整个中国香港特别行政区民事司法改革的进程,其主要从以下几个方面着手:

第一,加强法院对案件的管理能力,扩大法院的职权。例如,法院严格控制案件审理的时间表,引导当事人参与庭审,提高效率。② 同时,加强对证人和证据的管理,限制非相关证据的使用,其中包括对专家证据的管理。第二,加强非诉讼解决方式的运用,以简化诉讼程序。其中,重要的一点是,法院更多地参与到当事人的和解程序中,并为案件的和解提供有效的帮助,包括律师援助和法律咨询都应当考虑和解的解决方式。为了促成和解,改革还引入了一项新的诉因,即"只涉诉讼费的法律程序",以简化当事人对诉讼费的争议。③ 中国香港特别行政区于 2013 年颁布了《调解条例》,进一步完善新的调解制度。第三,对当事人使用证据的程序进行了规范,如要求当事人、证人、专家证人及其他诉讼参与人对其所作出的状书、证人陈述书、专家报告,以及法院规则或实务指示规定的任何其他文件,均须以"属实申述"方式进行核实④,以避免虚假证据和不实陈述的滥用,从而进一步提高法院的审判效率。第四,对专家证人制度的完善。为了促使专家证人保持公正和独立的诉讼地位,本次改革着力对专家证据在法庭上的应用规则进行明确,从专家证人的选聘、专

---

① 参见齐树洁主编:《港澳民事诉讼法》,厦门大学出版社 2014 年版,第 29 页。

② 参见《民事司法制度改革最终报告》(*Final Report of the Working on Justice Reform*),https://www.civiljustice.hk。(访问日期:2019 年 1 月 13 日)

③ 参见《民事司法制度改革——由 2009 年 4 月 2 日至 2011 年 3 月 31 日的首两年实施情况》,http://library.legco.gov.hk。(访问日期:2019 年 1 月 13 日)

④ 参见《香港法例》第 4 章附属法例 A《高等法院规则》(High Court Ordinance)第 41A 号命令第 2 条规则。

家证人意见的出具、专家意见的采信等方面予以明确规定,以保证专家证人公平、独立地作证,进一步限制了当事人滥用专家证人的情况。

为检验本次司法改革的成效,司法机构先后于 2010 年和 2011 年公布了《民事司法制度改革——由 2009 年 4 月 2 日至 2010 年 3 月 31 日的首年实施情况》和《民事司法制度改革——由 2009 年 4 月 2 日至 2011 年 3 月 31 日的首两年实施情况》。从报告中可以看出,本次民事司法制度改革的进展相对顺利,各项配套的法律制度也日益完善,为社会的司法环境带来了有益的效果。

第一,非诉讼解决机制得到广泛应用,双方当事人接受和解或参与调解的案件逐年增长。同时,为了配合当事人接受调解工作的推广,立法会于 2010 年通过并实施《调解实务指南》,进一步加强对调解工作实务的引导。《调解实务指南》提出,调解由于其自愿合意和降低诉讼成本的特征而将被广泛使用,作为中国香港特别行政区民事司法制度中替代法庭诉讼的最主要争端解决方式。[①]

第二,诉讼效率得到提升。上述报告提供的一些数据显示(参见下表[②]),改革第二年比首年的审讯平均日出现了明显下降,法院通过编订更严格的时间表,对诉讼程序进行切实有效的控制。

表 1　原讼法庭的审讯期表

原讼法庭	改革前的期间	改革后的第一年	改革后的第二年
平均编定日数	4.89	5.51	5.30
平均耗用日数	4.02	3.08	5.88

表 2　区域法院的审讯期表

区域法院	改革前的期间	改革后的第一年	改革后的第二年
平均编定日数	2.60	2.45	2.88
平均耗用日数	2.49	2.23	2.53

---

① 陈海光主编:《中国内地与香港司法制度比较》,法律出版社 2015 年版,第 18 页。

② 参见《民事司法制度改革——由 2009 年 4 月 2 日至 2011 年 3 月 31 日的首两年实施情况》,http://library.legco.gov.hk.(访问日期:2019 年 1 月 13 日)此报告指出,区域法院改革第二年比第一年的数据有所上升,从而进一步分析认为,第二年有若干复杂的案件,需要长时间的审讯。

第三,报告也对诉讼费用、无代表律师的诉讼人、改革引进的新规则等方面进行了评估,虽然某些指标未能给出具体结论,但是这些指标不同程度地受到了非改革因素的影响。因此,《最终报告》总结认为,改革措施实施大致顺利,进展令人满意。

三、民事司法改革后的中国香港特别行政区专家证人制度

(一) 证据制度的特点

自民事司法制度改革之后,中国香港特别行政区重新修订了《证据条例》,对证据的形式和取得程序进行了详细的规定,主要包括以下五个方面的内容:第一,可接纳证人及其证据,主要对证人的作证规则进行规定;第二,可接纳的文件,主要对书面证据的证明力和使用规则予以明确,改革后的制度对书证的公开程序及要求进行了明确,避免证据公示的拖延;第三,对民事诉讼中传闻证据的证明力等问题进行了规定;第四,意见证据和专家证据,主要介绍了专家证据的证明力和可采纳性问题;第五,一些其他的证据补充形式和特定情况下的证据运用使用准则等。① 与英国法的证据规则不同,中国香港特别行政区的证据规则呈现出极为鲜明的特点。首先,中国香港特别行政区的证据规则属于民刑合一的证据体系,虽然源于英国证据制度,但是并未像英国那样在一些单行的法例中对民事和刑事的证据规则进行区分。② 中国香港特别行政区未对刑事和民事证据的使用作明确区分,只是在《证据条例》中对证据的可采纳性进行了原则性规定。其次,除了《证据条例》外,中国香港特别行政区通过一些法院条例和规则来进一步明确证据的适用问题,证据运用方面的规则主要规定在《高等法院规则》《区域法院规则》等法院规则中。同时,在一些具体案件中,法官对证据规则的一些解读和适用也作为判例,进一步丰富了中国香港特别行政区的证据规则。

(二) 民事司法改革对专家证人制度的影响

正如报告中所述,改革前的专家证人制度导致法官裁决过度依赖专家意

---

① 参见《香港法例》第 8 章《证据条例》(Evidence Ordinance)。
② 参见辜恩臻:《香港民事证据制度改革述评》,载《司法改革评论》2010 年第十辑。

见,同时在程序上也缺乏对专家证人的有效管理,使得诉讼拖延情况严重。为了能够解决这些问题,在专家证人制度的改革中,参照英国司法制度改革的有益成果,工作小组在《中期报告》中,针对专家证人制度的改革方向,提出了如下几个建议:(1)要求专家应当对法院负责,而不应当是对聘用他的当事人负责。(2)专家应当独立、公正地进行工作。(3)制定专家的行为规则,以约束专家在作证和出具专家意见过程中的行为,确保专家意见的合法性。(4)专家就提供的任何意见必须给出相应的依据,不管聘用方的指示如何,必要时法院可以撤销相应的专家意见。(5)专家可以以个人的名义向法院直接寻求指示。[1] 经过讨论,由于后两项建议可能违反《香港基本法》确立的法律咨询权和引发当事人之间的不信任,因此《最终报告》没有予以采纳,而是采纳了前三项建议。[2] 最终,相关建议在《高等法院规则》《证据条例》等相关规定中予以明确。

通过本次专家证人制度的改革,中国香港特别行政区首先加强了法院对专家证据的管理,实现了专家证人选聘和评价等程序的合理性。本次民事司法改革的核心措施之一,就是通过法官制定相关诉讼时间表来提高诉讼效率,法院应当在涉及专家证人出庭作证的案件中设定有效的案件时间表。如果任何一名专家或当事人未按照法院要求的时间提交证据,那么法院有权对相关人员予以处罚。另一方面,通过专家会议制度和专家证据的披露制度,加强专家意见的透明性和独立性。[3] 改革者希望通过本次改革,解决长期以来备受批评的专家证人中立性问题,因此其制定了一系列的专家行为规则,以保证专家在出具意见过程中的程序合理性。

---

① 《民事司法制度改革中期报告》(*Interim Report and Conclusive Paper on Civil Justice Reform*),https://www.civiljustice.hk.访问日期:2019年1月13日。

② 《民事司法制度改革最终报告》(*Final Report of the Working on Justice Reform*),https://www.civiljustice.hk.(访问日期:2019年1月13日)

③ 相关具体条款见《香港法例》第4章附属法例A《高等法院规则》(High Court Ordinance)第38号命令第35条至第39条规则。其中包括专家证人的具体职责、专家证人的选聘、专家证人的委任等制度。

第二节　专家证人的概念及职业操守

中国香港特别行政区的专家证人制度作为英美法系专家证人制度,主要源自英国。英国专家学会主席罗格认为,专家是在特殊领域具有相当知识及技能的人。[①] 根据法院的要求,当事人聘请的专家可以在法庭中发表意见,而专家意见可以为法院所采纳。在早期的英国有关专家证人的意见是否可以使用的案件中,曼斯菲尔德法官认为,考虑到本案中的一些专业问题只有专家可以给出意见,因此我们认可他的判断和意见,并认为其可以构成本案的事实。[②] 专家证人制度经过长时间的运行和发展后,逐渐形成了一些评价标准。例如,英国法院通过 The Ikarian Reefer 案所确立的专家证人评价规则,为各国在如何正确使用专家证人方面提供了有益范本,而该案件所确立的基本原则,也一直被英美法系的国家和地区沿用至今。

专家提供的证据,通常来说属于意见证据,意见证据是证人根据其所感知的事实给出的看法、观点或推断。[③] 对于一般证人来说,其仅可就感知的事实进行陈述,而不能就其感知的事实给出判断。一些学者认为,主要原因在于:一方面,证人发表的意见并非是自己亲身感知的事实,而是对事实的看法或观点,这样的看法或观点有可能是一种主观猜测,容易发生错误。另一方面对证人所感知的客观事实作出评价,应当属于法官的职权范围。允许证人对自己所感受到的事实发表所谓看法或观点,有侵犯审判权之嫌疑。[④] 除了对事实进行陈述外,有一些证人会根据自身的专业知识和经验,就某一特定问题进行解释或发表意见,以协助法官或陪审团来理解案件中出现的专业问题,这些证据就属于意见证据。证人根据其自身常识和经验发表的意见,就属于非专家意见。

---

① Roger. T. Trett, *The Expert System in the United Kingdom*, *Euro-Expert Conference*, Madrid, 2000. 转引自季美君:《专家证据制度比较研究》,北京大学出版社 2008 年版,第 4 页。

② 参见 Folker v Chard, 99 *Eng. Rep.* 589(1782)。本案涉及英国法院早期对当事人聘请专家的评价,法官在案件中认可专家根据自身的经验对港口坍塌原因作出的判断,认为科学的事情应当由专业的人员进行解释,并在最终的裁判中采纳了该专家的意见。

③ Bryan A. Garner, *Black's Law Dictionary*, West Group, 1999, p. 1120.

④ 马贵翔、张海祥:《意见证据规则探析》,载《华东师范大学学报(哲学社会科学版)》2009 年第 2 期。

中国香港特别行政区法律承认普通证人给出的意见证据，其规定"凡任何人被传召在民事法律程序中作证人，而该人并不合资格就某项有关联的事宜提供专家证据，则该人就该项有关联的事宜的意见陈述，如为传达其亲身所察觉的有关联的事实而作出，可接纳为其所察觉的事实的证据"①。具有专业知识的人根据其专业技能给出的意见属于专家意见。《高等法院规则》规定，专家证人是指为在法院进行的法律程序的目的而提供或准备证据的专家。②《证据条例》第58条也同样规定，在符合任何规则的规定下，凡任何人被传召在民事法律程序中作证人，而该证人符合资格就某项有关联的事宜提供专家证据，则该人就该有关联的事宜的意见可接纳为证据。③

根据中国香港特别行政区法律的规定，专家证人具有以下三方面的特点，其同时也是对专家证人的职业操守要求。

一、就特定领域的事项发表意见

专家证人出具的意见具有限定性，即专家证人只能就其擅长领域的相关问题提供意见；对非其擅长的领域，专家证人不能发表意见。与单纯陈述事实不同，专家证人在发表的陈述意见中，加入了自身对某一问题的主观判断。因此，为避免该等主观判断被滥用，同时确保专家证人意见的可靠性，法律只允许专家证人在其具有专业知识的领域内发表意见。例如，在一些复杂工程类合同诉讼中，为了查清合同履行过程中是否存在违约行为，各方会分别聘请某一领域的技术专家、延期专家（专门用于计算是否存在履约的延期及延期的天数），以及费用计算专家（专门用于计算各方参与此次诉讼所发生的各种费用是否合理）。由此可见，案件的复杂程度决定了涉案专业问题的多样性。但是，无论如何，每一个专家仅就其受聘的范围和专业的领域发表意见，不能就其他领域发表意见。那么，对特定领域或专业领域的判断是否存在一个既定的标准？从过往的实践情况来看，需要结合案件的实际情况和法官关注的要

---

① 参见《香港法例》第8章《证据条例》（Evidence Ordinance）第58条。
② 参见《香港法例》第4章附属法例A《高等法院规则》（High Court Ordinance）第38号命令第35条规则。
③ 参见《香港法例》第8章《证据条例》（Evidence Ordinance）第58条。

点进行判断,这涉及专家资格的判断问题,我们将在下文进行详述。

二、专家证人具有独立性

虽然大部分专家证人为当事人一方或双方聘请,但是专家证人应当向法院负责,并且按照自己的意愿来独立给出意见,不受聘用方指示的影响。这主要体现在三个方面:第一,对法庭负有凌驾性责任。根据中国香港特别行政区法律的规定,专家证人有责任就其专长范围内的事宜协助法庭,其对法庭负有的责任凌驾于对聘请他或付费给他的人的任何义务。[①] 专家证人应当直接对法院负责。第二,对法庭负有首要责任。专家证人对法庭而非延聘他或付费给他的人负有首要责任。[②] 为了保证专家地位的独立性,法律明确要求专家证人最首要的、最重要的责任是向法院陈述其独立的专业意见,而不是向实际支付该专家费用的一方当事人。第三,地位上的独立性。专家证人并非某一方的诉辩人。[③] 专家证人的地位在法院中是独立的第三方,虽然某些专家是接受一方当事人聘请而参加诉讼的,但是其不是该方的诉讼当事人或代理人,其作为专家证人出具的意见应具有独立性。

从专家证人制度价值的角度来看,作为弥补陪审团或法院专业知识不足的技术手段,专家证人制度被导入诉讼体制的目的在于协助发掘案件真实,实现公正裁判。[④] 专家证人的主要任务是运用其专业知识和技能,解释特定领域的专业问题,以帮助法院查明案件事实。因此,一旦专家证人失去原有的独立性和公正性,偏袒一方当事人,就会导致该等专家失去公信力,该专家所出具的意见将不再被法院采纳。因此,无论在何种情况下聘请的专家,也无论何人聘请的专家,一旦被选聘,该专家的地位应当是独立的,应当对法院负责。

[①] 参见《香港法例》第 4 章附属法例 A《高等法院规则》(High Court Ordinance)第 38 号命令第 35A 条规则及附录 D《专家证人的行为守则》第 2 条。

[②] 参见《香港法例》第 4 章附属法例 A《高等法院规则》(High Court Ordinance)附录 D《专家证人的行为守则》第 3 条。

[③] 参见《香港法例》第 4 章附属法例 A《高等法院规则》(High Court Ordinance)附录 D《专家证人的行为守则》第 4 条。

[④] 参见徐玲:《在香港高等法院做专家证人》,http://www.guantao.com/sv_view.aspx? Fid = t8;218;8&Id = 785&TypeId = 218&IsActiveTarget = True.(访问时间:2019 年 1 月 13 日)

三、专家证人的意见具有客观性

专家证人出具的意见,是对专业问题的解释,或者对未来可能产生的情况进行一种预测,这决定了专家意见必然具有主观性,但是这并非意味着专家意见是完全主观的。相反,专家意见应当是专家以现有事实为依据,运用其专业知识、科学方法或科学知识对特定问题所作出的合理解释。根据中国香港特别行政区法律的规定,专家在提交意见时应当明确其意见所基于的事实、前提条件和假设的情况,每一项意见所依据的理由,以及某个特定的问题或争论点是否有超出他的专长领域。① 只有这样,对方当事人才能进行有效调查,科学地予以反驳,法院也才得以通过双方激烈的抗辩来确定相应证据的分量。②

另一方面,在出具专家意见和出庭作证之前,专家证人必须向法院出具相关声明③,以表明其已经按照《专家证人的行为守则》的要求履行了义务、责任,其所出具的所有意见应当是真实的、客观的、有理有据的。同时,在出具专家意见的时候,除附上上述意见所依据的所有材料等支持性证据外,还应当按照程序的要求进行属实申述和披露。如果一方聘请的专家未能按照法院的要求履行其相应披露义务的话,那么该专家不得在后续的庭审过程中就相关未披露的意见进行口头陈述或解释理由。④ 同样,如果一方专家没有能够提供其意见的相关依据的话,那么该意见的可采纳度将会降低,并受到各方的质疑。

---

① 参见《香港法例》第 4 章附属法例 A《高等法院规则》(High Court Ordinance)附录 D《专家证人的行为守则》第 8 条。

② 齐树洁、洪秀娟:《英国专家证人制度改革的启示与借鉴》,载《中国司法》2006 年 5 期。

③ 《香港法例》第 4 章附属法例 A《高等法院规则》(High Court Ordinance)第 38 号命令第 37C 条规则规定:"专家证人对法庭的责任的声明(1)除非根据本规则披露的专家报告载有专家证人所作的下述声明,否则该报告不得被接纳为证据——(a)他已阅读附录 D 列出的行为守则,并同意受其约束;他明白他对法庭所负责任;及(c)他已履行并会继续履行该责任。(2)除非有关的专家证人已以口头、书面或其他形式作出下述声明,否则其口头形式的专家证据不得被采纳——(a)他已阅读附录 D 列出的行为守则,并同意受其约束;他明白他对法庭所负责任;及(c)他已履行并会继续履行该责任。"

④ Herman Iskandar v. BonardyLeo (1988)1 HKLR 583, CA.

第三节　专家证人的选聘

一、专家证人的资质

（一）专家的资格

专家证人是具有某一方面专业经验，能够提供相应专业意见的人。那么，究竟具有哪些必要条件的人才能成为法院认可的专家呢？在专家证人的资格认定方面，存在两种路径：一种是由专业机构或协会负责对专家资质进行认定，大陆法系称之为鉴定人制度。例如，法国和意大利都有专门的鉴定人管理机构与鉴定人注册制度，由全国统一的机构来负责鉴定人的资格认定、登记注册等事宜，并收集鉴定人的职业信息、专业和技术能力信息，将鉴定人的执业范围划分在不同的行业。① 另一种是没有固定的行业协会或机构对专家资质进行事先认定，法院在案件审理过程中根据需要，对专家的资质进行认定。在英美法系下，专家证人的资质一般由法院决定。

中国香港特别行政区没有一个专业管理机构对专家进行统一资格认证，因此原则上，各方当事人可以自由选择其所需要的专家，只要该专家的资格能得到法院和另一方当事人的认可。这种资格和经验一般而言既可以是获得某类专业证书或认证资格，也可以是长期从事某类工作所积累的专业知识和丰富的经验。一些法院不再强调专家证人必须接受过正规的教育或培训，如美国、加拿大、澳大利亚、新西兰等国家的证据法都规定，专家证人所拥有的专业知识既可以通过正规教育和培训获得，也可以通过实际观察或学习的途径获得。② 例如，在 H. Maudsly v. the Proprietors of Strata Plan 一案中，为证明一种地板的防滑性能，原被告当事人分别聘请了不同的专家证人，原告聘请的是一位物理专家，而被告聘请的是一位多年从事地板铺设工作的工人。最终，

---

① 参见何家弘主编：《新编证据法学》，法律出版社 2000 年版，第 195 页。
② 参见周湘雄：《英美专家证据制度研究》，中国检查出版社 2006 年版，第 44—45 页。

听取专家意见后,法院认可工人提供的意见,其理由是工人长期从事地板铺设工作,就本案的争议事项具有丰富的实践经验,而物理专家仅能在理论上对该问题进行解释,相比较来说,工人的意见更贴合本案的实际情况。① 因此,英美法系的法院在判断专家证人的资质问题方面有一定的自由裁量权,其所依据的主要原则是专家具有足够的专业知识和经验,且能够帮助法官解决案件中的实际问题。在很多情况下,法官不会过于关心一个专家的头衔和学位,也不会过于关心专家获得该知识和经验的渠道。

(二) 专家资质的审核

虽然各方当事人可以自由选择所聘专家,但是自由选择并非意味着任何人都可以不经审核地成为专家证人。除了从实质上对专家的资质设定评判标准外,法院也需要对专家证人的资格进行审查。专家资质的审核一般涉及两方面内容:一方面,法院会要求专家提供一系列证明文件,以表明该专家在相关领域的专业能力,以及具有为本案所涉及事项发表意见的适格资质等;另一方面,通过法庭调查环节,对专家资质问题进行质疑。

按照《高等法院规则》附录 D《专家证人的行为守则》的规定②,专家证人的报告必须同时附上该人作为专家的资质等相关文件,由法官审查。专家证人应当根据法院的要求,提交自己的简历,包括该专家的受教育经历和工作经历,在特定领域获得的资格证书、相关成就和荣誉,以证明其有资格就特定问题发表意见。提供的上述文件,构成了对专家资质的基本说明,法官以此来初步了解专家的能力情况,以及其作为本案专家证人的合理性。法律没有设立一个严格的标准或程序对专家证人的适格性进行审核,英美法系国家也采取比较宽松的态度来审查专家证人的资格问题。③ 法官一般不会强制要求专家在某方面必须具有专业资格,只要对案件事实查明有益,就可以作为专家。

由于专家证人的资格与专家证据的可采纳性问题息息相关,因此在英美法系对抗制的诉讼模式下,对专家证人的审核还必须经过双方当事人的交叉询问,以确保法院认可专家的合法性与合理性,对方律师会用尽一切办法来质

---

① 参见徐继军:《专家证人研究》,中国人民大学出版社 2004 年版,第 42—43 页。
② 参见《香港法例》第 4 章附属法例 A《高等法院规则》(High Court Ordinance)附录 D 第 8 条。
③ 参见季美君:《专家证据制度比较研究》,北京大学出版社 2008 年版,第 31 页。

疑专家的作证资格。而且,任何被命令在询问人员席前接受询问的人,均可以被盘问或覆问。询问人员可以向席前接受询问的任何人,就该人给出任何答案的意思或询问过程中出现的任何事宜,提出任何问题。① 除了对当事人聘请的专家进行询问外,对法院聘请的专家当事人也可以通过盘问的方式进行质疑。例如,《高等法院规则》规定,任何一方在收到法院的专家报告的文本后 14 天内,可以向法庭申请许可就法院的专家的报告而向法院的专家进行盘问,法庭应该申请作出命令。② 在交叉询问的过程中,主要询问该专家在案件涉及领域所拥有的专业知识和经验是否能满足案件的需要;双方进行盘问后,专家的意见才有可能被接受。

二、专家证人的选聘程序

自实施民事司法改革以来,中国香港特别行政区的专家证人选聘规则有了重大变动,加大了法院在专家证人选聘中的管理作用。同时,在传统的各方当事人选聘专家的程序之外,又新增了单一共聘专家制度,以期望能够发挥专家制度在诉讼程序中作为补充法院专业认知能力之重要手段的作用。

(一)当事人自行选聘专家

专家证人的选聘一般由当事人提出申请,由法院许可或各方当事人同意。③ 根据中国香港特别行政区法律的规定,任何一方当事人都可以根据自身的需要,选聘专家出具相关意见和出庭作证,选聘一方应当自行承担该专家的费用。所有各方当事人经法院许可后,各自聘请专家,每个专家就涉及的专业问题独立给出相关意见,向法院提交各自的专家报告。在此过程中,当事人的专家选聘过程是相对独立的。当选聘的专家具备相关专业资质,同时又不存在证人回避等法定事由时,法院一般予以许可。虽然专家证人在一定程度上

---

① 参见《香港法例》第 4 章附属法例 A《高等法院规则》(High Court Ordinance)第 39 号命令第 8 条规则。
② 参见《香港法例》第 4 章附属法例 A《高等法院规则》(High Court Ordinance)第 40 号命令第 4 条规则。
③ 参见《香港法例》第 4 章附属法例 A《高等法院规则》(High Court Ordinance)第 38 号命令第 36 条规则。

会受到聘请方意见的影响,但是法律从专家证人的行为守则方面,对专家报告和专家作证进行了规制,以确保作证程序的公正性和独立性。同时,在审理过程中,各方都会对专家报告等证据进行交叉询问,法院结合各方专家意见,进行综合考量。

(二) 单一共聘专家

各方当事人除可以自行聘请专家外,也可以就某一特定问题共同选聘一个单一专家。在任何诉讼中,若出现需要专家证人作证的问题,则法院可以在该宗诉讼的审讯之时或之前,命令该宗诉讼的双方或多方当事人委任一名单一共聘专家证人,以就该问题提供证据。[①] 同时,法庭可以就委任共聘专家证人的条款,即条件,作出它认为适合的指示,包括但不限于向专家证人作出的延聘指示的范围,以及专家证人的费用与开支的支付。[②]

单一共聘专家的确定方式如下:首先,各方当事人就共聘专家事项达成一致意见,共同推选一名专家参加诉讼。其次,如果当事人就共聘专家达不成一致意见,那么法院可以在各方拟备或辨识的名单中,选择一名专家,或者完全依法庭指示的方式,选择其认为合适的专家。即便任何一方当事人对法院指定的专家仍存在异议,法院在给予异议方合理解释机会后,仍有权结合案件的整体情况,最终决定委任单一共聘专家。[③]

共同聘请专家制度设立的目的,是解决专家公正性和独立性的问题。通过委任一位中立的专家及限定该专家的聘用条件等,尽可能保证该专家出具的专家报告和意见能真实反映案件事实情况,同时也可以使专家的意见更具有针对性和专业性,从而有利于法院查明事实。此外,选择一位共聘专家的方式,可以有效防止该专家受到当事人意见的影响,从而避免与庭审内容无关的非技术性偏见的出现。

虽然共聘专家在某些案件的审理过程中存在一定优势,但是并不是所有

---

① 参见《香港法例》第 4 章附属法例 A《高等法院规则》(High Court Ordinance)第 38 号命令第 4A 条规则第(1)款。

② 参见《香港法例》第 4 章附属法例 A《高等法院规则》(High Court Ordinance)第 38 号命令第 4A 条规则第(3)款。

③ 参见《香港法例》第 4 章附属法例 A《高等法院规则》(High Court Ordinance)第 38 号命令第 4A 条规则第(2)款、第(4)款。

的案件都适合单一共聘专家证人,是否采用共聘专家的形式,仍然需要结合案件的具体情况来予以充分考虑。法院可能考虑的情况包括:(1)需要专家证据的争论点可否轻易预先辨识;(2)该等争论点的性质,以及对有关专家证据的争议所相当可能达到的程度;(3)与分开聘任专家证人提供证据的费用相比,有关申索的价值及寻求专家证据所关乎的争论点的重要性;(4)任何一方是否已就延聘可被要求在有关案件中以专家证人身份提供证据的专家而招致费用;(5)是否相当可能会就选择共聘专家证人、拟备延聘专家的指示,以及向专家提供执行其职责所需的资料及其他方便等事宜出现重大困难。①

第四节　专家证人意见的出具及专家会议

除有特别理由外,专家意见一般应以书面专家报告的形式出具。专家通过向法庭提交专家报告,就案件中涉及的专业问题向法庭陈述其看法、意见。同时,在诉讼过程中,法庭如果认为合适,那么还可以指示各方专家召开专家会议,有关专家可以拟定一份联合陈述书。下面两部分内容将介绍专家报告出具的要求和专家会议的特点。

一、专家报告

(一) 专家报告的内容要求

首先,专家报告必须载有专家证人所作声明。在前文中,我们提到专家必须作出声明,以体现其客观性。专家报告被当作证据使用前,专家应当以书面形式进行正式声明:(1)已经阅读专家证人的行为守则,并同意受其约束;(2)明白对法庭所负的责任;(3)已经履行并会继续履行该责任。② 为确保专家意见的独立性和客观性,防止专家证据滥用情形的出现,法院通过专家声明的形

---

① 参见《香港法例》第 4 章附属法例 A《高等法院规则》(High Court Ordinance)第 38 号命令第 4A 条规则第(5)款。
② 参见《香港法例》第 4 章附属法例 A《高等法院规则》(High Court Ordinance)第 38 号命令第 37C 条规则或附录 D《专家证人的行为守则》第 5 条。

式,要求专家对其所提交的报告之真实性和客观性负责。如果专家违背相关陈述,那么将会承担藐视法院的责任,其所提交的报告也不会被采纳。这一措施被视为落实了《最终报告》关于明确专家义务和责任的要求。适格的专家在法庭上出具意见,应当知晓其在法律上的地位和法律责任。专家在法庭上的地位应当是中立的,其意见应当是客观的。因此,专家应对法院负首要责任。在作证过程中,法院同样设立了一些行为准则和程序,专家出具意见必须按照相关规定进行,这体现了法院主动管理专家的要求。

其次,专家报告必须遵循一定的格式要求。为了规范专家意见的出具程序,同时提高对专家意见的审核效率,中国香港特别行政区的法律统一了专家报告的格式和内容,所有专家报告原则上应当按照法律要求的格式进行撰写,并至少应当包括以下内容:(1)该人作为专家的资质,如前文所讨论,包括作为专家资质审核的主要文件、专家需要提交其个人执业经历等;(2)报告中的意见所基于的事实、事宜及假设;(3)每项所表达的意见所依据的理由;(4)(如适用的话)某个特定问题或争论点超出他的专长领域;(5)用以支持有关意见的任何文献和其他资料;(6)他所依据的任何检查、测试或其他调查,以及进行该等检查、测试或调查的人的身份与该人资质的详细资料。① 所有的专家正式报告都必须包含上述的要素。如果专家报告遗漏任何必要的内容,那么法院会要求专家予以补正或说明相关情况。如果专家拒绝就必须的内容进行进一步的解释,那么该专家报告的证明力将会降低,在庭审中也会受到另一方律师的质疑,从而最终降低专家报告的可采纳性。

为了保证报告的完整性和准确性,专家需要对其报告中的非结论性意见加以解释和说明。例如,若专家报告的专家证人相信,报告不附加限定性说明就可能会不完整或不准确,则报告必须述明该限定性说明。② 若专家证人认为,由于研究不足、资料不足或任何其他理由,他的意见并非定论性意见,则在表达该意见时,必须述明此事。③ 另外,法院进一步限制了专家修改报告的权

---

① 参见《香港法例》第 4 章附属法例 A《高等法院规则》(High Court Ordinance)附录 D《专家证人的行为守则》第 8 条。

② 参见《香港法例》第 4 章附属法例 A《高等法院规则》(High Court Ordinance)附录 D《专家证人的行为守则》第 9 条。

③ 参见《香港法例》第 4 章附属法例 A《高等法院规则》(High Court Ordinance)附录 D《专家证人的行为守则》第 10 条。

利,如果专家按照上述要求的格式提交相关报告后,发现其调查结论需要改变,那么应当按照正式报告的要求,提交补充报告来阐述其新的意见。

最后,专家报告必须作属实申述核实。专家在接受法院或当事人委托后,开始调查、测试或研究相关专业问题,并根据其调查结论,向法院提交专家报告。民事司法改革后,中国香港特别行政区加强了对专家证人依法履行责任的要求,规定专家证人的报告必须按照《高等法院规则》第41A号命令,以属实申述形式进行核实并签署。属实申述的效力,是述明出具该专家报告的人相信,该文件所述事实属实,其中所表达的意见属真诚地持有的。核实专家报告的属实申述,采用下述格式:本人相信本专家报告所述事实属实,而其中所表达的意见属真诚地持有的。[1] 若出具专家报告的人没有以属实申述形式来核实该专家报告,则除非法庭另有命令,否则该专家报告不得被接纳为证据。[2] 若任何人在或安排在属实申述核实的文件中作出虚假陈述,而并非真诚地相信其为属实,则可以针对他提起藐视法庭的法律程序。[3]

(二) 专家报告的披露

披露是证据规则中的重要原则,是诉讼平等原则的体现和必然要求。[4] 根据《高等法院规则》的规定,在任何诉讼或事宜中,除非法庭认为有特别理由不如此行事,否则须指示专家口头证据的内容须以书面报告行事,在法庭指明的期间内向法庭指明的其他各方披露。[5] 法院通常会命令各方当事人同时交换专家报告。[6] 如果未按照法院指示来披露相关证据,那么该意见不能作为证据使用。披露专家报告的目的,一方面是帮助其他各方当事人及时知晓证据的情况,以便根据该专家证据,提前进行相应的诉讼准备工作,从而提高庭审效

---

① 参见《香港法例》第4章附属法例A《高等法院规则》(High Court Ordinance)第41A号命令第5条规则。

② 参见《香港法例》第4章附属法例A《高等法院规则》(High Court Ordinance)第41A号命令第7条规则。

③ 参见《香港法例》第4章附属法例A《高等法院规则》(High Court Ordinance)第41A号命令第9条规则第(1)款。

④ 参见王锦、郑鸣:《浅谈两大法系民事证据规则的比较》,载《理论月刊》2004年第3期。

⑤ 参见《香港法例》第4章附属法例A《高等法院规则》(High Court Ordinance)第38号命令第37条规则第(1)款。

⑥ 参见齐树洁主编:《港澳民事诉讼法》,厦门大学出版社2014年版,第112页。

率。另一方面,专家报告按时披露,也有助于法院及时核实相关意见的合理性等问题。

二、专家会议

尽管法律明确规定了专家报告的形式、提交程序等内容,并且法院也加强了对专家报告的管理和审核,但是这些措施仍然无法从根本上遏制专家出现倾向性偏见的可能。另外,从节省诉讼成本及提高诉讼效率方面考虑,法院需要采取更加积极的方式,引导专家证人在专业知识层面达成相对一致的意见。在诉讼过程中,如果认为适合,那么法院可以根据案件需要,要求专家召开"无损权利"的专家会议,以识别他们在证据中有争论的部分,致力于就需要专家意见的关键性事宜达成协议,并向法院提交一份联合陈述书,述明他们的证据中他们彼此同意的部分及他们未能同意的部分。[①] 专家证人须就上述会议和联合报告行使其独立、专业的判断权,并不得按照要求不给予或避免取得协议的延聘指示或者请求而行事。[②] 实践表明,这种机制之下,由于当事人在审前就能充分了解专家之间的意见分歧及其基本原理,并据此更加确切地评估双方案情的优势和弱点,因此往往能够在更加公正的基础上,促进当事人之间的和解。[③]

中国香港特别行政区法律赋予法院强制要求各方专家证人按照法院指示举行会议的权力,这是法院管理职权强化的表现。专家会议的主要目的,是使各方就关键性的事宜达成协议,并根据协议的内容向法院提供一份联合报告,以说明在会议中,哪些问题已经达成一致意见,哪些问题还存在争议。[④] 召开专家会议可以使法院和各方当事人先行了解专家意见中的要点,以便于后续

---

① 参见《香港法例》第 4 章附属法例 A《高等法院规则》(High Court Ordinance)第 38 号命令第 38 条规则。

② 参见《香港法例》第 4 章附属法例 A《高等法院规则》(High Court Ordinance)附录 D《专家证人的行为守则》第 13 条。

③ 周一颜:《专家证据司法控制的路径选择——以香港民事专家证据制度的改革为中心》,载《大连理工大学学报(社会科学版)》2013 年 10 月第 4 期。

④ 参见《香港法例》第 4 章附属法例 A《高等法院规则》(High Court Ordinance)附录 D《专家证人的行为守则》第 12 条。

庭审的顺利开展。无疑,专家会议在提高诉讼效率方面所发挥的作用是显著的。通过庭审前的专家会议,各方专家可以先对法院所关心的专业问题进行讨论;在庭审中,双方仅需要对还存在争议的问题进行解释即可,从而大幅缩短了审理周期。

第五节　专家意见的审查与认定规则

随着英美法系庭审结构的变更及诉讼需求的改变,专家证人也经历了"专家陪审团/法庭顾问—法官指定的专家证人—当事人传唤的中立专家证人—现代意义上的专家证人"这几个阶段的变化。[①] 现代专家证人制度设立之初的主要目的,在于引入科学的专业意见来辅助案件的审理。但是,随着对抗制诉讼模式的发展,当事人各方基于自身利益,大量使用对自己有利的专家证据,专家证人滥用的问题开始凸显,专家证据的合理性与公正性也受到广泛质疑。

因此,随着专家使用情况的发展和对专家中立性要求的变化,法院对专家证人和专家意见的态度也产生了变化。在 Folker v. Chard 案中,曼斯菲尔德法官满怀信心地表达了对专家在法庭出具意见的支持;到 18 世纪,法官开始怀疑专家证人的公正性、必要性等问题[②];近些年,愈演愈烈的专家滥用和专家偏见,使法院开始不信任专家意见。在一些案件中,法院认为,心理学专家出具相关意见会影响法官和陪审团的独立判断,有干扰司法审判职权之嫌。[③] 由于意见证据存在具有主观性之固有缺陷,以及专家本身认知偏差的影响,专家证人在被滥用的同时,也沦为其聘用方的"枪手"。另一方面,随着科技的发展和社会的进步,案件也越来越复杂化和专业化,法院对专家证据的需求有增无减,而且专家证据在案件裁判过程中所起到的作用也越来越大。因此,立法者不得不重新考虑专家证据的采纳标准,以确保专家证人制度能够得到合理和有效的利用。

---

① 罗芳芳:《从"科学的代言人"到"当事人的枪手"——专家证人历史沿革与我国现实考察》,载《证据科学》2013 年第 4 期。

② Editorial, *Expert Witnesses*, *Quarterly Review* 3 (Jan. 11,1862), pp. 32 – 33.

③ R. v. Turner (1975)1 QB 834, CA.

一、英美法系对专家意见采纳的一般标准

有学者认为,英美法系专家证据的可采纳规则,主要包括两个方面的内容:一是相关性标准,这一标准与证据的关联性标准类似,即专家意见与待证事实之间存在关联性,能够解释或说明待证事实。二是有用性标准,即专家证据能否为事实裁判者解决问题提供实质性帮助。[①] 同时,也有学者认为,专家证据是否可以采信,需要考虑以下条件:与案件争议的关联性、专家证据的必要性及可信性。[②] 无论是采用两要件的体系,还是三要件的体系,其内涵都是一致的。两要件的有用性标准,既包含了对专家证据的必要性评价,也包含了对专家证据的可靠性评价。从实践角度看,一方面,法院需要评价专家证人的资格,这一点从各个英美法系国家都详细规定了专家的选聘流程和资质,可以清晰看出;另一方面,在评价专家证据的可采纳性问题时,法院都不可避免地会涉及该专家证据的科学性。所谓科学性,是指专家证据在形成过程中,采用了科学的方法。同时,专家意见仅是专家针对案件争议事实,客观、公正地发表专业意见,目的不是帮助聘用方取得诉讼胜利。

经过几个世纪的发展,英国专家制度已经具备相当完善的规则体系。著名的 The Ikarian Reefer 案,为律师和专家证人在如何准备专家证据问题上,提供了有益借鉴。在该案件中,Cresswell 大法官在对专家证人的作证义务进行梳理后,总结了民事案件中的专家证据采信标准和专家证人的作证职责:第一,法院应当将专家提供的意见视为独立的证据,不应当受到案件内容的影响;第二,专家在法院作证,应当运用专业技能,给出独立和公正的意见;第三,专家应当清晰阐述其出具该意见的前提条件;第四,专家不能超出其专业知识范围给出意见;第五,如果专家证据中有保留意见,或者是在证据不充分的情况下作出的,那么应当说明相关事项;第六,如果专家改变其意见,那么应当及时告知法院和对方当事人;第七,专家意见中所引用的一些资料,应当一并提交给法院和对方当事人。

---

① 参见季美君:《专家证据制度比较研究》,北京大学出版社 2008 年版,第 69—71 页。
② 参见齐树洁主编:《港澳民事诉讼法》,厦门大学出版社 2014 年版,第 109 页。

二、中国香港特别行政区法院对专家意见的审查与认定规则

（一）是否可以援引专家证据由法院自由裁量

在民事司法制度改革过程中，中国香港特别行政区考虑到了在对抗制的模式下，法院的职权不宜过宽，以及保护法律咨询权等问题，从而使法院的自由裁量权最终没有扩大到直接改变当事人对专家的指令及撤销当事人对专家指令的保密权。[①] 但是，与之前制度相比，中国香港特别行政区法律赋予法院在专家证据适用等方面，具有相对广泛的自由裁量权。《高等法院规则》第 38 号命令第 36 条规则规定，除非经法庭许可或所有各方均同意，否则不得在任何讼案或事宜审讯或者聆讯时援引专家证据，但若寻求援引专家证据的一方已向法庭申请裁定应否作出指示，并已遵从就该申请作出的任何指示，则属例外。由此可见，法院在是否援引专家证据方面有决定权。在实践中，中国香港特别行政区法院通常会对专家证人的数量、专家的选聘和是否由法院委任专家给予指示；法院希望通过对专家证人使用的限制，达到主导案件的目的，从而避免因过多的专家意见而影响法官的自主判断。

（二）专家证人的适格性审查和中立性审查

专家证人的适格性，是专家意见可靠、科学的基础，这就需要审查专家证人的资质和能力。如前文所述，中国香港特别行政区法律对专家证人的选聘要求和程序均进行了规定，从专家证据启动的初端规制了专家证据。专家证人的资历必须在专家报告正文或附件中详述，法官会通过专家提供的资质等相关文件、选聘程序的合法性、各方当事人就专家资质的交叉询问等方面来审查专家证人的适格性。中立性既是保证专家意见准确性的基石，也是公正审判的前提。[②]

中国香港特别行政区对专家证人的中立性审查，主要表现在以下三个方

---

① 辜恩臻：《香港民事证据制度改革评述》，载《司法改革评论》2010 年第十辑。
② 罗芳芳：《从"科学的代言人"到"当事人的枪手"——专家证人历史沿革与我国现实考察》，载《证据科学》2013 年第 4 期。

面：第一，专家证人是否在专家报告中作出对法庭的责任的声明；第二，专家证人是否遵守相关的行为守则；第三，专家证人对专家报告以属实申述形式予以核实。如果出具专家报告的人没有以属实申述形式来核实报告，那么除非法庭另有命令，否则该专家报告不得作为证据，该专家证据就丧失了证据能力。中国香港特别行政区要求专家证人需要对法院负首要责任，并且在履行义务和责任的过程中，应坚持独立性和公正性。

（三）专家证据的关联性审查

如果当事人按照法院指令申请了专家证人，并按照规定的格式提交了专家报告，那么也并不意味着专家意见必须为法院所采纳。法院必须要从专家证据的关联性、真实性、必要性等方面，进行综合判断。

关联性标准，在英国法上又被称为"有用性"标准，即一份专家意见是否能够为法院所采用，应当考虑该意见向法院提供的解释或说明，是否是法官或陪审团所不知道的情况，或者根据一般人的常识和经验也不能轻易推断出来的情况。① 中国香港特别行政区的《证据条例》规定了"关联性"作为评判专家意见是否可以被采纳的核心标准，但是并未明确指出，如何判断专家意见是否与争论点有关。在一些案件中，法官将专家证据的关联性解释为，能够帮助法官解决一项或多项案件争议点②，而法官如果不依赖于专家意见也能同样就某项争议作出判断的话，那么该专家意见应当被视为没有关联性，从而被排除。③ 因此，为避免滥用专家证据所引发的不公正现象，中国香港特别行政区法院在适用专家证据时，一方面，从程序上加强了要求，以确保每一份专家意见的规范性；另一方面，也通过实质的相关性审核，保证专家意见的合理性和公正性。

中国香港特别行政区法院通过 IP Lau Lai Shan v. Hospital Authority 案，详细阐述了专家证据关联性的问题，具有一定的参考意义。由于该案件的发生正是在民事司法制度改革之后，因此当事人对司法改革的目的及新修订的法律之理解还不够深刻，从而导致在专家证据的提交时间方面存在一定瑕

---

① See R. v. Turner (1975)1 QB 834，CA.

② See Chan Muk Chi v. Chinagold Transportation Limited DCEC 506(2002).

③ Lau Lai Shan v. Hospital Authority DCEC784(2007).

疵。为使当事人聘请的专家能严格按照法院指定的时间表出具法院意见,法院首先对专家证据的程序性问题进行了总结。根据新修改的《区域法院规则》《实践指引》等文件,专家禁止在毫无正当理由的情况下,延迟向法院提交专家意见,并且法院阐述了新法例在程序上和责任上对专家作证的要求。其次,在评价双方当事人聘请专家的意见之可采纳性时,法官进一步分析了中国香港特别行政区民事司法制度改革对专家证人的要求,并且参考了英国 Mann v. Messrs. Chetty and Patel 案中设立的专家证据关联性的评判标准①,认为专家意见的可采纳原则应当考虑:

(1) 当事人提出的专家证据的说服力,即专家意见中的推断和表述,应当能够为普通人所理解和接受。普通人容易接受的意见一般包括:使用了科学原则和方法予以证明的结论;根据长期的社会经验得到的结论;能够容易被证明的结论,等等。

(2) 专家证据能够在多大程度上帮助法庭解决案件中的问题。这一点可以视为关联性判定的实质要素,法院一般会根据专家意见是否对争议焦点有实质性帮助来判定该意见是否可以被采纳。例如,在本案中,法官拒绝在本次庭审中采纳专家证据,因为他认为专家意见不能充分说明案件的情况,特别是关于本次审理的焦点问题。

(3) 专家证据的成本,以及成本与争议标的额之间的关系。② 实际上,主审法官认为专家证据是否可以被采信,主要是基于该专家意见是否能说服法官相信其意见是合理的和真实的。法官通过双方当事人在法庭上对专家证人的交叉询问,查明该专家意见中的每一个假设和依据是否符合事实情况,根据假设和前提条件得出的结论是否符合逻辑,以及最终的结论能否实现解决案件的目的。

总之,从整体立法思路来看,中国香港特别行政区的专家证人制度沿用了英国的相关制度,对英国专家证人制度中存在的一些问题进行了修正,并且也考虑到自身的司法和政治环境,进行了本土化移植。自 21 世纪初开始的民事司法制度改革,不论从其社会影响力还是从现实效果来看,都有一定的积极作

---

① SeeIp Sau Lin v. Hospital Authority, HKEC 3220(2009).
② 周一颜:《专家证据司法控制的路径选择——以香港民事专家证据制度的改革为中心》,载《大连理工大学学报(社会科学版)》2013 年 10 月第 4 期。

用。通过改革,中国香港特别行政区的司法制度更加公开和透明;同时,改革在一定程度上改善了民众反映强烈的诉讼成本高昂和诉讼时间拖延问题。特别是在专家证据制度方面,为了能够纠正现实存在的专家证人制度的弊端,中国香港特别行政区通过加强法院对专家证人的管理,控制诉讼成本和提高诉讼效率。中国香港特别行政区法院会根据案件的具体情况,提前制定各类时间表,如专家证人的选择时间、专家证人出具意见的时间、证据披露和交换的具体时间等,以确保不会因专家意见的出具而导致开庭时间被延长。此外,法院也加强了对专家证人作证程序和专家意见的管理。为了保证专家证人在作证过程中的独立性和客观性,中国香港特别行政区从专家的资格审查、专家的责任、专家意见应作属实申述核实等各方面进行了规定。单一共聘专家、召开专家会议、出具专家联合报告,可以说是中国香港特别行政区的专家证人制度中较有特色的内容。

尽管中国香港特别行政区法院通过多种措施,改善了专家证据制度的运用,但是我们同样应当注意到,专家证据仍然存在着固有缺陷。法院在专家证据的采纳过程中担任着双重角色,既是问题或争议的提问者,又是问题或争议的裁判者,这一矛盾地位导致了法官对专家证据的采信困境。[①] 因此,要解决专家证人制度的缺陷,关键还在于建立科学与合理的专家证据评价体系。

---

① 参见周一颜:《民事专家证据司法采信的困境与路径选择》,载《政法学刊》2019 年第 3 期。

参考文献

一、中文

1. 毕玉谦：《民事证据法判例实务研究》，法律出版社 1999 年版。

2. 蔡墩铭：《鉴定之证据能力与证明力》，载《台大法学论丛》第 26 卷第 4 期。

3. 常林：《寻找司法鉴定"守门人"》，载《司法鉴定专家辅助人制度研究》，中国政法大学出版社 2012 年版。

4. 陈海光主编：《中国内地与香港司法制度比较》，法律出版社 2015 年版。

5. 陈菁华：《论技术法官制度之构建》，载苏泽林主编：《人民法院司法技术辅助工作论文集》（上），人民法院出版社 2011 年版。

6. 陈瑞华：《意大利 1988 年刑事诉讼法典评析》，载《政法论坛》1993 年第 4 期。

7. 陈瑞华：《比较刑事诉讼法》，中国人民大学出版社 2010 年版。

8. 陈卫东、刘计划、程雷：《变革中创新的意大利刑事司法制度——中国人民大学诉讼制度与司法改革研究中心赴欧洲考察报告之三》，载《人民检察》2004 年第 12 期。

9. 陈新山：《美国第 65 届法庭科学年会简介与思考》，载《法医学杂志》2013 年第 6 期。

10. 陈玉玲：《"友好专家证人"的民事责任——基于 Pace v. Swerdlow 案之分析》，载《东南法学》（2015 年辑秋季卷），东南大学出版社 2016 年版。

11. 陈志兴、黄友锋：《简析意大利国家的"技术顾问"制度》，载《长春理工大学学报（社会科学版）》2010 年第 8 期。

12. 党凌云、张效礼：《2017 年度全国司法鉴定情况统计分析》，载《中国司法鉴定》2018 年第 3 期。

13. 邓力军、张斌:《意大利刑事侦查制度的改革与嬗变——兼论对我国的启示与借鉴》,载《河北法学》2004 年第 9 期。

14. 董武全:《论刑事证据之鉴定制度——以裁判为中心》,台湾中正大学法律学研究所博士论文,2012 年。

15. 杜闻:《英美民事证据开示若干问题研析》,载《证据科学》2008 年第 6 期。

16. 杜志淳主编:《司法鉴定概论》,法律出版社 2010 年版。

17. 杜志淳、宋远升:《司法鉴定证据制度的中国模式》,法律出版社 2013 年版。

18. 杜志淳、孙大明:《我国司法鉴定领域目前存在的主要问题及改革建议》,载《中国司法鉴定》2017 年第 3 期。

19. 樊崇义主编:《司法鉴定法律知识导读》,法律出版社 2001 年版。

20. 樊崇义、郭华:《鉴定结论质证问题研究(上)》,载《中国司法鉴定》2005 年第 1 期。

21. 樊崇义、郭金霞:《司法鉴定实施过程诉讼化研究》,载《中国司法鉴定》2008 年第 5 期。

22. 房保国主编:《科学证据研究》,中国政法大学出版社 2012 年版。

23. 冯俊伟:《荷兰刑事鉴定制度介评》,载《中国司法鉴定》2012 年第 5 期。

24. 高忠智:《美国证据法新解:相关性证据及其排除规则》,法律出版社 2004 年版。

25. 辜恩臻:《香港民事证据制度改革评述》,载《司法改革评论》2010 年第十辑。

26. 谷望舒、包建明:《意大利技术顾问制度及其对我国专家辅助人制度的启示》,载《中国司法鉴定》2018 年第 100 期。

27. 郭华:《鉴定结论论》,中国人民公安大学出版社 2007 年版。

28. 郭金霞:《鉴定结论适用中的问题与对策研究》,中国政法大学出版社 2009 年版。

29. 郭小冬、姜建兴:《民事诉讼中的证据和证明》,厦门大学出版社 2009 年版。

30. 郭照方:《专家证言采信研究——以美国联邦法官为视角》,载潘金贵主编:《证据法学论丛(第三卷)》,中国检察出版社 2014 年版。

31. 何家弘：《美国检枪史上的著名案例》，载《法学杂志》1989 年第 3 期。

32. 何家弘：《外国法庭科学鉴定制度初探》，载《法学家》1995 年第 5 期。

33. 何家弘主编：《司法鉴定导论》，法律出版社 2000 年版。

34. 何家弘主编：《新编证据法学》，法律出版社 2000 年版。

35. 何家弘、张卫平主编：《外国证据法选译（增补卷）》，人民法院出版社 2002 年版。

36. 胡铭：《专家辅助人：模糊身份与短缺证据》，载《法学论坛》2014 年第 1 期。

37. 胡铭：《鉴定人出庭与专家辅助人角色定位之实证研究》，载《法学研究》2014 年第 4 期。

38. 胡占山：《荷兰司法鉴定简介》，载《中国司法》2013 年第 3 期。

39. 黄风：《意大利刑诉法最新修订呈现三大亮点》，载《检察日报》2016 年第 3 期。

40. 黄维智：《鉴定证据制度研究》，中国检察出版社 2006 年版。

41. 霍宪丹主编：《司法鉴定通论（第二版）》，法律出版社 2013 年版。

42. 霍宪丹主编：《司法鉴定管理模式比较研究》，中国政法大学出版社 2014 年版。

43. 季美君：《专家证据制度比较研究》，北京大学出版社 2008 年版。

44. 季美君：《国外专家证人、鉴定人的资格及选任》，载《中国司法》2006 年第 5 期。

45. 冀祥德：《论控辩平等的功能》，载《法学论坛》2008 年第 3 期。

46. 蒋剑鸣：《转型社会的司法：方法、制度与技术》，中国人民公安大学出版社 2008 年版。

47. 金雷霆、李红：《论美国专家证言的采信规则》，载《中国司法鉴定》2018 年第 3 期。

48. 李浩：《民事证据立法前沿问题研究》，法律出版社 2007 年。

49. 李佳玟：《鉴定报告与传闻例外——最高法院近年相关判例之评释》，载《政大法学评论》2008 年第 101 期。

50. 梁志鸣：《美国法院采用专家证言之审查标准：从 Frye 到 Daubert 原则的历史演进》，载《万国法律》2017 年第 216 期。

51. 刘海涛：《美国医疗侵权案中的专家证人——以注意标准司法建构为中心》，复旦大学博士论文，2019 年。

52. 刘慧：《英美法系专家证人与专家证据研究——以刑事诉讼为视角》，中国政法大学出版社 2018 年版。

53. 刘计划：《法国、德国参与式侦查模式改革及其借鉴》，载《法商研究》2006 年第 3 期。

54. 刘静坤：《证据审查规则与分析方法：原理·规范·实例》，法律出版社 2018 年版。

55. 李培锋、潘驰：《英国证据法史》，法律出版社 2014 年版。

56. 刘晓丹：《论科学证据》，中国检察出版社 2010 年出版。

57. 刘新魁：《法国司法鉴定制度及启示》，载《诉讼法论丛》（第 7 卷），法律出版社 2002 年版。

58. 刘振红：《司法鉴定：诉讼专门性问题的展开》，中国政法大学出版社 2015 年版。

59. 龙宗智：《司法改革与中国刑事证据制度的完善》，中国民主法制出版社 2016 年版。

60. 罗芳芳：《从"科学的代言人"到"当事人的枪手"——专家证人历史沿革与我国现实考察》，载《证据科学》2013 年第 4 期。

61. 罗芳芳：《专家意见中立性问题研究：美国法之理论与实务》，中国政法大学出版社 2015 年版。

62. 马贵翔、张海祥：《意见证据规则探析》，载《华东师范大学学报（哲学社会科学版）》2009 年第 2 期。

63. 马跃：《美国证据法》，中国政法大学出版社 2012 年版。

64. 潘广俊等：《荷兰司法鉴定制度及启示》，载《中国司法》2011 年第 1 期。

65. 裴小梅主编：《司法鉴定概论》，郑州大学出版社 2009 年版。

66. 齐树洁：《香港地区民事司法改革及其启示》，载《河南省政法管理干部学院学报》2010 年第 4 期。

67. 齐树洁：《美国证据法专论》，厦门大学出版社 2011 年版。

68. 齐树洁主编：《港澳民事诉讼法》，厦门大学出版社 2014 年版。

69. 齐树洁主编：《英国证据法》，厦门大学出版社 2014 年版。

70. 齐树洁、洪秀娟：《英国专家证人制度改革的启示与借鉴》，载《中国司法》2006 年 5 期。

71. 邱爱民：《科学证据基础理论研究》，知识产权出版社 2013 年版。

72. 沈健：《比较与借鉴：鉴定人制度研究》，载《比较法研究》2004 年第 2 期。

73. 沈志先主编：《刑事审判证据规则研究》，上海人民出版社 2007 年版。

74. 施俊尧：《医疗鉴定证据证明力及医疗鉴定人诘问》(下)，载《台湾法医学志》第 1 卷第 2 期。

75. 司法部司法鉴定管理局编：《保障司法公正，服务和谐社会：进一步推动司法鉴定体制改革与发展》，中国政法大学出版社 2007 年版。

76. 司法部司法鉴定管理局编：《两大法系体系司法鉴定制度的观察与借鉴》，中国政法大学出版社 2008 年版。

77. 苏青：《鉴定意见证据规则研究》，法律出版社 2016 年版。

78. [宋]宋慈：《洗冤集录译注》，高随捷、祝林森译注，上海古籍出版社 2007 年版。

79. 宋英、孙长永、刘新魁等编著：《外国刑事诉讼法》，法律出版社 2006 年版。

80. 孙长永：《探索正当程序：比较刑事诉讼法专论》，中国法制出版社 2005 年版。

81. 孙长永主编：《刑事司法论丛(第 1 卷)》，中国检察出版社 2013 年版。

82. 孙业群：《司法鉴定制度改革研究》，法律出版社 2002 年版。

83. 涂钒：《美国专家证据可采性研究》，华东政法大学博士论文，2020 年。

84. 王继福编：《民事科技证据研究》，知识产权出版社 2012 年版。

85. 汪建成：《专家证人模式与司法鉴定模式之比较》，载《证据科学》2010 年第 1 期。

86. 王锦、郑鸣：《浅谈两大法系民事证据规则的比较》，载《理论月刊》2004 年第 3 期。

87. 王进喜：《美国〈联邦证据规则〉(2011 年重塑版)条解》，中国法制出版社 2012 年版。

88. 王敏远、郭华：《司法鉴定与司法公正研究》，知识产权出版社 2009 年版。

89. 王敏远等：《重构诉讼体制——以审判为中心的诉讼制度改革》，中国政法大学出版社 2016 年版。

90. 王颂勃：《刑事诉讼法庭质证规则研究》，中国人民公安大学出版社 2015 年版。

91. 王为明：《构建理性均衡的控辩审诉讼机制——以法官视角中的公诉人为基点》，载《人民司法》2013 年第 13 期。

92. 王亚新：《对抗与判定：日本民事诉讼的基本结构》，清华大学出版社 2002 年版。

93. 王云海：《日本司法鉴定制度的现状与改革》，载《法律科学》2003 年第 6 期。

94. 吴如巧：《美国联邦民事诉讼规则的新发展》，中国政法大学出版社 2013 年版。

95. 张连举主编：《跨学科视野下的警学研究》，暨南大学出版社 2014 年版。

96. 谢振民：《中华民国立法史》（下册），中国政法大学出版社 2000 年版。

97. 熊庆秋：《法国的刑事鉴定制度》，载《当代法学》1990 年第 1 期。

98. 徐继军：《专家证人研究》，中国人民大学出版社 2004 年版。

99. 徐继军：《民事司法衡平制度研究》，大连海事大学出版社 2008 年版。

100. 徐景和：《司法鉴定制度改革探索》，中国检察出版社 2006 年版。

101. 薛波主编：《元照英美法词典》，北京大学出版社 2014 年版。

102. 杨帆、李铭锴：《论枪弹痕迹鉴定在案件侦查中的应用》，载《科技展望》2015 年第 19 期。

103. 叶青主编：《刑事诉讼法学：问题与阐述》，上海人民出版社 2009 年版。

104. 易延友：《证据法学：原则、规则、案例》，法律出版社 2018 年版。

105. 元轶：《程序分流视角下的意大利刑事诉讼改革》，载《比较法研究》2011 年第 5 期。

106. 张保生主编：《证据法学》，中国政法大学出版社 2009 年版。

107. 张斌：《论科学证据、专家证言、鉴定意见三者的关系》，载《证据科学》2012 年第 1 期。

108. 张斌：《科学证据采信基本原理研究》，中国政法大学出版社 2012 年版。

109. 张华：《司法鉴定若干问题实务研究》，知识产权出版社 2009 年版。

110. 张军、姜伟、田文昌：《刑事诉讼：控辩审三人谈》，法律出版社 2001 年版。

111. 张俊文、黄远志：《论我国专家辅助人制度的完善——以重庆市医疗纠纷司法裁判情况为例》，载《人民司法》2011 年第 19 期。

112. 章礼明：《意大利技术顾问制度及其对我国的启示》，载《中国司法鉴定》2017 年第 1 期。

113. 张丽卿：《验证刑诉改革脉动》，五南图书出版股份有限公司 2008 年版。

114. 张丽卿：《刑事诉讼法理论与运用》（第十三版），五南图书出版股份有限公司 2016 年版。

115. 张婷：《英美民事对抗制的演变（1945—2012）——以美国的案件管理制度为切入点》，上海人民出版社 2014 年版。

116. 张卫平：《交叉询问制：魅力与异境的尴尬》，载《中外法学》2001 年第 2 期。

117. 张永泉：《民事证据采信制度研究》，中国人民大学出版社 2003 年版。

118. 赵西巨：《专家证言、新科学理论与法官角色——以美国法中的 Daubert 标准为中心》，载《证据科学》2010 年第 1 期。

119. 周湘雄：《英美专家证人制度研究》，中国检察出版社 2006 年版。

120. 周一颜：《专家证据司法控制的路径选择——以香港民事专家证据制度的改革为中心》，载《大连理工大学学报（社会科学版）》2013 年 10 月第 4 期。

121. 周一颜：《民事专家证据司法采信的困境与路径选择》，载《政法学刊》2019 年第 3 期。

122. 中国司法鉴定考察团：《中国司法鉴定考察团赴芬兰、荷兰考察报告》，载《中国司法鉴定》2007 年第 4 期。

123. 朱立恒：《英国传闻证据规则例外的变迁及其启示》，载《比较法研究》2008 年第 6 期。

124. 朱石炎：《刑事诉讼法论》（修订第六版），三民书局股份有限公司 2016 年版。

125. 《美国东北部法庭科学专家协会伦理道德规范》，载杨天潼编：《外国法庭科学规范文件汇编第 2 辑：职业伦理》，中国政法大学出版社 2013 年版。

126. ［英］J. A. 乔罗威茨：《民事诉讼程序研究》，吴泽勇译，中国政法大学出版社 2008 年版。

127. ［英］克里斯托弗·艾伦：《英国证据法实务指南》（第 4 版），王进喜译，中国法制出版社 2012 年版。

128. ［英］麦高伟、杰弗里·威尔逊主编：《英国刑事司法程序》，姚永吉译，何家弘审校，法律出版社 2003 年版。

129. ［美］艾伦（Allen，R. J.）、［美］库恩斯（Kuhns，R. B.）、［美］斯威夫特（Swift，E.）：《证据法：文本、问题和案例》（第 3 版），张保生、王进喜、赵滢译，高等教育出版社 2006 年版。

130. ［美］盎格洛·N. 昂舍塔：《科学证据与法律的平等保护》，王进喜、马江涛等译，中国法制出版社 2016 年版。

131. ［美］G. 杰克·波罗格纳、［加］罗伯特·J. 林德奎斯特：《美加两国查处舞弊技巧与案例：舞弊审计与法庭会计新工具和新技术》，张玉译，中国审计出版社 1999 年版。

132. ［美］米尔建·R. 达马斯卡：《漂移的证据法》，李学军等译，中国政法大学出版社 2003 年版。

133. ［美］米尔吉安·R. 达马斯卡：《比较法视野中的证据制度》，吴宏耀、魏晓娜等译，中国人民公安大学出版社 2006 年版。

134. ［美］米尔伊安·R. 达玛什卡：《司法和国家权力的多种面孔：比较视野中的法律程序》，郑戈译，中国政法大学出版社 2015 年版。

135. ［美］苏珊·哈克：《专家证据：美国的经验与教训》，邓晓霞译，载《证据科学》2016 年第 3 期。

136. ［美］诺曼·M. 嘉兰、［美］吉尔伯特·B. 斯达克：《执法人员刑事证据教程》，但彦铮等译，中国检察出版社 2007 年版。

137. ［美］兰博约：《对抗制刑事审判的起源》，王志强译，复旦大学出版社 2010 年版。

138. ［美］理查德·A. 利奥：《警察审讯与美国刑事司法》，刘方权、朱奎彬译，中国政法大学出版社 2012 年版。

139. ［美］Edmund M. Morgan：《证据法之基本问题》，李学灯译，世界书局 1982 年发行。

140. ［美］约翰·W. 斯特龙主编：《麦考密克论证据》，汤维建等译，中国政法大学出版社 2004 年版。

141. ［法］贝尔纳·布洛克：《法国刑事诉讼法》，罗结珍译，中国政法大学出版社 2009 年版。

142. ［法］勒内·弗洛里奥：《错案》，赵淑美、张洪竹译，法律出版社 1984 年版。

143. ［法］让·文森、［法］塞尔日·金沙尔：《法国民事诉讼法要义（下）》，罗结珍译，中国法制出版社 2001 年版。

144. 《法国新民事诉讼法典》，罗结珍译，中国法制出版社 1999 年版。

145. ［加］玛里琳·T.迈克瑞蒙：《回到常识事实认定：〈常识、司法认知与社会科学证据〉导读》，徐卉译，载王敏远主编：《公法（第四卷）》，法律出版社 2003 年版。

146. ［意］Giorgio Spangher：《意大利技术顾问制度与鉴定意见证据评价》（演讲稿），黄美玲等译，未刊。

147. 《意大利刑事诉讼法典》，黄风译，中国政法大学出版社 1994 年版。

148. ［荷］帕尔特·海因·凡·科姆普恩：《荷兰刑事诉讼权利保障的法律基石》，倪铁、陈波译，载《犯罪研究》2012 年第 6 期。

149. ［日］松尾浩也：《日本刑事诉讼法》（上卷），丁相顺译，中国人民大学出版社 2005 年版。

150. ［日］松尾浩也：《日本刑事诉讼法》（下卷），张凌译，中国人民大学出版社 2005 年版。

151. ［日］佐久间泰司等：《日本民事诉讼中的司法鉴定——以近年的制度改革为视角》，张英译，载《中国司法鉴定》2016 年第 6 期。

二、外文

1. Gary Bandy & Jean Hartley, Debate: When Spending Less Causes a Problem, Public Money & Management, Vol. 38, 2017.

2. Henry Campell Black. Black's Law Dictionary, St. Paul Minn. : West Publishing Co, 1979.

3. Robin T. Bowen, Ethics and the practice of forensic science, CRC Press, 2010.

4. Kenneth S. Cohen, Expert witnessing and scientific testimony:

surviving in the courtroom, CRC Press, 2008.

5. Davies, et al. , Models of Psychopathology, McGraw-Hill Education (UK), 2004.

6. Déirdre Dwyer, The Judicial Assessment of Expert Evidence, Cambridge University Press, 2008.

7. Déirdre Dwyer, Legal Remedies for the Negligent Expert, Evidence and Proof, Vol. 12,2008.

8. James Fitzjames, A Digest of the law of evidence, Twelfth edition, MacMillan & Co. , 1948.

9. Bryan A. Garner, Black's Law Dictionary, Tenth edition, Thomson West, 2014.

10. Paul C. Giannelli, Forensic Science, The Journal of Law, Medicine & Ethics, Vol 34,2006.

11. Geoffrey Gilbert, The Law of Evidence, Fourth edition, A. Strahan and W. Woodfall, 1795.

12. Tal Golan, Laws of men and laws of nature: the history of scientific expert testimony in England and America, Harvard University Press, 2007.

13. Daniel Greenberg, Jowitt's Dictionary of English Law, Fourth edition, Sweet and Maxwell Limited, 2010.

14. Samuel R. Gross, Expert Evidence, Wisconsin Law Review, 1991.

15. Steve Huyghe Sr and Adrian Chan, The evolution of expert witness law under UK and US jurisdictions, Construction Law International, Vol. 8, 2013.

16. P. T. C van Kampen, Expert Evidence Compared: Rule and Practice in the Dutch and American Criminal Justice System, Intersentia Publishers, 1999.

17. Carol Krafka, et al. , Judge and Attorney Experiences, Practices, and Concerns Regarding Expert Testimony in Federal Civil Trials, Psychology, Public Policy, and Law, Vol. 8,2002.

18. M. Malsch, et. al. , Complex Cases: Perspectives on the Netherlands Criminal Justice System, Thela Thesis Press, 1999.

19. Jeremy McBride, Human Rights and Criminal Procedure: The case law of the European Court of Human Right, Council of European Publishing, 2009.

20. Carole McCartney, Emmanuel Amoako, The UK Forensic Science Regulator: A Model for Forensic Science Regulation, Georgia State University Law Review, Vol. 34, 2017 - 2018.

21. Jennifer Mnookin, Idealizing Science and Demonizing Experts: An Intellectual History of Expert Evidence, Villanova law review, Vol. 03, 2008.

22. Stephan R. Paul, S. K. Narang, Expert Witness Participation in Civil and Criminal Proceedings, Pediatrics, Vol. 124, 2017.

23. M. Pereira, The Forensic Science Service-Past, Present and Future, Medico-Legal Journal, Vol. 56, 1988.

24. C. H. van Rhee, Evidence in Civil Law-The Netherlands, Intersentia Press, 2015.

25. Keith J. B. Rix, Expert evidence and the courts: 1. The history of expert evidence, Advances in Psychiatric Treatment Vol. 5, 1999.

26. Lionel P. Solurshl, Charles A Meyer Jr. Medicine and Lawafter the Trial: Abusing the expert-A Canadian Case Report, Med Law, Vol. 9, 1990.

27. Peter J. P. Tak, The Dutch Criminal Justice System, WolfLegal Press, 2008.

28. James Bradley Thayer, A Preliminary Treatise on Evidence at the Common Law, Little, Brown and Company, 1898.

29. William TPizzi, Luca Marafioti, The New Italian Code of Criminal Procedure: The Difficulties of Building an Adversarial Trial System on a Civil Law Foundation, Yale Journal of International Law, 2002.

30. Douglas H. Ubelaker, The Global Practice of Forensic Science, Wiley

Blackwell, 2015.

31. Albert Verheij, Daniël Overgaauw, Civil Liability of Expert Witnesses in the Netherlands: A Case Note to the UKSC Judgment in Jones v. Kaney, European Review of Private Law, Issue 4,2013.

32. Jack B. Weinstein, Improving Expert Testimony, University of Richmond Law Review, Vol 20,1986.

33. Access to Justice Final Report, Recommendation 167.

34. Civil Justice Council, Guidance for the instruction of experts in civil claims, 2014.

35. Civil Justice Council, Protocol for the Instruction of Experts to Give Evidence in Civil Claims, 2005.

36. Civil Procedure Rules 1998.

37. House of Commons Science and Technology Committee, Forensic Science on Trial, Seventh Report of Session 2004 – 05.

38. Editorial, Expert Witnesses, Quarterly Review, Vol. 3,1862.

39. Federal Rules of Criminal Procedure (2018).

40. Federal Judicial Center, Reference Manual on Scientific Evidence, National Research Council, 2000.

41. Judge: No Cover-up in Green Murder, Detroit Free Press, 2011 – 2 – 11.

42. Lord Chancellor's Department, Emerging Findings: An Early Evaluation of the Civil Justice Reforms, 2001.

43. The Law Commission, Expert Evidence in Criminal Proceedings in England and Wales, 2011.

44. The New York Times, July 5,1987.

45. Baumbach, Adolf/Lauterbach, Wolfgang/Albers, Jan/Hartmann, Peter (Hrsg.), Zivilprozessordnung: ZPO, 76. Aufl. , München, 2018.

46. Beulke, Werner, Strafprozessrecht, 13. Aufl. , Heidelberg, 2016.

47. Detter, Klaus, Der Sachverständige im Strafverfahren-eine Bestandsau-fnahme-NStZ 1998,57.

48. Eisenberg, Ulrich, Beweisrecht der StPO Spezialkommentar, 10. Aufl., München 2017.

49. Eisenberg, Ulrich, Zur Ablehnung des Sachverständigen im Strafverfahren wegen Besorgnis der Befangenheit, NStZ 2006,368.

50. Erb, Volker (Hrsg.), Löwe/Rosenberg. Die Strafprozessordnung und das Gerichtsverfassungsgesetz: StPO, Band 2: §§ 48 – 93,27. Aufl., Berlin/Boston, 2017.

51. Erb, Volker/Graalmann-Scheerer, Kirsten/Stuckenberg, Carl-Friedrich (Hrsg.), Löwe/Rosenberg. Die Strafprozessordnung und das Gerichtsverfassungsgesetz: StPO, Band 5/2: §§ 158 – 211,27. Aufl., Berlin/Boston, 2018.

52. Gercke, Björn/Julius, Karl-Peter/Temming, Dieter/Zöller, Mark Alexander (Hrsg.), Heidelberger Kommentar, Strafprozessordnung, 5. Aufl., Heidelberg, 2012.

53. Ghassemi-Tabar, Nima/Nober, Robert, Der Privatgutachter im Zivilprozess, NJW 2016,552.

54. Gössel, Karl Heinz, Behörde und Behördenangehörige als Sachverständiger vor Gericht, DRiZ 1980,363.

55. Graf, Jürgen Peter (Hrsg.), Strafprozessordnung: Mit Gerichtsverfassungsgesetz und Nebengesetzen, 1. Aufl., München, 2010.

56. Graf, Jürgen-Peter (Hrsg.), Beck Online Kommentar StPO, 30. Aufl., München, 2018.

57. Habersack, Mathias (Hrsg.), Münchener Kommentar zum Bürgerlichen Gesetzbuch: BGB, Band 6: Schuldrecht-Besonderer Teil IV, §§ 705 – 853, Partnerschaftsgesellschaftsgesetz, Produkthaftungsgesetz, 7. Aufl., München, 2017.

58. Hannich, Rolf (Hrsg.), Karlsruher Kommentar zur Strafprozessordnung: StPO, 7. Aufl., München, 2013.

59. Heintschel-Heinegg, Bernd/Bockemühl, Jan/Neubeck, Gerd (Hrsg.), KMR-Kommentar zur Strafprozessordnung, Köln, 2018.

60. Krüger, Wolfgang/Rauscher, Thomas (Hrsg.), Münchener Kommentar zur Zivilprozessordnung: ZPO, Band 2: §§ 355 – 495b, 5. Aufl., München, 2016.

61. Kudlich, Hans (Hrsg.), Münchener Kommentar zur Strafprozessordnung: StPO, Band 1: §§ 1 – 150 StPO, 1. Aufl., München, 2014.

62. Meyer-Goßner, Lutz/Schmitt, Bertram, Strafprozessordnung: StPO, 61. Aufl., München, 2018.

63. Müller, Klaus, Der Sachverständige im gerichtlichen Verfahren: Handbuch des Sachverständigenbeweise, 2. Aufl., Frankfurt am Main, 1978.

64. Musielak, Hans-Joachim/Voit, Wolfgang (Hrsg.), Zivilprozessordnung: ZPO, 15. Aufl., München, 2018.

65. Peters, Karl, Strafprozess, Ein Lehrbuch, 4. Aufl., Heidelberg, 1985.

66. Prütting, Hanns/Gehrlein, Markus (Hrsg.), ZPO-Kommentar, 8. Aufl., München, 2016.

67. Radtke, Henning/Hohmann (Hrsg.), Olaf, Strafprozessordnung: StPO, Kommentar, 1. Aufl., München, 2011.

68. Rasch, Wilfried/Jungfer, Gerhard, Die Ladung des psychiatrisch-psychologischen Sachverständigen, StPO-Ein Disput, StV. 1999.

69. Rosenberg, Leo/Schwab, Karl Heinz/Gottwald, Peter, Zivilprozessrecht, 18. Aufl., München, 2018.

70. Roxin, Claus/Schünemann, Bernd, Strafverfahrensrecht, 28. Aufl., München, 2014.

71. Rudolph, Kurt, Das Zusammenwirken des Richters und des Sachverständigen, Die Justiz 1969,24.

72. Saenger, Ingo (Hrsg.), Zivilprozessordnung: ZPO, 7. Aufl., Baden-Baden, 2017.

73. Sarstedt, Werner, Auswahl und Leitung des Sachverständigen im Strafprozess, NJW 1968,177.

74. Satzger, Helmut/Schluckebier, Wilhelm/Widmaier, Gunter (Hrsg.),

Strafprozessordnung：StPO, 3. Aufl. , Köln, 2018.

75. Scheppokat, Klaus-Dieter/Neu, Johann, Zurärztlichen Begutachtung in Arzthaftpflichtsachen, VersR 2001.

76. Schilken, Eberhard, Zivilprozessrecht, 7. Aufl. , München, 2014.

77. Schneider, Hartmut (Hrsg.), Münchener Kommentar zur Strafprozessordnung：StPO, Band 2：§ § 151 - 332, 1. Aufl. , München, 2016.

78. Schneider, Norbert, Fehler bei Einholung eines Gebührengutachtens des Kammervorstands, NJW 2004,193.

79. Schulze, Reiner（Hrsg. ）, Bürgerliches Gesetzbuch：BGB Handkommentar, 9. Aufl. , Baden-Baden, 2016.

80. Schulze, Reiner/Grziwotz, Herbert/Lauda, Rudolf (Hrsg.), Bürgerliches Gesetzbuch Kommentiertes Vertrags- und Prozessformularbuch, 3. Aufl. , Baden-Baden, 2017.

81. Seibel, Mark, Der Sachverständige und die gerichtliche Leitung seiner Tätigkeit nach der ZPO, NJW 2014.

82. Stein, Friedrich/Jonas, Martin（Hrsg. ）, Kommentar zur Zivilprozessordnung：ZPO, Band 5：§ § 328 - 510c, 23. Aufl. , Tübingen, 2015.

83. Stein, Friedrich/Jonas, Martin（Hrsg. ）, Kommentar zur Zivilprozessordnung：ZPO, Band 4：§ § 271 - 327,23. Aufl. , Tübingen, 2018.

84. Thomas, Heinz/Putzo, Hans, Zivilprozessordnung：ZPO, 38. Aufl. , München, 2018.

85. Ulrich, Jürgen, Der gerichtliche Sachverständige, Ein Handbuch für Praxis, 12. Aufl. , Köln, 2007.

86. V. Seltmann, Julia（Hrsg. ）, Beck Online Kommentar RVG, 40. Aufl. , München, 2017.

87. Vorwerk, Volkert/Wolf, Christian（Hrsg. ）, Beck Online Kommentar ZPO, 29. Aufl. , München, 2018.

88. Walter, Alexander, Der Ablehnungsantrag gegen den Sachverständigen im Zivilprozess-Grundlagen und aktuelle Rechtsprechung, DS 2008.

89. Wieczorek，Bernhard/Schütze，Rolf A.（Hrsg.），Zivilprozessordnung und Nebengesetze Großkommentar，Band 6：§§355－510c，4. Aufl.，Berlin/Boston，2014.

90. Wolter，Jürgen（Hrsg.），Systematischer Kommentar zur Strafprozessordnung：SK-StPO Band I：§§1－93 SK-StPO，5. Aufl.，Köln，2018.

91. Wolter，Jürgen（Hrsg.），Systematischer Kommentar zur Strafprozessordnung：SK-StPO Band V：§§246a－295,5. Aufl.，2016.

92. Zöller，Richard，ZPO Zivilprozessordnung，32. Aufl.，Köln，2018.

93. Zwiehoff，Gabriele，Das Recht auf den Sachverständigen，1. Aufl.，Baden-Baden，2000.

94. B. F. Keulen，H. K. Elzinga，N. J. M. Kwakman，& J. A. Nijboer（Eds.），Het deskundigenregister in Strafzaken. De Beoogde Werking，Mogelijke Neveneffecten En Risico's，Publishing，2010.

95. Renee Ketelaars，Intersectie：Deskundigen（onderzoek）en de strafrechter，University of Tilburg，2011.

96. PECKELSB.，HUREAU J.，"Essai de définition de l'expertise et des experts"，Experts，no78，mars 2008.

97. Ridder，J. De，Akerboom，C. P. M.，Hoving，R. A.，Schudde，L. T.，Struiksma，N.，Evaluatie van het Nederlands Register Gerechtelijk Deskundigen，Pro Facto Publisher，2014.

98. H. H. M. Wauben，de nieuwe Wet deskundige in strafzaken；een stap in de goede richting voor de positie van de verdachte，Open Universiteit Nederland scriptie Nederlands recht，2011.

99. 本庄武：「刑事手続における科学鑑定の現状と課題」，『一橋法学』2017年3月第1号。

100. 徳永光：「刑事裁判における科学的証拠の利用——DNA鑑定に関する日本の状況をアメリカにおける議論と比較して」，『一橋研究』2000年7月第2号。

101. 平沼直人等：「裁判上の鑑定から当事者鑑定へ」，『昭和医学会雑誌』

2012 年 12 月第 6 号。

102. 浅田和茂：『科学捜査と刑事鑑定』,東京：有斐閣,1994 年。

103. 日本国家公安委員会・警察庁編：『平成 27 年版警察白書』,東京：日経印刷,2015 年。

104. 日本司法制度改革審議会：司法制度改革審議会意見書,2001 年。

105. 日本最高裁判所：「第一審における専門訴訟事件の統計について」,『裁判の迅速化に係る検証に関する報告書』,東京：最高裁判所事務総局,2007 年版。

106. 三井誠：『刑事手続法 III』,東京：有斐閣,2004 年。

107. 三木浩一等：『民事訴訟法（第二版）』,東京：有斐閣,2015 年。

108. 松尾浩也：「刑事手続における鑑定の問題」,『ジュリスト』1979 年 6 月第 15 号。

109. 田岡直博：「裁判員裁判と鑑定」,『刑事法ジャーナル』2010 年第 20 巻第 20 号。

110. 小海正勝等：「医療訴訟と専門情報 2」,『判例タイムズ』2003 年 8 月第 17 号。

111. 小田司：「鑑定制度の現状と課題」,『法律時報』2015 年 7 月第 8 号。

112. 中谷陽二：「最高検察庁による精神鑑定書例に関する私見」,『精神神経学雑誌』2009 年第 111 巻第 11 号。

三、网站

1. https：//www. civiljustice. hk.

2. https：//www. cps. gov. uk.

3. https：//www. expertwitnessjournal. co. uk.

4. https：//experts-institute. eu.

5. https：//www. legislation. gov. au.

6. https：//beck-online. beck. de/Home.

7. https：//www. juris. de.

8. https：//www. gesetze-im-internet. de.

9. https：//www. legifrance. gouv. fr.

10. https：//zoek. officielebekendmakingen. nl.

11. https：//www. nrgd. nl.

12. https：//www. rug. nl.

13. https：//www. forensicinstitute. nl.

14. http：//www. saibanin. courts. go. jp.

15. http：//www. kantei. go. jp.

16. https：//www. supremecourt. gov/opinions/boundvolumes. aspx.

17. https：//www. academyofexperts. org.

18. https：//archive. org.

19. https：//fsf. aafs. org.

20. http：//www. cncej. org/defaultsite.

21. https：//www. conseil-juridique. net.

22. https：//hudoc. echr. coe. int.

23. https：//www. coe. int/en/web/portal/home.

24. https：//www. crimetownshow. com.

25. https：//www. expertinstitute. com.

26. https：//www. ziprecruiter. com.

27. http：//www. jspubs. com.

28. https：//law. justia. com.

29. http：//www. terrafirmachambers. com.

30. https：//www. l-expertise. com.

31. https：//www. sciencedirect. com/journal/forensic-science-international.

图书在版编目(CIP)数据

域外鉴定意见证据评价研究/李秀清,宫雪主编. —上海:
上海三联书店,2024.4
ISBN 978 - 7 - 5426 - 7092 - 2

Ⅰ. ①域… Ⅱ. ①李…②宫… Ⅲ. ①司法鉴定-研究-世界
Ⅳ. ①D918.9

中国版本图书馆 CIP 数据核字(2020)第 113997 号

域外鉴定意见证据评价研究

主   编 / 李秀清 宫 雪

责任编辑 / 宋寅悦
装帧设计 / 一本好书
监   制 / 姚 军
责任校对 / 王凌霄

出版发行 / 上海三联书店
          (200041)中国上海市静安区威海路 755 号 30 楼
邮   箱 / sdxsanlian@sina.com
联系电话 / 编辑部:021 - 22895517
          发行部:021 - 22895559
印   刷 / 上海惠敦印务科技有限公司

版   次 / 2024 年 4 月第 1 版
印   次 / 2024 年 4 月第 1 次印刷
开   本 / 710mm×1000mm 1/16
字   数 / 415 千字
印   张 / 26.5
书   号 / ISBN 978 - 7 - 5426 - 7092 - 2/D · 455
定   价 / 108.00 元

敬启读者,如发现本书有印装质量问题,请与印刷厂联系 021 - 63779028